Marcus Luttrell

NAVY SEAL IM EINSATZ

NAVY SEAL IM EINSATZ

Wie wir kämpfen.
Wie wir leben.
Wie wir sterben.

Marcus Luttrell
Autor des Bestsellers *Lone Survivor*,
mit James D. Hornfischer

riva

Bibliografische Information der Deutschen Nationalbibliothek
Die Deutsche Nationalbibliothek verzeichnet diese Publikation in der Deutschen Nationalbibliografie. Detaillierte bibliografische Daten sind im Internet über http://dnb.d-nb.de abrufbar.

Für Fragen und Anregungen:
info@rivaverlag.de

1. Auflage 2017

Die englische Originalausgabe erschien 2012 bei Little, Brown and Company unter dem Titel *Service: A Navy SEAL at War.*

Übersetzung: Stephan Gebauer
Redaktion: Dr. Carina Heer
Umschlaggestaltung: Laura Osswald
Umschlagabbildung: Shutterstock/Urheberrecht: Getmilitaryphotos
Satz: Daniel Förster, Belgern
Druck: GGP Media GmbH, Pößneck
Printed in Germany

ISBN Print 978-3-86883-914-2
ISBN E-Book (PDF) 978-3-95971-243-9
ISBN E-Book (EPUB, Mobi) 978-3-95971-244-6

Ich widme dieses Buch meinem Bruder,
der mit mir durch die Hölle ging, und meiner Frau,
die mich aus dem Schatten hervorzerrte.

FTWTTT.

Inhalt

Teil II
Wie wir leben

Teil III
Wie wir sterben

Der wahre Soldat kämpft nicht, weil er das hasst, was ihm gegenübersteht, sondern weil er das liebt, das hinter ihm steht.

G.K. Chesterton

RAMADI, IRAK

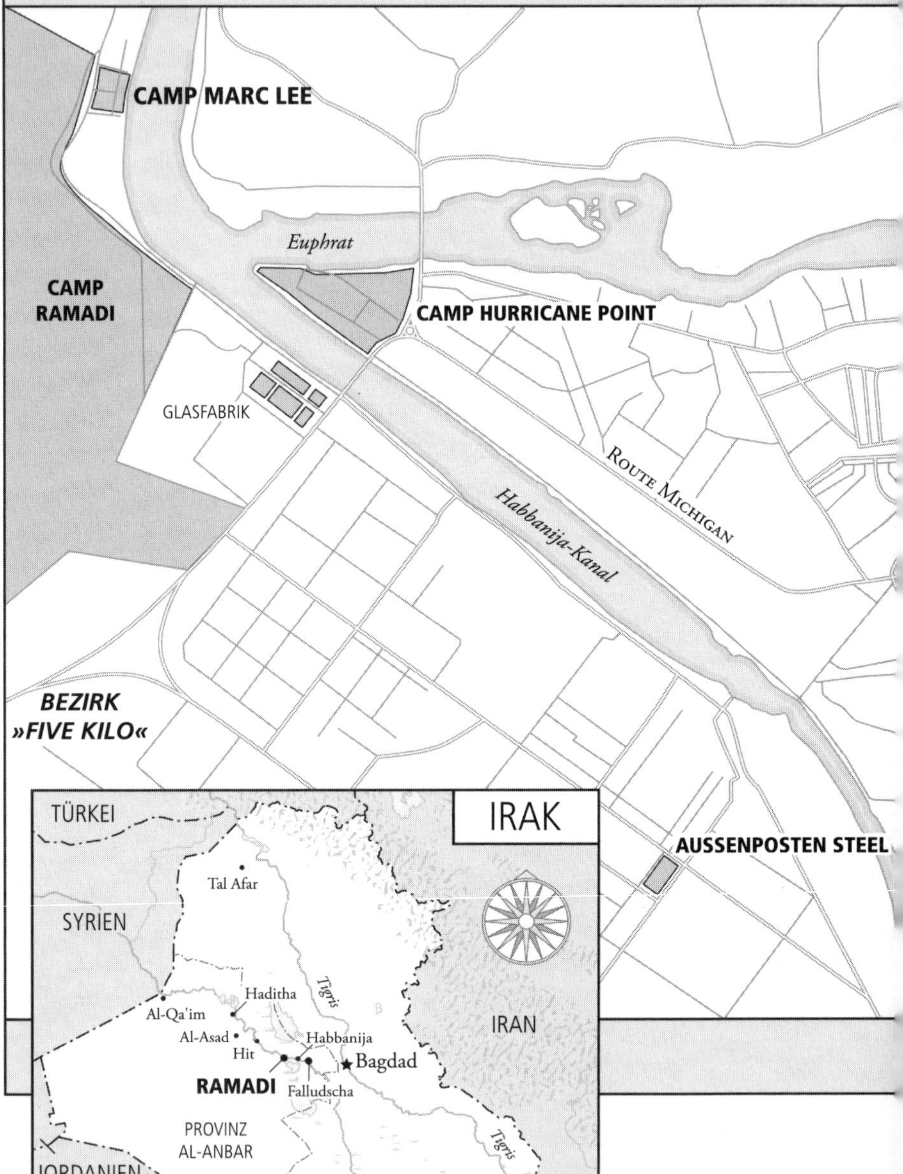
CAMP MARC LEE
Euphrat
CAMP RAMADI
CAMP HURRICANE POINT
GLASFABRIK
Route Michigan
Habbanija-Kanal
BEZIRK »FIVE KILO«
AUSSENPOSTEN STEEL
IRAK
TÜRKEI
Tal Afar
SYRIEN
Tigris
Haditha
Al-Qa'im
Al-Asad
Hit
Habbanija
Bagdad
RAMADI
Falludscha
IRAN
PROVINZ AL-ANBAR
JORDANIEN
Tigris
Euphrat
SAUDI-ARABIEN
0 Meilen 200
0 Kilometer 200
Persischer Golf
KUWAIT

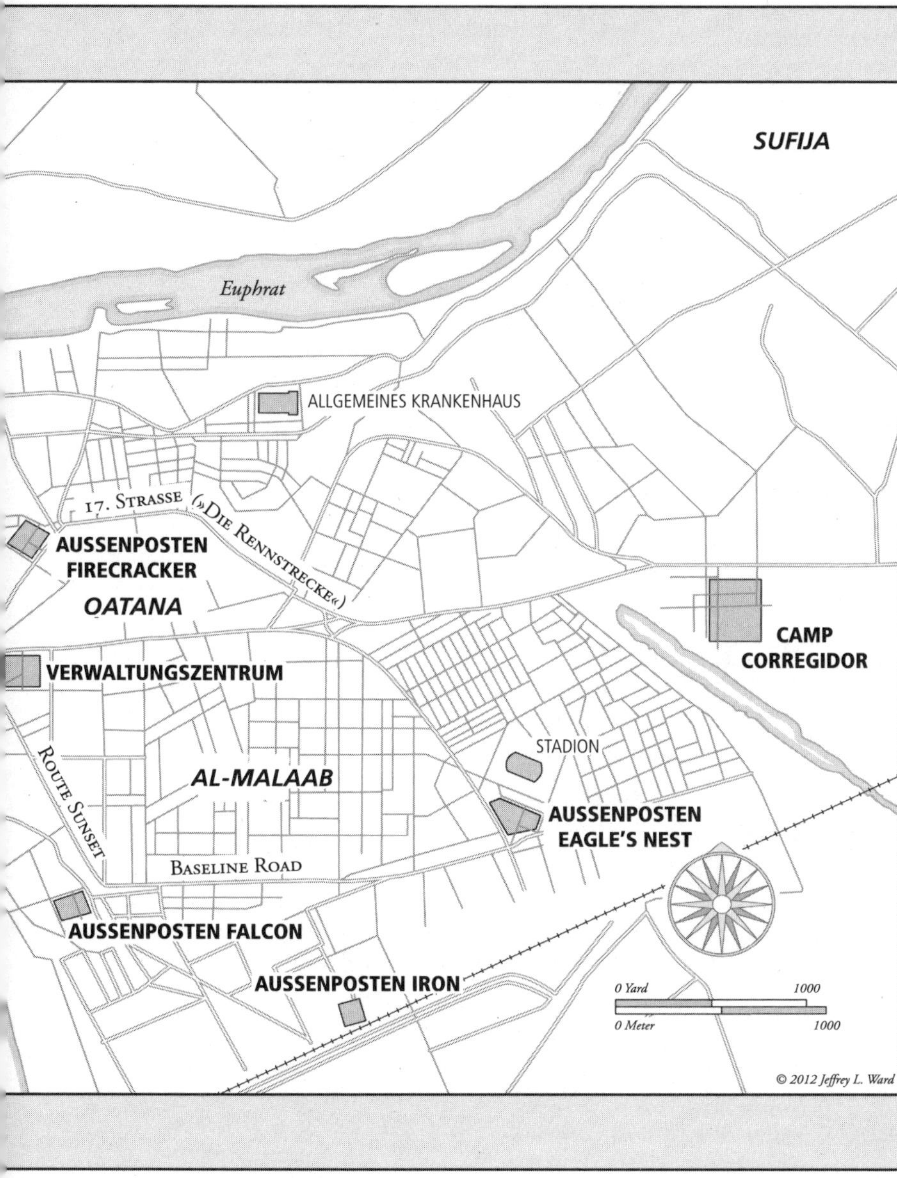
SUFIJA
Euphrat
ALLGEMEINES KRANKENHAUS
17. Strasse (»Die Rennstrecke«)
AUSSENPOSTEN FIRECRACKER
OATANA
VERWALTUNGSZENTRUM
CAMP CORREGIDOR
STADION
AL-MALAAB
Route Sunset
AUSSENPOSTEN EAGLE'S NEST
Baseline Road
AUSSENPOSTEN FALCON
AUSSENPOSTEN IRON
0 Yard
1000
0 Meter
1000
© 2012 Jeffrey L. Ward

Einige häufig vorkommende Begriffe

COIN: Counter Insurgency, Aufstandsbekämpfung.

COP: Combat Outpost, vorgelagerter Außenposten.

CSAR: Combat Search and Rescue, Such- und Rettungseinsätze.

Currahees: Fallschirmjäger vom 1. Bataillon des 506. Infanterieregiments, 101. Luftlandedivision.

Dschundis: Bezeichnung für die irakischen Soldaten (»Dschund« ist das arabische Wort für Soldat).

EODler: Kampfmittelräumer (abgeleitet von Explosive Ordinance Disposal, EOD).

IED: Improvised Explosive Device: Sprengfalle (technische Bezeichnung: Unkonventionelle Spreng- oder Brandvorrichtung [USBV]).

LPO: Leading Petty Officer, Offizier, der die Anweisungen des Zugführers (Platoon Chief) umsetzt, entspricht etwa einem Hauptbootsmann.

Master Chief: Oberstabsbootsmann. Unteroffiziersrang in der Navy.

»Neunzeiler«: Für die Freigabe eines Luftangriffs erforderliche Beschreibung des Ziels und Begründung der Notwendigkeit eines Luftschlags.

OIC: Officer in Charge, verantwortlicher Offizier.

Overwatch-Missionen: Missionen, die dazu dienen, anderen Einheiten (z. B. Pioniereinheiten) im Rahmen der »Force Protection« Schutz gegen Angriffe zu gewähren.

Point Man: der SEAL, der im Einsatz an der Spitze der Kolonne geht und sozusagen »die Vorhut« bildet.

Sandy: Bezeichnung für auf Such- und Rettungseinsätze spezialisierte Piloten.

SDVT: SEAL Delivery Vehicle Team. Die Delivery Vehicles sind Kleinst-U-Boote, mit denen die Kampfschwimmer zum Einsatzort gebracht werden.

Senior Chief: Abkürzung für Senior Chief Petty Officer. Stabsbootsmann. Unteroffiziersrang in der Navy.

TOC: Tactical Operations Center, Gefechtsstand.

Triggerman: Aufständischer, der »den Finger am Abzug hat« und eine Sprengfalle auslöst.

Ein Hinweis für den Leser

Die Namen von noch aktiven Mitgliedern der Spezialeinheiten wurden durch Pseudonyme ersetzt. Bei Elitesoldaten außer Dienst werden die richtigen Namen genannt, sofern diese Personen ihre Einwilligung gegeben haben.

VORWORT

Ich habe dieses Buch geschrieben, um das Können, den Mut und die Opferbereitschaft der außergewöhnlichen Menschen zu würdigen, die ich nicht nur in den SEAL-Teams, sondern in sämtlichen Einheiten im Laufe meines Diensts kennengelernt habe. Dies ist ein Buch für alle Soldaten. Es ist all denen gewidmet, die die Uniform tragen, all denen, die sich, wenn die ersten Schüsse krachen, auf das feindliche Feuer zubewegen anstatt davon weg. Es ist einem tapferen Menschenschlag gewidmet, den Kriegern, die alles riskieren, weil es von ihnen erwartet wird, weil sie für die Vereinigten Staaten einstehen und manchmal für sie sterben.

Im Leben gibt es vieles, das wichtig ist. Aber nichts ist so wichtig wie die Frage, wem oder welcher Sache man dienen will.

Die Menschen, über die ich in diesem Buch schreibe, haben ihr Leben einem Zweck gewidmet, der größer ist als sie. Getrieben von der Leidenschaft, ihre Brüder, ihre Schwestern, ihre Nachbarn und ihr Land zu verteidigen, erklärten sie sich aus freien Stücken bereit, ihr Leben an den gefährlichsten Orten der Welt in die Waagschale zu werfen.

In den Jahren, die ich die Uniform getragen habe, war ich einer der Glücklichen. Als stolzes Mitglied der SEALs kann ich nach allem, was geschehen ist, jeden Morgen in den Spiegel schauen.

Ich entschloss mich, dieses Buch zu schreiben, als ich über all die selbstlosen, tapferen Seelen nachdachte, die im Einsatzgebiet meinen Weg gekreuzt hatten. Auf den folgenden Seiten können Sie Einblicke ins Leben unserer Elitesoldaten gewinnen, die hin und wieder in den Schlagzeilen auftauchen, aber am liebsten anonyme, schweigsame Profis bleiben. Und Sie werden von Kriegern aus anderen Teilen des Militärs hören, deren Einsatz mir etwas bedeutet. Am Ende des Buchs werden Sie feststellen, dass wir alle mindestens eine Sache gemein haben: die Fähigkeit, wieder aufzustehen und uns durchzukämpfen, durch den Krieg, durch den Schmerz und zurück ins zivile Leben, wo unser Dienst an unseren Familien und Gemeinden genauso wichtig ist wie alles, was wir in der Uniform geleistet haben.

Ich war einer dieser schweigsamen Profis. Es war mein Schicksal, aus dem Schatten vorzutreten. Ich schrieb *Lone Survivor*, um das Andenken von drei Brüdern zu würdigen, die an einem Nachmittag in der afghanischen Provinz Kunar mit mir in den Kampf zogen und nicht zurückkehrten. Und ich schrieb es im Gedenken an sechzehn von Amerikas besten Söhnen, die in die Hölle flogen, um uns zu retten, und in einem Hubschrauber starben. Leider kann diese Mission mittlerweile nicht mehr als dunkelster Tag in der Geschichte der amerikanischen Spezialkräfte bezeichnet werden. Es folgten noch größere Rückschläge. Am 6. August 2011 verloren wir 30 unserer besten Männer. Keiner von uns wird diese Verluste je vergessen.

Am Nachmittag des 28. Juni 2005 wachte ich in Afghanistan unter einem Felsvorsprung unterhalb des Gipfels eines Bergs namens Sawtalo Sar auf, nachdem meine drei Kameraden im Kampf gefallen waren und der Hubschrauber, der das Rettungsteam gebracht hatte, von mir unbemerkt abgeschossen worden war. Ich verlor dort draußen ein Stück von mir. Wenn wir an einer Aufgabe scheitern, einen schweren Rückschlag hinnehmen müssen und in einer Mission oder in unserer Laufbahn eine Niederlage erleiden, verändern wir uns. Tun wir es nicht, so haben wir erneut versagt. Aber lange vor diesem unglückseligen Einsatz hatte ich gelernt, dass meine Stärke zum Teil darauf beruhte, dass ich nie zuließ, dass mich eine einzelne Erfahrung völlig bestimmte. Ich glaube, dass alles einen Grund hat. Die Situationen, in denen ich mich wiederfand, waren die Pflastersteine auf einem Weg zum einem höheren, unergründlichen Bestimmungsort. Ich habe jetzt eine Frau und einen Sohn, ich bin mit so vielen wunderbaren Dingen gesegnet. Aber eines bleibt unverändert: Nach jedem Schritt, auch nach einem Fehltritt, werde ich meinen Rucksack schultern, meine Kräfte sammeln und weitermarschieren. Ich kann nur hoffen, dass es mir auch weiterhin gelingen wird, denn ich habe eine Familie, die mich liebt. Ein Teil davon sind Blutsverwandte. Andere sind Blutsbrüder, Männer, die sich die Ehre verdient haben, den Trident zu tragen, und als Teamkameraden gelernt haben, wie wahr das

Motto der SEALs ist: »Der einzige leichte Tag war gestern.« Viele Mitglieder meiner Familie leben, atmen und arbeiten an gefährlichen Orten der Welt, ohne dass die Öffentlichkeit davon weiß. Einige von ihnen sind nicht mehr bei uns. Sie haben den höchsten Preis bezahlt, als sie ihre Pflicht erfüllten, und wachen als Tote über uns. Sie versprachen, ihren Dienst zu leisten, und gaben alles, was sie hatten, um dieses Versprechen einzulösen. Unsere Familie wird nicht durch die Ausbildung, den Mut oder das Können zusammengehalten, sondern durch Liebe, Ehre, Pflicht und Loyalität.

Dieses Buch ist ein Salut an alle, die das Sternenbanner auf der Schulter getragen haben, für dieses Land zur Waffe gegriffen und die Front bewacht oder hinter den feindlichen Linien im Einsatz gewesen sind – sei es in den heutigen oder in früheren Kriegen. Zu viele Helden bekommen nie die öffentliche Anerkennung, die sie verdient hätten. Ich bin stolz darauf, einige ihrer Geschichten aus meiner persönlichen Perspektive schildern zu können. Seit der Veröffentlichung von *Lone Survivor* ist meine persönliche Geschichte in der Öffentlichkeit. Ich habe das Gefühl, dass es dort draußen viele andere gibt, die öffentliche Anerkennung für ihre Dienste verdienen. Im Kriegsdienst gingen sie an ihre Grenzen. Sie gaben alles – und bekamen dafür etwas, was außer den Kämpfern niemand für sich in Anspruch nehmen kann: Gemeinsam bilden sie einen Faden, der in das Gewebe der Geschichte Amerikas eingeflochten ist. Sie sind Teil von etwas, das größer als sie ist. Es gibt im Leben noch andere Dinge, die zählen. Aber in meinen Augen zählt nichts so viel.

Februar 2012

Einleitung

BRÜDERLICHKEIT

Oktober 2009
Pensacola, Florida

Es war gegen vier Uhr morgens, als mein Handy zu summen begann. Ich setzte mich auf, nahm es vom Nachttisch und starrte auf das Display. Der Anrufer war JT, einer meiner engsten Teamkameraden.

Es war klar, was ein Anruf um diese Uhrzeit bedeutete. Ich wischte mit dem Finger über das Display und fragte: »Was ist mit meinem Bruder?«

Es musste um Morgan gehen, und ich hatte recht.

»Sein Zustand ist stabil, Bro, aber es hat ihn übel erwischt.«

Ich fühlte, wie mich Schwäche überfiel. »Ich bin auf dem Weg.« Als ich auflegte, wurde mir übel. Ich lief ins Bad und übergab mich.

JT hatte aus dem Naval Medical Center in Portsmouth angerufen. Mein Bruder und sein Platoon hatten in der Nacht knapp 40 Kilometer vor der Küste von Virginia an einer Übung teilgenommen. Es war eine wolkenlose Nacht, und es herrschte nur geringer Wellengang, als sich der Black Hawk einem Kriegsschiff näherte. Der Hubschrauber ging auf der Backbordseite in den Sinkflug und blieb in geringer Höhe über dem Deck der USNS *Arctic* in der Luft stehen. Die Besatzung ließ die Seile herab, die wie schlaffe Feuerwehrrutschstangen vom Vogel zum Deck hingen. Morgan und seine Kameraden saßen mit baumelnden Beinen in der offenen rechten Tür bereit.

Die amerikanische Marine beteiligte sich am Kampf gegen die internationale Piraterie, weshalb Übungen wie diese ein fester Bestandteil der Ausbildung waren. Die SEALs mussten lernen, Piraten aufzuspüren und ihre

Schiffe zu entern. Es war sechs Monate her, dass somalische Piraten das Containerschiff *Maersk Alabama* gekapert und den amerikanischen Kapitän als Geisel genommen hatten. Eines unserer Scharfschützenteams hatte auf dem überhängenden Teil des Hecks eines amerikanischen Kriegsschiffs Position bezogen und die drei Geiselnehmer erschossen.

Als nun mein Bruder und seine Kameraden gerade mit dem Abseilen beginnen wollten, durchtrennte der Hauptrotor des Hubschraubers ein schweres Spannkabel, das einen der riesigen Schornsteine des Schiffs stabilisierte. Die Rotorblätter verfingen sich in dem dicken Kabel, und der Black Hawk geriet außer Kontrolle. Die in der Tür sitzenden SEALs wurden in den linken Teil des Laderaums geschleudert. Der Hubschrauber krachte auf das Deck, Stahl auf noch dickeren Stahl, und kippte auf die Seite. Von dem Aufprall benommen, sah Morgan Feuer, das, wie aus einem riesigen Flammenwerfer geschossen, auf ihn zuraste. Er konnte nicht aufstehen und versuchte, dem Inferno kriechend zu entfliehen. Es gelang ihm, aus dem Wrack zu entkommen, aber dann fiel er über eine Kante fünf Meter hinab auf das nächste Deck des Schiffs. Bei dem Aufprall verlor er das Bewusstsein.

Während die Schiffsfeuerwehr das Feuer löschte, barg ein Team in Schutzausrüstung die Verletzten. Bei einer schnellen Sichtung der Lage stellte sich heraus, dass der Kommandant der Hubschrauberbesatzung tot war. Acht weitere Männer, darunter Morgan, waren schwer verletzt. Innerhalb kürzester Zeit flog ein Hubschrauber die Verwundeten nach Portsmouth aus. Vom Krankenhaus aus verbreitete sich die Nachricht von dem Unglück wie ein Lauffeuer.

Als JT anrief, war ich in Florida, wo ich mich nach einer Rückenoperation einer Reha unterzog. Nach den letzten beiden Kampfeinsätzen war meine Wirbelsäule eine Großbaustelle für die Ärzte, aber nichts konnte mich davon abhalten, nach Portsmouth zu fliegen, um meinen Bruder zu besuchen. Morgan und ich lassen immer alles stehen und liegen, um einander zur Seite zu stehen – und zwar wirklich *immer*. Ich rief einen großherzigen Freund an, der ein Privatflugzeug besaß, und zwang ihn, mir zu helfen. Während er nach Pensacola flog, um mich abzuholen, packte ich eine Tasche, sprang in meinen Mietwagen und raste zum Flughafen. Wenige Stunden später verschwand der Golf von Mexiko hinter uns.

Der Flug in den Norden schien ewig zu dauern, und je näher wir dem Flughafen Norfolk in der Nähe von Portsmouth kamen, desto langsamer schien die Zeit zu vergehen. Als ich im Krankenhaus eintraf, wartete Morgan gerade auf ein MRT. Als ich das MRT-Labor betrat, hob er den Kopf und zwinkerte in meine Richtung. Ich lief zu ihm hinüber. Sie hatten ihn auf einer Trage festgeschnallt, da er unter heftigem Schluckauf litt. Jeder der kleinen Zwerchfellkrämpfe schüttelte seinen zerschlagenen Oberkörper unter furchtbaren Schmerzen durch. Unsere Blicke trafen sich, und mein Hals schnürte sich zusammen, als ich ihn so daliegen sah. Mein Magen hob sich erneut, aber er enthielt nichts mehr, was ich hätte erbrechen können.

»Hey, *mijo*« sagte er. Der spanische Spitzname, den er mir gegeben hatte, bedeutet so viel wie »Kleiner«. Der Klang seiner Stimme holte mich in die Wirklichkeit zurück. Ich nahm seine Hand, umarmte ihn behutsam und sagte: »Ich bin hier, Brüderchen. Wir schaffen das.«

Der Techniker starrte konzentriert auf seinen Computerbildschirm und schien mich nicht bemerkt zu haben. Anscheinend konnten sie das MRT nicht machen, solange der Patient unter Schluckauf litt, aber sie taten nichts, um die Krämpfe zu stoppen. Ich machte dem Techniker klar, dass er seine Arbeit machen solle: »Heben Sie Ihren faulen Arsch und helfen Sie meinem Bruder, bevor ich Ihnen die Arme abreiße und Sie damit durchprügle!« Im Handumdrehen bekam Morgan ein Medikament, und als der Schluckauf nachließ, schoben die Techniker ihn in die Röhre.

Meinen Bruder dort liegen zu sehen und ihm nicht helfen zu können zerriss mich innerlich. Er ist einer der härtesten Männer, die ich kenne. Er kann nicht einfach nur Schmerzen ertragen, sondern er bietet dem Schmerz die Stirn.

Als er sich im College das Sprunggelenk anknackste und kein Geld für den Arzt hatte, humpelte er mehrere Wochen mit dem verletzten Fuß herum, weil er zu den Vorlesungen gehen und arbeiten musste. Im Lauf seines Dienstes hatte er sich zahlreiche Knochen gebrochen und eine Vielzahl blutender Wunden zugezogen, aber verglichen mit dem hier, waren das alles Lappalien: Das MRT zeigte, dass seine Wirbelsäule an sechs Stellen gebrochen war. Außerdem hatte er einen Beckenbruch erlitten.

Im Warteraum rief ich JT und einen weiteren Kameraden an, der den Spitznamen »Boss« trug. In den fünf Tagen, die Morgan im Krankenhaus verbrachte, stellten wir in seinem Zimmer ein Feldbett auf und ließen ihn nicht eine Minute lang allein. Wir hielten abwechselnd rund um die Uhr Wache. Morgan nimmt keine Schmerzmittel, es sei denn, die Schmerzen lassen ihn nicht schlafen oder stören auf andere Art den Heilungsprozess. Also taten wir unser Bestes, um ihn abzulenken. Wir sorgten dafür, dass er Besuch bekam, wenn er Gesellschaft wollte. Wir beschafften ihm einen DVD-Player und etwas zu lesen und bemühten uns um eine heitere Atmosphäre. Doch vor allem gaben wir ihm Raum, sich auszuruhen.

Wenn er sich erleichtern musste, schickten wir die Schwestern hinaus und machten die Arbeit selbst. Einer von uns packte ihn an den Schultern, der Zweite an den Füßen und der Dritte an der Hüfte, um ihn behutsam zur Seite zu rollen, damit er sein Geschäft verrichten konnte. Da ihm all diese Medikamente und Flüssigkeiten in die Adern gepumpt wurden, war das normalerweise eine Sauerei. (Es war wie in dieser Szene in *Der Exorzist*, nur dass es am anderen Ende herauskam.) Es war immer klar, wer im Raum den niedrigsten Rang hatte, denn dieser Mann war für das Putzen zuständig. Was immer Morgan brauchte, wir taten unser Bestes. Denn das tun Brüder füreinander.

Aber es ist unmöglich, Morgan lange Zeit stillzuhalten. Als sein Appetit zurückkehrte, war uns klar, dass er auf dem Weg der Besserung war. Und als JT anfing, mit den Schwestern zu flirten, wusste ich, dass wir ein weiteres Stück des Weges geschafft hatten: Wenn wir anfangen konnten, uns wieder ein bisschen um uns selbst zu kümmern, war klar, dass Morgans Lage sich verbessert hatte. An diesem Punkt begannen wir, ihn mit liebevoller Härte anzufassen.

»Dein Rücken ist gebrochen – willkommen in meiner Welt, Bruder. Hat ganz schön gedauert, bist du das geschafft hast!«

»Du tust dir hoffentlich nicht leid, nicht wahr?«

»Wenn du dich ein bisschen zusammenreißt, wird das hier schnell vorbei sein.«

»Wenn du es nicht schaffst, wird dein Team ohne dich zum Einsatz aufbrechen.«

Diese Aussicht machte ihm am meisten zu schaffen.

Wenn die Ärzte vorbeischauten, fragten wir sie, ob sie die große Narbe von seiner Stirn auf die Wange verlegen könnten, da die meisten Mädchen Narben an der Stelle lieber mögen.

Hin und wieder gewährten wir ihm eine Atempause, aber die meiste Zeit sorgten wir dafür, dass ihm klar war, dass sein Team mit seiner Rückkehr rechnete, sobald er die Operationen und die Reha hinter sich hatte. Wir hielten sein Elend auf einigen urkomischen Fotos für die Nachwelt fest, denn es würde der Tag kommen, an dem wir diese Fotos hervorkramen müssten, damit er demütig blieb.

Als er die chirurgischen Eingriffe hinter sich und eine Weile das Krankenhausleben genossen hatte, sagte Morgan schließlich: »Bro, ich muss unbedingt hier raus.« Nicht, dass er unser inoffizielles Trainingsprogramm sattgehabt hätte – er war einfach an dem Punkt angelangt, an dem er die Gefangenschaft nicht länger ertragen konnte. Also entwarfen wir einen Evakuierungsplan.

Es würde ein schneller und schmutziger Einsatz werden, und da wir auf einen Mann wie JT zählen konnten, waren wir überzeugt, dass es tatsächlich klappen würde. Als die Nacht einbrach, ging JT hinaus auf den Gang und begann, eine der Schwestern anzumachen. Als wir Gelächter hörten, schlüpfte Boss in einen geborgten Laborkittel, hievte Morgan in seinen Rollstuhl und schob ihn hinaus. Einfach so. Gegen den ärztlichen Rat rollten wir ihn zur Tür hinaus. Er war frei. Wir hatten die »Operation Heimkehr« erfolgreich abgeschlossen.

Ich nahm Morgan mit nach Pensacola, wo ich selbst zur Reha gewesen war, als JT mir die Nachricht überbracht hatte. Gemeinsam begannen wir mit einem speziellen Rehaprogramm in einer ausgezeichneten Einrichtung namens Athletes' Performance, die sich darauf spezialisiert hat, Leute wie uns wieder in Form zu bringen. Da ich selbst schon einige Zeit dort verbracht hatte, wusste ich, wie schwer es sein würde, Morgan vollkommen wiederherzustellen. Aber ich wusste auch, dass er alles tun würde, was nötig war, um es zu schaffen. Aufzugeben ist unmöglich, wenn eine Bruderschaft wie unsere dich in die Mitte nimmt und entschlossen ist, dich wieder auf die

Beine zu bringen. Meine Brüder hatten es für mich getan, nachdem ich im Juli 2005 von der »Operation Redwing« zurückgekehrt war. Jetzt würden wir dasselbe für Morgan tun.

Im Kriegseinsatz festigen sich die Beziehungen zu den Brüdern unter dem Druck ständiger Gefahr. Die Bindungen werden dauerhaft und sind nicht mit irgendwelchen anderen Beziehungen zu vergleichen, die man im Lauf seines Lebens knüpft. Die Beziehungen zu den Menschen außerhalb der inneren Bruderschaft wirken dagegen flüchtig, vorübergehend und austauschbar. Wir aber sind Brüder. Das wird mir jedes Mal bewusst, wenn ich im zivilen Leben einem Kriegsveteranen über den Weg laufe.

Es gibt nicht vieles, was die 2,4 Millionen Männer und Frauen, die im Irak und in Afghanistan gedient haben, voneinander trennt. Wir haben die staubige Luft im Irak geschmeckt und im Hindukusch unter diesem Brennen in den Lungen gelitten. Wir haben uns in Humvees und Black Hawks gezwängt und wurden beschossen. Wir haben in langsam dahinkriechenden Konvois gesteckt und uns gefragt, was das nächste Schlagloch wohl für uns bereithält. Ich denke an die Soldaten und US-Marines, die Seite an Seite mit uns gekämpft haben, an die Spähtrupps und Sprengmeister, die Bombentechniker, die Fliegerleittrupps, die Leute von der Aufklärung, die Piloten und das Unterstützungspersonal, die Ärzte und Sanitäter, die Versorgungszüge und all die anderen. Und selbstverständlich denke ich vor allem an meine Teamkameraden. Viele von ihnen stehen immer noch im Dienst, schreiben weiterhin ihre Geschichten und machen den Feinden Amerikas die Hölle heiß. Die Gedanken an sie tragen mich zurück in die gute alte Zeit. Ich weiß, dass ich ohne sie nicht hier wäre.

Es gibt nur einen Weg aus der Hölle: geradewegs hindurch. Wenn man diesen Weg beschreitet, ist es immer gut, wenn man seine Brüder zur Seite hat.

Teil I

WIE WIR KÄMPFEN

1

NOCH EINE RUNDE

In jedem Team und insbesondere in einer Gruppe von sehr engagierten Personen, die sich einer schwierigen Mission verschrieben haben, findet man wiederum kleinere Gruppen, die eine untrennbare Einheit bilden und sich aufeinander verlassen können, wenn es hart auf hart kommt. So ist es immer gewesen bei den Männern, die den Mittelpunkt meiner Welt bilden. Die Naval Amphibious Base Coronado, der Heimatstützpunkt der SEAL-Teams, liegt direkt am Strand, nur wenige Schritte von den Weiten des Pazifik entfernt. In Coronado, wo die SEALs geboren werden, wurden wir durch eine Kraft zusammengeschweißt, die teils Persönlichkeit und teils Sensibilität war. Wir zogen einander an wie Magneten.

JT ist einer von ihnen. Er ist ein Junge aus Iowa, hart wie ein Maiskolben, 1,90 Meter groß, so fit und stark, wie Gott einen Mann nur schaffen kann. Er ist ein Triathlon-Champion und natürlich einer der besten Kämpfer in der SEAL-Gemeinschaft. Mit seinem schonungslosen Scharfsinn und seiner schockierenden Durchschlagskraft in jedem Kampf ist er die Art von Mann, die man gerne an seiner Seite hat, sei es im Kampfgebiet oder in einer Kleinstadtbar, in der sich ohne jeden Grund eine Schlägerei anbahnt. Mit seiner außergewöhnlichen Persönlichkeit ist er in den meisten Situationen unser Point Man. Extrovertiert und heiter, ist er jederzeit bereit, uns mit seinem impulsiven Übermut zu überraschen. Er ist immer so gewesen.

Ein weiterer unverzichtbarer Bestandteil unseres Kreises ist Boss. Er stammt aus Arizona und gehörte im BUD/S-Kurs, dem Ausbildungskurs, aus dem die Kampfschwimmer hervorgehen, meiner Bootscrew an. Er ist ein echter Freund und Teamkollege. Boss teilte sich mit JT eine Wohnung, bis er sich schließlich entschloss, seiner Freundin einen Heiratsantrag zu machen. Ihre Beziehung war so eng, dass JT der Verlobten seines Freundes in ernstem Ton eröffnete, sie könne Boss erst heiraten, wenn die Scheidung der beiden SEALs amtlich sei. Boss ist der personifizierte Kampfgeist. Er ist so kämpferisch, dass ich mir vorstellen kann, wie er den ganzen Weg ins alte Griechenland fliegt, um in den Körper eines schwer bewaffneten Spartaners zu fahren, der mit seiner Einheit bei den Thermopylen eingekesselt ist. Manchmal habe ich den Eindruck, dass dieser außergewöhnliche Fallschirmspringer, der in jedem Feuergefecht Angst und Schrecken verbreitet, im falschen Jahrhundert geboren wurde.

Zu unserer Gruppe gehört auch Josh, ein 1,95 Meter großes Energiebündel mit einem brillanten Kopf. Nach dem Abschluss an der Marineakademie entschied sich dieser Hinterwäldler aus Louisiana, sich am BUD/S-Kurs zu versuchen. Er machte seinen Abschluss in der Klasse 232, genau zwischen Morgan und mir, und gehörte unterschiedlichen Platoons an, bevor er eine Pause einlegte, um einen Abschluss an der Columbia University zu machen. Anschließend kehrte er zurück und wurde einer der besten SEALs. Zwischen uns besteht eine ganz besondere Energie, und abgesehen von meinem Zwillingsbruder Morgan gibt es niemandem, dem ich bereitwilliger die Aufgabe übertragen würde, mir Deckung zugeben.

JJ, einer von relativ wenigen Schwarzen in den SEAL-Teams, stammt aus Oklahoma, bezeichnet mittlerweile jedoch Texas als seine Heimat. Er begann seine Laufbahn in meiner ursprünglichen Einheit, dem SEAL Delivery Vehicle Team 1 (SDTV-1), in dem *die* Hochseekampfschwimmer schlechthin zu Hause sind. Sein Funkrufzeichen war Underwater Brother. JJ ist ein wilder Kämpfer. Dieser zuverlässige Kamerad, der sich in Feuergefechten in einen Furcht einflößenden Krieger verwandelt, ist fast während meiner gesamten Laufbahn an meiner Seite gewesen. Ich war mehr als einmal nahe dran, mein Leben zu verlieren. Dass ich noch in dieser Welt bin, verdanke ich JJ.

Und dann ist da mein Zwillingsbruder Morgan, der sieben Minuten älter ist als ich. Wir sind unzertrennlich. Als ich verwundet auf jenem Berg in Afghanistan lag und die Medien über meinen Tod berichteten, fühlte Morgan, dass ich am Leben war. Er versicherte den Freunden und Fremden, die sich außerhalb von Huntsville in Texas auf der Ranch unserer Familie versammelt hatten, dass ich nicht tot sei. Er sagte immer wieder: »Wenn sie seine Leiche noch nicht gefunden haben, ist er nicht tot.« Er schien es zu wissen. Es war die Verbindung zwischen Zwillingen. Wir sagen oft, dass wir »from the womb to the tomb« (vom Mutterleib bis ins Grab) zusammen sein werden: FTWTTT.

Die SEALs sind ein großer Kreis, aber diese Männer bilden den Kern meiner Welt. Als ich von der »Operation Redwing« zurückkehrte, brauchte ich im Grunde nur ihre Gegenwart, um wieder auf die Beine zu kommen. Wir haben zusammen geblutet, geschwitzt und Tränen vergossen. Wir haben die Unterkünfte geteilt und dieselben Ausbildungs- und Einsatzzyklen durchlaufen. In welche Richtung ich auch immer schaute, ich wusste, dass einer dieser Jungs hinter mir stand. Je länger wir einander kannten, desto deutlicher wurde uns eine Wahrheit bewusst, die schwer in der Luft hing, wann immer wir zusammen waren: Dies konnte unser letzter gemeinsamer Tag sein. Also genossen wir jeden Tag, als wäre es unser letzter.

Es hört sich hart an, wenn man es ausspricht, aber Morgan und ich sind uns immer ziemlich sicher gewesen, dass wir unseren vierzigsten Geburtstag nicht erleben würden. Irgendwo würde irgendetwas geschehen. Wir würden in einer Flamme des Ruhms verglühen, und feiern würde uns nur unsere Bruderschaft.

In Afghanistan wäre es für mich fast so weit gewesen. Ich habe viel Glück gehabt, lebend nach Hause zurückzukehren. Aber ich hätte meine Heimkehr, ohne zu zögern, für die Chance geopfert, einen der Kameraden, die wir an jenem Tag verloren hatten, zu seiner Familie zurückzubringen.

Am 27. Juni 2005 hatte unser vierköpfiges Aufklärungsteam in fast 3 000 Meter Höhe unterhalb eines Berggipfels im Hindukusch gesessen. Unsere Mission: Wir sollten einen hochrangigen Taliban gefangen nehmen oder töten. Am nächsten Tag wurden wir von mehreren Ziegenhirten entdeckt, die ihre Herde auf den Berg geführt hatten. Wir nahmen sie gefangen und besprachen, was mit ihnen zu tun sei. Sollten wir sie töten, damit sie uns nicht verraten konnten, oder sollten wir sie gehen lassen? Wir entschlossen uns, das menschlich Richtige zu tun, und ließen sie frei. Kurze Zeit später waren wir von einer Gruppe schwer bewaffneter Taliban umringt, die sehr wütend über unsere Anwesenheit auf ihrem Berg waren. Angesichts der feindlichen Übermacht taten wir, wozu wir ausgebildet worden waren: Wir bewegten uns gemeinsam, kämpften diszipliniert und zogen uns über einen felsigen Steilhang zurück – das heißt, wir plumpsten die meiste Zeit von Fels zu Fels. Wir gaben dosierte Feuerstöße ab und töteten mehrere Feinde, aber wir konnten dem Kugelhagel nicht standhalten.

Danny Dietz, unser Funker und ein sagenhafter SEAL, wurde von zahlreichen Kugeln getroffen und starb in meinen Armen. Der Kommandant unserer Einheit, Lieutenant Michael Murphy, verließ die Deckung, um über Funk Hilfe anzufordern, obwohl er wusste, dass er dabei sein Leben verlieren würde. Matt Axelson, unser Scharfschütze, kämpfte trotz eines Kopfschusses wie ein Löwe weiter. Wir wurden getrennt, als eine aus einer Panzerbüchse abgefeuerte Granate in der Nähe einschlug und uns in verschiedene Richtungen wegschleuderte. Ich versuchte, Axe zu finden, denn ich wollte nicht alleine sterben, aber er war für immer fort.

Diese Männer gaben alles und noch ein wenig mehr. Sie gaben nicht auf, bis ihr Herz zu schlagen aufhörte. Wir werden sie nie vergessen.

Am frühen Nachmittag kam ich in einer Felsspalte zu Bewusstsein, in der ich Schutz gesucht hatte. Ich war von steilen Felswänden umgeben. Während ich meine Wunden versorgte und mich vor den feindlichen Kämpfern verborgen zu halten versuchte, die die Umgebung nach uns absuchten, näherte sich ohne mein Wissen ein Chinook-Hubschrauber, der ein sechzehnköpfiges Rettungsteam an Bord hatte. Als der Vogel die SEALs gerade absetzen wollte, schoss ein junger Taliban mit einer Panzerbüchse eine Granate in die offene Ladeluke. Der Hubschrauber ging in Flammen auf, und die gesamte Besatzung verlor das Leben.

Als ich schwer verwundet in der Wildnis lag und einem langsamen Tod durch Blutverlust, Unterkühlung und Dehydrierung entgegensah, betete ich zu Gott. Und dann kam eine unerwartete Rettung: Ich stieß auf eine Gruppe von Paschtunen, die keine Anhänger der Taliban waren. Sie brachten mich in ihr Dorf und schützten mich wie einen der ihren vor meinen Verfolgern.

Wie sich herausstellte, hatte Gott jedes meiner Worte gehört. Er legte mein Leben in die Hände eines Arztes namens Sarawa und eines Mannes namens Gulab, der der Sohn des Dorfältesten war. Gulab pflegte mich in seinem Haus und beschützte mich, bis nach vier Tagen meine Waffenbrüder kamen, um mich abzuholen, wie sie es immer für einen der Ihren tun.

Nach all den Schlagzeilen über unsere Verluste an jenem Tag – es waren die bis dahin schlimmsten in der Geschichte der SEALs – sorgte meine Rettung für erneuten Medienrummel. Unmittelbar vor meiner Ankunft in San Antonio erhielt JJ einen Anrief von einer Reporterin eines nationalen Fernsehsenders. Sie wollte unbedingt als Erste mit mir sprechen und verlangte ein Exklusivinterview. »Das Volk will das hören«, sagte sie. JJ antwortete in seiner lockeren, aber bestimmten Art: »Sagen Sie dem Volk einfach, es soll sich bedanken. Das ist so ziemlich alles, was das Volk hören muss.« Sie bot ihm Geld an, aber er legte auf. Sie brachte trotzdem ihren »Exklusivbericht«. Die Details, die ihr fehlten, dachte sie sich einfach aus.

Etwa eine halbe Stunde nach JJs Telefonat mit der Reporterin stieg ich aus dem Flugzeug und humpelte die Treppe hinunter, um meine Brüder in die Arme zu schließen. In ihrer Gesellschaft begann ich mein zweites Leben. Aber auf der vierstündigen Fahrt vom Flughafen nach Hause konnte ich nicht viel sprechen, denn die Emotionen waren noch zu frisch. Mir genügte die reine Anwesenheit meiner Brüder; ihr Anblick rief mir in Erinnerung, wie ich eigentlich sein sollte. Ich spürte den überwältigenden Drang, wieder *in Ordnung* zu kommen und *wie sie* zu werden. Sobald mein Körper es mir erlaubte, würde ich mich von den Ärzten verabschieden, wieder in den Sattel steigen, in mein SEAL-Team zurückkehren, mit meinen Brüdern lachen und tun, wofür jedes Mitglied dieser Teams gemacht ist: mich auf den Weg in den nächsten Krieg machen.

+++

Ich war kaum drei Wochen in der Heimat, als Morgan den Marschbefehl erhielt. Er würde sich wieder dem SDVT-1 in Hawaii anschließen. So lief es immer: Jedes Mal, wenn wir uns trafen, war er auf dem Sprung zu einem neuen Einsatz und umgekehrt. Es war immer so, in Afghanistan und Texas, im Irak und auf Hawaii und an all den anderen Orten dazwischen.

Ich folgte ihm wenige Wochen später und schloss mich im August unserem Team in Pearl Harbor an. Ich liebte die SDV-Teams. Sie sind die fleißigsten Schwimmer in der Navy. Aber jedes Mal, wenn ich bei ihnen war, klaffte dort ein riesiges Loch: Die Jungs von der »Operation Redwing« waren fort. SDVT-1[1] hatte am 28. Juni 2005 einen furchtbaren Schlag hinnehmen müssen. Und dennoch: Die verlorenen Teamkameraden sind immer noch ein Teil von mir. Sie leben in meiner Seele weiter. Es vergeht kein Tag, an dem ich nicht an sie denke und sie vermisse. Aber ich musste mich auf meinen Dienst konzentrieren, was nicht immer einfach war.

Mein Zwillingsbruder ist ein wunderbarer Mensch und zweifellos ein doppelt so guter SEAL wie ich. Aber wir sind beide stärker, wenn wir zusammen sind. Nur dann sind wir ein Ganzes. Wir haben unser ganzes Leben zusammen gekämpft – und wir sind kämpfend aufgewachsen, von der Grundschule bis zum College. Wir mussten Kneipenschlägereien überstehen. Kampfsportturniere. Straßenkämpfe. Wir waren immer ein tolles Team. Wenn wir Seite an Seite kämpfen, sind wir eine Person. Wenn ich zu einem Tiefschlag ansetze, holt er zu einem Kopftreffer aus.

FTWTTT.

Wir haben in guten und schlechten Zeiten Seite an Seite gestanden. Unser Vater sorgte dafür. Wenn wir nach einer langen Nacht heimkehrten und einer von uns ein blaues Auge abbekommen hatte, während der andere unversehrt war, gab es Ärger, weil Dad wusste, dass der Unversehrte nicht für seinen Bruder eingetreten war. Bei den wenigen Gelegenheiten, bei denen Morgan und ich uns untereinander prügelten, sah sich unser Vater das Ergebnis an und verabreichte dem Sieger eine Abreibung dafür, dass er seinen Bruder geschlagen hatte – um dann den anderen für seine Niederlage zu bestrafen. Nachdem wir so aufgewachsen waren, lag es nahe, dass wir die

1 Im Verlauf der »Operation Redwing« waren ich und andere Mitglieder des SDVT-1 dem Team 10 als Unterstützung zugeteilt worden. In den SEAL-Teams werden Männer, die einer anderen Einheit als Verstärkung zugeteilt werden, als »Stehplatzzuschauer« bezeichnet.

Uniform anzogen und gemeinsam in den Krieg zogen. Als ich heimkehrte, wünschte ich mir nun mehr als je zuvor, dass es wieder so würde wie damals in Osttexas: Ich wollte wieder Rücken an Rücken mit meinem Bruder stehen und es mit der Welt aufnehmen.

Also fasste ich einen Entschluss: Ich würde von nun an keinen Tag mehr meinen Dienst verrichten, ohne Morgan an meiner Seite zu haben. Das Kommando war einverstanden, und wir erhielten beide den Befehl, uns dem Team 5 anzuschließen, das als Nächstes mit einem Auslandseinsatz an der Reihe war. Da ich wegen meiner Verletzungen noch zur Physiotherapie musste, stieg ich mit Verspätung in das Training ein, aber ich wurde rechtzeitig fertig, um mich zu Morgan und meinen neuen Teamkollegen im Team 5 zu gesellen.

An einem schönen Strand in Coronado, der als »Silver Strand« bezeichnet wird, hörte ich die Schreie der BUD/S-Teilnehmer, die um ihre Tridents kämpften, und das Gebrüll der Ausbilder, die den Soldaten die Hölle heiß machten. Ich erinnerte mich daran, wie schwer es gewesen war, ein SEAL zu werden. Der Geruch des mächtigen Pazifik, dessen Wasser im Dezember eisig und das restliche Jahr einfach nur kalt ist, weckte meine Lebensgeister und spornte mich an, mir zurückzuholen, was ich verloren hatte.

Aber es würde schwer werden, wieder aufs Pferd zu steigen.

Einige meiner Bandscheiben waren gebrochen und zermalmt worden wie die Nüsse in einem Nussknacker. Meine Schusshand war derart in Mitleidenschaft gezogen, dass sie trotz der Handwerkskunst der Chirurgen im Marinekrankenhaus, die sie mit Metallstangen und transplantierten Bändern zusammengeflickt hatten, nicht mehr vollkommen beweglich war (die Beweglichkeit ist bis heute nicht wiederhergestellt). Und ein eigenartiger Parasit trieb immer noch sein Unwesen in meinen Eingeweiden und ließ sich nicht vertreiben.

Trotzdem tat ich mein Bestes, um mit den Jungs in Team 5 mitzuhalten.

Mein Lieblingsbuch, *Der Graf von Monte Christo*, handelt von der Rache. Dasselbe gilt für einen meiner Lieblingsfilme, *Der blutige Pfad Gottes*, der die Geschichte von zwei irischen Brüdern erzählt, die in Boston den Kampf mit der Russenmafia aufnehmen. (Der Film hat bei den SEALs Kultstatus.)

In unserer Bruderschaft gilt ein ehernes Gesetz: Wenn du niedergeschlagen wirst, stehst du auf und schlägst zurück. SEALs geben nie auf. Wir vergeben nicht und vergessen nicht. Nie.

Sie werden für Mikeys Tod bezahlen.

Und für Dannys Tod.

Und für Axes Tod.

Und für den Tod der sechzehn Krieger, die uns an jenem Tag zu Hilfe eilten. Sie standen alle in der Blüte ihres Lebens. Sie waren zwischen einundzwanzig und vierzig Jahren alt. Da waren die SEALs: Lieutenant Commander Erik S. Kristensen, Jacques J. Fontan, Daniel R. Healy, Jeffrey A. Lucas, Michael M. McGreevy jr., Shane E. Patton, James E. Suh und Jeffrey S. Taylor. Außerdem die Hubschraubercrew aus dem 160th Special Operations Aviation Regiment, die »Night Stalkers«: Shamus O. Goare, Corey J. Goodnature, Kip A. Jacoby, Marcus V. Muralles, James W. Ponder III., Stephen C. Reich, Michael L. Russell und Chris J. Scherkenbach.

Wir werden nicht vergessen, wir werden nicht vergeben.

Das Team 5 hatte die Hände voll zu tun, um sich in der spartanischen Umgebung der NSW-Anlage (Naval Special Warfare, Spezialeinheiten der Navy) in Coronado auf seinen Einsatz vorzubereiten. Wenn das Training abgeschlossen wäre, würden wir in den Irak aufbrechen. Der Müllplatz des Nahen Ostens stand nicht nur am Rand des Bürgerkriegs, sondern war komplett vom Zusammenbruch bedroht. Es war uns klar, dass unsere dortige Mission sehr viel mehr umfassen würde als die Vergeltung, nach der ich mich sehnte. Aber ich hoffte, dass ich mir zumindest in meinen Augen wieder das Privileg verdienen konnte, den Trident an der Brust zu tragen, indem ich in den Krieg zurückkehrte. Bei den Teams haben wir eine Redewendung: »Verdiene dir deinen Trident jeden Tag.« Ein SEAL zu bleiben ist schwerer, als ein SEAL zu werden.

Morgan rückte mir immer den Kopf gerade, wenn ich Zweifel hatte. Er kannte mein Herz und meine Seele und fragte mich: »Steigt ein Feuerwehrmann aus, nachdem er in einem brennenden Haus gewesen ist? Gibt ein Cowboy das Reiten auf, wenn er von einem Pferd abgeworfen wird? Nein, das tut er nicht. Und du wirst wieder auf das Pferd steigen und ins Feuer zurückreiten.« Vermutlich wusste er, dass das genau die Worte waren, die ich hören musste.

+++

Jedes Team hat seinen eigenen Ruf. Das Team 1, das an der Westküste stationiert ist, wird als »Stalag 1« bezeichnet, weil es hier traditionell sehr streng zugeht. Das Team 2, das seinen Heimatstützpunkt an der Ostküste hat, wird »BUD/S Team 2« genannt, weil seine Kommandeure auf einem harten körperlichen Training beharren. Diese beiden Teams blicken auf eine lange Geschichte glorreicher Kampfeinsätze zurück, die mehr als fünfzig Jahre bis in die Gründungszeit der Einheit im Vietnamkrieg zurückreicht. Die SEALs von der Ostküste spotten gerne über das angeblich leichte Leben der Westküstenteams in Südkalifornien: Ausflüge zum Strand mit Volleyballnetzen und so. Ich habe festgestellt, dass jedes Team seine eigene, unverwechselbare Arbeitsweise entwickelt, die vom Charakter der Verantwortlichen abhängt. Im Team 5 nahm Commander Leonard, der neu zu der Einheit gestoßen war, die Aufgaben mit einer mitreißend positiven Einstellung in Angriff.

Morgan und ich waren beeindruckt von ihm. Dieser Veteran war seit 1979 bei den SEALs und in der Hierarchie immer weiter aufgestiegen. In der Navy wird ein Offizier, der diesen Weg geht, als »Mustang« bezeichnet. Er war zugänglich und pflegte einen kameradschaftlichen Führungsstil. Gleichzeitig verstand er, dass ein Offizier eine gewisse Distanz zum Alltagsleben der Truppe wahren muss. Er war ein Offizier, der sich ansah, was zu tun war, und klare Befehle erteilte, an denen niemand herumnörgeln konnte, weil er unseren Respekt hatte. »Der Skipper«, wie wir ihn nannten, hatte schon weltweit SEAL-Teams in den Kampf geführt, als viele von uns noch in der Grundschule waren.

Commander Leonard schien nichts dagegen zu haben, dass Morgan und ich gemeinsam in seiner Einheit dienten, obwohl das in der risikoscheuen Navy seit der Rettung des Soldaten Ryan eigentlich nicht infrage kam. Ich glaube, er begriff, dass wir gemeinsam wertvolle Beiträge leisten konnten und dass wir getrennt sehr viel eher Gefahr liefen, Schaden zu nehmen.

Die rechte Hand des Skippers war nicht weniger wichtig und einflussreich als Commander Leonard. Der Master Chief war ein hagerer, kantiger, durchtrainierter, gelassener und kluger Mann. Als erster Berater des Skippers hatte er einen wichtigen Job. Er war seit neunzehn Jahren bei den Teams und so kompetent, wie ein SEAL nur sein kann. Seine Intelligenz, sein klares Denken und seine angenehme, aber direkte Art im Umgang mit Vorgesetzten und Untergebenen machten ihn zumindest in meinen Augen zu einer Klasse für sich. Seine Gegenwart erinnerte uns ständig daran, dass Muskeln ohne Hirn nutzlos sind.

Auf Grundlage der jüngsten Erfahrungen, die er mit einem anderen Team gesammelt hatte, fasste der Master Chief für den Skipper kurz die Situation an den Brennpunkten der aufständischen Aktivitäten im Westirak zusammen. In Städten wie Ramadi und Habbanija herrschte eine ernste Krise. Der Master Chief erklärte, was sich im Kampf gegen die Mörderbanden von al-Qaida als wirkungsvoll erwiesen hatte und was nicht. Gemeinsam richteten die beiden Kommandeure unser Training an dem aus, was der Master Chief drüben in der »Sandkiste« (im Irak) gesehen hatte.

Ich war froh, wieder Teil eines Haufens rennender und schießender Kampfschwimmer zu sein. Männer wie der Skipper und der Master Chief taten mir den größten möglichen Gefallen: Sie setzten mich als normalen Frontsoldaten in eine Einheit und verlangten, dass ich wie jeder andere behandelt wurde. Das war nicht immer der Fall – und ich hasste das. Würdenträger, die den Stützpunkt besuchten, wollten oft den »einzigen Überlebenden« der »Operation Redwing« treffen und die Geschichte aus meinem Mund hören. Ich erhielt derart viele Anrufe auf dem Handy, dass der Skipper und der Master Chief schließlich einschritten und vorschrieben, dass Anfragen nur noch an sie gerichtet werden durften. Sie hörten sich die Anfragen (die normalerweise von einer Hilfskraft von irgendwem kamen) stets höflich und respektvoll an, um dann die freundliche Antwort zu geben: »Sir, wenn Ihr Chef mich persönlich anruft, um mir zu sagen, dass Marcus aus dem Training für den Kampfeinsatz im Irak geholt werden muss, dass es in Ordnung ist, die Vorbereitung zu unterbrechen, die ihm dabei helfen wird, Menschenleben zu retten, und dass es in Ordnung ist, die Kampftauglichkeit seines Zuges zu beeinträchtigen – wenn Ihr Vorgesetzter mich anruft und mir sagt, dass dieser Termin wichtiger ist als das Leben unserer Leute, dann werde ich ihm Marcus sofort hinüberschicken. Aber er muss mich persönlich anrufen, um mir das zu sagen.« Dieser Anruf kam nie.

Meine Kameraden verloren nie ein Wort darüber, aber ich bin sicher, dass all das Interesse von außerhalb Auswirkungen auf die Einheit insgesamt hatte. Aber als das Kommando die Notbremse gezogen hatte, normalisierten sich die Dinge wieder. Erst das Team, dann die persönlichen Angelegenheiten. Genau das tun gute Führungskräfte für ihre Mannschaft: Sie halten Ablenkungen fern und sorgen dafür, dass der Blick auf das Wichtige gerichtet bleibt.

Ein Mann, der zum Master Chief befördert wird, ist an Orten jenseits des Endes der Welt gewesen und hat aus erster Hand geheimes Wissen gesammelt, mit dem er ganze Bücher füllen könnte. Ein Beispiel: Nachdem wir in den SDV-Teams gedient hatten, wo ein Kampfschwimmer mehr als die Hälfte seiner wachen Stunden unter Wasser verbringt, waren Morgan und ich überzeugt, dass sich der finsterste Ort der Welt im nächtlichen Gewässer unter einem Flugzeugträger befindet. Aber das war, bevor wir unserem Master Chief begegneten. Er erzählte uns eine Geschichte über einen Tauchgang in den trüben Gewässern des Persischen Golfs. Die Kompasse der Teammitglieder waren durchgedreht, weil sie etwa zwanzig Meter in ein großes Abwasserrohr geschwommen waren. Das zeigte uns, dass man in den SEAL-Teams immer jemandem begegnen wird, der noch durch viel üblere Scheiße geschwommen ist als man selbst.

In den Teams ist man mit fünfunddreißig Jahren ein alter Mann. Ich war dreißig, aber ich fürchtete, aufgrund meiner zahlreichen Verletzungen nicht mehr mit den Jüngeren mithalten zu können. Ich erinnere mich noch, wie der Master Chief mich mit einem wissenden Blick musterte und mir eröffnete, dass er für den Fall, dass einer von uns beiden im Lauf des Trainings den Eindruck gewinnen würde, der Einsatz könnte mich überfordern, in aller Stille meine Versetzung in ein anderes Team arrangieren würde. Er versprach mir, diese Entscheidung rechtzeitig zu fällen.

Wir verbrachten mehrere Wochen auf einer Schießanlage, auf der Militärangehörige und Polizisten ausgebildet wurden. Es gab dort von Experten gestaltete Gefechtsparcours und mehr als dreißig Schießstände. Unsere Ausbilder jagten uns durch fast alle vorstellbaren Gefechtsszenarien. Wir machten Schießübungen unter verschiedensten Bedingungen, trainierten Hausdurchsuchungen, Sturmangriffe und die Säuberung kleiner Gebäude. Wieder und wieder übten wir das richtige Verhalten im städtischen Gelände. Dank des intensiven Trainings waren wir schließlich in der Lage, die schwierigsten Aufgaben zu bewältigen.

+++

Die Vorbereitung dauert oft länger als der eigentliche Einsatz. Die Einheiten brauchen diese Zeit, um ihre Fähigkeiten zu vervollkommnen und der unverzichtbaren Chemie genügend Raum zu geben, sich zu entwickeln. Geleitet wird das Training von einer Gruppe von Ausbildern, die als »Training Detachment« oder einfach »TraDet« bezeichnet wird. Diese Männer sind bestens auf dem Laufenden, was andere Spezialeinheiten im Einsatzgebiet erleben, und bauen die Lehren, die aus diesen Erfahrungen gezogen werden, in unser Training ein. Dazu kommen zahlreiche Übungen in freier Natur und intensive Unterrichtseinheiten, darunter Fächer, die man nicht in vielen Universitäten findet: Dinge in die Luft jagen, nächtliches Ausspähen von Zielen, Gebäude stürmen, gefangene Feinde im Dunkeln wegschleppen. Und wir reisen für das Spezialtraining kreuz und quer durch das Land. Diese Trainingseinheiten beruhen auf den jüngsten Erfahrungen kampferprobter SEALs.

In der ersten Phase des Aufbautrainings geht es um die individuellen Fähigkeiten der Teammitglieder. Ich traf rechtzeitig für einen meiner Lieblingstrainingsblocks ein: Zwei Wochen lang absolvierten wir auf einer Autorennstrecke im Südwesten der Vereinigten Staaten taktische Fahrübungen. Es gibt kaum etwas, das mir in den Teams mehr Spaß machte. Aber im Ausbildungsplan war Spaß nicht vorgesehen: Unsere Fähigkeiten in der Verfolgung von Fahrzeugen und in Ausweichmanövern bei hoher Geschwindigkeit mussten getestet und verbessert werden. Im städischen Gelände sind diese Fähigkeiten unverzichtbar. Die Ausbilder setzten uns in zerbeulte Pontiac

Grand Ams und ein paar SUV und setzten uns Situationen aus, in denen wir großes Geschick am Steuer beweisen mussten. Wir trugen Helme, Gesichtsmasken und Schutzausrüstung für empfindliche Körperteile, aber die Airbags wurden deaktiviert, weil sie bei den Kollisionen nur störten.

In den Übungen schulten wir die Reflexe, die wir beim Fahren unter feindlichem Beschuss brauchen würden. Wir fuhren diese alten Klapperkästen, als wären wir Alkoholschmuggler auf der Flucht. Einmal raste ich mit etwa 130 Sachen um den Kurs, als mir der Ausbilder auf dem Beifahrersitz plötzlich ein Stück Karton vors Gesicht hielt. Meine Kameraden auf der Rückbank belästigten mich ein wenig und schlugen mich auf den Kopf, während ich im Blindflug dahinraste. Ein Stück weiter standen ein paar orangefarbene Leitkegel im Weg. Als der Ausbilder den Karton wegzog und ich die Leitkegel sah, blieben mir nur noch ein paar Sekundenbruchteile, um die Entfernung einzuschätzen und auszuweichen. Hier wurden Zielerfassung, Nervenstärke und Reflexe getestet. Wenn der Wagen mehr als drei Meter von den Kegeln entfernt zum Stillstand kam, war ich durchgefallen. Wenn ich sie traf, war ich ebenfalls durchgefallen.

Wenn wir im Lauf des Tages einen Test bestanden hatten, legten die Ausbilder die Latte höher und schickten uns in der Nacht ohne Scheinwerfer auf die unbeleuchtete Strecke. Wir mussten uns mit Nachtsichtgeräten zurechtfinden. Diese Geräte verstärken das Licht der Sterne oder des Monds und tauchen die Nacht in ein leuchtendes Grün. Sie sind zweifellos ein großartiges Hilfsmittel. Ihr einziger Nachteil ist, dass man fast keine räumliche Wahrnehmung hat. Die Objekte, die man durch die Windschutzscheibe sieht, sind *sehr viel näher,* als sie scheinen. Ich vermisste die Airbags ein wenig. Als die Ausbilder merkten, dass wir uns an das Fahren mit Nachtsichtgeräten gewöhnt hatten, holten sie die Gewehre, und wir begannen, aus den fahrenden Autos aufeinander zu schießen. Wir ersetzten den Lauf eines M4-Karabiners durch einen, der für Simunition geeignet war – das sind Patronen, die eine Farbladung enthalten, um die Treffer zu markieren. Das war kein Paintball – die Polizei verwendet solche Waffen zur Niederschlagung von Unruhen. Aber so verrückt all das war, so lustig war es auch. Es war aufregend, wieder im Rennen zu sein.

Die taktischen Fähigkeiten unserer Ausbilder waren Weltklasse. Es war kein Spaß, in ihr Visier zu geraten und von Farbkugeln getroffen zu werden, während man um den Kurs raste. Trotz der dicken Kleidung verursachten die Patronen Prellungen, und es konnte Schlimmeres passieren, wenn man Pech hatte oder unvorsichtig war. Es war ein Vollkontaktsport, so nahe an einem realen Kampf auf Leben und Tod, wie es möglich war, ohne einander wirklich zu töten.

Nachdem das Training mit den Limousinen abgeschlossen war, gingen wir zu gepanzerten SUVs über. Die schwereren SUVs waren in den Eskort- und Fluchtübungen bei hoher Geschwindigkeit sehr viel schwerer zu wenden, aber die Übung bereitete uns auf eine Arbeit vor, die den SEALs oft in Kampfgebieten übertragen wird: Wir müssen Würdenträger zu extrem gefährlichen Orten bringen und taktische Konvois begleiten. Unsere Ausbilder jagten uns, beschossen und rammten unsere Fahrzeuge und versuchten, unsere SUVs von der Fahrbahn zu drängen oder umzukippen. Ohne Vorwarnung kreuzten sie in ihren Klapperkisten unseren Weg und zwangen uns zu abrupten Ausweichmanövern. Unsere Aufgabe war es, unsere wertvolle Fracht vor Schaden zu bewahren. Man musste schnell abschätzen: Hatte man genug Platz, um dieses Hindernis zu umfahren? Oder sollte man es besser aus dem Weg räumen? Manchmal keilten sie uns so ein, dass uns nichts anderes übrig blieb, als das Fahrzeug zu verlassen und uns unter heftigem Beschuss der Ausbilder den Weg freizuschießen. Da wurde nicht hirnlos herumgeballert. Man musste mit klarem Kopf handeln. Sie testeten, ob wir in der Lage waren, unseren Schützling ungeachtet der Gefahren für unser eigenes Leben in Sicherheit zu bringen. In diesen Übungen lernten wir, was funktionierte und was nicht.

Bei diesen Trainings testeten wir alles aus, was an militärischer Aggression möglich war. Wir ließen uns keine Gelegenheit entgehen, einem anderen Fahrer in die Kühlerhaube zu krachen oder die Sonnenblenden herauszureißen, um sie einander an den Kopf zu werfen. Am Ende des Tages waren die Reifen platt, die Kotflügel verbeult und die SEALs von Kopf bis Fuß mit Farbe verschmiert. Wenn uns die funktionstüchtigen Autos ausgingen, stand am nächsten Morgen eine neue Flotte bereit. Unsere eigenen Beulen blieben uns eine Weile erhalten. Aber wir zogen auch die entsprechenden Lehren daraus.

Eines Nachmittags erwischte es Morgan auf der Rennstrecke schwer. Ich war bei einer Schießübung, als es passierte. Ich hörte ihn, bevor ich ihn sah: die quietschenden Reifen, das Geräusch des über den Sand schleifenden Metalls, dann eine Reihe schwerer, knirschender Schläge. Der nagelneue Chevrolet Tahoe überschlug sich dreimal, bevor er endlich zum Stillstand kam. Zum Glück waren Morgan und seine Kameraden im Fahrzeug festgegurtet und trugen wie Rennfahrer Sturzhelme. Er stieß die Tür auf, rollte sich aus dem Wagen und ging unter Gelächter und Applaus weg. In der Fernsehwerbung wird ja immer die Zeile »Professioneller Rennfahrer auf geschlossener Rennstrecke« eingeblendet. Ich weiß nicht, wen Mercedes engagiert, um seine Autos für die Werbespots zu fahren, aber ich würde diesen Job sofort annehmen.

Am Ende dieses Trainingsblocks flogen wir um den Kurs und bedienten Gas und Bremse, ohne eine überflüssige Bewegung zu machen. Die meisten Leute müssen nie bewaffnete Verfolger abschütteln, das Fahrzeug eines Angreifers in den Straßengraben befördern, in voller Fahrt wenden oder eine Barrikade durchbrechen. Aber die SEALs leben in einer anderen Welt. Das, was wir in diesem Kurs lernten, konnten wir überall anwenden, egal, ob in einer umkämpften Stadt oder im Zentrum von Houston. Fahrerisches Können ist unverzichtbar für einen SEAL, sei es, dass er in Konvois fährt, in einem Humvee zu einer Razzia aufbricht oder im Anzug am Steuer eines 7er BMW sitzt, um einen Würdenträger zu einem Termin zu bringen. Wenn man einen Trainingsblock wie diesen erfolgreich abgeschlossen hat, hat man wertvolles Wissen erworben und gleichzeitig den Traum eines in die Jahre gekommenen Halbwüchsigen gelebt. Manchmal war es dann schwer, aus dem Trainingsmodus in den Alltagsmodus zu wechseln. Wenn wir die Rennstrecke hinter uns ließen, mussten wir uns beherrschen und der Versuchung widerstehen, in unseren stinknormalen Minivans nach Hause zu rasen. Die Cops wussten, wie es uns ging, und lauerten normalerweise an der Autobahn auf uns. Aber manchmal muss man eben Opfer bringen, wenn man seinen Spaß haben will.

+++

Hollywood sorgt dafür, dass unsere Arbeit sexy wirkt. Tatsächlich macht es Spaß, aus Flugzeugen zu springen und sich die Welt unter Wasser durch das Fenster eines U-Boots anzusehen, aber eines muss ich Ihnen sagen: Die meiste Zeit tun wir nichts anderes, als von Sonnenaufgang bis Sonnenuntergang zu schuften und uns in Trainingsstunde um Trainingsstunde den Arsch aufzureißen. So ist es nun einmal: Je mehr du im Frieden schwitzt, desto weniger blutest du im Krieg. Aber nur wenige Bestandteile der Ausbildung waren so vergnüglich wie das Fahrtraining. Es war das beste Autoscooter-Rennen der Welt (ohne dass Rechtsanwälte oder Versicherungsfachleute darüber wachen, dass die Fahrzeuge maximal Schritttempo fahren können).

Ein SEAL-Team besteht aus drei Einsatzgruppen oder Task Units, die jeweils zwei Platoons umfassen. Ich hatte das Glück, dass ich der Task Unit 1 zugeteilt wurde, dessen zwei Platoons Alfa und Bravo von Lieutenant Commander Ryan Thomas kommandiert wurden. Er war ein vorzüglicher, kampferprobter Offizier, und sein Truppleiter, Senior Chief Petty Officer Warren Steffen, war in meinen Augen einer der härtesten, erfahrensten und fähigsten SEALs überhaupt. Er strahlte eine unerschütterliche Ruhe aus. Mit seinem schlanken, athletischen Körperbau – er war knapp 1,90 Meter groß und wog etwa hundert Kilo – und den grau melierten Schläfen erinnerte er mich an die Comicfigur Mr Fantastic aus dem Superheldenteam der *Fantastischen Vier*. Steffen hatte zwei Jahre in der Kriegsmarine gedient, bevor er sich im Jahr 1993 für den BUD/S-Kurs eingeschrieben hatte. Er hatte in den besten Spezialeinheiten gedient, aber wie alle guten Elitesoldaten sprach er nie darüber. SEALs sind schwer zu beeindrucken, aber er genoss unseren uneingeschränkten Respekt. Trotz seines zurückhaltenden Auftretens hatte er eine enorme Präsenz. Er passte immer auf die Mitglieder seines Teams auf. Je leiser er sprach, desto aufmerksamer hörten wir zu.

Als Steffen mir gegenüber erwähnte, dass Lieutenant Commander Thomas einer der taktisch versiertesten Offiziere sei, mit denen er je zusammengearbeitet habe, wusste ich, dass wir perfekt auf unsere Aufgabe vorbereitet wurden. Ich wurde dem Alfa Platoon zugeteilt. Morgan kam in das Bravo Platoon, das von Lieutenant Clint geführt wurde. Wir waren beide begeistert darüber, dass man uns in eine Einheit gesteckt hatte, die auf allen

Ebenen aus vorzüglichen Soldaten bestand. Es war eine tolle Mischung aus jungen Männern, die neue Ideen mitbrachten, und erfahrenen Soldaten mit wertvollem Praxiswissen. Während wir in der Vorbereitung auf den Einsatz unseren Rhythmus als Team fanden, entstanden eine entspannte Atmosphäre und eine gute Chemie zwischen den Mitgliedern. Das machte den natürlichen Wettkampf zwischen uns sehr produktiv.

Boss war einer unserer Ausbilder. Aber unsere Freundschaft verleitete ihn nicht dazu, die Zügel bei uns schleifen zu lassen. Wer ein paar Monate von einem Burschen mit seinen Fähigkeiten gepiesackt wird, kommt mit geschärften Sinnen aus dem Training heraus.

+++

In der zweiten Phase der Ausbildung lernten wir, unsere individuellen Fähigkeiten in den Dienst des Teams zu stellen. In dieser Phase geht es um die taktischen Grundlagen. Es geht darum, aus fähigen Soldaten ein herausragendes Kampfteam zu schmieden, alle Mitglieder auf dasselbe Niveau zu heben und ihnen klarzumachen, welche Pflichten jeder einzelne Mann hat und wie diese gebraucht werden, um zu kämpfen, zu überleben und zu siegen. Mitten in einer Mobilitätsübung teilte mir Senior Chief Steffen mit, dass ich zum LPO befördert worden war, zum Leading Petty Officer des Alfa Platoons.

Dieser Offizier untersteht direkt dem Platoon Chief und hat im Wesentlichen dafür zu sorgen, dass die Anweisungen des Chief befolgt werden. Ich spürte, dass dies ein Signal war: Meine Vorgesetzten wollten, dass ich mich als Führungskraft einbrachte und mich im Team engagierte. Ich hatte schon in einem kleinen Trupp die Funktion eines Petty Officer erster Klasse erfüllt. Jetzt war ich der LPO eines ganzen Platoons. Es wurde ernst.

Die SEALs, die ein Platoon führen – der verantwortliche Offizier (OIC, Officer in Charge), sein Assistent (der AOIC), der Platoon Chief und der LPO –, werden laufend bewertet. Wenn einer dieser Offiziere Arroganz an den Tag legt oder wenn sich herausstellt, dass er sich mehr um sich selbst als um seine Männer kümmert, ist nicht nur sein Ansehen weg, er wird auch rasch ersetzt. Der Führer einer Einheit muss sich seinen Platz verdienen und dafür sorgen, dass die Männer den Zusammenhang zwischen seinen Fähigkeiten und seinen Privilegien sehen. Gelingt ihm das nicht, so werden ihm die Dinge entgleiten, und schließlich wird er sich in einer bedauerlichen Lage wiederfinden, weil er seine Männer nicht führen und ihnen nicht vertrauen kann. Ich fragte mich manchmal, ob ich der Herausforderung gewachsen war. Freunde sind Freunde, aber Geschäft ist Geschäft. Gute Soldaten wissen beides voneinander zu trennen und lassen nicht zu, dass sich Freundschaften auf den Dienst auswirken.

Als LPO wurde ich von meinen Kollegen jetzt als Vorgesetzter wahrgenommen. Dass sich mein Status geändert hatte, spürte ich, als ich zum ersten Mal die Unterkunft des Platoons betrat und die Männer rasch verstummten. Sie wandten den Blick ab und schwiegen. Ich war nicht mehr Teil ihrer Welt. Die Beförderung riss mich aus ihrer Gemeinschaft und machte mich zu einem Teil des Oberen. Ich hatte nichts gegen den Job an sich, aber es quälte mich, dass ich von den Jungs getrennt worden war.

Die Männer des Alfa Platoons zählten zu den Besten, denen ich je begegnet bin. Ich musste sie nie zurechtweisen oder ihnen sagen, was sie zu tun hatten. Wenn ich Befehle oder Anweisungen vom Chief erhielt, gab ich sie weiter, und sie sorgten dafür, dass ich am Ende des Tages gut dastand. Das wiederum rückte den Chief in ein vorteilhaftes Licht, was zur Folge hatte, dass die Offiziere ebenfalls gut dastanden.

Der Zusammenhalt im Alfa Platoon war verblüffend. Die Dinge konnten noch so schlecht laufen, wir gehörten zusammen. Jeder stellte sich in den Dienst des Teams. Sogar die neuen Mitglieder der Einheit fügten sich ein, hielten die Ohren offen und den Mund geschlossen. Sie behielten ihre Probleme für sich und konzentrierten sich vollkommen auf ihre Aufgaben.

Die Ausbilder ziehen oft ihre Erfahrungen aus früheren Einsätzen zum Training heran. Wenn man aus vergangenen Fehlern lernen kann, wird die Zukunft weniger schmerzhaft sein. Das ist Teil des Ethos der Kampfschwimmer. Die Bereitschaft, aus der Vergangenheit zu lernen, ist Teil unseres Selbstverständnisses – und ein Grund dafür, dass wir einige der unmöglichen Missionen bewältigen können, die hin und wieder in die Öffentlichkeit gelangen. Wann immer ein Ausbilder etwas erklärte, ging ich mein Vorgehen in Afghanistan durch und fragte mich: »Habe ich es so gemacht?« Ich wollte sicher sein, dass ich meine Kameraden nicht im Stich gelassen hatte. Ich wollte sicher sein, dass es anders ausgehen würde, sollte ich je wieder in eine solche Lage geraten.

Irgendwann erfuhr ich, dass es beim Kommando Leute gab, die mich in ein »Strandkommando« stecken wollten, wenn das Team ins Kampfgebiet aufbrechen würde. Aber auf Wunsch des Skippers hielt der Master Chief an mir fest. Ihr Vertrauen gab mir Kraft. Als das Training in die Endphase ging, wollte ich nur noch eines: Ich wollte ihr Vertrauen rechtfertigen.

2

SEAL-TEAM 5, ALFA PLATOON

Als sich herumsprach, dass wir in die Provinz al-Anbar geschickt werden würden, wurden die Männer von Vorfreude erfasst. Wir hatten die Einsätze der Teams verfolgt, die vor uns dort gewesen waren. In unserem Quartier trafen täglich Einsatzberichte ein. Ramadi war ein heißes Pflaster. Die Einheit, die seit April 2006 dort stationiert war, hatte dort reichlich Kampferfahrung gesammelt. Die Männer von Team 3 stapelten die erschossenen Feinde auf wie Brennholz.

In der Provinz al-Anbar war seit Ende 2005 mehr Blut geflossen als in jedem anderen Teil des Irak. Die Provinzhauptstadt Ramadi war ein Hornissennest, es wimmelte dort von Terroristen. Die rund 110 Kilometer westlich von Bagdad gelegene Stadt hatte etwa eine halbe Million vorwiegend sunnitische Einwohner und war eine Bastion Saddam Husseins gewesen, der Vereinbarungen mit den Stammesältesten geschlossen hatte, um die Kontrolle über die Region zu behalten.

Nachdem die US-Streitkräfte im November 2004 Falludscha eingenommen und den Großteil der Aufständischen getötet hatten, die diese Stadt zu ihrem Zentrum gemacht hatten, setzte sich die Führung des irakischen Ablegers von al-Qaida einschließlich ihres angeblichen Chefs Abu Mussab al-Sarkawi nach Ramadi ab. Auch nach al-Sarkawis Tod bei einem Blind Date mit einer präzisionsgelenkten JDAM-Bombe (Joint Direct Attack Munition) kontrollierte al-Qaida die Stadt, und die Aufständischen griffen von dort aus fast unbehelligt Patrouillen und Vorposten der Koalitionsstreitkräfte an.

Ramadi liegt an einer alten Schmugglerstraße, einer staubigen Autobahn, die von Bagdad in westlicher Richtung nach Syrien führt. Im Jahr 2003 war diese Straße eine Terrorpipeline. Als die Koalitionsstreitmacht in jenem Jahr im Irak einmarschierte, schleusten Syrien und der Iran, die befürchteten, die Nächsten auf der Liste der Amerikaner zu sein, über ihr Territorium Scharen von ausländischen Terroristen in den Irak ein. Sie kamen im Namen der arabischen Brüderlichkeit, um die Ungläubigen zu bekämpfen. Zum Leidwesen der irakischen Bevölkerung hatten die Terroristen keine Scheu, auch muslimische Kehlen durchzuschneiden, um ihre Ziele zu erreichen.

Seit dem Jahr 2004 tobten in Ramadi heftige Kämpfe. Die amerikanische Army und die Marines kämpften sich Straße für Straße, Häuserblock für Häuserblock vorwärts, bis die Finger am Auslöser blutig waren. Nachdem al-Qaida die Stadt im Jahr 2005 zur Hauptstadt des weltweiten islamistischen Kalifats erklärt hatte, setzten unsere Truppen den Schraubstock an und erhöhten unablässig den Druck auf den Feind. Aber trotz ihres heldenhaften Einsatzes kehrte der Feind immer wieder zurück. Die Explosionen, die Schusswechsel und das schreckliche Blutvergießen wollten einfach kein Ende nehmen. Die Mörder beanspruchten die Stadt für sich, was eine anhaltende Bedrohung für die Stabilität der Region war. Die Provinz al-Anbar war die Hölle auf Erden.

Das bedeutete, dass wir uns dort wie zu Hause fühlen würden.

Gemeinsam mit den Brüdern von Marine Corps und Army fügte das SEAL-Team 3 im Sommer 2006 den al-Qaida-Terroristen und Aufständischen in Ramadi schwere Verluste zu. Unter der Führung von Lieutenant Commander Willis, einem aggressiven, in zahlreichen Schlachten gestählten Kommandeur, leistete die Einheit sowohl auf als auch über den Straßen ausgezeichnete Arbeit. Die auf den Dächern postierten Scharfschützen fuhren eine reiche Ernte ein. Einer der besten Sniper, Chris Kyle, sammelte mehr bestätigte tödliche Treffer als jeder andere Scharfschütze, den die Vereinigten Staaten je in den Krieg geschickt hatten. Am Ende seines Einsatzes wurden ihm offiziell 160 getötete Feinde angerechnet, und ich weiß, dass es sehr viel mehr waren.

Ich kenne Chris gut, denn wir begannen unsere Laufbahn bei den SEALs gemeinsam. Er ist ein bodenständiger, ausgeglichener Junge vom Land, der eine tiefe Liebe zu seiner Familie, Gott und seiner Heimat hegt. Er hat zahlreichen amerikanischen Soldaten das Leben gerettet, indem er sich unter Beschuss weit vorgewagt und einen grausamen Feind zum Kampf herausgefordert hat. Chris Kyle ist ein großer Krieger. Die Leistungen des Teams 3 spornten uns an und waren ein Maßstab für uns, obwohl uns unsere Offiziere in Erinnerung riefen, dass die Zahlen langfristig keine Bedeutung hatten: Was zählte, war die strategische Wirkung unserer Arbeit, nachdem wir uns aus dem Irak zurückgezogen hatten.

In der letzten Phase der Vorbereitung wurden sämtliche Unterstützungskräfte koordiniert, um die gesamte Einheit für den Einsatz im Irak bereitzumachen. Unser medizinisches Team, die Techniker des Kampfmittelräumdienstes (die EODler, von EOD, Explosive Ordinance Disposal), die Aufklärungseinheit und alle anderen Beteiligten lernten, so zusammenzuarbeiten, wie sie es im Irak tun würden. Die Offiziere und die erfahrenen Teammitglieder wurden seit Monaten über die Methoden der unkonventionellen Kriegführung aufgeklärt, darunter Aufstandsbekämpfung (COIN, Counter Insurgency) und die Vorbereitung der ausländischen Sicherheits- und Polizeikräfte auf den Kampf gegen Aufständische (FID, Foreign Internal Defense). Letzteres würde das Hauptanliegen unseres Kommandos bei unserem Einsatz sein: Wir würden unsere Anstrengungen mit denen aller anderen Kräfte koordinieren, die in unserem Einsatzgebiet und in der gesamten Region tätig waren. Bei dieser Art der Kriegführung, die nach Vietnam jahrelang nicht angewandt worden war, dann jedoch wieder ausgegraben und neu gestaltet wurde, ging es darum, die Kultur eines Landes zu verstehen, eine lebensfähige staatliche Verwaltung und funktionstüchtige Sicherheitskräfte aufzubauen, die einheimische Bevölkerung zu versorgen und ihr die Möglichkeit zu geben, selbst für sich zu kämpfen. Das war nicht so spannend, wie Häuser zu stürmen oder mit einem Scharfschützengewehr auf der Lauer zu liegen, und die meisten SEALs hatten sich ihre Einsätze anders vorgestellt, als sie in die Truppe eingetreten waren. Wir trugen den Trident nicht, um in eine kalte, von Hass erfüllte Welt hinauszugehen und andere für den Kampf und für den Bau von Gotteshäusern und Schulen zu trainieren. Aber man erklärte uns, dass dies die geeignete Methode sei, um für langfristige Veränderungen zu sorgen. Man kann den ganzen Tag lang feindliche Kämpfer töten, aber es werden sich immer Leute finden, die ihre Plätze einnehmen, und seien es ihre Kinder. Wenn man der Sache wirklich auf den Grund geht, stellt man fest, dass die Einheimischen den Schlüssel in der Hand haben. Sie sind diejenigen, die sich ihr Land zurückholen müssen.

Es dauerte nicht lange, da sprach sich herum, dass die beiden in den Irak entsandten Einheiten von Team 5 ihr Hauptquartier in zwei der schlimmsten Drecklöcher in der Provinz al-Anbar aufschlagen würden: in Habbanija und in Ramadi. Einsatzgruppe 1 würde nach Ramadi geschickt. Der Skipper und der Rest der Führung sollten sich in Falludscha niederlassen, unweit des übergeordneten Kommandos der I Marine Expeditionary Force (I MEF). Die von General Richard Zilmer befehligte I MEF war für die 30 000 amerikanischen Militärangehörigen verantwortlich, die in der Provinz stationiert waren. In Ramadi würden wir einer Brigade der Army zugeteilt werden, die General Zilmers Hauptquartier unterstellt war. Die raue Truppe von Team 5 war unsere Familie und Bruderschaft, und der Skipper, der Master Chief, Lieutenant Commander Thomas sowie Senior Chief Steffen waren unsere Patriarchen. Auf der anderen Seite des Ozeans würden wir für Gott und Vaterland kämpfen. Wir würden die Infanterieeinheiten von Army und Marines, die Panzerbesatzungen und Pioniere unterstützen, die alle ihren Teil dazu beisteuerten, ein Hornissennest von al-Qaida mitten im Zweistromland auszuräuchern. Und ich dachte noch an etwas anderes: Ich würde im Namen von Mikey, Danny, Axe und der Mitglieder des Rettungsteams kämpfen, die am 28. Juni 2005 ihr Leben verloren hatten.

Als sich unser Training dem Ende näherte, kehrten manchmal die Erinnerungen an diesen Berg zurück. Vom Schmerz der Knochenbrüche zermürbt, spürte ich dann plötzlich die von den Splittern verursachten Schnitte und das Brennen in den Lungen, die Qualen eines Körpers, der in dünner Luft malträtiert wurde. Manchmal wich die Erinnerung an diese Schmerzen dem Gefühl der Taubheit. Ich fühlte mich, als hätte die »Operation Redwing« in Wahrheit nie stattgefunden, als wäre dies eine Geschichte, die ich irgendwo gelesen hatte.

Ich hatte noch immer nicht gelernt, diese Erinnerungen in einer Schachtel abzulegen. Wenn ich zur Ruhe kam, stiegen angesichts der Tatsache, dass es nichts gab, was ich hätte tun können, Wut und ein Gefühl der Sinnlosigkeit in mir auf. Manchmal brach ich zu einem Spaziergang durch den Versorgungsbereich hinter dem Quartier des Teams auf, um die Dinge zu verarbeiten. Ich hatte zum Beispiel erfahren, dass Mikey und Axe eine Art von Verband trugen, als das Rettungsteam sie fand. Ich war stolz auf sie, weil sie in den letzten Minuten ihres Lebens immer noch alles getan hatten, um weiterkämpfen zu können. Aber was konnte man über mich sagen? Ich war der Sanitäter, es wäre meine Aufgabe gewesen, ihre Wunden zu versorgen. Sie hatten meine Hilfe gebraucht, und ich war nicht dazu in der Lage gewesen. Es war klar, dass ich nichts hatte tun können, während uns Kugeln um die Ohren flogen – ich konnte nur Kugeln in die entgegengesetzte Richtung schicken. Aber meine Gedanken drehten sich im Kreis, während ich zwischen den großen stählernen MILVAN-Containern auf und ab ging, in denen unsere Ausrüstung in den Irak transportiert werden würde. Ich setzte mich zwischen den Containern auf den Boden und ließ ein wenig von dem emotionalen Überdruck des vergangenen Jahres hinausströmen.

Mir wurde bewusst, wie wenig ich schlief. Ich sprach mit Morgan darüber und sagte ihm, dass irgendetwas mit mir nicht stimme. »Es ist nichts«, sagte er. »Du musst da durch.« Ich versuchte es. Morgan war der einzige Mensch in der Welt, der immer zu mir durchdrang. In seinen vielen Einsätzen hatte er fast alles erlebt, was man erleben kann, und einige Male hatte er beinahe das Leben verloren. Aber so etwas wie Redwing hatte selbst Morgan nicht durchgemacht.

Irgendwann hielt ich es nicht mehr aus. Morgan wandte sich an Lieutenant Commander Thomas und teilte ihm mit, dass wir beide der Meinung seien, dass etwas geschehen müsse. Thomas und Senior Chief Steffen bewegten mich dazu, mit dem Skipper und dem Master Chief zu sprechen. Wir unterhielten uns über die Einsatzvorbereitung, über den Irak, welche Aufgaben Team 3 gerade hatte und wie die Ablöse vonstattengehen würde. Und dann fragte mich einer von ihnen, inwieweit ich selbst bereit sei. Der langen Rede kurzer Sinn: Wir einigten uns darauf, dass ich eine Pause brauchte. Ich war körperlich und emotional ausgebrannt. Sie stellten mich vom Dienst frei und schickten mich für eine Weile nach Hause. Sie boten mir an, den

Zeitpunkt meine Rückkehr selbst zu bestimmen, und versicherten mir, dass ich bei meiner Rückkehr den Dienst wieder aufnehmen könne.

Während das Team 5 die letzten Vorbereitungen traf, kehrte ich heim nach Texas. Auf der Pferderanch meiner Familie außerhalb von Huntsville, unweit des Sam Houston National Forest, fand ich mich in einer stillen Welt wieder, wo niemand von Trainingseinheit zu Trainingseinheit rannte, Sturmangriffe übte, mit Ausbildern im Nacken durchs Unterholz kroch oder in einer rabenschwarzen Nacht wie ein Verrückter im Auto über eine Rennstrecke raste. Ich schlafe immer noch wenig, und ich schlief auch in Texas wenig, aber fernab des unablässigen Drucks in Coronado fand ich in der nur vom Wind durchzogenen Stille Zeit, um zu beten und auszuruhen. Ich suchte Kraft bei Gott und bei meiner Familie.

Während ich in den texanischen Wäldern Zuflucht fand, erfuhr die Öffentlichkeit langsam, was ich in Afghanistan durchgemacht hatte. Ich hatte nie gedacht, dass Informationen über einen derart heiklen, streng geheimen Einsatz durchsickern würden. Aber die Familien meiner toten Kameraden drängten verständlicherweise darauf, dass diese Geschichte erzählt wurde. Die Navy ließ die Forderungen an sich abprallen, bis die Medien begannen, der Sache nachzugehen. Als erste Geschichten in Umlauf gebracht wurden, von denen viele falsch waren, gelangte die Führung zu dem Schluss, dass Klarheit geschaffen werden musste. Das Führungskommando für die Spezialeinheiten der Navy war der Meinung, dass ich ein Buch über die Mission schreiben solle. Ich bin froh, dass sie mir diese Möglichkeit gegeben haben, denn ich fühlte ein starkes Bedürfnis, das Andenken an diese großen Krieger hochzuhalten.

Während meiner Auszeit reiste ich für mehrere Wochen nach Massachusetts, wo ich mich mit einem Autor zusammensetzte und meine Version der Geschichte zu Papier brachte. Als ich damit fertig war, schickte ich das Manuskript an die Navy, damit sie prüfen konnte, ob es irgendwelche Informationen enthielt, die geheim bleiben mussten. Es war ein schmerzhafter, aber notwendiger Reinigungsprozess. Und es war eine sonderbare Erfahrung: Als SEALs hatten wir gelernt, unsere Geschichten für uns zu behalten, gegenüber Außenstehenden kein Wort über unsere Einsätze zu verlieren und insbesondere nicht mit Journalisten zu sprechen. Aber wir wussten auch, wie man eine Aufgabe bewältigte, wenn die Vorgesetzten eine Anweisung gaben. Also verbiss ich mich in diese Aufgabe. Ich war mit ganzem Herzen bei der Sache, denn das Land sollte wissen, wen es verloren hatte.

Dem Kommando in Coronado gelang es unterdessen sehr gut, dafür zu sorgen, dass meine Abwesenheit keinen Verdacht erregte. Die Vorbereitung eines Einsatzes war ohnehin oft ein Zirkus: Alle Welt war ständig in Bewegung, und viele Leute ließen mehrere Trainingsblocks aus, wenn sich Gelegenheiten zu wichtigeren Tätigkeiten boten. Die Leute waren zu beschäftigt, um zu bemerken, ob ich wegen Arztbesuchen abwesend oder nach Massachusetts gereist war.

In Texas hatte ich Zeit, mich mit alten Freunden zu treffen. Ich wanderte über Weiden und durch Wälder und trieb mich mit meiner treuesten Freundin herum, einer hellen Labrador-Hündin namens Dasy, die ich bei meiner Heimkehr geschenkt bekommen hatte. Sie war ein Diensthund, ausgewählt wegen ihres ruhigen und sanften Wesens. Ihre Gegenwart beschwichtigte mich. Ihr Name war ein Akronym für mein verlorenes Team: Danny, Axe, Southern Boy (das war ich) und Yankee (Mikey).

In den Teams pflegen wir zu sagen: Wenn du einen schlechten Tag im Pool gehabt hast, spring zurück in den Pool. Nachdem sich meine Nerven beruhigt hatten, wollte ich nur mit den Jungs aus dem Team zusammen sein. Ich kehrte gefasst und voller Energie zum Silver Strand zurück. Die Einsatzvorbereitung unserer beiden Platoons war beinahe abgeschlossen.

Vor dem Aufbruch in den Irak hatte das Kommando noch etwas mit uns vor: Auf einem Stützpunkt bei San Diego absolvierten wir eine Zertifizierungsübung, die offiziell bestätigen sollte, dass unsere Einheit einsatzbereit war. Wir gingen in den Einsatzmodus und stürzten uns in eine ernste Gefechtssimulation, die eine Weile dauerte. Mit Ausnahme von scharfer Munition und Bomben am Straßenrand begegneten wir in dieser Übung allem, was wir im Einsatzgebiet vorfinden würden. Wir wandten unser Einsatzkonzept an und spielten das gesamte Szenario der Aufstandsbekämpfung durch. Es waren zwei harte Wochen, aber die Übung enthielt alles, was dazugehörte. Vor allem war es gut, dass das ganze Team zusammen war und gemeinsam auf ein Ziel hinarbeitete. Die neuen Männer zeigten von Anfang an Eigeninitiative. Sie kauften ein Planschbecken für Kinder, stellten es auf dem Trainingsgelände auf und luden einige Frauen aus einer Army-Einheit zu einer improvisierten Poolparty in der kalifornischen Wüste ein. (Ich habe es immer noch nicht richtig verwunden, dass ich als Offizier natürlich keine Einladung erhielt.) Die Jungs hatten bewiesen, dass sie sich von den herkömmlichen Denkmustern lösen konnten.

Als LPO des Alfa Platoons tat ich mehr, als ich je als normaler Soldat getan hatte, und lief und schoss an der Seite der übrigen Petty Officers zweiter Klasse. Ich leitete die Einsatzbesprechungen mit meinen Teamkollegen, trug Pläne und Berichte zwischen Kommando und Platoon hin und her und half bei der Planung des folgenden Tages. In einer unserer letzten Übungen wartete hinter einer der Türen eine Überraschung, die ich nie vergessen werde.

Der Befehl lautete, mehrere Häuser zu stürmen, von feindlichen Kämpfern zu säubern, die Gefangenen zusammenzutreiben und für die Verhöre zu identifizieren. Eines der Gebäude war eine Scheune. Als wir die Tür aufbrachen und in den Raum eindrangen, fanden wir uns am Schauplatz eines Massakers wieder. Der Geruch von Blut hing wie ein Nebel in der Luft.

Jemand schrie. »Zahlreiche Opfer! Sanitäter! Sanitäter!« Trotz meines Rangs als LPO war ich immer noch ein Sanitäter. Mein Verstand setzte einen Augenblick aus und kam wieder in Gang. Elliott Miller, einer der Sanitäter des Bravo Platoons, war hellwach. Wir gingen gemeinsam durch die Scheune und sondierten die Lage. »Der da ist hinüber, vergiss ihn! Was haben wir hier?« Es ging alles sehr schnell, Elliott und ich waren vollkommen bei der Sache. Ich hörte, dass unser Funker eine schnelle Eingreiftruppe anforderte, um die Opfer auszufliegen.

Das Blut war echt, weshalb man leicht übersehen konnte, dass es nicht von einem Raum voller Verwundeter stammte: Die Scheune war voller Schweine. Nach Absprache mit einem Tierarzt hatten sie die Tiere betäubt und ihnen Wunden zugefügt, die wir behandeln mussten. Eine realistischere Simulation eines »Massenanfalls von Verletzten« hatten wir noch nie gesehen. Wir behandelten einige Traumata, Arterienrisse, Bauchverletzungen,

Knochenbrüche, offene Wunden oder durch stumpfe Gewalteinwirkung verursachte innere Verletzungen.

Bevor Sie urteilen, sollten Sie wissen, dass Übungen wie diese, obwohl sie umstritten sind, Tausenden Menschen das Leben gerettet haben, denn in solchen Simulationen lernen die Sanitäter, wie sie sich unter realen Bedingungen verhalten müssen. Diese Übungen sind ein Muss für jede Kampftruppe, die in den Krieg ziehen wird.

Ich hatte gerade selbst eine Operation hinter mir, als wir diese Übung machten. Meine rechte Hand steckte immer noch in einem Gips. Am Ende der Übung bemerkte ich, dass ich den Gips wechseln lassen musste, sobald wir wieder am Stützpunkt waren. Er hatte sich mit Blut und Schlamm vollgesaugt. Zurück im Quartier des Teams, ging ich ins Lazarett, um zu fragen, ob sie mir einen neuen Gips verpassen könnten. Im Lazarett herrschte großer Betrieb, wenn sich ein Team auf seinen Einsatz vorbereitete. Es gab immer Verletzungen. Auf der Suche nach dem wachhabenden Offizier streckte ich den Kopf in ein Untersuchungszimmer, wo einige Navy-Ärzte um einen Mann herumstanden. Es war ein blonder, muskulöser und stämmiger Bursche. Sie versorgten eines seiner Knie. Aus seinem Gesichtsausdruck zu schließen, war er gerade von einem Kampfeinsatz zurückgekehrt. Der arme Kerl war kreidebleich. Sein linkes Knie sah schwer beschädigt aus.

Unsere Blicke trafen sich.

»Wo kommst du her, Bro?«, fragte ich.

»Ramadi.«

»Team 3?«

»Ja.«

Als einer der Ärzte zur Seite trat, drängte ich mich weiter in den Raum hinein.

»Wie läuft es da drüben?«, fragte ich.

Er antwortete nicht.

»Ich gehöre zum fünften«, sagte ich zur Erklärung. »Wir hören unglaubliche Dinge aus Ramadi.«

Er zuckte zusammen, als einer der Ärzte sein Knie berührte. Er sagte nichts, und das war sein gutes Recht. Der Ausdruck in seinem Gesicht sagte mehr als tausend Worte. Ich erinnerte mich an diesen Schmerz. Schon beim Hinschauen taten mir die Knie weh.

Wir hatten schon eine ganz gute Vorstellung davon, wie die amerikanischen Truppen in Ramadi vorgingen. Im Westen der Stadt war ein großer Stützpunkt errichtet worden, der Camp Ramadi hieß. Unser Standort, der als »Shark Base« bezeichnet wurde, war wie ein kleines Anhängsel von Camp Ramadi und lag zwischen dem Stützpunkt und dem Euphrat, der die Stadt im Norden begrenzt. In den östlichen Vororten lag eine kleinere Basis mit Namen Camp Corregidor. Diesen Stützpunkt kann man sich als eine von Mauern umgebene Außentoilette vorstellen. Die Besatzung von Camp Corregidor konnte einem leidtun.

Mir war bewusst, dass dieser Mann im Augenblick andere Sorgen hatte, aber ich konnte meine Neugierde nicht unterdrücken. Ich wollte es aus dem Mund eines Soldaten hören, der gerade aus diesem Höllennest zurückgekehrt war.

»Wir machen uns gerade marschbereit«, sagte ich. »Hast du einen Ratschlag für uns, bevor wir ins Einsatzgebiet aufbrechen?«

Die Ablenkung schien ihm gelegen zu kommen. Er hatte tatsächlich einen Rat für mich, aber es war nur ein einziges Wort. Er wandte mir sein blasses Gesicht zu und sah mich aus müden Augen an.

»Betet.«

3

GIB NIEMALS AUF

Ich habe es mir zur Gewohnheit gemacht, meine Seelenqualen Gott anzuvertrauen. Manche Männer vertrauen auf ihre Gewehre. Ich vertraue auf die Gnade Gottes. Ich weiß, wer der Herr ist, und verstehe, wem ich diene. Wenn die Hölle losbricht und die Männer zu fallen beginnen, wird der Herr das Wichtigste für mich. Je mehr ich 2006 über den Kampf um Ramadi erfuhr, desto klarer wurde mir, dass es an der Zeit war, noch mehr zu beten.

Es dauerte nicht lange, da tauchte ein weiterer Veteran aus dem Team 3 am Strand auf, der zahlreiche Geschichten und gute Ratschläge im Gepäck hatte. Es war mein Freund Chris Kyle. Die Aufständischen im Irak hatten ihm wegen der unglaublichen Zahl bestätigter Kills einen eigenen Namen gegeben: Sie nannten ihn »al-Shaitan Ramadi«, den »Teufel von Ramadi«. Als der Scharfschütze erfuhr, dass sie ein Kopfgeld auf ihn ausgesetzt hatten, war er geschmeichelt.

Chris hat das Herz eines Kriegers, und ein bisschen Glück hat er auch. Manche SEALs sehnen sich ihre ganze Laufbahn danach, in den Krieg zu ziehen, und erleben nie einen wirklich harten Kampf. Chris hat mehr Blei verbraucht als eine Bleistiftfabrik. Da er seinen Einsatz ein wenig vor dem eigentlichen Ende seiner Mission beendet hatte – wahrscheinlich war ihm die Munition ausgegangen –, nutzten wir die Gelegenheit, um gemeinsam essen zu gehen. Er erzählte mir vom Alltag in Ramadi.

Wir sprachen darüber, wie er in einem erbitterten Häuserkampf seine körperliche und geistige Kampffähigkeit bewahrte. In diesem Kriegsgebiet warst du ständig von Männern umgeben, die dich tot sehen wollten und bereit waren, ihr eigenes Leben dafür zu opfern. Chris erklärte mir Dutzende Kleinigkeiten, auf die wir achten sollten, wenn wir eine Straße entlanggingen. In welchen Vierteln und Dörfern wir auf der Hut sein sollten, wie wir mit den Dschundis arbeiten sollten (mit den irakischen Soldaten und Polizisten, die wir auszubilden hatten). Er und seine Teamkollegen hatten eine Kunst daraus gemacht, im städtischen Gebiet Heckenschützenneste in Obergeschossen oder auf Dächern zu bauen. Nur jemand, der sich nach dem Tod sehnte, machte unseren Patrouillen bei ihren Kontrollgängen Ärger. Aber es gab dort immer jemanden, der bereit war, sich eine Waffe zu schnappen und sich mit ihnen anzulegen.

Einmal bemerkte Chris zwei Männer, die unterhalb von seiner Position auf einem Moped die Straße entlangrasten. Er sah, dass sie im Vorbeifahren einen großen Rucksack in ein klaffendes Loch in der Fahrbahn fallen ließen. Im nächsten Moment holte er die beiden, die gerade eine USBV-Sprengfalle abgeladen hatten, vom Pferd. Eine einzige Kugel durchschlug beiden Männern das Genick.

2004 war Chris Kyle in Falludscha im Einsatz gewesen. Er hatte während der Offensive der Koalitionstruppen gegen die von Aufständischen gehaltene Stadt seine Laufbahn als Sniper begonnen. Er bezog in Gebäuden außerhalb der verbarrikadierten Stadt Stellung, als unsere Truppen am 7. November angriffen. Er wählte die klarsten und längsten Schusslinien entlang der großen Straßen und fuhr eine reiche Ernte ein. An einem Tag besuchte der irakische Ministerpräsident Iyad Allawi das Kampfgebiet und machte neben Chris halt. Als Allawi im Sichtfeld des Scharfschützen Aufständische herumlaufen sah, fragte er: »Warum töten Sie die nicht?« Chris murmelte etwas über kosmische Ungerechtigkeit und die Vergeblichkeit allen menschlichen Strebens, die den SEAL-Scharfschützen auch als Einsatzvorschriften bekannt sind. Der Regierungschef antwortete: »Die Aufständischen wurden vier Monate lang aufgefordert, sich zu ergeben oder abzuziehen. Deshalb muss jeder, der noch in der Stadt ist, sterben.« Chris und die anderen Sniper begannen, die Forderung des irakischen Ministerpräsidenten zu erfüllen, und das auf eine Entfernung von knapp 1500 Metern.

Niemand in Falludscha konnte sich mit Chris messen, aber ein feindlicher Sniper kam ihm nahe. Sein Name war Mustafa. Es hieß, er habe als

Mitglied des irakischen Schützenteams an den Olympischen Spielen teilgenommen. Dieser Hurensohn war ein übler Bursche. Er hatte es zu seiner Spezialität gemacht, mit seinem sündteuren Accuracy-International-Präzisionsgewehr die Turmschützen unserer Humvees auszuschalten. Wie gut er war, zeigte sich daran, dass er manchmal Amerikaner in sich bewegenden Fahrzeugen in den Kopf traf. Als unsere Leute schließlich herausfanden, von wo aus er operierte, schickte ihn einer unserer Scharfschützen mit einer 12,7-mm-Patrone in die Hölle.

Die Scharfschützen der Marines, der Army und der SEALs werden auch als »Schutzengel der Truppe« bezeichnet. Diese Eliteschützen, die eine sorgfältige Spezialausbildung durchlaufen, schlagen unbemerkt zu. Als die feindlichen Kämpfer begriffen, was da geschah, und begannen, den Kopf unten zu halten, änderte sich die Mission von Chris. Zunächst verlegte er seinen Standort in die Stadt. Dann ging er in die übelsten Straßen.

Chris hatte kein Problem damit, Feinde zu töten. Aber er konnte es nicht ertragen, Kinder sterben zu sehen, die er mit seinen Fähigkeiten hätte retten können. Er war dreißig Jahre alt und lange genug dabei, aber es quälte ihn, mit ansehen zu müssen, wie achtzehnjährige Jungen bei der Durchsuchung von Gebäuden getötet wurden, eine Art von Einsatz, die zu den Spezialitäten der SEALs gehört. Er hatte jahrelang trainiert, um in hohem Tempo Häuser stürmen zu können, und wusste vermutlich mehr über das Breaching (das ballistische Türöffnen mithilfe von Sprengsätzen), als ein Scharfschütze wissen muss. Also trat er an das Kommando eines Platoons der Marines heran und bat darum, als »Point Man« der Einheit eingesetzt zu werden. Er wollte als Vorhut vorausgehen, wenn die Marines von Haus zu Haus gingen und die Türen eintraten. »Ich kann euch aushelfen«, sagte er. Die Marines sind vorzügliche Krieger und echte Patrioten, die uns ungezählte Male den Hintern gerettet haben. Aber mit der Geschwindigkeit und Sachkenntnis eines speziell ausgebildeten SEALs wurden sie noch tödlicher. Das Platoon, mit dem er arbeitete, hatte zu jener Zeit keinen Offizier, und die Unteroffiziere waren froh, dass er sich ihnen anschloss. Manchmal bietet sich einem Kampfschwimmer Raum für ein wenig Improvisation, wenn der Kampf begonnen hat.

Chris hob die Funktion des Schutzengels auf ein höheres Niveau. Er marschierte an der Spitze dieser jungen Marines geradewegs ins Kampfgetümmel. In ruhigen Momenten nahm er sie beiseite und zeigte ihnen, wie Spezialeinheiten Häuser stürmen und Räume sichern. Er gab nicht mit seinen Kenntnissen an, das ist nicht seine Art. Es gibt Rivalitäten zwischen den Truppenteilen, aber in diesem Fall war das Ziel nicht, den anderen zu zeigen, dass man mehr kann als sie. Es ging einfach darum, das Leben von Soldaten zu retten. Zusammenarbeit und Flexibilität machen unsere Streitkräfte sehr viel effektiver. Als unsere Truppen – vier Bataillone der Marines und zwei der Army – in die Stadt eindrangen, zog Chris seinen Taucheranzug aus, schlüpfte in den dreifarbigen Tarnanzug der Marines und zog mit dem Corps in die Schlacht. *Semper fi.*

Zwei Wochen später war die Uniform blutgetränkt. Öfter als befürchtet waren tödlich verwundete Marines in seinen Armen verblutet. Auch wenn er wusste, dass es keine Hoffnung gab, sagte Chris den Jungen immer, dass alles gut werden würde. Und an der Seite der unerschrockenen Marines gelang es ihm, seine Wut zu kanalisieren und zu kämpfen.

Die Schlacht um die Stadt endete zu Weihnachten. In der siebenwöchigen Operation waren mehr als hundert amerikanische, britische und irakische Soldaten gefallen, und die Aufständischen hatten Tausende Kämpfer verloren. Was Chris mir an diesem Tag und in der folgenden Nacht in Coronado erzählte, hörte sich an wie ein Bericht aus dem Altertum. Ich fragte ihn: »Was war schlimmer, Falludscha oder Ramadi?« Er musste nicht über die Antwort nachdenken. »Ramadi«, sagte er. »Ramadi war zehnmal schlimmer.«

+++

Nach dem, was das Team 3 im Spätsommer und Frühherbst 2006 in Ramadi erlebt hatte, wussten wir, was uns erwartete. Dort würde niemand seines Lebens sicher sein.

Die ersten amerikanischen Militäroperationen in Ramadi in den Jahren 2004 und 2005 waren Razzien unserer Spezialeinheiten, die mit neu ausgebildeten irakischen Armee-Einheiten zusammenarbeiteten. Später bezogen konventionelle Truppen außerhalb der Stadt Position. Von ihren Stützpunkten aus stießen sie ins Zentrum vor, um feindliche Bastionen zu attackieren, die Aufständischen ein paar Stunden lang aufzumischen und sich anschließend wieder zurückzuziehen. Aber im Sommer 2006 begannen die Army und das Marine Corps, in die Stadt vorzurücken und dort auf Dauer Fuß zu fassen. Die Pioniere errichteten mitten im Zentrum Gefechtsposten, sogenannte Combat Outposts (COPs). Die Stationierung inmitten der feindlichen Kämpfer war Teil der neuen Strategie zur Aufstandsbekämpfung. Wir pendelten nicht mehr zwischen unseren Stützpunkten und dem Einsatzgebiet hin und her. Das SEAL-Team 3 half in jenem Sommer bei der Errichtung des ersten Außenpostens in der Stadt. So begann es den Kampf, den wir zu Ende führen sollten.

Bei der Vorbereitung auf den Einsatz luden der Skipper und der Master Chief einige beeindruckende Burschen aus anderen Spezialeinheiten sowie Analysten ein, die uns von ihren Erfahrungen in der Provinz al-Anbar erzählten. Es war uns klar, dass wir in den kommenden Monaten an harten Kämpfen teilnehmen würden. Aber diese Briefings zur Aufstandsbekämpfung zeigten uns, dass der bevorstehende Einsatz für viele von uns vermutlich der anspruchsvollste in unserer bisherigen Laufbahn werden würde.

Der Plan zur Rückeroberung Ramadis war eine Mischung aus herkömmlichen offensiven Operationen, in denen unsere Truppen Häuserblock für Häuserblock abriegeln und die Häuser durchsuchen würden, und Überraschungsangriffen. Dazu würde umfangreiche Polizeiarbeit kommen: Verkehrskontrollen, Überprüfung von Personalien, biometrische Screenings, Hausdurchsuchungen, Ausgangssperren. Das Ziel war, Ramadi wieder zu einem Ort zu machen, in dem die Einwohner ein normales Leben führen konnten, damit wir die Stadt ihren Bürgern überlassen konnten. Die Terroristen sollten keine Möglichkeit mehr haben, dort Zuflucht zu suchen.

In Afghanistan war es – zumindest für die SEALs – im Wesentlichen darum gegangen, die Waffe rasch in Anschlag zu bringen, den Abdrift richtig zu berechnen, in Deckung zu gehen und das Ziel rasch zu erfassen. In al-Anbar hingegen würden wir es mit einer Vielzahl von harten und weichen Zielen zu tun haben. Wir würden die feindlichen Kampfeinheiten angreifen, aber wir durften nie vergessen, dass die Sicherheit und das Vertrauen der Zivilbevölkerung Vorrang hatten. Der Leitsatz lautete: »Man kann einen Aufstand nicht durch Töten besiegen.« (Obwohl einige von uns manchmal den Drang verspürten, es zu versuchen.) Wir mussten die Sicherheit wiederherstellen, damit die Bevölkerung sich selbst schützen konnte. Die Führung bemühte sich sehr, die Einstellung der Einheimischen zu ändern, und rief sogar einen lokalen Nachrichtensender ins Leben, der die Bevölkerung mit Informationen versorgte.

Das Reservoir an feindlichen Kämpfern schien unerschöpflich. Zwischen 2004 und Mitte 2006 erlitten wir hohe Verluste. Präsident Bush behielt den Sommer 2006 als »schlimmste Zeit« in seiner Präsidentschaft in Erinnerung. In seinem Buch *Decision Points* schrieb er: »Ich war sehr besorgt, die Gewalt könne alles zunichtemachen. … Wenn der Irak entlang der Konfessionsgrenzen gespalten wurde, war unsere Mission zum Scheitern verurteilt. Vietnam konnte sich wiederholen: eine demütigende Niederlage für das Land, ein schwerer Rückschlag für die Streitkräfte und ein gewaltiger Schaden für unsere Interessen.« Ich nehme meinen Oberkommandierenden beim Wort, wer auch immer er ist.

Aber was tun unsere Streitkräfte, wenn sie mit derart düsteren Aussichten und einem anscheinend unmöglich zu lösenden Problem konfrontiert werden? Nun, sie marschieren geradewegs in das Schlamassel hinein und fordern den Feind auf zu zeigen, was er draufhat. Gibt es eine andere Option? Aufgeben? Mag sein, dass die Politiker diese Lösung bevorzugen (siehe Vietnam), aber unsere Streitkräfte tun es nicht.

Keiner von uns glaubte, dass die Quadratur des Kreises einfach werden würde. Es würde nicht leicht sein, an einem vollkommen von der Gewalt beherrschten Ort wie Ramadi eine Nation aufzubauen. Der SEAL, der mir im Quartier des Teams jenen düsteren Ratschlag gegeben hatte – »Betet« –, war in einem erbittert geführten Gefecht im schlimmsten Teil der Stadt verwundet worden. Am 2. August 2006 gehörte er gemeinsam mit Chris Kyle einem Trupp an, der eine mit irakischen Truppen aufgestockte Panzereinheit der Army unterstützte. Die Männer hatten die Aufgabe, den Bezirk al-Malaab im wilden Südosten der Stadt Block für Block von Aufständischen und Terroristen zu säubern. Das Team 3 hatte dabei geholfen, dort einen Außenposten einzurichten, den COP Falcon. Als in der Nähe eine Zelle von al-Qaida entdeckt wurde, setzten sich unsere Panzer und Bradley-Schützenpanzer in den frühen Morgenstunden in Bewegung, um die Terroristen vor Sonnenaufgang zu stellen. Die Aufständischen, die sich entlang des Wegs verschanzt hatten, waren so klug, die gepanzerten Fahrzeuge unbehelligt passieren zu lassen und in ihren Verstecken zu bleiben, bis sie unsere Infanterie unter Beschuss nehmen konnten.

So gerne wir auch kämpfen, die meisten unserer Kommandeure würden sagen, dass es nicht unsere Aufgabe ist, Häuserblocks in diesem Ausmaß unter Kontrolle zu bringen – das ist Sache der größeren konventionellen Truppenteile. Aber der Army fehlte Personal, und der Kommandeur von Team 3, Lieutenant Commander Willis, konnte sich einfach nicht damit abfinden, dass das Leben amerikanischer Soldaten aufs Spiel gesetzt wurde, ohne dass er sie unterstützte. Chris und zwei weitere SEALs entschlossen sich, in einem Gebäude in der Nähe des Außenpostens eine Scharfschützenposition zu beziehen. Sie stiegen aus, schleppten ihre Ausrüstung auf das Dach des Hauses, nahmen ihre Gefechtsposition ein und begannen, nach Zielen zu suchen.

Es ist schwierig, es mit fähigen feindlichen Snipern mit Heimvorteil aufzunehmen – sie kennen sämtliche Winkel. Und tatsächlich: So gut die Jungs aus dem Team 3 waren, sie gerieten rasch in Schwierigkeiten. Während sie die Straßen sondierten, wurden sie von den umliegenden Dächern, aus Fenstern und von der Straße aus unter Beschuss genommen. Chris beobachtete das Gebiet nördlich von ihrer Position, ein weiterer Scharfschütze war für den Sektor im Westen zuständig, und ein dritter SEAL, Ryan Job, deckte mit einem Maschinengewehr den Osten ab. Als aus seiner Richtung Schüsse kamen, die in der Brüstung der Dachterrasse einschlugen und Staubwolken aufwirbelten, wurde es ernst. Chris rief Ryan zu: »Hast du gesehen, woher das kam?« Der hinter der Brüstung hockende Maschinengewehrschütze antwortete nicht. Er war getroffen worden. Besser gesagt, war sein Gewehr getroffen worden. Das Metall war geborsten, und ein Hagel von Bleifragmenten hatte ihn im Gesicht getroffen.

Chris setzte einen Funkspruch ab: »Mann getroffen, Mann getroffen.« Im Handumdrehen tauchte Verstärkung auf dem Dach auf. Als ein SEAL-Sanitäter Ryan erreichte, stellte er fest, dass ein Splitter das rechte Auge des Schützen durchschlagen hatte. Ryan sagte immer wieder, er sei in Ordnung, aber kaum jemand glaubte, dass er es mit dem Treffer in der Augenhöhle und dem zerschossenen Gesicht schaffen würde. Er saß aufrecht, um sich nicht an seinem Blut zu verschlucken. Marc Lee, ein verdammt guter SEAL, lief hinüber, nahm den Platz des Verwundeten ein und eröffnete das Unterdrückungsfeuer, damit sein Kamerad geborgen werden konnte. Chris wuchtete Ryan auf seine Schulter und trug ihn zum Treppenhaus hinüber. Auf halbem Weg nach unten begann Ryan, Blut zu spuken. Er sagte, er könne nicht atmen, und bat darum, stehen zu dürfen. Chris bemerkte, dass Ryans Brust von seinem eigenen Gewicht zusammengedrückt wurde, das auf der Schulter seines Kameraden lag, was dazu führte, dass sich irgendwo in seinem Brustkorb Blut sammelte. Chris setzte ihn ab und half ihm, die Treppe hinunterzuhumpeln. Draußen wartete ein gepanzerter Mannschaftswagen, um Ryan in Sicherheit zu bringen.

Als Chris ihm in das Fahrzeug half, bat Ryan um Morphin. Dann verlor er das Bewusstsein. Er hatte viel Blut verloren. Den Ärzten gelang es schließlich, ihn zu stabilisieren, und er konnte aus der Kampfzone herausgebracht werden. Nachdem ihr Bruder versorgt war, kehrten Chris und sein Team zum COP zurück, um ihren nächsten Schritt zu planen.

Den ganzen Tag lang lieferte sich die Army heftige Gefechte mit den Aufständischen. Unsere Jungs hatten alle Hände voll zu tun. Die Luftaufklärung meldete, dass sich große Gruppen feindlicher Kämpfer von allen Seiten auf ihre Positionen zubewegten, um sie einzuschließen. Während die Kämpfe eskalierten, meldete die Aufklärung, dass der feindliche Scharfschütze, der Ryan Job getroffen hatte, in einem bestimmten Haus vermutet wurde. Wenn sie ihn erwischen wollten, mussten sie sich schnell bewegen. Also beschlossen Chris und seine Kameraden, erneut hinauszugehen. Sie sprangen in zwei Bradleys und kehrten in den Kampf zurück. Unterstützung erhielten sie von mehreren Panzern einer Armee-Einheit, die großen Respekt bei den SEALs genoss: Die »Bulldog Company«, das 1. Bataillon des 37. Panzerregiments, wurde von einem dynamischen Captain namens Mike Bajema befehligt. Er ging immer voran, sein eigener Panzer führte die Einheit an.

Ein oder zwei Häuserblocks von der Stelle, wo Ryan getroffen worden war, hielten die Bradleys an, um die Besatzung abzusetzen. Kaum ging die Rampe auf, da wurden die SEALs schon unter Feuer genommen. Captain Bajema richtete die Kanone seines Panzers auf die Wand des Zielgebäudes und pustete ein Loch hinein, durch das die SEALs vordrangen. Die feindlichen Kämpfer beschossen sie von allen Seiten. In der Nähe hielten sich aufständische Maschinengewehrschützen versteckt, die unsere Männer mit einem Kugelhagel eindeckten.

Chris schreibt in seinem Buch *American Sniper*, dass die SEALs in eine Falle gelockt worden seien. Sie sicherten den ersten Stock des Gebäudes, und Marc Lee führte die Gruppe ins nächste Stockwerk hinauf, als er durch ein Fenster im Treppenhaus einen feindlichen Schützen im Nebengebäude bemerkte. Der Aufständische sah ihn ebenfalls. Marc drehte sich um und deckte den feindlichen Kämpfer mit Unterdrückungsfeuer ein. Gerade als er seine Kameraden warnen wollte, sprang der Aufständische wieder auf, zielte auf Marc und drückte ab. Die Kugel traf Marc im Mund und durchtrennte sein Genick. Zum ersten Mal seit der »Operation Redwing« vor mehr als einem Jahr war ein SEAL im Kampf getötet worden. Marc war der Erste aus unserer Truppe, der im Irak fiel. Er starb in seinen Stiefeln im Kampf für sein Land und wird als einer der Besten in Erinnerung bleiben. Er starb für seine Kameraden. Ein größeres Geschenk kann ein Mensch nicht machen.

Der Tod von Marc Lee und die schwere Verletzung von Ryan Job am selben Tag waren schwere Schläge für das Team 3. Egal, wie viele Männer wir verlieren, wir werden uns nie daran gewöhnen. Die SEALs meldeten die Verluste und baten die Army, sie herauszuholen. Die Männer vom Team 3 hatten der Army gute Dienste erwiesen. Jetzt taten die Heeressoldaten das Ihre. Zwei 67 Tonnen schwere M1A1-Abrams-Panzer und vier Bradley-Schützenpanzer rückten in das Viertel vor. Diese Fahrzeuge haben nur einen Zweck: den Feind mit völliger Zerstörung zu bedrohen. An diesem Punkt begannen sie zu tun, was sie am besten können: Captain Bajemas Partner riegelten die Nachbarschaft ab, sodass der Feind weder entweichen noch Verstärkung erhalten konnte. Als ihnen klar wurde, dass sie in der Falle saßen, kamen die Aufständischen aus der Deckung und taten der Army den Gefallen, sich mit ihren Panzerfäusten, Maschinengewehren und Kalaschnikows zum offenen Kampf zu stellen. Mit Unterstützung der über ihnen kreisenden Luftwaffe, die hochauflösende Kameras einsetzte, sahen die Panzerbesatzungen sie kommen und machten ihnen die Hölle heiß. Als ein mit Aufständischen gefülltes Fahrzeug aus einer Gasse auftauchte und auf Bajemas Panzer zuraste, richtete er sein Maschinengewehr auf sie und mähte sie nieder wie Grashalme in einem Garten.

Nach diesem Zerstörungswerk gab Bajema über Funk das Signal »Winchester«, was bedeutete, dass seinen Fahrzeugen die Munition ausgegangen war. Als sie zu ihren Stützpunkten zurückkehrten, stieg aus dem Rückzugsgebiet der Aufständischen schwarzer Rauch auf, der drei Häuserblocks einhüllte. Ein Mann war tot, ein Zweiter schwer verwundet, und die wütende Stadt brannte.

+++

Als der Einsatz von Team 3 auf sein Ende zuging, hörten wir in der Heimat schlechte Nachrichten aus der Provinz al-Anbar. Am 11. September berichtete eine große amerikanische Tageszeitung, die Provinz sei »verloren«. Zu diesem Ergebnis waren Leute gekommen, die einen geheimen Bericht des Marine Corps über die Situation in Ramadi gelesen hatten und glaubten, sie könnten politisches Kapital daraus schlagen, wenn sie die Informationen an die Presse weitergaben. Die Leser wurden darüber aufgeklärt, dass die Situation »nicht zu retten« sei. Irgendwer versäumte es, das Militär über diese Tatsache zu informieren, denn unsere Jungs in Ramadi sahen die Dinge anders. Und dasselbe galt für uns, die wir am Silver Strand hart arbeiteten, um gut vorbereitet im Einsatzgebiet einzutreffen.

Zunächst einmal: Selbst wenn der Sieg wirklich unmöglich ist, sagt man das nie laut. Man analysiert, warum die Lage so schlecht ist, ändert die Strategie, passt die Taktik an und kämpft so lange weiter, bis man das erwünschte Ergebnis erzielt hat oder tot ist. Aber man gibt *niemals* auf, wenn das Land auf den Erfolg angewiesen ist.

Als unsere Vorbereitung abgeschlossen war und wir unsere Ausrüstung packten, flog die Führung unserer Einheit nach Ramadi, um sich im Vorfeld ein Bild von der Lage zu machen. Lieutenant Commander Thomas und unsere beiden Zugführer erlebten ein Abenteuer. Sie gerieten jeden Tag unter Beschuss. Ihre Fahrzeuge fuhren in Sprengfallen. Nach ihrer Rückkehr versammelten sie uns im Besprechungszimmer und erklärten uns alles, was wir wissen mussten. Uns war klar, was uns bevorstand: »Macht euch auf etwas gefasst, Jungs. Das wird ein echter Höllenritt.«

Ich erinnere mich noch daran, wie wir im Aufenthaltsraum des Teams zusammensaßen und über den Einsatz sprachen. Morgan grinste von einem Ohr zum anderen. Der 110-Kilo-Mann Elliott Miller war ebenfalls glücklich. Sogar Mr Fantastic wirkte zufrieden und entspannt auf seine nüchterne, zu einem Senior Chief passende Art. Wir bereiteten uns auf die brutale Realität in dieser Stadt vor. In wenigen Wochen würde Ramadi unsere Heimat sein. Sechs oder sieben Monate lang würden wir in einem Hornissennest leben und dort weitermachen, wo das Team 3 aufgehört hatte. Es war an der Zeit, endlich an die Front zu kommen.

+++

Ende September gelangten einige der sunnitischen Stammesältesten angesichts des barbarischen Verhaltens von al-Qaida gegenüber der Bevölkerung zu dem Schluss, dass sie sich besser unserer Seite anschließen sollten. (Ist es verwunderlich, dass die Einheimischen die Wahnsinnigen loswerden wollten, die Raucher mit Amputation der Finger bestraften?) Die Ältesten gingen ein großes Risiko ein, indem sie sich schützend vor ihre Leute stellten, aber die Tatsache, dass 5 000 amerikanische Militärangehörige auf ihrer Seite standen, erleichterte ihnen diesen mutigen Schritt. Wir nahmen die Stadt in die Zange, drangen in sie ein und brachten Zoll für Zoll, Haus für Haus, Straße für Straße unter Kontrolle.

Am 29. September brach ein Platoon von Team 3 von einem Außenposten namens Eagle's Nest zu Fuß zum letzten Einsatz im Rahmen seiner sechsmonatigen Stationierung auf. Der Posten im brandgefährlichen Bezirk al-Malaab bestand aus einem Wohnblock, der von Betonmauern und Stacheldraht eingefasst war. Der COP Eagle's Nest trug seinen Namen zu Ehren der Army-Einheit, die im Zweiten Weltkrieg Geschichte geschrieben hatte: das 1. Bataillon des 506. Infanterieregiments, 101. Luftlandedivision. Diese als »Band of Brothers« bezeichneten Fallschirmspringer, die auch den Spitznamen »Currahees« tragen (was so viel wie »Alleine standhalten« bedeutet, das Motto dieser Einheit), blickten auf eine ruhmreiche Geschichte zurück. Unter anderem hatten sie Hitlers »Adlerhorst« gestürmt, die legendenumwobene Bunkeranlage im hessischen Taunus. Dieses Vermächtnis bedeutete allen amerikanischen Soldaten etwas. Ich glaube, ich habe den zehnteiligen Fernsehfilm *Band of Brothers* mindestens fünfzigmal gesehen. Er spornt mich immer von Neuem an.

In jener Nacht erhielten die Scharfschützen von Team 3 die Anweisung, im höher gelegenen Stadtteil Stellung zu beziehen, um die Marines zu unterstützen, die unweit der Südgrenze der Stadt Stacheldrahtbarrieren spannten, um die Bewegungen der Aufständischen zu behindern. Es war gegen drei Uhr morgens, als die SEALs ihre Positionen bezogen. Kurz nach Tagesanbruch geriet eines ihrer Scharfschützennester unter Beschuss.

Die Dachbrüstungen rund um die Position von Team 3 wurden aus vorbeifahrenden Autos mit Gewehren beschossen. Dann explodierte eine aus einer Panzerbüchse abgefeuerte Granate auf dem Dach und hüllte die Sniper in eine Staubwolke. In der folgenden Stunde waren sie unablässigem Störfeuer ausgesetzt und blieben in Deckung, ohne sich durch die ungezielten Schüsse groß beunruhigen zu lassen. Aber dann gelang es einem feindlichen Kämpfer, sich im Schutz des Gewirrs von Gebäuden nahe heranzuschleichen und eine Splittergranate zu werfen.

Die Granate traf einen jungen SEAL namens Mike Monsoor an der Brust und fiel auf den Boden. Monsoor befand sich direkt bei der Tür zu dem Treppenhaus, dass der einzige Fluchtweg war. Er wusste, dass er sich in den scheinbar endlosen Sekunden, die die Granate zu seinen Füßen umherkullerte, problemlos in Sicherheit bringen konnte. Aber als er die Granate dort liegen sah, zögerte er keinen Augenblick: Er warf sich darauf und bedeckte sie mit seinem Körper. Sie explodierte, er fing die gesamte Wucht ab und rettete damit seinen Kameraden das Leben.

Bei der ersten Meldung über den Feindkontakt hatten sich die SEALs in den anderen Scharfschützenstellungen auf den Weg gemacht, um ihre Brüder zu unterstützen. Sie wurden von einem derart heftigen Kugelhagel begrüßt, dass sich die irakischen Soldaten, die an ihrer Seite waren, weigerten, weiter vorzurücken. Die SEALs meldeten dem Gefechtsstand (dem Tactical Operations Center, TOC) in Camp Marc Lee – bis zum 2. August war die SEAL-Anlage als »Shark Base« bezeichnet worden, aber die Männer des Teams 3 hatten es zu Ehren unseres gefallenen Bruders umbenannt – den Feindkontakt und den Verlust und forderten Fahrzeuge zum Transport des Toten an. Unterdessen eilte ihnen die andere Scharfschützeneinheit unter dem feindlichen Feuer zu Hilfe und erreichte sie innerhalb weniger Minuten.

Sie sicherten den Umkreis, beobachteten die Feindbewegungen und gaben den beiden Bradleys, die vom COP Eagle's Nest losgeschickt worden waren, Feuerschutz. Allen war klar, was Mikey getan hatte – und dass er für die Rettung seiner Kameraden den höchsten Preis bezahlt hatte. Als das CasEvac-Fahrzeug zur Verwundetenrettung das Krankenhaus am Stützpunkt Camp Ramadi erreichte, war der 25-jährige Kampfschwimmer tot.

Wir werden diesen Helden nie vergessen.

Mikey war ein wunderbarer Mensch und ein zuverlässiger Soldat. Jeder mochte ihn. Er war fleißig und stand erst am Anfang seiner Laufbahn. Sein Beispiel zeigt, warum manche Männer es in die SEAL-Teams schaffen und andere nicht. Ich denke, die Männer, denen es gelingt, sind diejenigen, die bereit sind, für ihre Kameraden ihr Leben zu geben. Es geht nicht nur um Kraft, Durchhaltevermögen und Intelligenz. Es geht auch um das Herz. Man kann einen Menschen nicht darauf trainieren, im Angesicht der Gefahr so zu reagieren wie Mikey. Dazu muss man seine Kameraden lieben und es sehr ernst mit dem Versprechen meinen, die Freiheit seines Landes zu verteidigen. Man stellt keine Fragen, sondern handelt, weil man nicht anders könnte, weil man weiß, dass die Kameraden dasselbe tun würden, weil es um mehr als um einen Mann geht. Was bedeutet es, seinem Land zu dienen? Mike Monsoor ist die Antwort darauf.

4

GERADEWEGS INS HORNISSENNEST

Am Samstag, den 14. Oktober 2006, fuhr ich zur Naval Air Station North Island in San Diego, um an Bord einer Maschine zu gehen, die uns in die Sandkiste bringen würde. Ein Militärtransportflugzeug vom Typ Boeing C-17 Globemaster III wartete auf uns. Es war sechzehn Monate her, dass sie mich in einer solchen Maschine nach Hause gebracht hatten. Nun war endlich der Zeitpunkt gekommen, in den Krieg zurückzukehren. Der Kommandeur der Spezialeinheiten der Navy, Konteradmiral Joseph Maguire, war gekommen, um uns zu verabschieden.

Jeder hat seine eigenen Gründe dafür, in den Streitkräften zu dienen. Manchmal sind die Erklärungen, die wir geben, einigermaßen schnoddrig – »Ich kann nichts anderes « –, was vielleicht daran liegt, dass es schwer ist, den wirklichen Grund in Worte zu fassen. Es ist nicht einfach der Spaß, mit automatischen Waffen zu schießen und Dinge in die Luft zu jagen; meine Gründe liegen tief in meinem Herzen verborgen. Ich kann Ihnen nicht sagen, wie viel mir der Anblick der amerikanischen Flagge und das Erbe früherer Soldaten bedeuten.

Es geht um dieses Land und seine Menschen. Und mittlerweile geht es vor allem darum, mit meinen Kameraden zusammen zu sein, mit den Männern, deren Wertvorstellungen sich mit meinen decken und für die ich mein Leben geben würde.

Die Erinnerungen an den Dienst an der Seite dieser Männer gibt meinem Leben Sinn. Als ich die kalte Luft im höhlenartigen Rumpf des Flugzeugs einatmete und die Kraft der Triebwerke spürte, die uns in die Höhe trugen, als ich die Gipfel der Rocky Mountains in der Ferne sah, erlebte ich ein kleines Déjà-vu. All das erinnerte mich an einen Einsatz im Jahr 2005, unmittelbar vor der »Operation Redwing«.

Weit oben im Hindukusch waren drei von uns – Dan Healy, Shane Patton und ich – gemeinsam mit zwei anderen Aufklärungsteams an Bord eines Chinook-Hubschraubers gegangen, der uns durch die Wolken auf einen schneebedeckten Berggipfel brachte. Nach einem kurzen Flug landeten wir etwa drei Kilometer von der pakistanischen Grenze entfernt auf einem Felsvorsprung. Als der Hubschrauber fort war, begannen wir, rasch unseren Spähposten zu errichten.

Hier, in zweitausend Meter Höhe, hatten wir einen ungehinderten Blick in drei Richtungen. In diesen Bergen hatten Taliban Position bezogen und beschossen einen Feldposten der Army nahe der Grenze mit Raketen und Artillerie. Unser Einsatz war eine L&E-Mission – lokalisieren und eliminieren. Von uns wurde erwartet, dass wir die feindlichen Kämpfer ausschalteten. Unser Funkrufzeichen war Irish 3.

Von meinem Posten am Ende eines langen, schmalen Kamms mitten in den Wolken aus konnte ich den Feldposten im Westen sehen. Im Osten befand sich eine Ansammlung primitiver Gebäude, die als Bestandteile der natürlichen Landschaft getarnt waren: Stein in Stein. Wir hielten in allen Richtungen Ausschau nach Feindesbewegungen. Hin und wieder vertraten wir uns ein wenig die Füße und gingen nach den Kameraden schauen.

Am dritten Tag entdeckten wir sie endlich. Raketen hagelten auf den amerikanischen Posten herab. Der Feind war für uns außer Reichweite, weshalb wir die nächstbeste Lösung wählten: Shane gab der Artillerie der Army über Funk die Koordinaten durch, und dann warteten wir. Wir sahen die Explosion der Granaten am Berghang und hörten einige Sekunden später den gedämpften Bums. Aus dem Tal kam mit Verzögerung der Knall des Kanonenrohrs. Shane gab Korrekturen durch, bis die großen Kanonen schließlich genau ins Ziel trafen. In der Ferne sahen wir die Taliban, die auf den Bergpfaden um ihr Leben liefen, gefolgt von einer Reihe von Kamelen. Sie sollten alle sterben.

Ich hatte es satt, dass mir der Felsen unablässig in den Rücken bohrte. Also nahm ich den Helm ab, zog die Schutzweste aus und machte mich auf die Suche nach Senior Chief Healy. Ich ging durch einen Einschnitt in den Felsen, der an eine Bowlingbahn erinnerte, durchquerte ein Wäldchen und eine weitere Bowlingbahn und fand Healy, der bei einer Klippe im Gebüsch saß. Ich berichtete ihm von den Häusern und den Männern, die ich gesehen hatte. Bei einer Aufklärungsmission wird normalerweise nicht gesprochen, und wir bewegen uns praktisch nicht. Alle Informationen werden über Funk ausgetauscht. Es war angenehm, in dieser weiten, stillen Einöde mit jemandem zu sprechen.

Aber die Senior Chiefs dulden das nur eine gewisse Zeit, bevor es wieder an die Arbeit geht. »In Ordnung, Luttrell«, sagte Healy. »Zurück auf deinen Felsen.«

»In Ordnung«, sagte ich.

Auf dem Rückweg zu meinem Posten, wo ich meinen Hintern wieder auf diesen Felsen setzen würde (ich spüre die spitzen Steine noch heute), ging ich gerade durch die zweite Bowlingbahn, als das Erdreich vor mir platzte. Steine flogen in alle Richtungen. *Pfft, pfft, pfft.* Ich sah mich um und bemerkte drei Männer auf der anderen Seite eines Steinfelds. Sie sahen mich direkt an. Sie waren kaum fünfzig Meter entfernt. Einer von ihnen zielte mit seiner Kalaschnikow auf mich. Ich lief auf sie zu, wobei ich Deckung hinter den Felsbrocken suchte. Nun eröffneten auch die beiden anderen das Feuer und spickten den Boden neben mir mit Kugeln. Zum Glück waren sie miserable Schützen. Ich entsicherte mein Gewehr und brachte es in Anschlag. In diesem Moment legte einer der Taliban mit einer Panzerbüchse auf mich an. Der Kampf hatte begonnen.

Ich zog ein paarmal den Abzug, sprang auf und lief los. Ich rannte vielleicht fünfundzwanzig Meter bis zu einer Anhäufung von Felsbrocken und warf mich auf den Boden. Ich erhob mich halb, ging ins Knie und erwiderte das Feuer. Ich weiß nicht, wie es möglich war, dass sie mich nicht trafen, denn das Geröll gab mir kaum Deckung. Der Taliban mit der Panzerbüchse zielte so schlecht, dass die Granate an mir vorbei in das Versteck von Senior Chief Healy raste. Die Detonation weckte den großen Höllenhund auf, der im nächsten Augenblick wütend und zielstrebig aus dem Gebüsch stürmte. Auf der anderen Seite des Hügels rief Shane Patton in sein Funkgerät: »Truppe in Feindkontakt!«

»Was zum Teufel machst du, Luttrell?«, brüllte mir Healy zu.

»Ich versuche die Hurensöhne zu erwischen, die auf uns schießen«, antwortete ich.

Nach dem ersten Zusammenstoß waren diese Gespenster von den Felsen verschluckt worden. Wir sahen sie nie wieder. Der Schusswechsel hatte kaum fünf Minuten gedauert.

Kurz nachdem Shane Patton den Funkspruch abgesetzt hatte, traf Verstärkung ein. Zunächst tauchte ein AH-64 auf, ein Apache-Kampfhubschrauber, der über uns kreiste und die Umgebung sicherte. Dann traf ein Chinook ein und setzte ein Dutzend weiterer SEALs ab. Erschöpft nach vier Tagen ständiger Wachsamkeit in der dünnen Höhenluft, waren wir froh, dass sie die Jagd übernahmen. Wir gingen an Bord des Transporthubschraubers und flogen zum Stützpunkt zurück. Die SEALs, die uns abgelöst hatten, suchten noch zwei Tage lang nach den Taliban, und gerieten dabei in ein schweres Unwetter, das ihnen das Leben schwer machte. Auch wenn es im Fernsehen anders aussieht: Kampfschwimmer mögen weder Kälte noch Nässe, und die Verstärkung bekam reichlich von beidem ab.

+++

Während des Flugs in der riesigen C-17 gingen mir viele Dinge durch den Kopf. Angenehme und quälende Erinnerungen lösten einander ab. Ich sah mich im Flugzeug um. Ich wünschte mir, dass all meine Kameraden unversehrt aus dem Irak zurückkehren würden, so wie sie jetzt waren, mit allen Körperteilen und ohne Narben. Aber wie wahrscheinlich war das, wenn man an einen Ort wie Ramadi geschickt wurde? Sosehr wir uns auch bemühten, die Risiken zu minimieren: Die Wahrscheinlichkeit, dass wir den einen oder anderen von uns verlieren würden, war sehr hoch. Wir hatten uns gewissenhaft vorbereitet. Wir waren von erfahrenen Offizieren instruiert und mit Informationen versorgt worden. Wir hatten die Erfahrungsberichte und Aufklärungsdaten des Vorgängerteams. All das erhöhte unsere Chancen. Aber wahrscheinlich würden schlimme Dinge geschehen. Das war Krieg.

Wir machten in Deutschland Station, wo wir fünf Stunden schlafen konnten, und wurden von dort aus in den Irak geflogen. Gegen halb drei Uhr morgens Ortszeit landeten wir mitten in der Wüste in Habbanija. Wir verbrachten die Nacht damit, unsere Ausrüstung auszuladen und für die Fahrt ins westlich gelegene Ramadi vorzubereiten. In Habbanija traf ich einige alte Freunde aus dem Team 4, aber wie immer hatten wir kaum Zeit zum Plaudern. Gegen halb sechs kamen wir ins Bett. Am Nachmittag luden wir unsere Sachen ein, zwängten uns in unsere Humvees und brachen nach Ramadi auf.

Ein heißer und trostloser Ort in einer rauen Landschaft, die von noch raueren Menschen bewohnt wurde. Ein Land der Mythen und Legenden, mit einer langen Tradition von Krieg, Plünderung und Blutbädern. Die Menschen mussten Kriege und Hunger erdulden und fristeten ein hartes Leben unter einer erbarmungslosen Sonne. Ein Land, in dem das Gesetz der Krieger alle Männer zu einer unerbittlichen Bruderschaft zusammenschweißte, in dem der Mensch versuchte, die gleichgültigen Kräfte von Leben und Tod mit alten Traditionen der Ehre zu beherrschen.

Die Rede ist natürlich vom Montgomery County in Texas. Aber meine Heimat hatte ein Gegenstück im Irak. Es war ein von komplexen Beziehungen zwischen den Stämmen, von alten Legenden, noch älteren Feindseligkeiten und einer launenhaften Verderbtheit geprägtes Land, das unerwünschte Außenseiter ablehnte und herausforderte. In dieses wilde Land stießen wir jetzt vor.

Die Straße, die von Bagdad in die westlichen Landesteile führt, folgt dem Lauf des Euphrat nach Habbanija und weiter nach Ramadi, von wo aus sie sich weiter bis nach Syrien zieht. An diesem trockenen, gewundenen Weg lag die Wiege der abendländischen Zivilisation. Mindestens vier Großreiche waren hier entstanden: das Babylonische Reich, das Assyrische Reich, das Reich von Akkade und das Sumerische Reich. Aus diesem Land stammten die biblischen Figuren Abraham, Elischa, David, Jona und Noah. Auch in unserer Zeit war das Erbe von Kampf und Blutvergießen entlang dieser Straße lebendig. Sie wurde seit undenklicher Zeit für den Schmuggel genutzt, und im Jahr 2006 war sie immer noch eine wichtige Nachschubroute für die Aufständischen. Entlang der Straße fanden Kriminelle in zahlreichen Verstecken Unterschlupf und genossen den Schutz von Scheichs, die jederzeit gerne bereit waren, Bestechungsgeld anzunehmen oder einen Mord zu begehen, jedoch stets der alten arabischen Tradition gehorchten, Reisenden mit Gastfreundschaft zu begegnen. Seit 2003 wurde die Straße von amerikanischen Militärkonvois genutzt. Man wusste nie, was einen dort erwartete.

Es war eine üble Straße.

Eigentlich hätte eine halbe Stunde genügen müssen, um die 23 Kilometer in unseren zweieinhalb Tonnen schweren Fahrzeugen zurückzulegen. Aber da entlang der Hauptstraße immer wieder Sprengfallen explodierten, hatten wir beschlossen, Umwege zu fahren. Da wir Nebenstraßen wählten, brauchten wir mehrere Stunden für die kurze Strecke. Dennoch genoss ich die Fahrt. Lieutenant Clint, einer meiner Freunde aus dem BUD/S-Kurs, der jetzt für das Alfa Platoon verantwortlich war, saß mit mir auf der Vorderbank, und wir nutzten die Zeit, um Erinnerungen auszutauschen und zu fachsimpeln. Als wir fünf Stunden später unseren Bestimmungsort erreichten, stellten wir fest, dass uns allen nach dem langen Tanz über die Schlaglöcher der Hintern eingeschlafen war.

Ramadi hing über uns wie ein Schatten. Die Stadt strahlte eine seltsame Energie aus. Vielleicht war es nur Einbildung. Wir wussten, wie gewalttätig dieser Ort war. Al-Qaida hatte geschworen, Ramadi ins Mittelalter zurückzuführen. Die Hauptstadt ihres Kalifats sollte dem islamischen Recht unterworfen werden. Um ihre Vision zu verwirklichen, waren die Fanatiker bereit, Scharen von Unschuldigen hinzuschlachten. In den vergangenen zwei Jahren waren auf den Straßen dieser Stadt Hunderte amerikanische Soldaten gestorben. Jetzt bemühten sich etwa fünftausend Mann darum, den Einwohnern von Ramadi wieder ein halbwegs normales Leben zu ermöglichen. Im Kampf um die Stadt stand das SEAL-Team 3 an der Seite der Army und des Marine Corps an vorderster Front. Sie hatten den Kampf begonnen und eine kühne neue Strategie angewandt, um den Feind aufzustöbern und zu vertreiben. Wir würden dabei helfen, dieses Vorhaben abzuschließen und vollständig zur Aufstandsbekämpfung überzugehen.

Diejenigen von uns, die schon in Ramadi gewesen waren – der Master Chief hatte einen Großteil des Jahres 2005 hier verbracht –, waren schockiert vom Ausmaß der Zerstörung, die der Kampf über die Stadt gebracht hatte. Es war eine Ruinenlandschaft. Häuser waren löchrigen Fassaden gewichen. Auf den Straßen wuchs Gras. Eine Infrastruktur existierte nicht mehr. Überall Staub und Schutt. Eine Stadt, die bereits unter Saddam Husseins Exzessen und den Sanktionen der Vereinten Nationen gelitten hatte, stöhnte jetzt unter dem Aufstand und unter einem amerikanischen Militäreinsatz, der gezwungenermaßen oft zerstörerisch war. Die aus gebrochenen Abflussrohren austretenden Abwässer verwandelten den staubigen Boden vielerorts in eine stinkende Kloake. An manchen Tagen roch es auf der Straße wie in einer nicht belüfteten Toilette. Die Läden waren geschlossen, weil es keinen Strom und kein Wasser gab und weil es keine Sicherheitskräfte gab, die für ein Mindestmaß an Sicherheit hätten sorgen können. Die Schulen standen leer. Es gab keine funktionierende Polizei. Obwohl immer noch viele Menschen in Ramadi lebten, wirkte der Ort wie eine Geisterstadt. Ich weiß, dass das widersinnig ist, aber im Irak haben wenige Dinge Sinn.

Aber obwohl alles zerfiel, obwohl die Stadt leer und öde war, harrten Tausende Zivilisten in Ramadi aus, denn das war es, was die Iraker seit jeher taten. Sie hatten eine Tradition daraus gemacht, alles Grauen zu überstehen, das die Welt über sie ausgoss. Es zerriss einem das Herz, das Leben dieser Menschen zu sehen, aber gleichzeitig war die Tapferkeit, mit der sie um ihre Heimat kämpften, ein Ansporn.

Um die Strategie der Aufstandsbekämpfung umzusetzen, waren unsere Truppen in die Stadt eingerückt und hatten dort Stützpunkte eingerichtet. Die Stadtviertel mussten durch regelmäßige Patrouillengänge gesichert werden, so heftig der feindliche Beschuss auch sein mochte. Um das Leben in unseren Außenposten halbwegs sicher zu machen, mussten manchmal Häuser gesprengt werden, damit unsere Schützen eine freie Schusslinie hatten. Manchmal mussten unsere Scharfschützen und Sturmeinheiten ausrücken, um den feindlichen Kämpfern ordentlich in den Hintern zu treten.

Das Hauptquartier der SEAL Task Unit Ramadi, die Heimat des Alfa Platoon, grenzte an das Camp Ramadi an, den amerikanischen Militärstützpunkt, der am westlichen Rand der Stadt lag. In Camp Ramadi war das Hauptquartier einer Heeresbrigade untergebracht, das für Teile der 1. Panzerdivision sowie für andere Einheiten der Army und des Marine Corps zuständig war. Kurz nachdem wir unsere Zelte bezogen hatten, rief mich Lieutenant Commander Thomas in sein Büro. Er hatte Neuigkeiten für mich: Ich würde als diensthabender Chief Petty Officer das Alfa Platoon übernehmen. Unser gegenwärtiger Chief wurde anderswo gebraucht. Daher hatte er dem Skipper und dem Master Chief empfohlen, die Aufgabe mir zu übertragen. Die Beförderung erschreckte mich, aber ich brachte nicht mehr heraus als: »Verstanden, Sir.« Es lag mir im Blut, Befehle zu respektieren.

Es gab einen einfachen Grund für meine Angst. Als Schütze, das heißt als Mitglied der »E5-Mafia« (Besoldungsstufe E5), musste ich nur mitgehen, Position beziehen, das Ziel unter Beschuss nehmen und mich bereithalten. Die Beförderung zum Chief (Besoldungsstufe E7) bedeutete, dass ich sehr viel mehr Verantwortung übernehmen musste: Einsatzplanung, Führung der Truppe und Vermittlung bei Streitigkeiten. Diese Führungsverantwortung würde mich nicht nur zwingen, eigenständig zu entscheiden, sondern mich auch auf einer Ebene zu bewegen, auf der sich jeder Schritt auf meine Reputation auswirken würde, auf die einzige Währung, die in den SEAL-Teams akzeptiert wird.

Obwohl jeder Offizier in der Hierarchie über ihm steht, ist der Chief Petty Officer in der Navy derjenige, der in der Einheit den Ton angibt, sei es auf einem Schiff, in einem U-Boot oder in einem SEAL-Platoon. Im Lauf meines Dienstes hatte ich ein Dutzend Male von der sicheren Führung eines Chief Petty Officer profitiert, der mich in die richtige Richtung gelenkt hatte. Zu den wichtigsten Personen im Leben eines SEAL gehört sein »Sea Daddy«, der Chief seines ersten Platoons, der sein Mentor ist und ihm zeigt, wie er ein guter SEAL werden kann. Mein Sea Daddy war ein Chief Petty Officer namens Chris Gothro. Ich war als 23-jähriger E3 noch vollkommen grün hinter den Ohren, als er mich unter seine Fittiche nahm und mir zeigte, wie der Hase läuft. Er wies mir den rechten Weg, schickte mich auf die richtigen Schulen, wo ich zum Sanitäter, Scharfschützen und Funker ausgebildet wurde. Er schärfte mir ein, mich für alle Aufgaben freiwillig zu melden. Es gab Belohnungen für Disziplin und Loyalität – und Strafen für Versagen. Einmal kam in Australien in mir der wilde Junge aus dem Süden zum Vorschein, und ich ließ eine Nacht lang die Sau raus. Als sie mich erwischten, war ich sicher, dass meine Karriere beendet sei – aber Chief Gothro war zur Stelle, um mir dabei zu helfen, die Konsequenzen meines Fehltritts zu tragen. Ich flehte ihn an, mir einfach eine ordentliche Tracht Prügel zu verabreichen und es dabei zu belassen. Aber er regelte die Sache so, wie man es von einem guten Chief erwarten darf. Er wusste, wie er verhindern konnte, dass mein kleiner Charakterfehler irgendwann noch deutlicher zutage trat und meiner Karriere wirklich schadete: Ich wurde bestraft und führte etwa drei Monate lang ein elendes Leben. (Lassen Sie Ihrer Phantasie freien Lauf, aber Sie können sich nicht annähernd vorstellen, was ich durchstehen musste.) Mein Sea Daddy wusste, was ich brauchte, und mehr kann man von einer Führungspersönlichkeit nicht verlangen.

Jetzt trat ich in die Fußstapfen des Chief. Ich war mir nicht sicher, ob ich für diese Verantwortung reif genug war, aber ich war entschlossen, mein Bestes zu versuchen.

Die Führungsverantwortung war anfangs nervenaufreibend, aber wie alles im Leben wurde sie zur Gewohnheit. Es dauerte nicht lange, bis sie mir in Fleisch und Blut übergegangen war. Einer der Gründe dafür, dass alles so reibungslos ablief, war die Qualität meines Platoons. Ich wusste, dass ich nicht für immer ein Schütze bleiben konnte, und am Ende profitierte ich davon, dass mir sehr viel bessere Männer gezeigt hatten, wie ich die zusätzliche Verantwortung bewältigen konnte.

+++

Bei unserer Ankunft hatte ich das Glück, mit dem Chief von Team 3 zusammenarbeiten zu können. Chief Tony war für die Übergabe an das Team 5 zuständig. Er genoss allgemein ein hohes Ansehen. Er setzte sich mit uns zusammen und erklärte uns Schritt für Schritt, wie man in Ramadi kämpfte und überlebte. Er beschrieb uns, wie das Leben in der Stadt funktionierte, welche Viertel besonders gefährlich waren, welche Taktiken wo funktionierten und welche nicht. Wir sprachen über die Aufgaben seines Teams und über die Einstellung und das Ausbildungsniveau der Iraker, mit denen sie zusammengearbeitet hatten. Es war eine unglaubliche Erfahrung, ihm zuzuhören, wie er über Patrouillen, Routen, feindliche Taktiken und Dutzende andere Dinge sprach, die in diesem Höllenloch über Leben und Tod entscheiden konnten. Es war unfassbar, was er alles erlebt hatte.

Als er uns die Karten der Stadt übergab, die sein Team gezeichnet hatte, hatten wir den Eindruck, über einem Rorschach-Test zu sitzen: Es war ein Gewirr von Markierungen, Schraffierungen und Kommentaren. Chief Tony sagte: »Anfangs sieht das wahrscheinlich verwirrend aus, aber macht euch keine Gedanken – nach einer Weile werdet ihr durchblicken.« Er hatte recht. Es ist verblüffend, wie schnell man die Dinge versteht, wenn das eigene Leben auf dem Spiel steht. Und wir würden noch vieles über Ramadi lernen müssen, was auf keiner Karte zu finden war.

5

DIE ÜBERNAHME-PATROUILLE

Den Großteil der Nacht des 16. Oktober verbrachten wir damit, unsere Ausrüstung auszupacken. Das Quartier unseres Teams im Camp Marc Lee hatte früher einmal zum Palast eines Diktators gehört. Das dreistöckige Gebäude, vor dessen Front sich beeindruckende Steinsäulen erhoben, stand direkt am Euphrat. Es war die Unterkunft der Leibwächter des irakischen Diktators gewesen. Aber es war nicht unbedingt ein sicheres Gebäude. Die dem Fluss zugewandte Seite der Anlage war ziemlich exponiert. Der beste Schutz gegen Angriffe waren die hohen Wachtürme von Camp Ramadi. Der im Westen an die Anlage angrenzende US-Stützpunkt sicherte die Rückseite von Camp Marc Lee. Da wir von der Straße aus leicht mit Gewehren beschossen werden konnten, sicherten wir die Fenster mit Sandsäcken und nahmen uns unabhängig davon, auf welcher Seite der Mauer wir uns gerade befanden, vor Geschossen in Acht.

Die Einrichtung war einfach und funktional – spartanisch, genau wie wir es mochten. Die ersten Tage verbrachten wir damit, unsere Ausrüstung zu sortieren und uns in unseren Unterkünften einzurichten. Wir prüften unsere Waffen, gingen im Fitnessraum trainieren und studierten unsere Karten. Da der Sommer vorüber war, sanken die Temperaturen im Westirak langsam. An einem typischen Oktobertag stieg das Thermometer auf etwa 27 Grad. Bald würde die winterliche Regenzeit beginnen. Aber ungeachtet des Wetters würden wir nie viel heißes Wasser haben. Wir SEALs sind nicht anspruchsvoll, aber das ist ein Problem für uns. Nach den vielen Stunden, die wir im BUD/S-Kurs in der kalten Brandung gelegen hatten, und nach all den Tauchübungen in eisigem Wasser hatten wir nicht viel für kalte Duschen übrig. Die Kampfschwimmer sind so – wir stinken lieber wie die Wiedehopfe und waschen uns mit Babyfeuchttüchern, bevor wir uns ohne Einsatzbefehl den Hintern abfrieren. Der BUD/S-Kurs verdirbt viele von uns für immer.

Das Wichtigste für uns war, uns mit unserem neuen Einsatzgebiet vertraut zu machen. Am Ende des ersten Tages brach ich nach Mitternacht gemeinsam mit Lieutenant Commander Thomas, Senior Chief Steffen, unserem LPO Marty Robbins und einem halben Dutzend weiteren Teamführern zu einer Art »Übernahmepatrouille« auf.

In einer neuen Einsatzumgebung dauert es normalerweise mehrere Wochen, bevor wir einen Rhythmus finden, bis wir uns im Einsatzgebiet zurechtfinden und wohlfühlen und wissen, womit wir dort rechnen müssen. Im Lauf der Zeit entwickelt man ein Gespür dafür, was normal ist und was nicht. Man lernt, wie sich die Leute bewegen. Man weiß, wann die Läden geöffnet sind und wann in den Moscheen Gedränge herrscht. Das Ziel der Übernahmepatrouille war es, uns möglichst schnell mit den Winkeln und Korridoren des Einsatzgebiets und mit der menschlichen Dynamik vertraut zu machen. Wir mussten einen Rhythmus für unser eigenes Platoon finden, diesen aber auch auf die Umgebung und die örtliche Bevölkerung abstimmen. Einige Männer aus dem Team 3 begleiteten uns, um uns alles zu erklären. Unsere erste Patrouille war zugleich ihre letzte. Der Großteil ihrer Teamkollegen waren bereits ausgeflogen worden. Wir waren den Männern, die zurückgeblieben waren, sehr dankbar. Sie nahmen Gefahren auf sich, die ihnen in ihrer letzten Nacht in diesem Land besonders groß erscheinen mussten. Was sie uns lehrten, würde später Leben retten, und wir stehen für immer in ihrer Schuld.

Die Suche nach einem Einsatzrhythmus ist der erste Schritt in dem graduellen Prozess, sich in seine neue Umgebung einzufügen. Die SEALs pflegen eine Kultur der Unabhängigkeit, aber wir gehen auch in der Gemeinschaft auf. Wir verlassen uns aufeinander, lernen zu antizipieren und denken miteinander und füreinander. Dann tun wir dasselbe mit unserer Umgebung. Wenn wir es richtig machen, stehen unsere Sinne in Einklang mit der Umgebung, sodass wir an etwas so einfachem wie aufgestellten Nackenhaaren eine Gefahr erkennen können. Aber man braucht eine Weile, um an diesen Punkt zu gelangen.

Die Erfahrung zeigt, dass wir zumeist am Anfang und gegen Ende einer Stationierung Verluste erleiden. Anfangs sind wir nicht mit dem Einsatzgebiet vertraut. Am Ende, wenn der Termin für den Heimflug näher rückt und die Aussicht auf ein saftiges Steak, ein warmes Bett und die erste Berührung einer Frau seit sechs oder sieben Monaten (vor allem aber das Steak) winken, werden wir möglicherweise nachlässig. Das liegt einfach in der menschlichen Natur. Die Verluste von Team 3, das vor weniger als drei Wochen Mike Monsoor verloren hatte, zeigten uns, dass wir schnell in die Gänge kommen mussten, denn es würde der Tag kommen, an dem wir es mit denselben Kämpfern zu tun haben würden, die ihn getötet hatten.

Es gefiel mir, dass unsere Einheit von einem vorzüglichen und erfahrenen Offizier wie Lieutenant Commander Thomas geführt wurde. Er ist eng mit meinem Bruder befreundet, und die beiden waren in den Teams praktisch gemeinsam herangereift. Aufgrund seiner Freundschaft mit Morgan stand er mir automatisch nahe. Wie der Mittelpunkt einer Sanduhr war ich die Verbindungsstelle zwischen Thomas und den Männern. Ich sorgte dafür, dass er genau über die Jungs im Bild war. Ich löste die kleineren Probleme und hielt ihm über die Moral der Truppe auf dem Laufenden. Und wenn es nötig war, arbeitete ich in die andere Richtung und ließ die Männer wissen, was beim Kommando vor sich ging. Ich bemühte mich, eine Position in der Mitte zu halten, um meine Jungs vor allen politischen Verwicklungen zu schützen und dafür zu sorgen, dass das Kommando nie einen Grund hatte, sich über meine Männer zu ärgern. Zum Glück brachten unsere beiden Platoons kontinuierlich gute Leistungen, weshalb ich nie Ärger von oben befürchten musste.

Hört man den Begriff »Militär«, dann denkt man im Allgemeinen an eine Gruppe sehr gleichförmiger Menschen. Aber auf unsere Gemeinschaft trifft das keineswegs zu. Den SEAL-Teams schließen sich ausgesprochen fähige Männer und auch so manche schillernde Persönlichkeit an, die Herausforderungen suchen, die sie in einer Managementkarriere oder einem anderen interessanten Tätigkeitsbereich nicht finden. Ob Ärzte, Rechtsanwälte, Hafenarbeiter, Studienabbrecher, Ingenieure oder Sportasse – sie sind mehr als einfach nur gute Spezialkräfte. Sie sind ein fest zusammengeschweißtes Team, dessen Stärke auf den vielfältigen Talenten, auf der unterschiedlichen Bildung und Herkunft und auf den verschiedenen Perspektiven und Fähigkeiten seiner Mitglieder beruht. Sie sind durch und durch amerikanisch und patriotisch und bringen eine Kombination aus praktischer Intelligenz und Willenskraft mit, zu deren Ziel man besser nicht werden sollte. Sie sind ausgebufft, innovativ, anpassungsfähig und oft ausgesprochen intellektuell. Und die Mehrheit dieser Männer sind so nette Menschen, dass es einem schwerfällt, zu glauben, welche Zerstörungskraft sie entwickeln können. Im BUD/S-Kurs werden vier von fünf Kandidaten aussortiert, sodass nur die Unbeugsamsten und Entschlossensten übrig bleiben – die Besten eben. Es erfüllte mich mit Stolz und Demut, dieser Bruderschaft anzugehören.

Adam Downs war ein echtes Kind des Südens, der seinen Ruf als Landei des Platoons genoss. Er erzählte jedermann, er komme aus Kentucky, aber in Wahrheit stammte er aus Illinois. Ich hegte großen Respekt vor diesem Mann. Er lebte sein stürmisches Südstaatenwesen auf dem Schlachtfeld aus – wir nannten ihn den Redneck-Mudschahed. Er war ein zuverlässiger und vertrauenswürdiger Soldat und einer unserer besten Scharfschützen. Adam rauchte gerne Zigarren, und er war abergläubisch. Er trug immer einen abgelutschten alten Zigarrenstumpen bei sich, der von seiner vorhergehenden Entsendung stammte. Er glaubte, das werde ihm Glück bringen, und erklärte, sein Platoon habe nie einen Verlust erlitten, solange er daran kaute. Und wenn man erneut ins Ausland geschickt wird, lässt man so etwas nicht zurück. Als er nach Ramadi kam, war diese Zigarre derart dick mit Klebeband umwickelt, um sie zusammenzuhalten, dass er sie nach einem Einsatz während der Rückkehr zum Stützpunkt unter die Blende des Humvee klemmen konnte, um sie bis zur nächsten Operation aufzubewahren.

Als wir in Camp Marc Lee abluden, stellten wir fest, dass einige von uns ihre Compoundbögen mitgebracht hatten. Das Bogenschießen auf unserem Schießstand war immer ein angenehmer Zeitvertreib zwischen den Einsätzen. Dann fragte einer der Jungs Adam, ob er sich trauen würde, mit Pfeil und Bogen zu einer Mission aufzubrechen. Es war klar, dass sich der erste SEAL, der einen Aufständischen mit einem Pfeil ausschaltete, im Handumdrehen in eine Legende verwandeln würde. Da es beim Bogen kein Mündungsfeuer gab, konnte er die ideale Waffe für Scharfschützen sein. Diese Waffe treffsicher einzusetzen wäre ein herausragendes Beispiel für die Beherrschung der klassischen Kriegskunst. Aber natürlich war das nur albernes Gerede. Die Kommandeure hätten das nie erlaubt. Wir überließen den Rambo-Einsatz den Drehbuchautoren. Aber das wäre schon was gewesen …

Anpassungsfähigkeit ist ein zentraler Bestandteil der Arbeitsweise von SEAL-Teams. Unsere Kampftaktiken sind natürlich geheim, aber ich kann Ihnen verraten, dass sie sich abhängig vom Verhalten des Feindes von Mission zu Mission ändern. Ich hatte seit mehr als einem Jahr an keinem Kriegseinsatz teilgenommen und musste flexibel sein: So gut die Vorbereitung auch gewesen sein mochte, man konnte sich erst zurechtfinden, wenn die Stiefel den Boden des Einsatzgebietes berührten. Solange wir in Ramadi stationiert waren, würden wir ihnen je nach Tagesform mal einen Schritt voraus sein und mal einen Schritt hinterherhinken.

Als wir durch das Haupttor von Camp Marc Lee hinaustraten, sahen wir ein Stück weit die Straße hinunter auf der linken Seite direkt am Ufer des Euphrat ein riesiges Gebäude. Es war eine Glasfabrik. Sie war nach dem Krieg von der irakischen Polizei als Rekrutierungszentrum genutzt worden. Anfang des Jahres hatten Terroristen einen großen Lastwagen mit Sprengstoff beladen und vor dem Gebäude, wo mehrere hundert Polizeianwärter warteten, zur Explosion gebracht. Dutzende Menschen waren getötet worden, und unsere Streitkräfte hatten keine Möglichkeit gehabt, die Tragödie zu verhindern. Seit damals bezogen hin und wieder Scharfschützen der Aufständischen Position in der Fabrik, um unseren Stützpunkt anzugreifen. Wir mussten häufigen Beschuss aus diesem Gebäude hinnehmen, bevor es uns schließlich gelang, es unter Kontrolle zu bringen und damit das Viertel zu befrieden.

Um diesen Vorteil zu wahren, waren die Aufklärungsdaten, die die Army und das Marine Corps sammelten, für uns unverzichtbar. Wir wussten zu schätzen, was die Marines und die Army – und natürlich die Jungs vom

Team 3 – vor unserer Ankunft geleistet hatten. Die konventionellen Truppen und die von Lieutenant Commander Willis geführten Männer waren jeden Tag unter Beschuss geraten und hatten das feindliche Feuer mit mehr Feuer beantwortet. Sie hatten große Schneisen für uns geschlagen. Willis war ein echter Krieger, der den Gegner zum Kampf herausforderte. Er saß nicht herum und wartete ab, was geschah, sondern führte seine Männer auf die Straßen hinaus und sorgte dafür, *dass* es geschah. Und wenn man in Ramadi einen Kampf wollte, war es nicht schwer, einen zu bekommen. Man musste nur in einen Humvee steigen und ins Stadtzentrum fahren, und es dauerte nicht lange, bis die Aufständischen anrückten. Wir hatten normalerweise gerade genug Zeit, um Position zu beziehen, bevor etwas Interessantes passierte.

Wir würden einem Feind gegenüberstehen, der vom Team 3 erheblich dezimiert worden war. Aber das bedeutete lediglich, dass die Aufständischen nur noch ein wenig aggressiver waren als im Sommer. Die Schlimmsten arbeiteten (und lebten vermutlich) im gefährlichen Süden des Zentrums und im südöstlichen Bezirk al-Malaab. Wir bezeichneten diese Gebiete als die »Papa-Sektoren«. Normalerweise konnten wir uns darauf verlassen, dass die Dschihadisten nicht allzu viel draufhatten. Viele von ihnen waren Opportunisten, die lediglich die Gelegenheit nutzten, um sich Geldprämien zu verdienen, indem sie Amerikaner töteten. Andere schienen ihre taktischen Kenntnisse von der PlayStation 2 zu haben: Sie waren aggressiver als die anderen, wussten aber nicht, wie sie ohne Speicherkarte und Resetbutton auskommen sollten.

In den Papa-Sektoren jedoch versteckten sich ein paar Bastarde, die ihr Handwerk wirklich verstanden. Ramadi war eine von Saddam Husseins Bastionen gewesen, weshalb davon auszugehen war, dass viele seiner früheren Offiziere noch immer dort lebten. Vielleicht lag es daran, dass die feindlichen Einheiten in al-Malaab so geschickt waren: Es waren Berufssoldaten – oder zumindest waren sie von Berufssoldaten ausgebildet worden. Sie waren eine Klasse besser als die übrigen Kämpfer in der Stadt. Wenn sie nicht nachts unterwegs waren, um Löcher am Straßenrand zu graben, in denen sie Sprengladungen verstecken konnten, tauchten diese Männer in der Menge unter, benutzten Frauen und Kinder als Deckung, schlichen sich an, um uns zu beschießen, und zogen sich rasch wieder zurück, damit wir sie nicht unter Beschuss nehmen konnten. Sie lauerten in engen Gassen und schlichen in dicht besiedelten Wohngebieten über die Dächer, um uns aus einem günstigen Winkel mit Gewehren, Mörsern und Panzerbüchsen zu attackieren. Das Knacken der halbautomatischen Waffen und die Explosionen waren in den Straßen von Ramadi so alltäglich wie das Hupkonzert in den Straßen Manhattans.

Unsere Feinde bildeten eine heterogene Gruppe. Da waren die Kämpfer des Schura-Rats der Mudschahedin, einer dubiosen Organisation, die versuchte, verschiedene sunnitische Islamistengruppen im Kampf gegen die »Ungläubigen« zu einen. Im Grunde waren diese Männer al-Qaida zuzurechnen, und viele hatten Abu Mussab al-Sarkiwi die Treue gelobt, dem Führer von al-Qaida im Irak, der im Juni bei einem Luftschlag getötet worden war. Kurz vor der Ankunft meines Teams hatte diese Gruppe ein Video veröffentlicht, in dem sie den Irak zu einem islamischen Staat erklärt hatte. Diese Leute waren unverbesserliche Optimisten. Um den »Islamischen Staat Irak« zu errichten, hätten sie zuerst die amerikanischen Streitkräfte überwinden müssen. Und tatsächlich versuchten sie es. Es erübrigt sich zu sagen, dass ihre Tollkühnheit eine Vielzahl von Nachahmern nach Ramadi lockte und zu brutaler Gewaltanwendung ermutigte. Die Aufständischen in Ramadi kamen aus aller Welt – aus Syrien, Ägypten, Pakistan und Jordanien, ja es waren sogar ein paar Extremisten aus den USA darunter. In jedem Land fand sich ein Wahnsinniger, der bereit war, sich ihnen anzuschließen.

Dann war da eine Gruppe von sunnitischen Extremisten namens »Ansar al-Sunna«, die alle Amerikaner mit ebenso großer Inbrunst hassten wie die Terroristen von al-Qaida. Unter den Mitgliedern der Gruppe waren Ausländer, die während unseres Aufmarschs an den Grenzen des Irak auf Einladung von Saddam Hussein ins Land gekommen waren.

Eine weitere Fraktion bildeten Kriminelle, die einfach die Gelegenheiten nutzten, die sich unter solchen Bedingungen boten. Der Schmuggel war ein gutes Geschäft. Sie schleusten Waffen in die Stadt, verkauften sie an die Aufständischen und verrieten uns anschließend, wo sie versteckt waren, um die

Belohnungen einzustreichen, die im Rahmen des Rückkaufprogramms der Koalition angeboten wurden. Diese Leute verdienten gutes Geld.

Dann waren da die Stammeskrieger, deren Scheichs keine Fremden und vor allem keine Ungläubigen auf ihrem Territorium wollten. Außerdem mussten wir uns mit al-Qaida-Kämpfern und anderen Unterstützern der Aufständischen auseinandersetzen, die unter den Armen rekrutiert wurden. Es fiel al-Qaida nicht schwer, alte Männer oder Waisenkinder zu finden, die nur allzu gerne das Geld annahmen, das man verdienen konnte, indem man zwei Drähte aneinanderhielt, wenn ein Handy klingelte – und dadurch eine Sprengfalle auslöste, während ein amerikanischer Konvoi vorbeifuhr. Erpressung und Drohungen funktionierten ebenfalls gut. Gnade dem Iraker, der einem Islamisten ein schmutziges kleines Geheimnis anvertraute – über kurz oder lang stand er in ihrem Dienst.

Dann gab es die jungen Männer, die aus aller Welt ins Land strömten und einfach kampflustig waren. Was das anbelangt, unterschieden wir uns vermutlich nicht allzu sehr von ihnen.

Wir hatten es also nicht mit einem klar definierten Feind zu tun. Fest stand allerdings, dass es viele von ihnen gab, und sie versteckten sich in Löchern in der ganzen Stadt. Der Master Chief öffnete mir die Augen, als er mir die Schätzungen vorlegte: In der gesamten Provinz al-Anbar gab es vermutlich nur einige hundert Kämpfer, die uns koordiniert bekämpften. Aber es gab Tausende und Abertausende gefährliche Männer, die durch Gewalt, Überredung oder Bestechung jederzeit dazu bewegt werden konnten, zur Waffe zu greifen. Aufgrund des völligen Zusammenbruchs von Recht und Ordnung fiel es den Extremisten leicht, den Amerikanern alle Missstände in die Schuhe zu schieben. Die mörderischen Terrorfürsten beanspruchten oft den Titel eines »Emirs« für sich, der in der sunnitischen Kultur höchsten Respekt verdient. Al-Qaida verlieh diesen Titel, der traditionell mächtigen und wohlhabenden Männern vorbehalten war, jedermann, der eine ausreichende Zahl von Amerikanern getötet hatte. Diese Männer nahmen für sich das Recht in Anspruch, nach Lust und Laune zu morden, zu stehlen, zu vergewaltigen und zu plündern. Wenn sie nicht entschlossen bekämpft wurden, würde die Lage im Land vollkommen außer Kontrolle geraten.

Eine Stadt ist ein unglaublicher Kriegsschauplatz. Jedes Fenster ist eine Stellung, jedes Dach eine Festung. Es gab immer einen Hauseingang, eine Gasse, eine Mauer oder einen anderen Ort, an dem uns der Feind treffen konnte. Das Terrain kam den Aufständischen zugute, und sie wussten es. Obendrein konnten sie sich vor unserer Nase verstecken: Ein Mann in Trainingshose und T-Shirt ist ein unschuldiger Zivilist, ein Mann in Trainingshose und T-Shirt mit einer Panzerbüchse ist eine tödliche Bedrohung. Vier solcher Männer waren noch schlimmer. Sie konnten sich für unsere Flugzeuge unsichtbar durch eine enge Gasse nähern, plötzlich auftauchen und auf uns schießen, sich zurückziehen, die Waffen durch ein Fenster werfen und wieder in der Zivilbevölkerung untertauchen. Wenn wir uns wehrten und den falschen Mann trafen, konnte das die ganze Nachbarschaft gegen uns aufbringen.

Das musste man ihnen zugestehen: Sie wussten, wie sie uns treffen konnten, und hatten eine schlaue Methode gewählt, um die amerikanischen Truppen anzugreifen. Um uns gegen sie durchzusetzen, mussten wir so unvorhersehbar und beweglich werden wie unsere Gegner.

Ich kannte den Häuserkampf aus meiner Zeit in Bagdad. Aber Ramadi war etwas vollkommen anderes. 2003 in Bagdad hatte sich der Feind versteckt, und wir gingen los und stöberten ihn auf. Die hochwertigen Ziele, nach denen wir Ausschau hielten – Bombenbauer, Terrorfinanciers, frühere Angehörige von Saddam Husseins Regime – waren im Grunde Feiglinge. Sie waren nicht annähernd so gut organisiert wie unsere Gegner in Afghanistan. Sie zu jagen war spannend, aber es schien nicht so gefährlich wie das, was jetzt in Ramadi von uns verlangt wurde. Hier hing eine bösartige Feindseligkeit in der Luft. Jedermann konnte sie riechen. Es gab so viele Dinge, die schiefgehen konnten. Hier mussten wir neben Aufständischen auch Kriminelle bekämpfen. Wir mussten die Männer im kampftauglichen Alter dazu bewegen, mit uns zusammenzuarbeiten (oder zumindest nicht gegen uns zu kämpfen). Und wir mussten Zeit und Geld investieren, um sie auszubilden – und dabei mussten wir bereit sein, jeden Augenblick aufzuspringen, um die Tür eines befestigten Unterschlupfs zu sprengen und »Medikamente« in 5,56-mm-Dosierung zu verabreichen, ohne die Ziege des Nachbarn zu erschrecken, weil der sonst vielleicht wütend wurde und sich dem Feind anschloss.

Wir lernten, bei unseren Patrouillengängen durch die Stadt extrem wachsam zu sein und unsere Waffen unentwegt nach oben gerichtet zu halten. Es war sehr ermüdend. Am Ende einer Patrouille fühlten wir uns, als hätten wir stundenlang nur Arm- und Schultertraining gemacht. Aber auf diese Art ersparten wir uns einen Sekundenbruchteil der Reaktionszeit, wenn wir auf einen Angriff von oben reagieren mussten. Wir waren in jedem Augenblick gefechtsbereit, und wir hielten uns an Murphys Gesetz: Wenn du ein einziges Fenster auslässt, wird sicher ein Aufständischer dahinter stehen, der auf dich zielt. Ein Augenblick der Nachlässigkeit konnte uns das Leben kosten.

Die Bombenbauer waren unermüdlich. Die meisten amerikanischen Soldaten, die in der Provinz al-Anbar starben, fielen Sprengfallen zum Opfer. Die Aufständischen und Terroristen vergruben Artilleriegranaten am Straßenrand und zündeten sie mit im Erdreich verborgenen Drähten. Sie beschädigten Kanalrohre, setzten die staubigen Straßen unter Wasser und bedeckten die Zünddrähte mit dem Schlamm, wodurch sie kaum noch zu entdecken waren. Sie verlegten mit Angelhaken versehene Stolperdrähte auf den Straßen, in denen sich Soldaten verfingen und Bomben auslösten. Sie verwendeten die dünnen Kupferdrähte, die in kleinen Elektromotoren zum Einsatz kommen und sehr schwer zu erkennen sind. Eine Straße, die wir zu Mittag kontrolliert hatten, konnte am Nachmittag mit Sprengfallen übersät sein. Der ganze Irak schien voll von gestohlenen Sprengsätzen und Munition zu sein, die an unzähligen Orten versteckt waren. Eine falsche Bewegung, und du warst tot. Und wenn es dich voll erwischte, konnten sie deine Überreste mit einem Schwamm aufwischen.

Es war ein nicht enden wollender Wettlauf zwischen den Bombenbauern und unserem Kampfmittelräumdienst, unseren EODlern. Andy Fayal und andere Bombentechniker hatten ein mehr als gutes Näschen für die Sprengsätze, die bereitlagen, um dir den Tag zu ruinieren. In Ramadi waren etwa 80 Prozent der Sprengfallen »victim-operated IEDs«, wie unsere EODler sie nannten: Das Opfer löste die Explosion der Sprengfalle selbst aus. Die Sprengsätze sind mit Druckplatten oder anderen mechanischen Bauteilen verbunden, die einen Stromkreislauf schließen, wenn jemand darauftritt oder darüberfährt. Rund 15 Prozent wurden per Draht von einem »Triggerman« gezündet, der in einem Versteck hockte und den Finger »am Abzug« hatte. Die restlichen fünf Prozent wurden per Funk- oder Infrarotsignal ferngezündet. Und die Aufständischen gaben sich nicht damit zufrieden, uns einfach in die Luft zu jagen: Sie fügten ihren Sprengladungen auch Kerosin und andere Brandbeschleuniger hinzu, um uns zur Sicherheit auch noch in Brand zu setzen. Und wenn sie dem Tod noch ein bisschen mehr Würze geben wollten, ergänzten sie Chlor, Quecksilber und andere giftige Zutaten. (Bei fast jeder Razzia stießen wir auf eines ihrer Chemielabore.) Als es unseren Männern von der Marschroutenerkundung immer häufiger gelang, die vergrabenen Artilleriegeschosse mit Magnetdetektoren aufzuspüren, gingen die feindlichen Bombenbauer dazu über, die Sprengsätze in Reissäcke zu stecken. Um auf diesen Straßen zu überleben, brauchte man Nerven, Mumm und Köpfchen.

Auf unserer Übernahmepatrouille fuhren wir zu einem der Außenposten im Süden der Stadt und trafen uns mit den Kommandeuren der konventionellen Einheiten, die dieses Gebiet kontrollierten – sie »besaßen« dieses Kampfgebiet, wie es bei uns heißt. Die Army würde während unserer Zeit in Ramadi die Richtung vorgeben. Oberst Sean MacFarland, der Kommandeur der 1. Kampfbrigade der 1. Panzerdivision, sollte eine wichtige Rolle in dieser Auseinandersetzung spielen, und unsere Kommandeure standen Schulter an Schulter mit ihm. Wir waren das lange Messer, das er hinter dem Rücken hielt.

In meiner neuen Position hatte ich direkt mit Offizieren der Army und des Marine Corps zu tun, denn wir mussten ihre Erlaubnis einholen, bevor wir in ihren Zonen aktiv werden konnten. Wir unterschieden uns in vielem von ihnen – in Erfahrung und Ausbildung, aber auch in Erscheinung und Einstellung. Wir dürfen oft unrasiert bleiben und können uns ein etwas gewagteres Aussehen erlauben. Wir schlagen die Hosenbeine nicht über den Stiefeln ein wie sie und tragen keine Rangabzeichen. Aber täuschen Sie sich nicht: Die Einheiten der Army und der Marines, mit denen wir zusammenarbeiteten, waren harte Krieger. Sie hatten Ahnung vom Häuserkampf.

Sie waren an den Herausforderungen in Ramadi gewachsen und trainierten wochenlang unter Anleitung von Experten, die in Spezialeinheiten gedient hatten, auf den Schießständen und in den »Kill Houses«. Sie übten ballistisches Türöffnen, Nahkampf und so weiter. Wieder und wieder gingen sie den »Battle Drill 6a« durch, wie er bei der Army heißt: ein Gebäude stürmen und die Räume sichern. Sie übten in einzelnen Räumen, mehreren Räumen, Fluren und Treppenhäusern, vereinheitlichten ihr Vorgehen, damit Züge aus verschiedenen Kompanien zur selben Musik tanzen konnten. Einige ihrer Kommandeure hatten in Fort Campbell in Kentucky Spezialeinsätze trainiert. Ihre Scharfschützen frischten ihre Kenntnisse in Fort Benning in Georgia auf. Wir waren beeindruckt von ihrem Können.

Wir stellten unsere Fahrzeuge beim Außenposten ab und setzten die Patrouille zu Fuß durch die Dunkelheit fort. Der Rundgang wurde zu einer Quälerei. In städtischen Gebieten sind wir schwerer bepackt unterwegs als in den Bergen. In der Stadt, wo geringe Entfernungen zurückzulegen sind und man leichter atmen kann, tragen wir unsere Schutzwesten mit sämtlichen Platten. An den Lauf meines M4-Sturmgewehrs war ein M203-Granatwerfer montiert. Ich hatte acht Magazine mit 5,56-mm-Patronen sowie Knicklichter dabei. Als Führer des Teams war ich mit Leuchtgeschossen, einem zusätzlichen Funkgerät und einer Extraantenne ausgerüstet. Ich trug einen Computer und einen Verbandskasten mit mir, der QuikClot-Kompressen, Bandagen, Nadeln und Aderpressen enthielt. Außerdem hatte ich Wasser und Proviant. Ich wog etwa 110 Kilo, aber mit der ganzen Ausrüstung wurden fast 150 Kilo daraus. Bei jedem Schritt spürte ich, wie meine Wirbelsäule wie ein Stoßdämpfer zusammengedrückt wurde.

Und was für einen Lärm wir machten. In der Wildnis hätten wir uns nie so bewegen dürfen wie in jener Nacht in der Stadt. Die Hälfte von uns klang, als hätten wir Kuhglocken um den Hals hängen. In der Nacht konnte man leicht über etwas stolpern. Wir trugen Nachtsichtgeräte, die uns die räumliche Wahrnehmung fast unmöglich machten. So kam es, dass ich stolperte und kopfüber in einem offenen Abwasserkanal landete. Man kann leicht auf die Nase fallen, wenn man mit dem Nachtsichtgerät in einem nicht vertrauten Gebiet unterwegs ist, infolge der Aufregung hyperventiliert und den Puls in der Schläfe pochen fühlt. Ich unterhalte meine Kameraden gerne, und in dieser Nacht kamen sie auf ihre Kosten. Da lag ich nun im Abwasser und gab über Funk durch, dass ich das Scheißhaus gefunden hätte, für den Fall, dass jemand ein dringendes Bedürfnis verspürte.

Nachdem wir uns etwa eine Stunde lang durch den Schmutz der zerstörten Stadt gekämpft hatten, erfasste die Erschöpfung meine Lungen, Muskeln und Knochen. Die Patrouille führte uns über eine Freifläche im Süden der Stadt. Dort machten wir halt, und ich landete auf den Knien in einer Vertiefung. Zuerst dachte ich, es sei ein Fuchsbau oder etwas in der Art. Aber es roch nach Tod, und dafür gab es einen guten Grund: Wie sich herausstellte, war dies kein Feld, sondern ein Friedhof, und das Loch, in dem ich stand, war ein offenes Grab. Zum Glück gab es darin keinen Körper außer meinem. Der nächtliche Wind hüllte uns in Verwesungsgeruch. Ich erinnere mich noch an das Brennen in meinen Lungen und in sämtlichen Muskeln meines Körpers. Und hier lockte mich das Grab.

Wahrscheinlich mussten mir ein paar Kugeln um die Ohren fliegen, damit ich mich als Soldat wieder lebendig fühlte. Ich wollte die Gewissheit haben, dass ich es immer noch draufhatte und mich unter Feuer behaupten konnte. In den Teams kommt der Punkt, an dem die Frage nach dieser Fähigkeit in der Luft liegt, wenn die Männer den Gipfel der Fitness und des Könnens erreicht haben. Ich betete um Feindkontakt und ein wenig Beschuss. Das würde mir zumindest Gelegenheit geben, mich auf den Boden zu werfen, das Gepäck abzulegen und zu Atem zu kommen. Nach all den Jahren in den Teams fühlte ich mich in jener Nacht dort draußen wie ein ganz anderer Mensch.

Als wir nach der Patrouille zum Außenposten zurückkehrten, versammelte Senior Chief Steffen uns und kam gleich zur Sache. »Jetzt wisst ihr, wie das Leben an diesem scheußlichen Ort ist«, sagte er. »Ihr habt es gerochen, und ihr habt es gefühlt. Fangt an, eure Ausrüstung zu reduzieren.« Die Männer vom Team 3 hatten sehr viel Wasser mit sich herumgetragen, weil sie im Hochsommer unterwegs gewesen waren. Die großen Wasserbeutel, die sie in ihre Rucksäcke stopften, erhöhten die Last um rund 25 Kilo, was sie zwang, anderswo zu sparen. Also packten sie nur drei oder vier Magazine und vielleicht zwei Granaten ein und ließen einen großen Teil ihrer Schutzausrüstung am Stützpunkt zurück. Wir hatten eine Patrouille hinter uns bringen müssen, um zu verstehen, dass wir ebenfalls die Last verringern mussten. Wir verzichteten auf einige Extramagazine, die wir normalerweise in unseren Westen stecken hatten. Ich montierte den Granatwerfer von meinem Karabiner ab und tauschte den langen Lauf gegen einen kurzen aus, der sich besser für den Nahkampf eignete. Wenn wir überwiegend stationäre Scharfschützenpositionen bezogen, konnten wir mit viel Gewicht losgehen. Aber eine Angriffseinheit musste leicht und beweglich sein.

Zurück im Camp, trommelte ich die Männer zusammen und eröffnete ihnen, dass wir noch einiges vor uns hätten, bevor wir zu nächtlichen Patrouillengängen in dieser Stadt aufbrechen konnten. In den folgenden Tagen trainierten wir unermüdlich. In voller Montur marschierten wir bis spät in die Nacht an der Begrenzungsmauer des Stützpunkts auf und ab. Schließlich hatten wir das Gewicht ausreichend verringert, alle losen Bänder befestigt und die Ausrüstung gesichert, sodass wir weniger Lärm machten und uns besser bewegen konnten. Ich arbeitete hart im Fitnessraum. Ich stieg in voller Schutzkleidung auf das Laufband, um mich an das Gewackel und das Gewicht zu gewöhnen. Meine geschundenen Gelenke und Knochen schrien gequält auf – insbesondere die Wirbelsäule protestierte energisch. Ich war in einer akzeptablen Verfassung, aber ich war nicht in Form für Ramadi. Das musste sich rasch ändern. Auch die spirituelle Fitness war wichtig. Ich vergaß nie, wer das Kommando hatte. Jeder meiner Tagebucheinträge endete mit denselben Worten: »Gott, ich danke dir dafür, dass du mir einen weiteren Tag geschenkt hast.«

So schlimm es auch kommen mochte, ich würde nie vergessen, dem Herrn das zu sagen.

+++

Zwei Tage nach unserer Übernahmepatrouille traf der Rest der Einheit im Camp Marc Lee ein. Ich bekam meinen Bruder nicht zu Gesicht, denn das Bravo Platoon wurde auf einem Stützpunkt am anderen Ende der Stadt stationiert. Das Camp Corregidor war eine kleinere Basis auf dem Gelände einer ehemaligen Dattelfarm, die Saddam Husseins Armee als Ausbildungslager gedient hatte. Es war ein trister Ort. Es gab dort kaum genug frisches Wasser für eine Dusche am Tag – wohlgemerkt für einen einzigen Mann, nicht für die ganze Truppe –, weshalb Morgan sich angewöhnte, sich mit Wasser zu waschen, dass aus stinkenden Kanälen hochgepumpt wurde. Es hieß, dass die Fliegen und Bettwanzen, die unsere Kameraden dort täglich attackierten, auf dem Rücken von Ratten angeritten kämen. Aber da es die Operationsbasis des Bravo Platoon und mehrerer Infanteriekompanien war, wurde das Camp Corregidor trotz alledem zur Drehscheibe unserer Bemühungen, die brutalen östlichen Gebiete von Ramadi unter Kontrolle zu bringen.

Vom Camp Mark Lee führte eine Straße quer durch die Stadt zum Camp Corregidor. Wir bezeichneten sie als die »Route Michigan«. Die Michigan war ein mit Sprengfallen gespickter Albtraum. Zum Glück arbeiteten die EODler unserer Einheit gemeinsam mit der Aufklärung unermüdlich, um immer auf dem Laufenden über die neuesten Taktiken der Bombenbauer zu sein. Sie begleiteten unsere Kommandoeinheiten überallhin, ihre einfache Ausrüstung immer zur Hand – ein Multifunktionswerkzeug, eine hochbelastbare Schere und kleine Sprengsätze (Sprengschnur und C-4), um feindliche Sprengfallen unschädlich machen zu können. Und diese Jungs hatten ihre eigene Rechnung mit den Aufständischen offen. Im Februar war ein EODler namens Nick Wilson in Ramadi getötet worden, als er einen Kupferzünddraht über eine Straßenböschung verfolgte. Andy Fayal hatte Nicks Leichnam nach Hause begleitet, und die Kameraden hatten geschworen, die für den Tod ihres Freundes verantwortlichen Bombenbauer aufzuspüren. Bei Nicks Begräbnis stellte Andy überrascht fest, dass einige SEALs gekommen waren. Ich denke, in diesem Moment wurde ihm endlich klar, wie sehr wir die Fähigkeiten und den Einsatz des Kampfmittelräumdiensts zu schätzen wissen. Unsere Kameradschaft kann nichts erschüttern. Gott schütze die EODler.

Auch die Pioniere der Army, die in Ramadi unsere Marschrouten erkundeten, leisteten ganze Arbeit. Ihre Funktion ähnelte der unseres Kampfmittelräumdienstes, war jedoch umfassender. Sie fuhren in Formation los, um die großen Sprengfallen aufzuspüren und zu zerstören, die in den Straßen vergraben lagen. Jedes Fahrzeug erfüllte eine andere Funktion – eines spürte die Sprengfallen auf und markierte sie, das nächste beseitigte den Schutt, und ein weiteres grub sie aus und entschärfte sie. Für diese Arbeit verwendete die Army ein stark gepanzertes Buffalo-Minenräumfahrzeug, das über einen Kranarm verfügt, an den verschiedene Zubehörteile montiert werden können, um vor dem Fahrzeug unter der Fahrbahn vergrabene Sprengsätze zu räumen. Daneben verwendeten sie ein als Joint EOD Rapid Response Vehicle (JERRV) bezeichnetes Ungetüm, das aussieht wie ein Mondlandefahrzeug. Diese Biester konnten massive Explosionen wegstecken – was sie in Ramadi auch oft tun mussten. Die Männer im Inneren blieben unversehrt, solange sie angegurtet waren und ihre Helme trugen. Die Army setzte auch mit Sensoren und einem mechanischen Arm ausgestattete TALON-Roboter ein, um Sprengsätze auszugraben. Aber manchmal war es praktikabler, einfach über die vermutlichen Bombenverstecke zu fahren und den Schlag hinzunehmen. Auf diese Art konnte man schneller arbeiten und größere Flächen räumen.

Diese Konvois rollten mit einer Geschwindigkeit von vier Stundenkilometern durch die Straßen und krochen die ganze Nacht mit grellen Scheinwerfern über die gefährlichsten Durchgangsstraßen, um die Arbeit am Tag und in der folgenden Nacht fortzusetzen. Wenn ein JERRV eine Explosion auslöste – und es gehörte zweifellos zum Anforderungsprofil dieser Fahrzeuge und ihrer Besatzungen, dass sie die Explosionen auslösten –, rückte das Rettungsteam ein, hievte das Wrack auf einen Fünf-Tonnen-Flachbetttransporter und brachte ihn zurück ins Camp Ramadi. Das beschädigte JERRV wurde durch ein anderes ersetzt, das sich in die Formation einordnete, damit sie ihren Weg im Schneckentempo fortsetzen konnte.

Es machte jedes Mal großen Eindruck auf uns, wenn eines dieser Monster ohne Räder ins Camp zurückgebracht wurde – viel mehr als die Kapsel war nicht übrig geblieben. Aber sie fuhren jede Nacht von Neuem hinaus in die Killzone und blieben dort, denn sie konnten es nicht ertragen, dass statt ihrer Infanteristen in die Sprengfallen liefen. Diese Räumungstrupps retteten Hunderten Kameraden das Leben, und die Männer, die am Steuer dieser Fahrzeuge saßen, beeindruckten uns mit ihrem Mut.

Bei den Fahrten auf der Route Michigan kam uns das einwöchige taktische Fahrtraining sehr zugute. Die SEALs fahren nicht wie die regulären Infanterieeinheiten in Konvois. Die konventionellen Truppen werden normalerweise in schweren gepanzerten Mannschaftswagen befördert, die sich oft bei Tageslicht langsam vorwärtsbewegen. So haben die Triggermen reichlich Zeit, sich bereitzuhalten und die Sprengfallen im richtigen Moment zu zünden. Wir hingegen tauchten in Ramadi in unbeleuchteten Fahrzeugen wie Fledermäuse aus der Nacht auf. Wenn entlang unseres Weges ein Triggerman hockte und mit ein paar Sekunden Vorwarnzeit rechnete, wurde er bitter enttäuscht. Die Bedrohung durch die Sprengfalle war schon groß genug. Wir mussten ihm die Arbeit nicht auch noch erleichtern.

Eines Morgens sah ich einen zerbeulten Pathfinder nach Camp Ramadi zurückkehren und sagte zu Lieutenant Commander Thomas: »Sir, diese Jungs müssen furchtbare Prügel einstecken. Der Feind muss wissen, dass sie kommen. Wie kann er ihnen sonst so im Nacken sitzen?«

Sollte unser Kommandeur Furcht in meiner Stimme gehört haben, so verriet es seine gelassene Antwort nicht. »Marcus, wenn wir darüber zu viel nachdenken, können wir unsere Arbeit nicht machen. Wir würden nie hinausgehen und kämpfen.«

»In Ordnung, Sir«, sagte ich. »Dann sollten wir hinausgehen und ein bisschen kämpfen.«

+++

Die Jungs im Camp Corregidor warteten nicht lange darauf, in den Kampf einzusteigen. Eines Abends erhielt Morgan in seiner spartanischen Bude am anderen Ende der Stadt einen kurzen Bericht vom Kampfmittelräumdienst, bevor er sich schlafen legte. Am frühen Morgen wurde er vom Lärm feindlicher Mörsergranaten geweckt, die auf dem Stützpunkt einschlugen.

Da das Camp Corregidor kleiner als das Camp Marc Lee und von der Umgebung weniger abgeschottet war, wurde es regelmäßig beschossen. Die Besatzung des Stützpunkts musste einfach damit leben. Die Männer trugen sogar bei einem kurzen Sprint zur Toilette Schutzweste und Helm. Es starben noch immer Soldaten durch Mörserbeschuss, während sie bei der Essensausgabe Schlange standen. Im Norden grenzte der Stützpunkt an die Route Michigan an. Ein Bewässerungskanal trennte es von einer üblen Gegend, wo sich der Außenposten Eagle's Nest befand. Dort waren Ryan Job und Marc Lee im August erwischt worden. An der Westmauer des Stützpunkts standen mehrere Wachtürme. Cowboy, einer der Scharfschützen des Bravo Platoon, lief mit seinem Gewehr zu einem dieser Türme und stieg hinauf, um sich ein Bild von der Lage zu machen.

Vom Turm aus hatte Cowboy einen guten Überblick über die Hauptstraße, die den Wohnbezirk im Osten der Stadt einfasste und die Route Michigan kreuzte. Später sollte diese Straße den Spitznamen »Sniper Alley« erhalten, weil von dort aus häufig Scharfschützen das Camp Corregidor unter Beschuss nahmen. Aber an diesem Tag wurde in die andere Richtung geschossen. Cowboy sah durch das Zielfernrohr seines Gewehrs in fast 700 Meter Entfernung einen roten Opel, der mit eingeschaltetem Warnblinklicht auf der Straße jenseits des Kanals stand. Vor dem Auto stand ein Mann. Er sah sich in beiden Richtungen auf der Straße um, öffnete die Motorhaube, ging am Auto vorbei und sah sich erneut um. Der Mann wartete auf etwas, aber Cowboy hatte das Gefühl, dass er nicht auf einen Abschleppwagen wartete.

Der Mann wähnte sich anscheinend unbeobachtet, denn er gab jemandem ein kleines Handsignal, worauf zwei andere Männer aus einem Haus in der Nähe gelaufen kamen. Sie trugen Reissäcke, an denen sie offensichtlich schwer zu schleppen hatten, zum Auto und wuchteten sie in den Kofferraum des Wagens.

Cowboy brauchte keine offizielle Bestätigung, um zu begreifen, was dort geschah. Er nahm einen der Sackträger ins Fadenkreuz und drückte ab. Eine 7,62-mm-Winchester-Magnum machte sich auf den Weg zu ihrem fast 700 Meter entfernten Ziel. Sie traf den Mann in der Körpermitte. Der andere Sackträger begann, seinen Spießgesellen zu dem Haus zurückzuschleifen, aus dem sie gekommen waren. Der Fahrer schlug die Motorhaube zu, sprang in den Wagen und fuhr los. Cowboy nahm Funkkontakt zum Gefechtsstand auf: »Hier spricht Cowboy aus dem Echo Tower. Wir haben einen EKIA

[Enemy Killed In Action] und eine improvisierte Sprengladung in einem Fahrzeug. Roter Opel. Genau vor eurer Nase.« Wenige Augenblicke später nahmen mehrere irakische Soldaten den Fahrer und sein Auto in Verwahrung. Im Kofferraum fanden sie Sprengstoff. Es war tatsächlich eine »Hölle auf Rädern«. Dank Cowboy hatten sie die Bombe von der Straße geholt, bevor sie ihr Ziel finden konnte. Der Scharfschütze kehrte ins Quartier zurück und sagte zu seinen Kameraden: »Ihr werdet es nicht glauben …« Von da an machte es sich Cowboy zu einem Morgenritual, auf den Echo Tower hinaufzuklettern und einen Blick auf seine aufregende neue Nachbarschaft zu werfen.

6

EIN BÖLLER UNTER DEM SITZKISSEN DER AUFSTÄNDISCHEN

SEAL-Teams können es nicht erwarten, an die Arbeit zu gehen. Das Team 5 wurde in der Truppe als »Task Unit Red Bull« bezeichnet. Wir trugen einen Aufnäher, auf dem ein Longhorn-Bulle mit gesenktem Kopf zu sehen war, der das Logo von Team 5 auf dem Schenkel trug. Unser Wahlspruch »Wer den Stier reizt, macht Bekanntschaft mit den Hörnern« klang ein wenig nach Texas und passte wegen der vielen Energy Drinks, die wir jeden Tag in uns hineinschütteten, um wach zu bleiben. Bis zum heutigen Tag leisten die SEAL-Teams einen wesentlichen Beitrag, um diese Marke am Leben zu erhalten.

Die Teams können einen ziemlich individuellen Charakter entwickeln, und einige von uns nahmen sich die Freiheit, ihre Uniformen selbst zu gestalten. Mein Bruder und ich trugen eine sieben mal zwölf Zentimeter große texanische Flagge auf der Brust, Adam Downs' Uniform zierte ein Aufnäher, der an die Feuerwehrmänner der Engine 53/Ladder 43 erinnerte, die dem Terroranschlag am 11. September 2001 zum Opfer gefallen waren. Hin und wieder trug Morgan einen Aufnäher zur Schau, der das Motto der Gadsden-Flagge aus dem amerikanischen Unabhängigkeitskrieg enthielt: »Don't Tread on Me« (Tritt nicht auf mich). Er hatte sie jedoch ein wenig abgewandelt: Die Klapperschlange aus der Kolonialzeit hatte er durch das

Skelett eines Froschs ersetzt (schließlich waren wir Froschmänner), und an die Stelle der berühmten Warnung war bei ihm das provokantere »Don't F… With Me« getreten. Die Männer von Team 3 versahen ihre Fahrzeuge, ihre Montur und ihre Waffen mit dem Totenkopflogo des Punishers aus der Marvel-Comicserie. Im Team 5 waren wir bescheidener. Wir benannten unsere Humvees nach Figuren aus den *Transformers*-Filmen: Optimus Prime, Ironhide, Bumblebee, Soundwave und so weiter. Unser Funk- und Mannschaftswagen war als Omega Supreme bekannt. In den konventionellen Truppenteilen ist so etwas eher unüblich.

Unser erster Einsatz in Ramadi war gleich ein wichtiger. Wir sollten in ein etwa fünf Kilometer vom Camp Marc Lee entferntes Viertel vorstoßen und Scharfschützenpositionen beziehen, um amerikanischen Truppen Deckung zu geben, die einen neuen Außenposten errichteten. Beide Trupps des Alfa Platoon – Blue und Gold – kamen zum Einsatz, insgesamt etwa dreißig Mann. Am Morgen des 28. Oktober rollten wir in unseren Fahrzeugen zum Tor hinaus. Wir fuhren zu einem irakischen Checkpoint, wo wir die Dschundis, die einheimischen Soldaten, abholten. Dazu kamen zwei ausgezeichnete Männer, die uns als Dolmetscher begleiteten: Moose und Riddick waren vom Militär engagiert worden und lebten mit uns. Wir verbrachten den Tag mit der Einsatzbesprechung, und nach Einbruch der Dunkelheit brachen wir gemeinsam mit einer Patrouille der Marines in unser Zielgebiet auf.

Wir marschierten in völliger Stille auf der Route Michigan ins Stadtzentrum. Ab Einbruch der Dunkelheit galt in Ramadi ein striktes nächtliches Ausgehverbot. Angeführt von unserem Point Man, dem Special Operator 1. Klasse Studdard, marschierten wir in einer langen Schlange und hielten etwa sieben Meter Abstand zum Vordermann. Aus meinem Funkgerät hörte ich durch das Knacken abgehackte Berichte amerikanischer Patrouillen, die anderswo in der Stadt Feindkontakt hatten. Die Glut kleiner Feuer warf ein unheimliches, unstetes rötliches Licht auf die tief hängenden Wolken. Rund um uns herum erhoben sich drohend dunkle Häuserskelette.

Wir erreichten unseren Bestimmungsort, ein verlassenes vierstöckiges Gebäude an einer Ringstraße, die wir nur »die Rennstrecke« nannten. Früher waren dort ein irakischer Militärposten und später eine Schule untergebracht gewesen. Jetzt sollte es ein Dorn im Fleisch der Aufständischen werden, ein Außenposten für eine Kompanie des 1. Bataillons des 6. Regiments der Marines. Es war klar, dass der Feind alles tun würde, um zu verhindern, dass wir uns dort festsetzten. Wir wurden hineingeschickt, um den Bau des Stützpunkts abzusichern. Er würde »Combat Outpost Firecracker« heißen.

In dem Gebäude wimmelte es von Souvenirs des Bösen. Als wir es Raum für Raum sicherten, fanden wir zahlreiche Hinweise auf die dunklen Zwecke, denen dieser Bau in der jüngeren Vergangenheit gedient hatte. Es war eine Operationsbasis der Aufständischen, aber auch ein Gefängnis oder Verhörzentrum gewesen. Von den verdreckten Wänden schienen noch die Schreie der Folteropfer widerzuhallen. Die Tische waren mit eingetrocknetem Blut besudelt. Unheilvolle Stahlgerätelagen lagen wie die Überreste eines Barbecues herum (nur dass man in Ramadi nie ein Filetstück bekam). Niemand wusste, wie viele unschuldige Menschen dort gequält worden waren, aber als wir das Gebäude unter Kontrolle brachten, verlieh seine Aura des Bösen unserer Mission Klarheit.

Wir beschlossen, unser Befehls- und Überwachungszentrum im vierten Stock einzurichten. Einer unserer Offiziere, ein weiterer SEAL, und der Navy-Pilot, der als unser Fliegerleitoffizier die Luftunterstützung koordinierte, richteten sich auf der Nordseite ein. Studdard, Wink und ich führten die übrige Gruppe einschließlich aller Scharfschützen durch das restliche Stockwerk, um die besten Stellungen mit gutem Blickfeld und freien Schusslinien zu finden.

Von unseren dreißig SEALs waren zehn qualifizierte »Sniper« (Scharfschützen, die Übrigen waren »nur« ausgezeichnete Schützen). Wir konnten also fünf Paare bilden. Wir brachten in jedem Raum ein Zwei-Mann-Team unter und richteten uns mit Tischen, Stühlen, Kissen und Decken so bequem wie möglich ein. Dort, wo fensterlose Mauern potenziell guten Schusslinien im Weg standen, machten wir mit dem Vorschlaghammer oder kleinen Sprengladungen Löcher. Ich war froh, dass Senior Chief Steffen uns begleitet hatte – und dass ich eine Position bekleidete, die sein Vertrauen in mich widerspiegelte. Nachdem wir uns in Position gebracht hatten, verhielten wir uns ruhig, studierten durch unsere Nachtsichtgeräte die schwarzgrünen Schatten der verwüsteten Stadt und warteten auf Ärger.

Vor Sonnenaufgang wurden wir auf ein Maultier aufmerksam, das in den weitläufigen, geschlossenen Hof der ehemaligen Schule gelangt war. Draußen war nichts los, wie es schien. Als wir in einer Ziegelmauer in der Nähe ein Loch bemerkten, mussten wir die Möglichkeit in Betracht ziehen, dass Aufständische das Tier mit einer Bombe präpariert und durch das Loch getrieben hatten. Es war bekannt, dass sie Sprengstoff in Tierkadavern versteckten. Nichts war unmöglich. Dieses Maultier hätte zweifellos eine ausgezeichnete Sprengfalle abgegeben. Wir riefen unsere EODler zu Hilfe, die sich das Tier ansahen, das jedoch bis auf die übliche Neigung zum Austreten harmlos war.

Kurz nach unserer Ankunft bekamen wir Besuch von einem Captain der Army, der sich mit uns absprechen wollte. Ich begrüßte ihn. Da wir SEALs keine Rangabzeichen tragen, wollte er offenbar herausfinden, wo ich in der Befehlskette, verglichen mit ihm, stand. *Versuch's doch, Freundchen*, dachte ich. Ich fragte ihn, was er von uns brauche.

»Ich will Schutz für meine Leute«, antwortete er.

»Geht in Ordnung«, sagte ich. »Halten Sie Ihre Männer nur von meinen fern, während wir arbeiten. Die Aufständischen werden euch nicht anrühren.«

Die Männer, die die COPs bauen, verdienen größten Respekt. Das ganze amerikanische Militär hängt von seinen intelligenten und einfallsreichen Pionieren ab. So war es schon immer. Die Jungs, denen wir Feuerschutz gaben, arbeiteten unglaublich schnell und schafften es normalerweise, einen Außenposten über Nacht zu errichten. Die Pioniereinheiten funktionierten wie gut geölte Maschinen, bauten die Feldposten und schlossen sie an das Stromnetz an, damit unsere Truppen sich der Aufgabe zuwenden konnten, den Aufständischen etwas wegzunehmen, was sie unbedingt brauchten: das Vertrauen und das Wohlwollen der Einwohner Ramadis. In voller Kampfmontur errichteten die Pioniere in unerträglicher Hitze Betonbarrieren, sicherten Mauerkronen mit Nato-Draht, stapelten Sandsäcke zu hohen Wällen, montierten Generatoren und bauten Wachtürme – und all das unter

Störfeuer und manchmal Angriffen von Selbstmordattentätern. Diese Männer hielten wirklich da draußen den Kopf hin. Guter Gott.

Einige von uns versuchten, ein wenig zu schlafen, während sich am Himmel im Osten die Dämmerung ankündigte. Wir hatten vor dazubleiben, solange es nötig war, um hier eine dauerhafte Stellung zu errichten. Aber als der Tag anbrach, brach in unserem kleinen Winkel dieses Höllenlochs ein Inferno aus.

In Bagdad waren wir in frühen Modellen des Humvee, die nicht gepanzert waren, durch die Stadt gerollt, Beine und Waffen auf beiden Seiten aus den offenen Türen baumelnd. Wir sahen ziemlich cool aus, aber wir waren auch sehr verwundbar. Nachdem wir drei Jahre mit IEDs (Sprengfallen) und Panzerbüchsen attackiert worden waren, waren wir mittlerweile klüger.

Jetzt geriet unten auf der Straße ein Humvee unter Beschuss. Woher die Schüsse kamen, befand sich außerhalb unseres Gesichtsfelds. Mehrere Panzerabwehrgranaten trafen das Fahrzeug oder schlugen neben ihm auf der Straße ein. Der Humvee bekam weitere Treffer ab, und jetzt waren wir überzeugt, dass seine Insassen nicht mehr am Leben waren. Aber irgendwie tauchte das Fahrzeug aus der Staub- und Rauchwolke auf und setzte seine Fahrt fort. Diese schwer gepanzerten Modelle konnten wirklich so einiges einstecken.

Auf den Angriff auf das Fahrzeug folgte ein Hagelsturm von Mörsergeschossen auf das Gebäude, die aus großer Entfernung in hohen Bögen heransausten. Es waren große 120-mm-Granaten, und die Aufständischen zielten gut. Drei dieser üblen Dinger erwischten fast das Gebäude. Eine Granate sprengte an der Stelle, an der gerade noch der Humvee gestanden hatte, einen riesigen Krater in den Asphalt. Eine weitere explodierte im Schulhof. Und eine schlug so nah ein, dass im Gebäude der Gips und die Farbe von den Wänden absprangen.

Aus den Straßen drang das Knattern kleinkalibriger amerikanischer Waffen sowie der feindlichen PK-Maschinengewehre, Kalaschnikows und Panzerbüchsen. Hin und wieder tauchten Menschen auf der Straße auf. Wann immer wir sie sahen, gaben wir Warnschüsse ab, und wenn hinter ihnen Brocken aus einer Mauer flogen, verschwanden sie rasch wieder. Kinder galten im Allgemeinen als harmlos, aber man musste immer damit rechnen, dass sie als Wachposten dienten oder von den Aufständischen vorgeschickt wurden, um die Lage zu erkunden. Wann immer wir einen Erwachsenen sahen, der sich aggressiv verhielt, behielten wir ihn im Auge, bis wir wussten, was er vorhatte. Billige Trainingsanzüge und altmodische Turnschuhe schienen die bevorzugte Uniform vieler Aufständischer zu sein.

Adam landete den ersten Treffer unseres Teams in Ramadi und verdiente sich eine Kiste Bier, die wir ihm spendieren würden, wenn wir irgendwohin kamen, wo es Bier gab. Er war immer für eine amüsante Einlage gut. Einmal hatte er Wache, als er ein dringendes Bedürfnis verspürte. Also stand er auf, ließ die Hose herunter und wurde sogleich von einem amerikanischen Wachposten auf der anderen Straßenseite entdeckt, der mit seinem M60-Maschinengewehr das Feuer auf den vermeintlichen Scharfschützen eröffnete. Anscheinend waren die anderen Einheiten nicht über unsere Position informiert worden. Aber der Wachposten stellte das Feuer rasch wieder ein. (Adams Rettung war vermutlich seine New York Giants-Baseballkappe, die aus einiger Entfernung zu erkennen war.) Es war zweifellos ein aufregendes Erlebnis für Adam und ein unvergessliches dazu: Als er sich duckte, um dem Feuer auszuweichen, fiel er nach hinten und landete direkt in seinem eigenen Haufen. Es erübrigt sich zu sagen, dass er die folgenden Tage allein in seinem Scharfschützennest verbrachte. (Tut mir leid, Bruder, aber diese Geschichte ist zu lustig, um darauf zu verzichten, sie für die Nachwelt festzuhalten.)

In der Auseinandersetzung mit Schützen von Adams Kaliber wandten unsere feigen Gegner alle möglichen schmutzigen Taktiken an, um sich einen Vorteil zu verschaffen. Sie zwangen wehrlose Zivilisten, sich ins Kreuzfeuer zu begeben, denn sie wussten, dass wir Männer mit moralischen Grundsätzen waren und Unschuldigen keinen Schaden zufügen wollten. Ich erinnere mich an drei verängstigte Frauen, die unweit des COP Firecracker auftauchten und einen großen Handwagen vor sich herschoben, auf dem ein Ölfass lag. Ein bewaffneter Mann ging neben ihnen her und benutzte sie als Deckung. Einer unserer Scharfschützen schoss in das Fass, ein anderer zielte zwischen den Frauen hindurch genau zwischen die Beine des Mannes. Alle vier machten kehrt und liefen. Der Mann rannte so schnell, dass er seine

Sandalen verlor. Als die Marines das Ölfass inspizierten, stellten sie fest, dass es mit Sprengstoff gefüllt war.

Am Mittag des ersten Tages verzeichneten unsere Scharfschützen drei Kills. Es wurde still auf den Straßen.

Am nächsten Tag herrschte bis zum späten Nachmittag Ruhe. Die Army hatte etwa 150 Meter nördlich bei einem Kreisverkehr drei Humvees und einen Abrams-Panzer postiert. Kurz vor Einbruch der Dunkelheit begann der Wahnsinn von Neuem. Die auf der Straße vor dem COP Firecracker geparkten Hummer wurden von Dutzenden Aufständischen unter heftiges Feuer genommen. Es hörte sich an, als verschössen sie alles, was sie hatten.

Aus dem obersten Stockwerk sah ich, wie einer der beim Kreisverkehr postierten Humvees unter Maschinengewehrfeuer geriet. Aber die Kugeln prallten von der Panzerung des Fahrzeugs ab. Also fuhren die Angreifer schwerere Waffen auf. Eine Panzerabwehrgranate rauschte heran. Sie flog niedrig, vermutlich wollten sie die verwundbare Unterseite des Fahrzeugs treffen. Durch mein Fernglas sah ich, dass der Humvee zu brennen begann.

Ich rief über Funk eine schnelle Eingreiftruppe herbei, als die Männer im Humvee uns alle überraschten, den Schildkrötenpanzer öffneten und auf die Straße sprangen. Sie liefen unter Feuer um das Fahrzeug nach hinten, öffneten die Luke und holten einen Feuerlöscher heraus. Offensichtlich hingen sie an diesem Humvee.

Ich rechnete fest damit, dass sie alle getroffen würden, aber da wir die Angreifer nicht sahen, konnten wir wenig tun, um ihnen zu helfen. Doch in diesem Augenblick fuhren die anderen Humvees vor und brachten Verstärkung, was die Aufständischen dazu veranlasste, ihre Pläne zu ändern. Die Besatzung des beschädigten Fahrzeugs wurde rasch in Sicherheit gebracht, und die zahlreichen feindlichen Kämpfer verschwanden in den dunklen Gassen Ramadis.

Die Aufständischen gingen große Risiken ein, wenn sie unsere Truppen auf diese Art attackierten. Mit dafür verantwortlich war der Navy-Pilot, der unsere Einheit stets bei Scharfschützeneinsätzen begleitete. Sein Name war Brandon Scott, sein Rufzeichen FSBO oder Fizbo. Die Kameraden in seiner Schwadron in Norfolk hatten ihm diesen Namen – das Akronym für »For Sale By Owner« – verpasst, nachdem er und seine Frau ein Haus gekauft hatten, nur um wenige Tage später zu erfahren, dass er in einen anderen Landesteil versetzt werden würde. Im Militär geraten solche Dinge nicht in Vergessenheit, und wenn deine Kameraden merken, dass dich ein Spitzname ärgert, wirst du ihn nie wieder los. (Die besten Piloten tragen normalerweise wenig schmeichelhafte Spitznamen. Die mir bekannten Piloten sagen, dass sie kein allzu großes Vertrauen zu jemandem haben, dessen Rufzeichen Maverick oder Viper ist. Begegnet man hingegen jemandem, der Außenklo oder Müllschlucker heißt, so kann man ziemlich sicher sein, dass auf ihn Verlass ist.)

Als Fliegerleitoffizier war Fizbo im Grunde eine mobile Feuerwehrstation. Unser Platoon gehörte zu den ersten, die Fliegerleitoffiziere auf ihre Missionen mitnahmen. Fizbo nahm 70 Kilo an Funkgeräten mit auf die Straße und hielt ständigen Kontakt zur Luftwaffe, die uns mit Luftunterstützung und Aufklärungsdaten zur Seite stand. Er erleichterte uns das Leben sehr, indem er aus den Wolken ein Höllenfeuer herbeirief, wann immer es nötig war. Die Luftunterstützung war wie Weihnachten, obwohl man nie wusste, mit welchem Schlitten Santa Claus das Geschenk bringen würde. Manchmal kam er in einer F-16 oder in einer F/A-18. Bei anderen Gelegenheiten ritt er auf einer Predator-Drohne oder in einem Apache-Kampfhubschrauber. In jedem Fall waren er und seine Geschenke immer willkommen.

Die meisten Kampfpiloten waren sich zu schade, mit einem SEAL-Team zusammenzuarbeiten, aber Fizbo war nicht wie die meisten Piloten. Nach der Katastrophe der »Operation Redwing« eröffnete er dem Kommando seiner Schwadron in Norfolk, er wolle sich ein Gewehr und ein Funkgerät schnappen und sich am Boden am Kampf beteiligen. Das war ein Flieger nach unserem Geschmack. Als er im Camp Marc Lee zu uns stieß, wurde sein Traum Wirklichkeit. Dasselbe galt für uns. Sein taktisches AN/PRC-117F-Multifrequenz-Gerät stellte für uns die Verbindung zu einem Netz von Flugzeugen her, die von Stützpunkten in der gesamten Region aus operierten. SEALs können eine Fliegerleitausbildung machen, aber ich ziehe jemanden vor, der die Sprache der Piloten spricht, jemanden, der die Probleme des Mannes versteht, der dort oben im Cockpit sitzt – denn wenn er ein Problem hat, haben auch wir ein Problem. Obwohl die Zuteilung eines Piloten zu unserem Platoon ungewöhnlich war, erkannte das Kommando den Nutzen dieser Zusammenarbeit und unterstützte sie, um weitere Piloten für solche Missionen zu gewinnen. Bei unseren gemeinsamen Einsätzen in den Straßen von Ramadi schaltete Fizbo viele feindliche Kämpfer aus und rettete uns einige Male den Hintern.

Da unten auf der Straße haben sie also gerade noch diesen Humvee gelöscht. Der Feind hat sich zurückgezogen und glaubt wahrscheinlich, uns entwischt zu sein. Aber er irrt sich. Fizbo hat etwas dagegen. Er spricht mit einem Kumpel, der in 7500 Meter Höhe im Cockpit einer Super Hornet sitzt. Dank einer großartigen Technologie kann Fizbo sehen, was der Pilot sieht. Er steuert das Zielerfassungssystem des Flugzeugs, das eine Hochleistungskamera beinhaltet, und spürt die Aufständischen auf, die sich nach dem Angriff durch ein Gewirr von Straßen zurückziehen. Er folgt ihnen und beobachtet, wie sie mehrere Blocks entfernt einen Hof betreten. Dort treffen sie sich mit drei anderen Gruppen, insgesamt sind es etwa zwei Dutzend Kämpfer. Auf dem Wärmebild, das die Kamera an Bord des Flugzeugs aufnimmt, leuchten einige Waffen hell – sie sind noch heiß vom Schießen. Was für ein Ziel. Fizbo meldet unserem Platoon-OIC, Lieutenant Nathan, dass wir die Burschen gefunden haben.

Jetzt haben wir mehrere Möglichkeiten. Wir können hinausgehen und sie angreifen. Aber im Augenblick haben wir eine andere Mission. Wir können eine andere Patrouille zum Versteck der Aufständischen schicken, aber das birgt ebenfalls Risiken. Die einfachste Lösung ist ein sauberer Blitz aus heiterem Himmel: eine von Fizbos Bruder in der Luft geschickte Rakete oder Bombe. Fizbo ist einverstanden und fordert beim Brigadehauptquartier in Camp Ramadi einen Luftschlag an – jeder Einsatz im heiklen Kampf gegen die Aufständischen muss vom Hauptquartier genehmigt werden – und bestätigt, dass er die feindlichen Einheiten zweifelsfrei identifiziert hat. Da sie sich alle in dem Hof versammelt haben, möchte er ihnen mit einer 500-Pfund-Bombe heimleuchten.

Die Antwort aus dem Hauptquartier lässt nicht lange auf sich warten: »Keine Freigabe.«

Fizbos nächster Schritt: den Kopf ordentlich gegen die Wand schlagen. Sein Gesichtsausdruck war unbezahlbar (und seine Worte nicht druckreif). Er dachte kurz nach und bat darum, die Anforderung an die nächste Kommandoebene weiterzureichen. Auch diese lehnte ab – und stellte die Zielerfassung infrage. Als Fizbo nicht lockerließ und darauf beharrte, dass er die feindliche Einheit seit dem Angriff keinen Augenblick aus den Augen gelassen hatte, meldete sich ein hochrangiger Kommandeur aus dem Hauptquartier über Funk: »Tut mir leid, mein Freund, aber ich werde euch diese Bombe nicht geben.« Dann gab das Hauptquartier die Kontrolle über die Kamera der Super Hornet an die Befehlsleitstelle der Air Force weiter. Fizbo war aus dem Spiel.

Die Fliegerleitoffiziere in der Kommandozentrale versuchten, die Bewegungen der Zelle weiterzuverfolgen. Sie sahen, wie ein Auto bei dem Haus vorfuhr. Die Aufständischen luden ihre Waffen ein und fuhren los. Die Leute im Hauptquartier taten sicher ihr Bestes, um dem Auto auf der Spur zu bleiben, aber nach kurzer Zeit hatten sie es im Gewirr der Straßen verloren. Der Pilot kam nicht dazu, seine Bombe loszuschicken.

Fizbo und ich konnten nicht glauben, dass unser Hauptquartier die Kerle tatsächlich hatte entwischen lassen. Wir teilten es dem Senior Chief und auch Lieutenant Commander Thomas mit.

Tag fünf am COP Firecracker war ruhig. Wir hielten Ausschau nach feindlichen Kämpfern, begannen aber auch, Sandsäcke zu füllen und Kommunikationssysteme zu installieren. Um ein wenig Dampf abzulassen, schob Fizbo in einer strategisch wichtigen Gasse mit einem Scharfschützengewehr Wache. (Wir hatten unseren Überflieger auf dem Schießstand trainiert, damit er handlungsfähig war, wenn es die Situation erforderte.) Ich wollte ein kleines Nickerchen machen und legte ein Tarnnetz zusammen, um es wie eine Hängematte zwischen zwei Wänden aufzuhängen. Ich war gerade eingedöst, als mich Lärm weckte: Draußen auf dem Flur rauften sich zwei junge Soldaten. Ich lief hinüber und trennte sie. Ich zog sie in eines der Klassenzimmer und fragte sie, was los sei. Als sich herausstellte, dass der Anlass nichtig war – es ging um Rationen oder etwas Ähnliches –, überhäufte ich sie mit ausgewählten Schimpfworten und rief ihnen in Erinnerung, wer unser Feind war. Ich fragte sie, ob sie überhaupt verstünden, warum sie hier waren.

Während ich ihnen so schön die Leviten las, hörte ich Schüsse krachen. Dann ein Schreckensschrei vom Dach. Ein Soldat fiel die Treppe herunter. Er war von hinten getroffen worden. Die Kugel hatte sich einen Weg durch sein Bein gesucht und war beim Knie wieder ausgetreten. Er wurde rasch stabilisiert und ins Krankenhaus gebracht.

Als sich die Aufregung gelegt hatte, wandte ich mich an die beiden Streithähne und sagte ihnen, sie sollten gut zuhören: Ihnen würde etwas Ähnliches passieren wie ihrem Kameraden, wenn sie sich nicht auf ihre Mission konzentrierten. »Der Feind ist dort draußen. Er will euch töten«, sagte ich. »Ihr macht Blödsinn, hört auf zu denken oder prügelt euch wie Idioten um einen Schokoriegel, und schon jagt ein Schweinehund mit einer Kalaschnikow eine Kugel durch euch beide.« Im Alltag des Kampfes benehmen sich achtzehnjährige Gefreite eben manchmal wie achtzehnjährige Gefreite.

Dieser Krieg war anders, als ich ihn mir vorgestellt hatte. Es gab kein Territorium im normalen Sinn, das man hätte verteidigen können. Es war ein Krieg unablässiger Patrouillengänge, ein Krieg der willkürlichen Schüsse und der Scharfschützen, ein persönlicher Krieg, ein Krieg im kleinen Maßstab. Wurde jemand getroffen, so bekamen wir den Angreifer fast nie zu sehen, und wenn wir jemanden zu Gesicht bekamen, waren seine Identität und seine Absichten oft nicht klar. Nehmen wir an, es war alles geklärt: Es gab keinen Zweifel an seinen feindseligen Absichten, und wir erschossen ihn. Dann tauchte ein Ermittlungsbeamter auf, verhörte uns wie Kriminelle und forderte uns auf, eine »Erklärung« auszufüllen, in der wir genau beschreiben mussten, warum wir den Feind getötet hatten. Mittlerweile ist mir klar, dass sichergestellt werden musste, dass wir niemanden ohne triftigen Grund töteten – alles, was wir taten, musste der Stabilität der Regierung und der Sicherheit der irakischen Bevölkerung dienen und durfte nicht den Interessen der Aufständischen dienen. Es ist schwierig, in den Grauzonen der Aufstandsbekämpfung zu operieren, und das gilt für die Führung und die kämpfende Truppe gleichermaßen. Aber in der Hitze des Gefechts konnte ich es nicht ertragen, dass unser Urteil als Soldaten immer den Vorbehalten der Rechtsanwälte unterworfen wurde. Natürlich können die Vorgänge auf dem Schlachtfeld politische Probleme verursachen, aber im Kampf spielt das keine Rolle. Die Einsatzregeln ändern sich unter Gefechtsbedingungen laufend, und unsere Soldaten werden sorgfältig darauf vorbereitet, sich abhängig von ihrer Mission und der Situation korrekt zu verhalten. Bestimmte Entscheidungen sollten erfahrenen Kämpfern überlassen bleiben. Gibt es wirklich jemanden, der allen Ernstes glaubt, dass ein Mann, der mit einem schwarzen Turban auf dem Kopf und einem Gewehr über der Schulter auf einem Fahrrad in die Richtung fährt, wo gerade ein Gefecht tobt, auf dem Weg zur Probe eines Barbershop-Quartetts ist? Die Rechtsanwälte schienen oft der Meinung zu sein, dass man im Zweifel für den Angeklagten entscheiden müsse. Die Folge war, dass wir den Feind nicht immer richtig bekämpfen konnten. Wir durften nicht in Moscheen oder Krankenhäuser gehen, egal, wie viele Bastarde von den Minaretten oder aus den Kinderabteilungen der Krankenhäuser auf uns schossen.

Dabei wäre es durchaus möglich gewesen, die Meinungsverschiedenheiten zwischen den Beteiligten auszuräumen: Man hätte nur den Rechtsanwalt aufs Dach schicken und sich ansehen müssen, wie gut er dort mit seinen juristischen Kenntnissen zurechtkam, wenn sein eigenes Leben auf dem Spiel stand.

7

DIE ALTEN MÄNNER VON AL-ANBAR

Als wir vom COP Firecracker ins Camp Marc Lee zurückkehrten, war der Lieblingspilot des Alfa Platoon immer noch ziemlich sauer, weil sie ihm verboten hatten, das feindliche Hornissennest auszuräuchern. Nachdem er seine Ausrüstung ausgeladen hatte, marschierte Fizbo schnurstracks in die Befehlsleitstelle der Brigade im Camp Ramadi, um irgendjemanden zur Rede zu stellen. Offenbar sauste er mit mehrfacher Schallgeschwindigkeit hinein, denn ein Captain der Army bemerkte ihn und lief ihm entgegen, um ihn aufzuhalten.

»Hallo, was ist los?«, fragte er Fizbo. »Ich sehe, dass Sie erregt sind. Was haben Sie vor?«

»Ich will mit dem Offizier reden, der meinen Luftschlag untersagt hat.«

Fizbo erklärte, wie wir beobachtet hatten, dass diese Mistkerle amerikanische Einheiten angegriffen hatten und wie wir sie bis zu einem Hof verfolgt hatten, wo sie sich mit zwei weiteren bewaffneten Banden getroffen hatten.

»Ja, wir haben das auch beobachtet«, sagte der Captain. »Wir taten alles, um die richtige Entscheidung zu fällen.« Er erklärte Fizbo, dass sich an jenem Tag strategische Überlegungen auf die taktische Entscheidung ausgewirkt hätten. Das Kommando befürchtete, Ramadi könne sich in ein zweites Falludscha verwandeln – das heißt in einen Schutthaufen. In Ramadi seien in den jahrelangen Kämpfen derart schwere Kollateralschäden entstanden, dass weitere sechs Monate harter Kämpfe das Ende der Zivilisation in dieser Stadt bedeuten könnten. Die Aufgabe bestehe darin, die Aufständischen zu töten, ohne die Stadt zu töten. Und dazu bedürfe es einer neuartigen Kriegführung.

Nachdem er die Entscheidung seines Vorgesetzten verteidigt hatte, erklärte der Offizier: »Aber wissen Sie, unter Berücksichtigung aller Umstände hätten wir Ihnen wahrscheinlich erlauben sollen, diese Bombe abzuwerfen.«

Wie sich herausstellte, gehörte der Offizier mit den diplomatischen Neigungen zu jener Handvoll Amerikaner, die an den schwierigen Bemühungen teilnahmen, die Stammesältesten Ramadis auf unsere Seite zu ziehen. Sein Name war Travis Patriquin. Dieser Offizier für zivile Angelegenheiten und ehemalige Green Beret war ein Experte für nahöstliche Kultur und Bräuche und beherrschte sieben Sprachen, darunter den arabischen Dialekt, den die Menschen in Ramadi sprachen. Am Ende des Einsatztrainings hatten wir einige seiner Briefings gesehen, und Lieutenant Commander Thomas hatte sofort begriffen, dass dieser Mann etwas auf dem Kasten hatte. Er empfahl Commander Leonard, unserem Skipper, sich mit Patriquin zusammenzusetzen und sich anzuhören, was er über den richtigen Umgang mit den Stämmen in der Stadt zu sagen hatte.

Patriquin erklärte dem Skipper, dass wir im Gebiet um Sufija im Norden von Camp Corregidor eine Chance haben würden. Die Bewohner der Gegend gehörten dem Stamm der Albu Soda an, der uns gegenüber eine gegebenfalls neutrale Haltung einnahm und al-Qaida auf seinem Gebiet gewähren ließ. Der Scheich und seine Leute schienen die Terroristen abzulehnen, aber sie brauchten Waffen und die Zusicherung von Unterstützung, um gegen al-Qaida vorgehen zu können. Der Skipper erfuhr, dass die Stämme ihre eigenen »schnellen Eingreiftruppen« aufbauten, die trainiert werden mussten. Das konnte eine große Hilfe für uns sein. Wenn sie gut ausgebildet und ausgerüstet waren, konnten einheimische Polizeieinheiten die Terroristen in kürzester Zeit identifizieren und vertreiben.

Captain Patriquin verbrachte viel Zeit mit Besuchen bei den Scheichs, brach das Brot mit ihnen, trank Tee und rauchte Zigarren. Er gewann den Eindruck, dass einige von ihnen ernsthaft darüber nachdachten, sich gegen al-Qaida zur Wehr zu setzen, denn die Terroristen hatten ihrer Stadt schweren Schaden zugefügt. Die Scheichs erkannten in Patriquin einen vertrauenswürdigen Gesprächspartner, und er wurde ein gern gesehener Gast in ihren Häusern. Einer dieser Scheichs hieß Abdul as-Sattar Abu Rischa. Der 34-Jährige bewegte andere Scheichs dazu, sich einem Bündnis gegen al-Qaida anzuschließen. Zwischen Patriquin und dem Scheich entwickelte sich eine derart enge Vertrauensbeziehung, dass Sattar begann, ihn als seinen Sohn zu bezeichnen. Sattar war der erste Stammesführer, der sich mit uns verbündete. Das war ein mutiger Schritt, aber vielleicht blieb ihm gar nichts anderes übrig, denn al-Qaida hatte seinen Vater und zwei seiner Brüder ermordet. Ich konnte mir kaum vorstellen, was für eine Qual das für ihn gewesen sein musste, aber ich konnte verstehen, was ihn antrieb. Er wollte kämpfen, und er war klug genug, um zu wissen, dass die Amerikaner die härtesten Kämpfer in der Stadt waren.

Die Stämme in der Provinz al-Anbar haben ein wenig Ähnlichkeit mit den alten schottischen Clans: Die Zugehörigkeit beruht auf der Blutsbande, und die Loyalität gegenüber dem Stamm hat Vorrang vor der Loyalität gegenüber dem Staat. Es ist schwierig, einen Iraker dazu zu bewegen, etwas für sein Land zu tun. So weit ging die Liebe zum Vaterland zumindest damals noch nicht. Da es innerhalb der Stämme wechselnde Bündnisse gibt, fürchten sich ihre Führer sehr vor Bedrohungen ihres Status und ihrer Autorität. Saddam Hussein nutzte ihre Unsicherheit mit machiavellistischer Finesse aus: Er kaufte die Kooperation der Willigen und hetzte die Rivalen aufeinander.

Als nun diese Bewegung an Dynamik gewann, war klar, dass Sattar sehr viel mehr aufs Spiel setzte, als er hätte tun müssen, um sein Eigeninteresse zu verfolgen.

Ende des Jahres 2005 wurde den amerikanischen Kommandeuren klar, dass es tatsächlich möglich war, die Stämme von al-Anbar für ein Bündnis gegen al-Qaida zu einen. Lieutenant Colonel Tony Deane, der Kommandeur eines Panzerbataillons, begann, bei den Treffen zwischen Scheich Sattar und anderen Stammesältesten auf seinem Anwesen nördlich von Camp Ramadi für die Sicherheit zu sorgen. Mit diesen Treffen begann eine Bewegung, die bald als das »Erwachen al-Anbars« bezeichnet wurde.

Der Skipper sagte, Scheich Sattar erinnere ihn an Sonny Corleone, den hitzköpfigen Sohn des Paten. Unter seinen goldbestickten weißen Umhängen trug Sattar eine schöne Walther PPK, er trank gerne Whiskey, und er liebte es, Lügengeschichten zu erzählen. Er pflegte seinen Ruf der Gewalttätigkeit. Sein Bruder Ahmed hatte mehr Ähnlichkeit mit Michael Corleone: Er war kühl und politisch. Aber die Geschichte erinnerte mich eher an John Ford als an Francis Ford Coppola: Ramadi im Jahr 2006 war ein bisschen wie der amerikanische Westen in den Vierzigerjahren des 19. Jahrhunderts, ein Ort der Gesetzlosigkeit. Sattar war der einzelgängerische Sheriff in diesem staubigen Kaff, und die SEALs waren die berittenen Ranger, die ihm zu Hilfe geeilt waren, um die Banditen aus der Stadt zu vertreiben.

Im Hauptquartier gab es Leute, die dagegen waren, dass wir uns mit den örtlichen Machthabern einließen. Sie wollten nur mit der Regierung zusammenarbeiten. Das Problem war, dass der Gouverneur der Provinz al-Anbar wenig mehr als ein Strohmann war. Uns störte das texanische Selbstvertrauen Sattars nicht. Unsere Kommandeure waren der Meinung, dass er ein verlässlicher Partner sein würde.

Bei einem Treffen auf Sattars Anwesen am 9. September teilte der Scheich Colonel MacFarland und Lieutenant Colonel Deane mit, dass er sich entschlossen habe, die Männer seines Stammes aufzufordern, in die irakische Polizei einzutreten. »Wir stehen auf der Seite von jedem, der gegen al-Qaida ist«, sagte er. Sein Stamm würde einen Angriff auf die Amerikaner als einen Angriff auf seine eigenen Mitglieder betrachten. Sattar hatte zwei Scheichs dazu bewegt, den »Rat für die Rettung al-Anbars« zu gründen. Unsere Kommandeure sahen darin einen wichtigen Schritt auf dem richtigen Weg.

Die Scheichs fragten ihre Leute: »Wann werdet ihr eure Kinder wieder in die Schule schicken können? Wie könnt ihr ein normales Leben führen, solange diese Verbrecher an der Macht sind? Diese Leute tragen Masken. Sie können das Land nicht aufbauen.« Für Scheich Sattar waren die Mitglieder von al-Qaida nichts weiter als Mörder und Drogensüchtige: »Sie missbrauchen unsere Traditionen und unsere Großzügigkeit.« Ein weiterer Scheich in Sattars Rettungsrat erklärte: »Sie sind Bastarde, und wer ihnen folgt, ist ebenfalls ein Bastard.« Um die Gesellschaft wieder aufbauen und zu einem normalen Leben zurückkehren zu können, erklärte der Rettungsrat al-Qaida den Krieg.

Die politische Seite des Konflikts sprengte den Rahmen der alltäglichen Einsatzplanung einer Eliteeinheit. Diese Stadt war voll von guten Männern, schlechten Männern und unschuldigen Einwohnern, die jedes Mal, wenn sie den Fuß vor die Tür setzten, Gefahr liefen, ins Kreuzfeuer zu geraten. Wir beschäftigten uns im Wesentlichen mit den schlechten Männern: Unsere Aufgabe war es, sie aufzuspüren, zu stellen und zu töten oder festzunehmen Dieser Arbeit widmeten wir uns Nacht für Nacht.

Ich möchte Ihnen eine der Geschichten erzählen, die uns nahegingen. Nachdem ihm in einem Feuergefecht mit amerikanischen Einheiten ein Arm fast abgetrennt worden war, wurde einem Aufständischen von einem Sanitäter von Team 3 das Leben gerettet. In der Zeit, in der er von unseren Leuten gepflegt wurde, änderte er seine Einstellung und schloss sich unserer Seite an. Er begriff, dass er mit Sprengfallen viele unschuldige Landsleute getötet hatte, und empfand es als seine Pflicht, seine Ehre wiederherzustellen, indem er seinem Land diente. Er schloss sich dem Kampf gegen al-Qaida und die Aufständischen an, und seine Familie tat dasselbe. Er war engagiert und stolz auf seine Arbeit, und er lehnte es ab, sich von uns beschützen zu lassen. Da er sich sehr exponierte, war es unvermeidlich, dass er die Aufmerksamkeit von al-Qaida weckte. Sie verschleppten ihn und folterten ihn erbarmungslos. Sie schnitten ihm seinen verheilten Arm ab und bearbeiteten ihn mit einer batteriebetriebenen Bohrmaschine. Dann schleiften sie ihn vor das Haus seiner Familie und erschossen ihn vor den Augen seiner Angehörigen.

Die sunnitischen Stämme vertrauten der schiitischen Regierung genauso wenig, wie die Bevölkerung der amerikanischen Südstaaten im Jahr 1865 den Yankees vertraut hatten, aber sie begriffen, dass al-Qaida genauso ihr Feind wie der der Schiiten war. Die Terroristen gingen brutaler vor als Saddam Husseins Schergen. Aber nachdem unsere Soldaten und Marines zwei Jahre lang hart gekämpft hatten, war klar, dass die Aufständischen nicht in der Lage waren, die amerikanischen Truppen aus Ramadi zu verdrängen. Sie verbreiteten nur Tod und Zerstörung, was ihre Behauptung, die Stadt von den Besatzern befreien zu wollen, als Heuchelei entlarvte. Muslime ermordeten Muslime, um den Ruhm des Islam wiederherzustellen. Und nachdem unsere Streitkräfte Stärke bewiesen und ihr Blut für die Sicherheit der Stadt geopfert hatten, brachten die Scheichs den Mut auf, sich gegen al-Qaida zu erheben.

Das »Erwachen al-Anbars« war ein Geschenk, das Bestand hatte, denn die Iraker meldeten sich freiwillig zum Polizeidienst und lieferten Informationen über die Führer des Aufstands. Mit diesem nützlichen Wissen bewaffnet, brachen wir im Herbst zu zahlreichen Razzien und Kommandoaktionen auf. Jedes Mal, wenn sich ein Iraker von al-Qaida abwandte und begann, mit uns zusammenzuarbeiten, war das ein doppelter Schlag für den Feind. Es gab immer noch zahlreiche sehr gefährliche Viertel, aber als das »Erwachen al-Anbars« an Dynamik gewann und sich mehr und mehr Iraker wohlgesinnt zeigten, hatten wir die Möglichkeit, die mühevolle Aufgabe zu Ende zu bringen, welche die amerikanischen Streitkräfte vor Jahren begonnen hatte: Wir konnten al-Qaida zu fassen bekommen und mit den Wurzeln ausreißen.

In der Heimat erzählten die Medien eine andere Geschichte. Zwei Tage nachdem das Bündnis mit den Scheichs geschlossen worden war, hieß es in der amerikanischen Presse, der Westirak sei »unwiederbringlich verloren«. Der Journalist, der das schrieb, war allerdings nicht mit uns vor Ort und sah die Realität. Stattdessen saß er in Washington und gab das Gerücht weiter, das Marine Corps sei nach Auswertung der nachrichtendienstlichen Erkenntnisse zu dem Ergebnis gelangt, Ramadi sei »verloren«. Der Reporter hatte den fraglichen Geheimdienstbericht nicht gesehen, sondern berief sich auf die Darstellung von »Verantwortlichen, die mit dem Inhalt vertraut sind«. Die Halbzeitwahlen zum Kongress standen an, und mehr als diesen Zeitungsauschnitt hatten Präsident Bushs politische Gegner nicht gebraucht. Die Realität hatte keine Chance mehr gegen interessierte Spekulationen. Und so setzte sich eine Unwahrheit durch: Ramadi war verloren.

Die 5 000 amerikanischen Soldaten und Soldatinnen, die in Ramadi im Einsatz waren, könnten eine andere Geschichte erzählen. Unbemerkt von den Journalisten, die die Lage von der anderen Seite des Planeten aus beobachteten, änderte sich das Kräfteverhältnis in der Stadt rasch. Wir trauten unseren Augen nicht, als wir sahen, wie sich das Leben auf den Straßen wandelte. Die amerikanischen Streitkräfte und das »Erwachen al-Anbars«

bewirkten gemeinsam die Veränderung, auf die die Bewohner der Stadt gewartet hatten.

Weiter oben habe ich erwähnt, dass viele SEALs den Film *Der blutige Pfad Gottes* lieben, der die Geschichte der Brüder Connor und Murphy MacManus erzählt, die sich entschließen, den mörderischen Gangstern entgegenzutreten, die ihre Stadt terrorisieren. In Ramadi waren wir – die Army, die Marines, die Air Force und das Marine Corps – die Missionare des Todes, die es mit einem Feind aufnahmen, der geradezu darum bettelte, dass sich die Rechtschaffenen erhoben, um seiner Barbarei ein Ende zu machen. Die Aufständischen und Terroristen hatten ungezählte Zivilisten und viele amerikanische Soldaten getötet, die für die Zivilbevölkerung kämpften. Wir trauerten um unsere verlorenen Kameraden und waren entschlossen, Vergeltung zu üben.

Jedes Mal, wenn sich unsere Stoßtrupps und Scharfschützen im Camp Marc Lee zu einer Einsatzbesprechung versammelten, sprachen wir das eigenwillige Gebet der irischen Brüder MacManus:

Als Hirte erlaube mir
zu dienen, mein Vater, dir,
deine Macht reichst du uns durch deine Hand.
Diese verbindet uns wie ein heiliges Band,
wir waten durch ein Meer von Blut,
gib uns dafür Kraft und Mut.
In nomine patris et filii et spiritu sancti.

8

UNTER FEUER UND IN DIE HÖLLE

Der Kampfrhythmus ist eine geheimnisvolle Kraft. Aber nach unserem erfolgreichen Einsatz am Außenposten Firecracker hatte ich das Gefühl, dass wir langsam unseren Rhythmus fanden und uns der täglichen Plackerei, der Umgebung und dem Einsatztempo anpassten. Das dauert immer eine gewisse Zeit. Unsere Scharfschützen hatten mit vier bestätigten Kills den Feind in Schach gehalten. Wir machten uns mit den Straßen vertraut. Wir kamen in Schwung.

Am Morgen nach der Rückkehr ins Camp Marc Lee ging ich in den Fitnessraum. Ich trainierte hart, um die körperliche Form aufrechtzuerhalten, die man brauchte, um das Alfa Platoon zu führen. Unsere Missionen erfordern eine Schnelligkeit, die nie nachlassen darf. Wir arbeiten unermüdlich, und der Erfolg wird von uns erwartet. Nach einem guten Einsatz kehren die neuen Männer in der Einheit aufgeputscht zum Stützpunkt zurück und möchten am liebsten sofort wieder ausrücken. Die meisten von ihnen wissen nicht, wie schlimm das enden kann. Ich wusste, dass ich so etwas wie die »Operation Redwing« nie wieder erleben wollte: Von einer feindlichen Übermacht umzingelt, hatte ich hilflos mitansehen müssen, wie meine Kameraden starben. Ich war mir nicht sicher, wie ich mich verhalten würde, sollte ich je wieder in eine solche Situation kommen. Ich nehme an, niemand kann sich da sicher sein.

Kurz nach unserer Rückkehr zum Stützpunkt schlug mir Lieutenant Austin, der OIC des Trupps Gold, einen weiteren Vorstoß in die Stadt vor.

Diesmal war es kein Scharfschützeneinsatz. Es war eine DA (Direct Action), genauer gesagt, eine gegen zwei Häuser gerichtete Razzia. In diesen Häusern wurden Waffenlager der Aufständischen vermutet. Außerdem sollten wir einen Kommandeur der Aufständischen dingfest machen, der in unserem Sichtfeld aufgetaucht war.

Als Leiter des Platoons stellte ich die Teams zusammen und teilte den Einsatzkräften ihre Aufgaben zu. Eine wichtige Entscheidung betraf die Wahl des Point Man. Dieser trägt große Verantwortung: Er geht der Einheit voraus, ist für die Orientierung anhand von Karten, GPS und Kompass verantwortlich, bestimmt das Tempo und legt die Orientierungspunkte für die Mission fest. Und natürlich ist er der Erste, der unter Beschuss gerät, sollte der Feind uns kommen sehen.

Aber diese Entscheidung ergab sich von selbst. Die Special Operators 1. Klasse Studdard und Salazar waren unsere beiden besten Männer. Sie waren intelligent, aggressiv und erfahren. Salazar, der wie eine Mischung aus einem wütenden Stier und einem Feuerhydranten aussah, war leidenschaftlich, charismatisch und wild entschlossen. Dieser vorzügliche Kampfschwimmer war die ganzen sechs Monate in Ramadi der Point Man des Trupps Blue. Studdard war die meiste Zeit in meinem Trupp und erwies sich als ebenso zuverlässig wie der Sonnenaufgang.

Ich wies Studdard und Salazar an, drei Marschrouten zum Ziel und drei Routen für den Rückzug zu finden. Die Funker Guzman und Hanks hatten alle Hände voll zu tun, um ihre modernen SINCGARS-Einzelkanalfunkgeräte (Single Channel Ground and Airborne Radio System) zu bedienen, die Uhren mit den anderen Kommandos zu synchronisieren und ständig in Bereitschaft zu sein, um Kontakt mit allen Beteiligten herzustellen. Unsere EODler suchten auf der Straße wie Spürhunde nach Sprengfallen. Sprengmeister, Angriffseinheit, Geheimdienstler, Wachposten, Spähtrupp: Ich packte alle Details samt der Liste der Einsatzkräfte in eine PowerPoint-Präsentation, die ich an Lieutenant Austin schickte, der sie absegnen musste. Die endgültige Entscheidung lag bei Senior Chief Steffen. Er würde sie mir für Korrekturen zurückschicken oder sie ebenfalls abzeichnen, und dann lag es an Lieutenant Commander Thomas, grünes Licht zu geben.

Marty Robbins, der LPO des Trupps Blue, und ich stellten mit Miniaturgebäuden die Anordnung der Häuser in der Nachbarschaft nach, um zu entscheiden, wie wir uns dem Ziel nähern würden. Wir lachten bitter darüber, dass der Kommandeur der Brigade die Häuser von Ramadi anscheinend für wertvoller hielt als uns. Vermutlich taten wir ihnen da unrecht, aber das war nun einmal der Eindruck, der im Team vorherrschte, seit Fizbo kein grünes Licht für seinen idealen Luftschlag bekommen hatte. Ein Teil von mir sehnte sich nach der Zeit zurück, als ich mir keine Gedanken über die großen Zusammenhänge hatte machen müssen, sondern einfach meinen Platz in der Masse eingenommen hatte und in den Kampf gezogen war.

Als Lieutenant Commander Thomas den Einsatzplan genehmigt hatte, gingen wir hinüber in die Befehlsleitstelle und gingen die Details des Einsatzes durch. Lieutenant Austin erklärte uns, dass der Mann, auf den wir es abgesehen hatten, ein »Emir« von al-Qaida sei. Wir sahen uns das Profil an, das der Geheimdienst von ihm erstellt hatte. Wir gingen mögliche Probleme sowie unsere Taktiken, Techniken und Verfahren durch. Dann kam der letzte Punkt: ein Gebet. Anschließend hatten wir eine Viertelstunde, um unsere gesamte Ausrüstung einzuladen und uns bei den Fahrzeugen zu sammeln.

Eine der Konsequenzen meiner Erlebnisse, die mir doch so wertvolle Erkenntnisse ermöglicht hatten, war Schlaflosigkeit. Während ich in Ramadi stationiert war, schlief ich nie viel. Alle halbe Stunde wachte ich auf. Schließlich begriff ich, dass es keinen Sinn hatte zu versuchen, wieder einzuschlafen. Es war für meinen Schlaf auch nicht sonderlich förderlich, dass die Army im angrenzenden Camp Ramadi eine große Artilleriebatterie aufgestellt hatte. Jedes Mal, wenn sie das Feuer eröffneten – und das konnte zu jeder Tages- und Nachtzeit sein –, erschütterte die Druckwelle das ganze Lager.

Mit ein wenig Glück würde unser Einsatz in jener Nacht den Feind der Fähigkeit berauben, uns den Angriff mit barer Münze heimzuzahlen. Wie bereits erwähnt, waren überall im Irak Waffen und Munition versteckt. Einige geheime Waffenlager – beispielsweise jene, die unter Müllcontainern vergraben lagen – waren leicht zu finden. Andere waren verdammt gut versteckt zum Beispiel in Wänden. (Wir drangen einmal in ein Haus ein, um dort eine Scharfschützenstellung zu beziehen, und bei dem Versuch, ein Loch in die Mauer zu schlagen, stießen wir auf ein ganzes Arsenal an Handfeuerwaffen und Panzerbüchsen.) Oft erwiesen sich die Kinder aus der Nachbarschaft als beste Führer zu diesen verborgenen Schätzen. Warum sollten sie uns belügen? Schließlich waren wir diejenigen, die die Süßigkeiten verteilten. Es funktionierte immer.

Wenn wir ein Gebäude sprengten, weil es eine wichtige Schusslinie verstellte, war es, als würde man Fort Bragg und Fort Knox zugleich ausheben: Wir fanden Berge von Waffen und Berge von Geld. Genau so etwas suchten wir in der Nacht des 3. November, als wir zum COP Falcon fuhren und von dort aus im Licht des Vollmonds die Baseline Road hinuntermarschierten.

Die Straße war auf beiden Seiten von hohen Mauern gesäumt. Die eingeschränkte Sicht an unseren Flanken gab mir zu denken. Die Mauern waren nicht unsere Freunde. Wenn wir unter Beschuss gerieten, versuchten wir immer, uns von ihnen fernzuhalten. Sie mochten auf den ersten Blick als eine Möglichkeit zur Deckung erscheinen, weshalb man instinktiv dazu neigte, sich in der Nähe von Mauern zu halten. Aber im Gefecht fliegen durch die zahlreichen Prellschüsse in der Nähe der Mauern mehr Kugeln.

Also bewegten wir uns zügig voran, denn ein bewegliches Ziel ist immer am schwersten zu treffen.

Von Studdard geführt, näherten wir uns dem Ziel, als ich sah, dass die Mauern näher an die Straße rückten. Diese Straße führte uns zu dem Haus, das wir angreifen sollten. Aber die Seitenstraßen, die rechts und links von der Hauptstraße hätten wegführen sollen, waren alle verschlossen. Ich hatte das Gefühl, dass wir an einen Punkt gelenkt wurden, an dem es keine Fluchtwege mehr gab. Wenn am Ende dieses Trichters eine Falle auf uns wartete, würde es nur einen Ausweg geben.

SEAL-Platoons sind kleine Einheiten, die oft Unterstützung größerer Verbände brauchen. Wenn es eine Mission erfordert, gehen wir gerne ein Wagnis ein: wir gegen die Welt. Aber wir kämpfen intelligent. Wir achten auf jedes Anzeichen für einen Angriff: An einer Straßenecke steht ein Mann mit einer Kamera, ein paar Häuserblocks weiter fährt ein Auto an den Straßenrand, und der Fahrer hupt, was bedeuten könnte, dass er unsere Ankunft meldet. Man braucht immer einen Ausweg aus der Killzone, und wir behalten für den Fall eines Angriffs ständig die möglichen Fluchtwege im Auge, beispielsweise einen Hauseingang, in dem wir Deckung suchen könnten. In diesem Fall würden wir die Tür eintreten, den ersten Raum sichern, die Männer von Frauen und Kindern trennen, Bewacher für die Männer zurücklassen und aufs Dach steigen, wo wir die Umgebung sichern und Verstärkung herbeirufen könnten.

Als wir in jener Nacht durch diesen Schlauch von einer Straße marschierten, war mir vollkommen klar, dass es keinen Ausweg gab, wenn der schlimmste Fall eintrat.

Und dann begannen uns die Kugeln um die Ohren zu fliegen. Es waren 7,62-mm-Geschosse aus Kalaschnikows. Die AK-47 ist eine gute Waffe, aber auf mittlere bis große Distanz nicht sehr genau. (Und ich habe schon viele Male dem Herrn dafür gedankt.) Zuerst hörte ich das Geräusch der auf dem Boden und in den Mauern einschlagenden Kugeln. Dann kam das Echo der Schüsse. Aus dem Funkgerät kam die Meldung »Kontakt links«. Wir wurden aus einer erhöhten Position in Gebäuden, die im Dunkeln lagen, von links beschossen. Die Angreifer waren uns gegenüber im Vorteil. Von unserer Position auf der Straße aus konnten wir sie unmöglich lokalisieren. Wenn wir Deckung suchten, konnten wir das Feuer nicht wirksam erwidern. Dann meldete ein anderer Kamerad »Feindkontakt hinten«. In diesem Augenblick wurde mir klar, dass wir in der Klemme saßen.

Links von uns saßen zwei oder drei Schützen. Hinter uns prallte eine Salve von der Mauer ab. Eine Kugel flog direkt über meinen Kopf, schlug ein Loch in die Betonmauer neben mir und schleuderte mir Gesteinsbrocken und Staub ins Gesicht.

Ich erstarrte. Gegen besseres Wissen lehnte ich mich an die Mauer. Ich konnte keinen klaren Gedanken fassen.

Zum ersten Mal seit der »Operation Redwing« war ich unter Beschuss. Ich hatte mich immer wieder gefragt, wie es wohl sein würde. Ich starrte die staubige Straße hinunter und spürte, dass ich Angst hatte. Ich leugne es nicht. Wenigstens hatten sie keine Munitionsgurte.

Ernest Hemingway schrieb: »Es gibt keine Jagd, die der Jagd auf Menschen vergleichbar wäre, und jene, die lange genug bewaffnete Männer gejagt haben und Gefallen daran fanden, interessieren sich für keine andere Jagd mehr.« Man kann es auch andersherum betrachten: Es gibt keine Furcht, die so tief ist wie die Furcht davor, gejagt zu werden. Wer diese Furcht kennengelernt hat, begreift, dass es von nun an nichts anderes mehr gibt, vor dem er sich fürchten müsste. Man kann sich den ganzen Tag auf den Kampf vorbereiten, man kann darüber lesen und nachdenken, aber ob man dafür gerüstet ist, wird man erst wissen, wenn eine Kugel aus einem feindlichen Gewehr an der Schläfe vorbeisaust.

Mein Zögern konnte nicht länger als drei Sekunden gedauert haben. Aber auch nach all den Jahren habe ich diese Szene, in der die Zeit stillstand, immer noch klar vor Augen. Sie schien eine Ewigkeit zu dauern. Aber so verängstigt ich war, hatte ich noch eine größere Angst: dass Lieutenant Nathan, Senior Chief Steffen, Wink oder die anderen Mitglieder der Kolonne meinen geistigen Aussetzer bemerkt hatten. Und ich war froh, dass Studdard vor mir ging. Seine Meinung war mir wichtig, und ich musste nicht unbedingt in seinem Blickfeld sein, während mein Verstand aussetzte.

Ich atmete zweimal tief ein. Und in diesem Augenblick wurde ein Schalter umgelegt. Es war alles wieder da. Ich fühlte Klarheit und den Willen zu handeln. Ich spürte den Adrenalinstoß und einen Nachgeschmack von Galle. Ich dachte: *Ich schaffe das.*

Die Straße machte weiter vorne eine Kurve, weshalb ihr weiterer Verlauf nicht einsehbar war. Es war unmöglich zu wissen, was uns dort erwartete. Wir mussten einen anderen Weg finden. Ich wusste, was zu tun war, und tat es: Das Beste, was wir tun konnten, um aus diesem Schlauch herauszukommen, war, kehrtzumachen und auf demselben Weg zurückzugehen, auf dem wir gekommen waren.

Ich griff zum Funkgerät: »Blue und Gold: Ausweichschießen! Los-los-los!« Das Ausweichschießen ist ein Standardmanöver, um sich von einer überlegenen feindlichen Streitmacht zu lösen. Wir tun es schnell, wie eine Maschine, und üben es regelmäßig. Wenn man das Manöver nicht rasch durchführen kann, ist die Wahrscheinlichkeit groß, dass ein Mitglied der Einheit getroffen wird. Unsere Mission war nicht, uns auf einen Straßenkampf einzulassen. Wir hätten wie ein Blitz aus heiterem Himmel in dieses

Haus fahren sollen, um ein dort verstecktes Waffenlager auszuheben. Aber daran war nicht mehr zu denken, da die Hälfte der Aufständischen von Ramadi versuchte, uns mit Blei vollzupumpen.

Das Leben der SEALs ist nicht immer das Paradies eines Kriegers. Viele unserer Missionen führen zu nichts. Manchmal müssen wir uns damit abfinden, dass eine Mission gescheitert ist und abgebrochen werden muss. So war es auch in der Nacht des 3. November. In dem Wissen, dass unter den gegebenen Umständen Zurückhaltung die beste Eigenschaft des Mutigen war, zogen wir uns zurück.

Es war kein Problem für mich, zum Stützpunkt zurückzukehren. Aber ich machte mir Gedanken über mein Ansehen bei meinen Kameraden. Ich ging davon aus, dass ihnen nicht entgangen war, dass mein Gehirn entscheidende Sekunden lang ausgesetzt hatte. In der »Operation Redwing« hatten wir einige gute Männer verloren. Ich war nicht in der Lage gewesen, sie zu retten. Ich wollte unbedingt kämpfen, aber es war nicht nötig, dass mein Name mit einer weiteren derartigen Episode verknüpft wurde. Vor meinem inneren Auge sah ich, wie ich einen weiteren katastrophalen Hinterhalt überlebte und zum Stützpunkt zurückkehrte, während mehrere Kameraden den Tod gefunden hatten. Irgendwann würde jemand in der Schlange bei der Essensaugabe einen Kommentar dazu abgeben: »Verdammt, Luttrell, unter was für einem Unglücksstern bist du denn geboren?« Lachen überall. Dies würde die Geschichte meines Lebens sein.

+++

Wir waren sehr glücklich gewesen, als wir festgestellt hatten, was für ein gutes Verhältnis Team 3 zu den konventionellen Einheiten in der Stadt aufgebaut hatte. Eine der im Camp Corregidor stationierten Army-Einheiten war das 1. Bataillon des 506. Infanterieregiments, 101. Luftlandedivision – die legendären Currahees. Wir empfanden eine ungewöhnliche Ehrfurcht vor dem sagenumwobenen 1. Bataillon des 506ers. Ein Offizier des Teams 3 hatte den Bataillonskommandeur Lieutenant Colonel Ron Clark gefragt, ob die Kampfschwimmer das berühmte Pikass-Abzeichen der Fallschirmspringer tragen dürften. Clark war einverstanden, was den SEAL zu folgender Aussage veranlasste: »Wir haben uns das Recht verdient, uns als Soldaten zu bezeichnen.« Die Jungs vom Heer ihrerseits gaben den Kampfschwimmern nach sechs Monaten im gemeinsamen Einsatz einen eigenen Spitznamen: Sie nannten sie »die Army SEALs«. Da war die Welt einmal richtig auf den Kopf gestellt worden – wenn man das in Coronado oder Virginia Beach zu einem Kampfschwimmer im falschen Ton sagte, lief man Gefahr, ein paar Zähne auszuspucken. Aber in Ramadi galten andere Regeln. Hier war die Bruderschaft der Krieger gewachsen, und es gefiel uns. Aber einige von uns waren der Meinung, die Verwischung der Grenzen bedrohe den einzigartigen Charakter unserer Spezialeinsätze. Einmal besuchte der Master Chief das Camp Corregidor, als ein Lieutenant Colonel der Army an ihn herantrat und sagte: »Mann, ihr Jungs seid die Besten. Es hat eine Weile gedauert, bis wir gelernt hatten, wie wir euch um Hilfe bitten konnten, aber ihr gehört zum Besten, was wir haben. Was immer wir brauchen, *ihr macht es.*«

Der Offizier meinte das natürlich als Kompliment, und der Master Chief reagierte liebenswürdig – er respektierte unsere Waffenbrüder, und sie lagen ihm am Herzen –, aber das Gespräch war ihm peinlich. Er und der Skipper betrachteten die SEAL-Teams als strategische Einheiten, nicht als reguläre Infanterie. »Wenn wir auf den Straßen herumlaufen und Aufträge der Infanterie erledigen«, sagte er, »dann verlieren wir unsere übergeordnete strategische Mission aus den Augen, die darin besteht, den Krieg langfristig zu gewinnen.« Das konnte man nicht erreichen, indem man die Spezialeinheiten für Patrouillen und für die Kontrolle von Häuserblocks einsetzte. Die Gefechte mit feindlichen Kämpfern in den Straßen von Ramadi konnten nur der Anfang sein. »Wir sind hier, um die richtigen Missionen aus den richtigen Gründen zu erfüllen«, sagte der Master Chief. »Die Arbeit eines SEAL-Teams geht weit darüber hinaus, möglichst viele feindliche Kämpfer der unteren Ebene auszuschalten.« Unser Ziel war es, langfristig etwas zu verändern. Die Herausforderung bestand darin herauszufinden, wie wir das erreichen konnten.

Der Master Chief drückte es so aus: Der Unterschied zwischen der Aufstandsbekämpfung und Kommandoeinsätzen ist wie der Unterschied zwischen dem Schießen auf Papierziele und dem Schießen auf Stahlscheiben. »Auf Stahlziele zu schießen macht Spaß«, sagte er. »Es ist dynamisch. Bei einem Treffer fällt die Scheibe mit diesem metallischen Klang um. Man sieht Farbe und Blei wegfliegen. Die Wirkung des Treffers ist sofort zu sehen. Eine Scharfschützenmission ist wie das Schießen auf ein Stahlziel. Wenn du einen Bombenleger tötest, hast du etwas für dein Land getan, du bist zufrieden, weil du das Leben von Amerikanern gerettet hast. Die Aufstandsbekämpfung ist eher wie das Schießen auf Papierziele. Du schießt aus der Entfernung und siehst keine augenblickliche Wirkung: Die Kugel fliegt durch das Ziel, aber das Papier ist immer noch da. Du musst nahe herangehen, um festzustellen, ob du getroffen hast. Genauso ist es mit der Ausbildung eines irakischen Polizisten. Du schickst ihn auf die Straße hinaus, ohne dass große Auswirkungen zu sehen wären. Aber irgendwann in der Zukunft, vielleicht in einigen Wochen oder Monaten, wird es große Auswirkungen haben. Dieser Iraker wird andere beeinflussen. Vielleicht bildet er zehn weitere Männer aus, und gemeinsam werden sie einer ganzen Nachbarschaft Sicherheit und Ruhe bringen. Wenn wir diese Arbeit über mehrere Einsätze hinweg fortsetzen können, können wir das Land verändern und viele Menschenleben retten, darunter auch amerikanische.« Er veranschaulichte das häufig mit einem einfachen Rechenbeispiel: »Wenn du einen Bombenleger erschießt, rettest du ein amerikanisches Leben, vielleicht auch drei. Aber wenn du irakische Sicherheitskräfte ausbildest und unsere amerikanischen Brüder und Schwestern abziehen kannst, wirst du Hunderten das Leben retten.«

Das riefen uns Commander Leonard und der Master Chief immer wieder in Erinnerung. Die beiden Anführer des Teams 5 überließen die Leitung des Hauptquartiers in Falludscha dem extrem fähigen Operations Officer DQ und Executive Officer Mark Starr und reisten wie Wanderprediger durch die Provinz al-Anbar, um in Meinungsverschiedenheiten zwischen Kommandeuren zu vermitteln und den Leuten klarzumachen, dass unser Hauptanliegen war, die Iraker in die Lage zu versetzen, sich selbst zu verteidigen. Sie wussten, dass es einigen von uns schwerfiel, die Dinge in die Hände der Iraker zu legen und in den Hintergrund zu treten. Aber der Master Chief hatte es ein Jahr zuvor in al-Anbar erlebt. Wir wussten, wie wir kämpfen und siegen konnten. Einigen von uns schien es verrückt, weniger fähigen Einheiten das Feld zu überlassen, wenn unsere Brüder in den konventionellen Einheiten uns brauchten. Aber sie wollten die Säuberung der Straßen mit Missionen verbinden, die der langfristigen Strategie der Aufstandsbekämpfung dienten. Es war eine der modernen Kriegführung angepasste Version des Sprichworts: »Gib einem Mann einen Fisch, und er hat einen Tag lang zu essen. Lehre einen Mann fischen, und er hat ein Leben lang zu essen.«

Nichts von alledem war neu. Die Strategie der Aufstandsbekämpfung stammte aus einem fast vergessenen Drehbuch. General Petraeus und andere hatten sie in den Jahren vor seinem Einsatz als Oberkommandierender der amerikanischen Streitkräfte im Irak ausgegraben, und wir glaubten, dass wir die gewalttätigen Elemente in der Stadt ein für alle Mal besiegen konnten, wenn wir diese Strategie richtig anwandten. Wenn alle amerikanischen Einheiten in al-Anbar an einem Strang zogen, konnten wir nicht nur Ramadi, sondern der ganzen Provinz den Frieden bringen.

Im Camp Marc Lee war die Spannung zwischen kinetischen Operationen und der strategischen Aufstandsbekämpfung allgegenwärtig. Der »Krieg des denkenden Soldaten« bereitete uns allen so manches Kopfzerbrechen. Lieutenant Commander Thomas, Senior Chief Steffen und andere waren der Meinung, wir dürften nicht aufhören, den Soldaten und Marines zur Seite zu stehen, die unbedingt Hilfe brauchten. Wir waren hervorragend ausgebildete Soldaten. Wir konnten diesen Kameraden kaum unsere Unterstützung versagen, wenn sie zu Missionen aufbrachen, in denen es um Leben und Tod ging. In der Nacht vom 20. auf den 21. Oktober wurden in unserer Zone drei Marines getötet. Das rief uns in Erinnerung, was jedem von uns jederzeit widerfahren konnte. Es war wichtig, diese Tatsache zu verdrängen.

Der einzige leichte Tag war gestern.

+++

Nachdem das »Erwachen al-Anbars« Fahrt aufgenommen hatte, keimte bei den Bürgern von Ramadi die Hoffnung auf, dass es möglich war, ihre Stadt zurückzuerobern und selbst für ihre Sicherheit zu sorgen. Sie begannen, uns zu unterstützen und uns Hinweise auf die Mörder und Trittbrettfahrer zu geben, die bereit waren, Ramadi zu zerstören, wenn es sie auf ihrem Irrweg zu falschem Ruhm voranbrachte. Der Skipper und der Master Chief suchten gemeinsam mit dem Kommando der Brigade unermüdlich den Kontakt zu den Irakern, um sie dazu zu bewegen, uns zu unterstützen, und bemühten sich, die amerikanischen Kommandeure dazu zu bewegen, ihren Teil zur Strategie der Aufstandsbekämpfung beizutragen und irakische Sicherheitskräfte auszubilden. Die Zahl der Rekruten, die in den Polizeidienst eintreten wollten, stieg von Woche zu Woche. Wir vermittelten ihnen die grundlegenden Kenntnisse, und sie gaben das neu erworbene Wissen an die nachfolgenden Rekruten weiter.

Trotz aller Fortschritte waren immer noch große Teile der Stadt fest in der Hand der Aufständischen. Die Viertel südlich der Route Michigan und östlich vom Stadion waren Brennpunkte der Gewalt. Die Kämpfe, die dort tobten, hatten einen anderen Charakter als in der übrigen Stadt. Die dortigen Aufständischen waren gut ausgebildet und bewaffnet und erhielten ausreichend Nachschub. Sie kämpften wie Berufssoldaten, beherrschten koordinierte taktische Bewegungen, griffen uns aus allen Richtungen an, nur um sich rasch wieder zurückzuziehen, und verwischten ihre Spuren, indem sie ihre Waffen auf dem Rückzug wegwarfen und sich unter die Zivilbevölkerung mischten. In dieser Gegend hatte der Feind ein Heimspiel, und er war fest entschlossen, dafür zu sorgen, dass es auch so blieb.

Als Leiter einer Einsatzgruppe hatte ich nicht viel mit der Ausbildung irakischer Sicherheitskräfte zu tun. Wir arbeiteten außerhalb des Stützpunkts bereits mit ein paar Dschundis, aber sie konnten mit uns nicht mithalten, um es zurückhaltend auszudrücken. Die SEALs, die sie ausbildeten, erzählten uns mit einer Mischung aus Entrüstung und Heiterkeit von ihren Erfahrungen. Auf dem Schießstand legten einige der Iraker ihre Waffen an der falschen Schulter an, hatten den verkehrten Finger am Abzug und schauten mit dem falschen Auge durch das Visier. Aber unsere Ausbilder ließen nicht locker. Sie brachten den Irakern bei, Patrouille zu gehen, Häuser zu sichern, Verbrechen zu untersuchen und sich wie Polizisten zu verhalten. Wir versuchten uns im Multitasking, um Razzien, Scharfschützeneinsätze und Ausbildung unter einen Hut zu bringen. Ein eigenes Team brachte die Iraker am Morgen in ihr Ausbildungslager und machte einfache taktische Übungen wie die Sicherung von Gebäuden mit ihnen. So komisch ihre Bemühungen auf dem Übungsplatz auch sein mochten und so verdächtig und unberechenbar einige von ihnen auf uns wirkten: Die nachrichtendienstlichen Informationen, die wir von ihnen erhielten, ermöglichten uns zahlreiche Schläge gegen die feindliche Führungsstruktur.

Der 7. November jenes Jahres war ein regnerischer Tag, der vor allem deshalb bemerkenswert war, weil ich zum ersten Mal seit mehreren Wochen Gelegenheit gehabt hatte, mich mit Morgan zu treffen. Er war in der vorangegangenen Nacht mit einem Konvoi im Camp Marc Lee eingetroffen. Der Grund war, dass die Besatzung von Camp Marc Lee und Camp Corregidor zu einer wichtigen gemeinsamen Operation ausrücken würde.

Der Trupp Blue war gerade von einem Scharfschützeneinsatz in der Nähe des COP Falcon zurückgekehrt. Der Außenposten lag am westlichen Rand der Innenstadt. Lieutenant Commander Thomas eröffnete uns, dass für die folgende Nacht eine große Anschlussoperation angesetzt worden war. Das war ziemlich ungewöhnlich, und wir versammelten uns in freudiger Erregung im Speisesaal, um uns den Plan anzuhören. Es hörte sich an, als stünde etwas Großes bevor, aber auf Morgan und mich wartete eine Überraschung.

Als wir eintraten, stand ein Kuchen auf dem Tisch, und wie sich herausstellte, war die Operation einfach ein Vorwand, um uns für eine improvisierte Geburtstagsparty für meinen Bruder und mich in den Raum zu locken. Ich werde Lieutenant Commander Thomas ewig dankbar dafür sein, dass er die Feier erlaubte – er wusste einfach, wie er die Moral hochhalten konnte. Einer der Jungs zauberte ein großes Kampfmesser hervor und drückte es Morgan in die Hand, damit er die Torte anschneiden konnte. »Welcher von euch ist der Ältere?«, fragte jemand. Morgan sagte grinsend: »Ich bin der König.«

Aber wir gingen rasch wieder zurück an die Arbeit. Ich musste Senior Chief Steffen bei der Planung einer Mission in der folgenden Nacht helfen. An diesem Tag war beim COP Firecracker ein Marine von einer Sprengfalle getötet worden. In der Nacht würden wir zu einer Scharfschützen- und Aufklärungsmission ausrücken, die wir auf den Namen »Operation Steel Shield« tauften.

Nachdem ich in der Nacht sehr unruhig geschlafen hatte, verbrachte ich den Großteil des folgenden Tages damit, im Fitnessraum zu trainieren, den Einsatzplan zu studieren und auf dem Schießplatz ein paar Magazine zu leeren. Bei Einbruch der Nacht trommelte ich den Trupp Gold zusammen und half Lieutenant Nathan, die letzten Details mit dem Team zu klären. Um 23:00 Uhr brachen wir auf.

Kurz nach Mitternacht erreichten wir den Außenposten Steel im Bezirk Tamim südwestlich des Habbanija-Kanals. Ich unterhielt mich kurz mit dem Kommandeur. Die Entdeckung, dass er Texaner war, ließ mich beinahe vergessen, dass in dieser Nacht ein unheilvoller Vollmond über der Stadt stand. Wir brachten unsere Scharfschützenteams in Position, um das Gebiet um den Außenposten zu sichern. Gemeinsam mit dem Dolmetscher Riddick und zwei weiteren Männern bezog ich im Erdgeschoss Stellung. Wir legten uns auf dem Boden schlafen und fanden heraus, wie kalt der Irak sein kann: Wir froren uns den Hintern ab.

Der nächste Tag war einfach zu ruhig. Wir beobachteten die ganze Zeit die Straßen. Nichts rührte sich. Eine Wolke übel riechenden Qualms zog durch das Fenster herein: Irgendein Idiot verbrannte genau vor dem Haus ein Fass voll Scheiße.

Gegen halb acht Uhr abends sollten wir aufbrechen, aber der Fahrer des Bradley, der den Eingang des Außenpostens blockierte, war während seiner Wache eingeschlafen. Wir versuchten ihn zu wecken, aber die Schläge mit den Gewehrkolben mussten sich im Inneren des Fahrzeugs wie Geschosse anhören, die auf die Panzerung prallten – das war nicht störend genug, um ihn aus seinem verdienten Schlaf zu rütteln. Wir mussten im Camp Ramadi anrufen, damit sie ihn über Funk weckten. Als das Fahrzeug aus dem Weg rollte, setzte sich der Humvee »Optimus Prime« an der Spitze unserer Kolonne in Bewegung.

Unserem EODler Andy Fayal lief es eiskalt den Rücken hinunter, als ihm klar wurde, was es bedeutete, dass dieser Bradley-Fahrer so lange geschlafen hatte. Dieses Fahrzeug diente nicht nur als Tor zum Außenposten, sondern stand auch dort, damit die Besatzung die Straße draußen beobachtete und darauf achtete, dass keine Bombenleger auftauchten. Wenn die Besatzung den Schlaf der Gerechten geschlafen hatte – wer hatte dann die Straße beobachtet? Dazu kam, dass wir sehr früh aufbrachen, was eigentlich undenkbar war. Die Jungs vom Team 3 hatten uns davor gewarnt, uns vor elf Uhr nachts und nach vier Uhr morgens durch die Stadt zu bewegen. In dieser Zeit waren die Bombenleger zu aktiv. Aber da die Straße sehr ruhig war, dachte ich, wir könnten die Mission rasch erledigen und die Männer bald nach Hause bringen, damit sie den dringend benötigten Schlaf bekamen.

Als wir den COP Steel verließen, riet Andy, der beunruhigt war, weil die Bradley-Besatzung am Eingang des Außenpostens die Straße nicht im Blick gehabt hatte, dem Fahrer des vorausfahrenden Humvees, den Reifenspuren eines anderen Konvois zu folgen, der gerade die Straße entlanggekommen war. Er scannte die Straße durch sein Nachtsichtgerät wie ein Juwelier, der einen Diamanten untersucht.

Wir waren noch keine zweihundert Meter vom Tor des Außenpostens entfernt, als ich begriff, dass wir einen schweren Fehler begangen hatten. Ich saß in dem Humvee, der hinter Andys Fahrzeug fuhr, und studierte die Umgebung durch mein Nachtsichtgerät, als plötzlich alles weiß wurde. Ich spürte die gewaltige Erschütterung, aber ich kann mich nicht an ein Geräusch erinnern. Es war eine furchtbare Explosion. Andy hörte ein metallisches *Brrannggg* und wurde mit dem Kopf gegen das Dach des Fahrzeugs geschleudert. Sie waren über ein IED gefahren.

Die EODler gehörten zu den wichtigsten Mitgliedern der Einheit. Sie sind anders als die SEALs. Die Männer vom Kampfmittelräumtrupp sind Technikfreaks, sie arbeiten intuitiv, interessieren sich für die Funktionsweise der Dinge und sind mehr als nur ein wenig paranoid, was die Art von Höllenmechanismus anbelangt, der hinter der nächsten Ecke auf uns wartet. Sie sind leidenschaftliche Mechaniker, und sie sind Krieger. Lieutenant Paul Craig, der OIC des mobilen Kampfmittelräumdienstes in Falludscha, hatte zwölf Jahre lang in der Aufklärungseinheit des Marine Corps gedient. Andy Fayal war nur 1,65 Meter groß, aber breit wie ein Schrank. Er hielt mit 215

Kilogramm den I-MEF[2*]-Rekord im Bankdrücken. Die beiden verbrachten den Großteil ihrer Zeit damit, alle heimtückischen Tricks der Aufständischen zu studieren, die Fahrbahn vor unseren Fahrzeugen nach verdächtigen Hinweisen abzusuchen und entlang von Wegen, in Straßengräben und an Mauern Sprengfallen aufzuspüren.

Andy hatte das Handwerk beim Secret Service gelernt. Seine Aufgabe war es gewesen, in einem Hotel, in dem der Präsident möglicherweise übernachten würde, nach Bomben zu suchen. Er setzte sich auf Stühle, hüpfte auf Betten herum und öffnete Schubläden und Schränke – sie nannten es »find or function« (finden oder auslösen). Wenn dort eine Bombe war, wurde von ihm erwartet, sie aufzuspüren, sei es, indem er sie entdeckte oder zur Detonation brachte. »Unsere Aufgabe ist es, Leben und unverzichtbare Infrastrukturen zu erhalten. Mein Leben bedeutet nichts«, sagte Andy zu mir. Wenn er uns begleitete, war er bereit, mehr zu tun, als nur die Bomben zu entschärfen. Wenn es nötig war, war er bereit, sich in einem rosafarbenen Nebel aufzulösen, um uns zu retten.

Wenn du Männer wie Andy an deiner Seite hast, ist nichts unmöglich. In meinen Augen gehörten unsere EODler zu den Besten ihres Fachs. Einer der Gründe dafür war, dass für solche Gedanken – *Ich bin der Beste* – in ihrem selbstlosen Denken kein Platz war. Wir konnten uns glücklich schätzen, mit solchen Männern zu arbeiten.

Wenn wir auf Patrouille gingen, untersuchten Andy und die anderen EODler – unglaubliche Männer wie Shane Snow, Nick Ferrier, Brad Shannon und ihr Lieutenant Paul Craig – jedes verdächtige Loch in der Straße und jeden Steinhaufen und standen zwischen der potenziellen Gefahr und uns, wenn wir vorbeimarschierten. Wann immer Andy einen Draht fand, der ihm verdächtig vorkam, holte er sein Werkzeug hervor und durchtrennte ihn. Bei unseren Einsätzen holte er sich bei mehr als einer Strom führenden Leitung einen Schlag, aber er steckte es mit Würde ein. Er würde nicht zulassen, dass eine potenzielle Bedrohung seiner Aufmerksamkeit entging. In jener Nacht vor dem COP Steel fand er sich damit ab, seinen Helm als Glo-

2 I. Marine Expeditionary Force

ckenschwengel zu benutzen, um das Metalldach des Humvee zum Klingen zu bringen.

Als wir die Explosion vor uns spürten, wussten die Männer im zweiten Humvee, dass sie wahrscheinlich als Nächste an der Reihe sein würden. Wenn das erste Fahrzeug einer Kolonne außer Gefecht gesetzt ist, greift der Feind oft das nachfolgende Fahrzeug mit weiteren Sprengsätzen oder Schusswaffen an. Diejenigen, die versuchen, dem Fahrzeug an der Spitze der Kolonne zu Hilfe zu kommen, werden zu leichten Zielen. Sie »sitzen auf dem X«, wie es bei uns heißt. An jenem Abend war mein Fahrzeug das zweite.

Vor uns flogen unter dem Boden von Optimus Prime Funken in alle Richtungen. »Runter vom X! Runter vom X«, kam der Befehl über Funk. Ich machte mir eher Gedanken darüber, ob im ersten Fahrzeug überhaupt noch jemand lebte.

Ich versuchte, Kontakt zu Lieutenant Nathan aufzunehmen, der an Bord von Optimus Prime war. »Lagebericht.« Ich war auf das Schlimmste gefasst.

Immer noch flogen Funken unter dem Fahrzeug hervor. Abgesehen davon herrschte völlige Stille. Ein Gewitter von gelbem und orangefarbenem Geglitzer inmitten einer gespenstischen Nacht.

Dann knackte das Funkgerät. »Wir sind alle in Ordnung, Bruder. Wie ist eure Situation?«

Ich atmete erleichtert auf. Sie hatten nur überlebt, weil die Sprengladung in einer spitzen Granathülse gesteckt hatte, die dafür bestimmt war, die Wand eines gepanzerten Fahrzeugs zu durchdringen. Dieses Geschoss hatte keine Streuwirkung. Die Granate hatte ein sauberes Loch in den rechten Teil des Motorblocks gerissen, war durch die Motorhaube geflogen, hatte die Räder auf der rechten Seite und die Stoßstange weggesprengt und das Fahrgestell praktisch in der Mitte geteilt. Das Glas auf der Beifahrerseite und im Turm war hinausgeflogen. Aber niemand hatte ernsthafte Verletzungen erlitten. Zu ihrem Glück hatte der Motorblock die Wucht der Explosion abgefangen.

Während Lieutenant Nathan seinen Lagebericht gab, legte der Fahrer meines Humvees den Rückwärtsgang ein und bewegte den Wagen vom X und sekundären Sprengsätzen weg, die der Feind möglicherweise vergraben hatte, um uns den Rest zu geben. Wir stiegen aus und suchten Gefechtspositionen, während der dritte Humvee vorfuhr, umdrehte und begann, das zerstörte Fahrzeug zum Außenposten zurückzuschieben. Die Nacht war still und kalt. Die Anschlussattacke blieb aus. Optimus Prime war tot, aber er war unser einziger Verlust.

Herr, ich danke dir für einen weiteren Tag.

+++

Einige Zeit später fielen uns bei einer Razzia Informationen in die Hände, die zeigten, dass die Aufständischen unsere Frequenzen abhörten und unsere Bewegungen anhand unserer *Transformers*-Rufzeichen verfolgten. Es bestand die Möglichkeit, dass es auf dem Stützpunkt eine undichte Stelle gab. In jedem Fall war es nicht klug, unsere Fahrzeugnamen zu sehr ins Herz zu schließen.

Selbstverständlich schnüffelten wir selbst auch immer ein wenig herum. Die Feindaufklärung gehört zum Alltagsgeschäft der Spezialeinheiten, und wir rückten nie zu einer Kommandoaktion aus, ohne uns gut darüber zu informieren, wer und was uns wann erwartete. Als die Army im Sommer vor unserer Ankunft den COP Eagle's Nest baute, hatten wir schon einmal einen Fuß in der Tür. Sobald wir dann in der Nachbarschaft erst einmal präsent waren, begannen uns die Einheimischen mit guten Aufklärungsdaten zu versorgen. Sie kamen zum Außenposten und erzählten uns Dinge. Und unsere Patrouillen machten bei ihren Rundgängen zahlreiche überraschende Entdeckungen. Beispielsweise fanden sie im Fußballstadion eine ganze Bombenfabrik. Unter den Tribünen war eine Werkstatt versteckt, in der industrielle Sägen aufbewahrt wurden, die dafür bestimmt waren, saubere Schnitte im Asphaltbelag von Straßen vorzunehmen – so feine Schnitte, dass sie mit bloßem Auge fast nicht zu erkennen waren, wenn die vergrabenen Bomben wieder mit den ausgeschnittenen Platten bedeckt worden waren. Mit hartmetallbeschichteten Sägen schnitt der Feind fast unsichtbare Rillen in den Asphalt, um die Zündschnüre zu verstecken. Die riesigen unterirdischen Sprengfallen, die auf diese Art platziert wurden, konnten einen Panzer umwerfen oder einen Humvee in seine Einzelteile zerfetzen. Im Stadion hatten sie alles, was sie brauchten: Werkzeug für den Bombenbau, Drähte, Timer und Sprengstoff.

Im Lauf der Zeit brachte unser Aufklärungsteam die Namen und Verstecke der Köpfe jener Zelle in Erfahrung, die im September in dem Gefecht mit dem Team 3 Mikey Monsoor getötet hatte. Wir waren froh, die Chance zu erhalten, in seinem Namen Gerechtigkeit üben zu können. Aber um das zu tun, mussten wir natürlich ins »Indianergebiet« vorstoßen. Im Süden des Stadtzentrums war der Feind ständig präsent. Die Aufständischen gingen dort Patrouille. Von jedem Haus aus wurde die Straße beobachtet. Commander Leonard sagte einmal: »Sie warten überall und nirgendwo, wie eine Kakerlakenplage.«

Frauen und Kinder meldeten den Aufständischen jede Beobachtung. An vielen Straßenecken waren Sprengfallen vergraben, und die Triggermen standen rund um die Uhr bereit, um sie zu zünden, wenn wir falsch abbogen. Obwohl die meisten Aufständischen keine Funkgeräte oder Nachtsichtgeräte hatten, fanden sie Wege, um ihre Angriffe zu koordinieren. Wir sahen einen Mann, der auf einem Moped herumfuhr und sich umsah – einen Späher, der unsere Stellungen auskundschaftete und die Entfernung abschätzte. (Oft begann das Mörserfeuer oder der Bodenangriff, sobald der Fahrer hinter der nächsten Hausecke verschwunden war.) Die Aufständischen konnten Soldaten der Army von Marines unterscheiden und kannten die Grenzen zwischen den Einsatzgebieten beider Truppenteile. Sie attackierten die Currahees und zogen sich in die Zone der Marines zurück. Natürlich passten wir unsere Taktik ihrem Vorgehen an, aber wir verloren nicht die Tatsache aus den Augen, dass die feindlichen Kämpfer auf den Straßen von intelligenten, bedacht vorgehenden Männern gelenkt wurden. Wenn wir mit unseren Scharfschützengewehren im Obergeschoss eines Hauses lagen und die Umgebung sicherten, beschossen sie uns aus der einen Richtung, während sich jemand aus der anderen Richtung anschlich, um an der Tür eine Sprengfalle mit Stolperdraht zu deponieren, während wir abgelenkt waren. In diesem Teil der Stadt hatten wir das Gefühl, dem Feind auf Augenhöhe zu begegnen. Und wenn es etwas gibt, das wir nicht mögen, so ist es ein Kampf, in dem wir nicht eindeutig überlegen sind.

Am 12. November nahm ich an einem Scharfschützeneinsatz teil, dessen Zweck es war, einer Army-Einheit Deckung zu geben, die im südlichen Stadtzentrum einen Häuserblock sichern sollte. Wir stießen in den frühen Morgenstunden vom COP Iron im Süden Ramadis vor. An der Spitze der Kolonne fuhr ein Abrams-Panzer. Wer Lust auf einen Kampf hatte, konnte sich keine bessere Operation als diese aussuchen. Der Ausdruck »Deckung geben« war in Wahrheit irreführend. Sie erweckt den Eindruck, dass wir passiv Wache stehen und unsere Truppen vor einem Feind schützen würden, der *sie* angreifen wollte. Tatsächlich geschah etwas ganz anderes: Während wir noch unsere Positionen einnahmen, fand der Feind heraus, wo wir waren, und griff *uns* an, wobei er oft die herkömmlichen taktischen Regeln für Straßenpatrouillen missachtete. Wir hatten nichts dagegen einzuwenden. Jede Salve, die wir abbekamen, blieb einem jungen Soldaten der Army erspart.

Als wir in jener Nacht unser Ziel erreichten – es war ein mit komfortablen Möbeln eingerichtetes Haus, in dem ein Kronleuchter von der Wohnzimmerdecke hing und sogar ein Heizaggregat stand, was unseren Aufenthalt sehr viel angenehmer machte –, sicherten wir es rasch und nahmen unsere Positionen auf dem Dach und in den Obergeschossen ein. Aber als wir versuchten, für unsere Scharfschützen Schießscharten in die Mauer zu sprengen, mussten wir feststellen, dass sie zu dick war, um sie mit unseren Sprengladungen zu öffnen. Wir konnten sie nicht einmal ankratzen. Aber unsere einfallsreichen Sniper schafften es, dieses kleine Problem zu umgehen und einen produktiven Arbeitstag zu beginnen.

Gegen elf Uhr nachts forderte Lieutenant Nathan nach einem langen Tag über Funk die Fahrzeuge an, die uns zum Außenposten zurückbringen sollten. Auf der Straße gerieten wir unter Beschuss, und die Aufständischen setzten teilweise schweres Geschütz ein. Wir hatten erwartet, dass sie uns mit Bradleys herausholen würden, aber stattdessen bekamen wir Abrams-Panzer. An sich war nichts gegen diese großen gepanzerten Bestien einzuwenden – in einem heftigen Gefecht waren sie deine besten Freunde –, aber sie waren nicht für einen Truppentransport geeignet: Es waren keine Mannschaftswagen. Da wir nicht hineinpassten, bildeten wir Kolonnen und trabten hinter den Panzern her – eine »Mogadischu-Meile«, wie es bei uns heißt. Aber während des ganzen zermürbenden Dauerlaufs blieb die Stimmung gut. Die Jungs machten sich einen Spaß daraus zu wetten, wer als Erster auf eine IED steigen würde.

Wir stellten Vermutungen dazu an, wer am weitesten fliegen würde. »Wenn du schon dran glauben musst«, sagte jemand, »dann solltest du eine ordentliche Strecke fliegen und dir gute Stilnoten sichern.«

+++

Am 15. November rückte der Trupp Blue aus, um im Süden des Stadtzentrums ein paar Scharfschützenstellungen zu beziehen. Es war eine Lockvogeloperation. Diese Missionen zählen zu unseren bevorzugten Einsätzen. Wir gerieten fast immer unter Beschuss – und gaben ihn zehnfach zurück. Aber diesmal änderten die Aufständischen ihre Vorgehensweise. Anscheinend hatten sie begriffen, dass sie sich nicht mit unseren Snipern messen konnten. Am ersten Morgen lokalisierten sie das Scharfschützennest und nahmen es probeweise mit Handfeuerwaffen unter Beschuss. Unsere Jungs gaben es ihnen doppelt zurück und hielten die Stellung, aber am Nachmittag gerieten beide Überwachungsposten unter heftiges Feuer. Der Feind konnte sich im Schießen nicht mit uns messen, aber er konnte seine Ortskenntnis nutzen, um sich an unsere Positionen anzuschleichen.

Marty Robbins war gerade mit einer Ladung Wasserflaschen für sich und seinen Partner auf dem Weg hinauf zum Dach, als es Splittergranaten zu regnen begann. Mindestens drei altmodische deutsche Stielhandgranaten trudelten in das Scharfschützennest. Eine Granate traf Robbins genau im Schritt, fiel zu Boden und rollte auf seinen Partner zu. Robbins dachte, es sei vorüber, schrie »Granate!«, kickte sie mit einem Fußtritt weg und sprang in dem Moment, als die Kartoffelstampfer losgingen, ins Treppenhaus. Ein anderer SEAL, ein Chief namens Mulder, warf sich auf den Boden und rollte sich ein. Ein Hagelsturm von Splittern flog in die Füße und die Rückseite der Beine der beiden Männer. Die Druckwelle schleuderte Robbins gegen den Türrahmen, und er taumelte die Treppe hinunter. Verblüffenderweise schafften es beide Männer trotz ihrer Verletzungen, sich aus eigener Kraft in Sicherheit zu bringen. Mit seiner unglaublichen Reaktion hatte Robbins seinem Kameraden das Leben gerettet. Nachdem er das Unterdrückungsfeuer eröffnet und die Verletzungen seines Kameraden begutachtet hatte, ohne sich um sich selbst zu kümmern, rief er über Funk die schnelle Eingreiftruppe herbei.

Während das andere Scharfschützenteam einen Angriff abwehrte – die beiden lieferten sich einen Granatwurfwettbewerb mit dem Feind –, fuhren zwei Bradleys vor. Leider hielten sie vor dem falschen Haus. Robbins und Mulder mussten um ihr Leben laufen. Unter heftigem Feuer schafften es die beiden verwundeten SEALs, die Fahrzeuge zu erreichen. Als sich die beiden Teams in die Bradleys gerettet hatten, richteten diese ihre Maschinenkanonen auf das Haus und schossen es in Stücke.

Als sie zwölf Stunden früher als erwartet ins Lager zurückkehrten, arbeitete ich gerade am Einsatzplan für die nächste Nacht. Sie hatten auf die harte Tour gelernt, was uns in jener Gegend erwartete. Wir konnten von Glück sagen, dass wir in jener Nacht niemanden verloren hatten. Der Feind wurde mutiger. Wir beschlossen, dass die Dinge bei unserem nächsten Einsatz anders laufen mussten.

9

KAMPFSCHWIMMER GETROFFEN

Für die Nacht vom 18. auf den 19. November war ein großer Einsatz geplant: Wir würden in die heißeste Gegend im Süden der Stadt vorstoßen, in den Bezirk al-Malaab. Es war an der Zeit, dort auf den Busch zu klopfen und uns anzusehen, wer herausgekrochen kam.

Wir rückten mit einer kleinen Streitmacht aus. Die beiden Schützenteams des Trupps Gold würden Scharfschützenstellungen beziehen, um den Panzern des in Camp Ramadi stationierten 1. Bataillons des 77. Panzerregiments und den in Camp Corregidor stationierten Männern des 1. Bataillons des 9. Infanterieregiments (den Manchus) Deckung zu geben, während sie Block für Block vorrückten und den Feind aus seinen Löchern trieben. Bei der Planung stellte sich heraus, dass das Bravo Platoon drei eigene Scharfschützenstellungen in der Nachbarschaft errichtete. Bravo rückte vom Camp Corregidor aus und stieß nach dem Absitzen beim COP Eagle's Nest zu Fuß nach al-Malaab vor, um in den »Papa-Sektoren« drei weitere Stellungen östlich von uns zu beziehen. Wenn man am helllichten Tag eine Blocksicherungsoperation in al-Malaab startete, konnte man sicher sein, einen Kampf zu bekommen. Dieser Bezirk, der nicht ganz einen Kilometer südlich des Fußballstadions lag, war dicht besiedelt. Die Einheimischen fürchteten al-Malaab. Unsere Dolmetscher Moose und Riddick schüttelten den Kopf, als sie den Namen des Ortes hörten. »Das ist eine *üüüble* Gegend, Mann.«

Ich wünschte mir nichts sehnlicher, als mich dort am Kampf zu beteiligen. Robbins und Mulder leckten immer noch ihre Wunden, und wir wollten uns bei den Aufständischen revanchieren. Aber ich konnte nicht mitgehen, weil ich als Verletzter in Reserve war: Mein Rücken war in einem sehr schlechten Zustand. Senior Chief Steffen riet mir: »Marcus, du solltest es ein bisschen ruhiger angehen.« Er war kein Mann von vielen Worten, aber das war genau der Ratschlag, den ich gebraucht hatte. Er machte mir klar, dass die Jungs alles unter Kontrolle hatten und dass ich mich ein bisschen zurückziehen konnte, um mich auszukurieren. In den Teams tragen wir alle eine große Last auf den Schultern und glauben, wir dürften unsere Brüder nicht einen Augenblick allein lassen. Es schadete nicht, sich hin und wieder bewusst zu machen, wie stark unser Team war und welche Fähigkeiten seine Mitglieder besaßen: Sie würden auch ohne mich zurechtkommen. Die Teams hängen nie von einzelnen Personen ab. Verlassen sie sich zu sehr auf einen Mann, so kann ihnen dasselbe passieren, was Sportmannschaften erleben, die auf einen Star ausgerichtet sind: Die Chemie in der Mannschaft funktioniert nicht, und das Scheitern ist vorprogrammiert. Und Leute, die persönlichen Ruhm suchen, können wir nicht gebrauchen.

Wir stellten die Teams um. Wink übernahm den Trupp Gold, und da Marty Robbins außer Gefecht war, übernahm der Senior Chief den Posten des Chief im Trupp Blue. In meinen Augen war er der beste Kampfschwimmer, mit dem ich je zusammengearbeitet hatte, und jetzt nahm er den Platz eines verwundeten Kameraden im Trupp ein und fügte sich ganz selbstverständlich in die Einheit ein. Ich wusste, dass sie in dieser Nacht viel zu tun haben würden, und litt darunter, im Lager zurückzubleiben, während die Jungs ausrückten. Marty und ich würden andere Beiträge leisten. (Man könnte auch sagen, ich war die Tippse vom Dienst.) Aber wir waren alle entschlossen, in dieser Nacht Schulden einzutreiben.

Der Trupp Gold unter Lieutenant Nathan – mit Platoon Chief Wink, sechs weiteren SEALs und unserem Fliegerleitoffizier Fizbo – brach am Abend des 18. November im Camp Marc Lee in einem schnellen Konvoi zum COP Iron auf. Dort machten sie sich bereit und stießen gegen 23:00 Uhr Ortszeit zu Fuß in östlicher Richtung vor. Sie nahmen Lebensmittel und Wasser für zwei Tage mit. Die Einheit marschierte an der Eisenbahnlinie entlang, die entlang der Südgrenze der Stadt verläuft. Der Mond war fast voll und strahlte heller als die Sonne. Es war gut, Fizbo dabeizuhaben. Er hielt über Funk ständig Kontakt zu den Flugzeugen, die in großer Höhe kreisten. Ihre Infrarotaugen konnten unser Leben retten, und ihre Boden-Luft-Waffen änderten im Nu das Kräfteverhältnis in jedem Gefecht.

Der Trupp überquerte die Bahngleise und stieß in nördlicher Richtung in den Südteil des Bezirks al-Malaab vor. Die Männer zogen wie Rauch durch die nächtlichen Straßen und marschierten durch ein Gewirr enger Gassen zwischen den Ziegel- und Lehmhäusern, aus denen die Stimmen der Bewohner drangen. Die SEALs stiegen über Abfälle und wichen den Abwasserkanälen aus – das Platschen eines Mannes, der ins Wasser fiel, konnte weit gravierendere Folgen als nur eine schmutzige Uniform haben.

Sie kamen an einem Schulgebäude vorbei, das bis vor Kurzem al-Qaida als Spielplatz gedient hatte. Das Gelände war mit Waffen, Werkzeugen für den Bombenbau, blutverschmierten Peitschen und anderen Verhör- und Folterinstrumenten übersät. Als mehrere Hunde zu bellen begannen und ein Esel schrie, glaubten die SEALs, sie seien möglicherweise entdeckt worden. Mit aufgestellten Nackenhaaren setzten sie ihren Weg fort. Ich weiß, wie sich das anfühlt: Die Angst vor der möglichen Entdeckung kann schlimmer sein als die Gewissheit, entdeckt worden zu sein.

Endlich erreichten sie ihr Ziel: ein Viertel, das fünf oder sechs Häuserblocks umfasste. Der Trupp teilte sich in zwei Gruppen, die ihre Overwatch-Positionen bezogen. Nathans Team sicherte ein Haus, das im Norden der Schule lag. Das Ziel von Austin und seinen Männern war ein fünf Straßen östlich liegendes vierstöckiges Eckhaus. Als die zwei achtköpfigen Gruppen die Obergeschosse der beiden Häuser besetzt hatten, konnten sie an die Arbeit gehen.

Gegen halb neun Uhr morgens beobachteten Fizbo und ein Scharfschütze, den wir »Noise« nannten, den Schulhof im Süden, als eine Kolonne von etwa zehn Autos am Haus vorbeifuhr. Jedes Mal, wenn einer der Wagen vorbeirollte, drückte der Fahrer auf die Hupe. Noise und Fizbo beschlossen, dass sie das Feuer eröffnen würden, sollte eines der Autos stehen bleiben. In Ramadi kannte jeder die Gefahr, die von IEDs in Fahrzeugen ausging. Man konnte sie nur aufhalten, indem man den Fahrer erschoss, bevor er nah genug war, um die Bombe zu zünden.

Und tatsächlich blieb eines der Autos vor dem Versteck unserer Scharfschützen stehen.

Noise, Fizbo und ein weiterer SEAL lösten die Sicherungen ihrer Gewehre und hatten schon die Finger am Abzug, als ein Mann aus einem gegenüberliegenden Haus auftauchte, zu dem Auto lief und einstieg. Der Wagen raste los. Dann bemerkten sie eine Frau, die sich auf der Freifläche bei der Schule mit einer Schaufel zu schaffen machte. Sie beugte sich hinunter und zog mehrere Säcke aus einem Loch. Den Inhalt konnten die Scharfschützen nicht sehen. Weitere Autos fuhren vor. Die Frau reichte den Insassen durch die Fenster auf der Beifahrerseite den Inhalt der Säcke. Noise legte an und schoss auf einen der Säcke. Aber die erwartete Explosion blieb aus. Die Verdächtigen beendeten ihre undurchschaubare Aktivität und flüchteten aus der Schusslinie.

Adam Downs beobachtete aus seinem Versteck auf dem Dach den Häuserblock im Nordwesten, als ihn ein feindlicher Scharfschütze entdeckte und das Feuer eröffnete. Die Kugel schlug etwa fünfzehn Zentimeter von Adams Kopf entfernt in der Balustrade ein. Adam zielte auf den Punkt, an dem er das Mündungsfeuer gesehen hatte, und erwiderte das Feuer. Aber der Schütze hatte bereits die Position verlassen und lief die Treppe hinunter. Adam war wütend. Aber es war keine Zeit, um sich über Beinahetreffer zu ärgern, denn die Männer von Lieutenant Austin, die fünf Häuser weiter im Osten auf der Lauer lagen, meldeten, dass ein halbes Dutzend Aufständische ein Haus verlassen hatten und sich in nördlicher Richtung bewegten. In dieser Gegend standen die Häuser so nahe beieinander, dass man über die Dächer von Haus zu Haus springen konnte. Die Gebäude standen ein wenig von der Straße zurückversetzt, und vor dem Haus erhob sich eine dicke Mauer, die einen kleinen Vorhof eingrenzte. Das machte jedes Haus zu einem Gefechtsposten, bedeutete jedoch auch, dass sich ein Angreifer im Schutz der Mauer unbemerkt anschleichen konnte.

Fizbos Männer verloren die feindlichen Kämpfer aus den Augen, aber es gelang ihm, sie mit der Bordkamera einer über ihm kreisenden F/A-18 Hornet des Marine Corps wieder aufzuspüren. Die Aufständischen liefen drei Blocks nördlich von seiner Position in westliche Richtung durch eine Gasse und schleppten schwere Waffen und Munition mit sich. Es sah aus wie ein Umgehungsmanöver. Nachdem sie an sieben Häusern vorbeigelaufen waren, blieben die Männer unvermittelt an der Nordwestecke eines offenen Feldes stehen, das etwa drei Häuserblocks breit war.

Fizbo nahm Kontakt zum Army-Kommandeur auf und bat um Erlaubnis, die Maschine des Marine Corps zu einem Tieffliegerangriff zu schicken. Der Kommandeur antwortete, Tieffliegerangriffe in dicht besiedelten Wohngebieten seien verboten. Daraufhin nahm unser Fliegerleitoffizier Kontakt zu seinen speziellen Freunden in der Befehlsstelle der Brigade in Camp Ramadi auf und bat um noch schwereren Beschuss.

In der Zwischenzeit fragte Dozer, der Fliegerleitoffizier des Bravo Platoons, bei Fizbo an, ob die Hornet die Nachbarschaft ihres Hauses in einem Umkreis von etwa hundert Metern scannen könne. Anscheinend war der Vorstoß der Kommandoeinheit von Bravo in der vergangenen Nacht einigermaßen abenteuerlich verlaufen. Sie waren in Bradleys vom Camp Corregidor aus zur Grenze des Bezirks gefahren und von dort aus zu Fuß weitermarschiert. Angeführt von Elliott Miller, ihrem Point Man und Sanitäter, hatten sie zweimal die Marschroute ändern müssen, da ein Pilot verdächtige Objekte auf ihrem Weg entdeckt hatte. Vermutlich waren es neu platzierte Sprengfallen gewesen.

Der Pilot der Hornet meldete, dass auf den Straßen in der unmittelbaren Umgebung keine Kämpfer zu sehen waren; allerdings sammelten sich einige Blocks weiter im Norden mehrere verdächtige Fahrzeuge.

Für ein einzelnes Flugzeug war es schwierig, mehrere Kunden gleichzeitig zu bedienen. Beispielsweise konnte der Pilot unmöglich die Straßen in der Umgebung von Bravo beobachten und gleichzeitig einen Luftschlag gegen ein anderes Ziel vorbereiten. Dazu kam, dass der Pilot den großen Treibstoffdurst eines modernen Kampfflugzeugs im Auge behalten musste. Nachdem er Dozers Umgebung abgesucht hatte, meldete er sich mit der Botschaft, dass er seinen Posten für kurze Zeit verlassen müsse, um sich bei einem Tankflugzeug Sprit zu holen.

Fizbo nutzte die kurze Pause, um die taktische Lage zu prüfen und sein Ersuchen um Luftunterstützung fertigzustellen. Ein solches als »Neunzeiler« bezeichnetes Ersuchen enthält die Koordinaten, die aus der Luft angegriffen werden sollen, die Art der einzusetzenden Waffe und eine Erklärung zur Übereinstimmung mit den Einsatzregeln. Als Fizbos Bruder im Marine Corps vom Tanken zurückkehrte, scannte er die Gegend erneut und meldete, dass sich die Zahl der feindlichen Kämpfer verdoppelt habe. Ein Dutzend Aufständische machten sich zum Angriff bereit. Die Jungs konnten es sich nicht leisten zu warten, bis das Hauptquartier entschieden hatte, was mit Fizbos Neunzeiler zu tun war.

Wink verwendete die von der Kamera des Flugzeugs gelieferten Daten, um sein Ziel zu finden, und während zwei seiner Kameraden begannen, das Gebäude der Aufständischen mit automatischen Waffen zu beschießen, begannen vier weitere SEALs, 40-mm-Granaten hinüberzuschicken. Sie hatten gut gezielt. Der Pilot meldete mehrere direkte Treffer, und einige verwundete Aufständische schleppten sich vom Feld. Fizbo gab den Grenadieren die Korrekturen der Koordinaten durch, und es flogen weitere Splittergranaten los. Als sie fertig waren, war niemand mehr auf dem Feld zu sehen. Die Überlebenden waren zu dem östlich an die Freifläche angrenzenden Haus gekrochen oder von ihren Kameraden dort hingeschleppt worden.

Die Teams wärmten sich gerade erst auf. Adam Downs griff zur schwersten Waffe im Arsenal des Platoons, einer schultergestützten FFV Carl Gustaf, und schickte mit dieser rückstoßfreien Panzerbüchse eine 84-mm-Rakete auf die Reise. Das Geschoss traf ein unbewohntes Haus, das zwischen ihnen und ihrer Beute stand. Das mit einer zeitverzögerten Zündung versehene Projektil flog durch das leer stehende Haus und explodierte einen Sekundenbruchteil später im angrenzenden Gebäude, nachdem es die Mauer zwischen den beiden Häusern durchschlagen hatte.

Prompt meldete der Pilot eine Explosion in dem Haus, in dem sich die Aufständischen verschanzt hatten. Fizbo, der in Lieutenant Nathans Scharfschützennest im Treppenhaus stand, aktualisierte seinen Neunzeiler und machte dieses Haus zum neuen Angriffsziel für die Hornet. Während er auf die Freigabe wartete, feuerte Wink eine zweite Carl Gustaf ab, die wild brüllend auf ihr Ziel zuraste. Die Druckwelle sprengte die Fenstergläser und ließ das Haus erbeben. Der Pilot der Hornet meldete einen weiteren direkten Treffer im Versteck der Aufständischen und teilte Fizbo mit, dass vier Männer in südliche Richtung in das nächste Haus flüchteten. Unser Fliegerleitoffizier gab die Information an Wink weiter, der eine weitere Carl Gustaf zum nächsten Haus schickte.

Obwohl die SEALs ihre Arbeit mit tödlicher Präzision gemacht hatten, meldete der Hornet-Pilot unserem Fliegerleitoffizier, dass sich eine noch größere Gruppe von zwanzig Aufständischen in einem Haus in unmittelbarer Nachbarschaft des Gebäudes versammelt hatte, das Wing getroffen hatte. In diesem Augenblick erhielt Fizbo endlich grünes Licht für den Einsatz der schweren Waffen der Hornet. Er verifizierte die Koordinaten und bestätigte die Einhaltung der Einsatzregeln für Luftunterstützung. Dann nahm er Kontakt zum Piloten auf, bestätigte das Ziel und die ausgewählte Waffe und sprach endlich die Zauberworte aus:

»Waffeneinsatz freigegeben.«

Das Flugzeug näherte sich aus dem Süden und klinkte eine Laser Maverick aus. »Waffe«, kündigte der Pilot an. Fizbo wies seine Kameraden an, in Deckung zu gehen.

Die Rakete fand ihr Ziel, der 150-Kilo-Sprengkopf explodierte mit einem dröhnenden Schlag und hüllte einen halben Häuserblock in eine Staubwolke. Als sich der Staub legte, sahen die Männer, dass ein Großteil des Gebäudes ausradiert war. Der Pilot meldete, dass sieben Aufständische mit dem Leben davongekommen seien und in einem Haus auf der anderen Straßenseite Zuflucht suchten. Das bedeutete, dass ein Dutzend feindliche Kämpfer unter den Trümmern begraben lagen. Als das Brigadehauptquartier Fizbos Bitte um eine weitere Rakete ablehnte, setzten Wink und seine Leute den Überlebenden mit einer weiteren Carl Gustaf zu und zwangen alle Aufständischen, die sich noch bewegen konnten, sich zu trennen und einzeln in den nördlichen Teil des Viertels davonzumachen.

Es war ein sehr befriedigender Einsatz. In den Zeitungen liest man jedoch nur selten etwas über derartige Missionen. Hin und wieder bekommt ein Mann eine Auszeichnung, und irgendwo findet eine Zeremonie statt.

Man sieht, wie ein stolzer Soldat in Ausgehuniform strammsteht. Aber das ist nur Politik und Theater. Man sollte diese Männer sehen, wie ich sie gesehen habe, im Kampf. Es ist ein unglaublicher Anblick. Sie riskieren ihr Leben, um ihrem Land zu dienen. Ich spreche nicht gerne über Tapferkeitsmedaillen. Darüber denken wir in der Regel gar nicht nach. Wir machen einfach unsere Arbeit, und im Einsatz zeigt sich, wer wir sind. Wir brauchen das Theater nicht, um stolz auf unsere Arbeit zu sein.

Die kleine Übung des Alfa Platoon mit scharfer Munition im Sektor »Papa 12« war nur das Vorspiel zu einem langen Tag. Es wurde ein Tag, der denen, die dabei waren, als einer der härtesten in ihrem Leben in Erinnerung bleiben würde. Kurz nachdem die SEALs gehört hatten, dass der Feind auf der Flucht war, kam aus dem Bataillonshauptquartier eine Anfrage: Hatte jemand die Evakuierung eines Verwundeten angefordert?

Was zum Teufel war das? Die Männer des Trupps Gold waren ratlos. Keiner von ihnen hatte einen Treffer hinnehmen müssen, und wenn die SEALs aus dem Camp Corregidor getroffen worden wären, hätten unsere Jungs es sicher direkt von ihnen er fahren. Wovon redete das Hauptquartier da?

Niemand im Alfa Platoon hatte eine Ahnung, was los war. Dann wurde ihnen plötzlich bewusst, dass sie seit einer Weile *überhaupt nichts* von den beiden Kommandos aus Camp Corregidor gehört hatten.

Nicht gut.

Ganz und gar nicht gut.

+++

Wie sich herausstellte, war der feindliche Angriff auf unseren Trupp Gold Teil eines größeren, lose koordinierten Angriffs auf sämtliche Einheiten in der Gegend. Während Gold den Aufständischen in seiner Zone einheizte, wurden alle drei Overwatch-Positionen des Bravo Platoons gleichzeitig angegriffen.

Einige Blocks östlich von den zwei Stellungen des Alfa Platoons hatten die Männer von Bravo drei Häuser gesichert, die etwa zweihundert Meter auseinanderlagen, und ihre Scharfschützenstellungen bezogen. Mehrere

Abrams parkten an großen Kreuzungen, und die Blocks waren abgeriegelt worden, damit die Infanterie Türen eintreten und Häuser stürmen konnte. Die Trupps des Bravo Platoons sollten den Infanterieeinheiten weiträumigen Feuerschutz geben, gleichzeitig jedoch so nahe beieinanderbleiben, dass sie sich im schlimmsten Fall neu formieren und zusammen kämpfen konnten. Aber der Sichtkontakt zwischen den drei Overwatch-Stellungen war abgerissen. Als eine Gruppe zu dem Schluss gelangte, dass das erste Haus, in dem sie Stellung bezogen hatte, nicht ihren Vorstellungen entsprach, zog sie in das übernächste Haus auf der anderen Straßenseite um. Nun bestand kein Sichtkontakt zu ihren Kameraden in den anderen Scharfschützenstellungen. Sie beobachteten die Straßen nördlich von ihrer Position und lagen in einem Haus, dessen Rückseite an einen großen Hof angrenzte, der durch die Rückseiten mehrerer anderer Häuser begrenzt war. In einem der nahe gelegenen Häuser hörten sie jemanden in die Hände klatschen. Jemand rief ein paar Tauben. Wir hatten den Verdacht, dass die Aufständischen die Vögel einsetzten, um ihren Kameraden die Positionen der Amerikaner zu signalisieren. Anscheinend wurden wir jedes Mal beschossen, wenn eine Taube vorbeiflog. Wie so vieles in diesem alten Land stammte diese Taktik direkt aus dem Mittelalter. Wir mussten immer davon ausgehen, dass das Schlimmste geschehen konnte.

Cowboy, der einem der Schützenteams angehörte, lugte über die Balustrade der Dachterrasse, um den Taubenmann unter Feuer zu nehmen, aber der Iraker bemerkte ihn und sprang die Treppe hinunter, um zu entkommen. Dann sah der SEAL im Augenwinkel etwas, das seitlich auf ihn zuflog. Es war keine Taube. Er duckte sich hinter die Balustrade, als eine Granate vorbeiflog und in einiger Entfernung explodierte. Dann kam aus dem Funkgerät eine Meldung von einem der anderen Scharfschützenteams. Es lief nicht gut.

Die Männer in der anderen Stellung – Lieutenant Clint (der zum Bravo Platoon gewechselt war), Dozer, Elliott Miller, Johnny Brands und einige andere – hatten ein komisches Gefühl gehabt, als ihr Tag begann. Als sie ihre Position einnahmen, wirkte die Familie, die das Haus bewohnte, extrem nervös. Dann kamen aus den Lautsprechern der Moscheen Verlautbarungen, die den Dolmetschern sonderbar schienen: Sie hatten den Eindruck, dass es sich um eine verschlüsselte Botschaft handelte. Kurze Zeit später gelang es einem Aufständischen, sich über die Nachbardächer anzuschleichen und eine Handgranate durch eine der Schießscharten zu werfen. Sie reagierten, wie sie es gelernt hatten: Sie warfen sich auf den Boden, schützten den Kopf mit den Armen und wandten der Splittergranate den Rücken zu. Die Granate explodierte genau zwischen den SEALs und riss ihnen den Rücken auf. Sie hatten alle überlebt, aber Elliott hatte tiefe Verletzungen an der Schulter und am Arm erlitten. Seine Arterie war verletzt. Seine Kameraden versorgten ihn sofort, um die Blutung zu stoppen.

Lieutenant Clint meldete dem Stützpunkt Corregidor den Feindkontakt und forderte eine Evakuierung der Verwundeten an. Die anderen Scharfschützenteams erhielten die Anweisung, den Einsatz abzubrechen, sich zu Clints Position zu begeben und gemeinsam auf den Abtransport zu warten. Eine schnelle Eingreiftruppe mit Bradley-Schützenpanzern des ersten Bataillons des 77. Panzerregiments war auf dem Weg. Sie würden rasch dort herausgeholt werden … zumindest war das der Plan. Aber als sie vom Dach in den ersten Stock hinuntergingen, gerieten sie unter heftigen Beschuss. Die Aufständischen hatten das Dach eingenommen. Die SEALs sammelten ihre wichtigste Ausrüstung ein, während auf der anderen Seite der Mauer Schüsse krachten und Granaten explodierten.

Wenn wir in Bedrängnis geraten, können wir verschiedene Dinge tun. Im schlimmsten Fall, beispielsweise wenn die Gefahr besteht, dass unsere Stellung jeden Augenblick überrannt wird, lösen wir Explosionen aus, die jeden töten oder kampfunfähig machen sollen, der draußen auf der Straße auf uns wartete. Als in dem Innenhof Granaten hochgingen und von allen Seiten Kugeln geflogen kamen, war klar, dass das Bravo Platoon überrannt zu werden drohte. Lieutenant Chris, der verantwortliche Offizier, entschloss sich, die am Fenster montierten Sprengladungen zu zünden, und sein EODler Shane Snow übernahm die Ausführung.

Die Explosion war stärker als erwartet. Die Druckwelle prallte von der massiven Mauer des Nachbarhauses zurück und erschütterte das Gebäude in seinen Grundfesten. Die Tür, die zum Eingangstor führte, klemmte im

Rahmen. Das war genau, was sie nicht brauchen konnten, als sie sich anschickten, aus dem Haus auszubrechen.

Die Männer mühten sich mit der Tür ab, als eine zweite Explosion das Haus erschütterte. Der Schlag war heftiger als alles, was sie in ihrer Zeit in der Stadt erlebt hatten. Auch die mehrere Häuserblöcke entfernten Trupps des Alfa Platoons spürten die Erschütterung. Fizbo dachte: *Ich hoffe, das hat niemanden erwischt, den wir kennen.*

Über Funk informierte Lieutenant Clint die anderen Gruppen des Bravo Platoons: »Zahlreiche Verletzte. Bitten um Exfiltration. Bewegt euch zum Exfiltrationspunkt, unsere Position.«

Es gab keine Zeit zu verlieren. Jemand rief: »Zeit für die Mogadischu-Meile.« Um ihre Kameraden zu erreichen, würden sie zweihundert Meter durch die Hölle sprinten müssen.

Sie prüften den offenen Hof in ihrem Rücken, bahnten sich ihren Weg durch die störrische Vordertür und stürmten hinaus zum Tor, das auf die Straße hinausführte. Sie stellten sich in einer Reihe auf, und der EODler Shane Snow durchtrennte die Kabelbinder, mit denen das Tor gesichert war. Die befürchtete Explosion blieb aus: Zum Glück hatten es die Aufständischen nicht geschafft, eine Sprengfalle vorzubereiten. Das war immer die Gefahr, wenn man im Garten des Feindes zeltete.

Als die SEALs auf die Straße hinaustraten, wurde ihnen klar, dass die Situation vollkommen außer Kontrolle geraten war. Es war eine Szene wie aus *Black Hawk Down*. Die kleine Kommandoeinheit sah sich einer aufgebrachten Menschenmenge gegenüber. Unter die Leute hatten sich Bewaffnete gemischt. Mit Cowboy an der Spitze drängten die SEALs hinaus und begannen, sich in Richtung ihrer Teamkameraden zu bewegen.

Cowboy ging auf der rechten Straßenseite. Der Kamerad, der mit einem M60-Maschinengewehr direkt hinter ihm ging, hielt sich auf der linken Seite. Dann fiel sein Kamerad und schlug hart auf dem Boden auf. Cowboy glaubte, er sei getroffen worden, aber der SEAL raffte sich wieder auf. Die Waffen im Anschlag, bewegten sich die Männer in aufgefächerter Formation präzise und zielstrebig weiter, so wie sie es Tausende Male geübt hatten. Sie waren entschlossen, zu ihren Brüdern zu gelangen, die gerade eine Katastrophe erlebt hatten, und würden gegenüber dem Feind keine Nachsicht üben. Sie wussten, dass sie nur überleben konnten, wenn sie sich bewegten, und zwar schnell. Mit jedem Schritt verdienten sie sich von Neuem ihre Tridents.

Die Aufständischen hatten die Dächer unter ihre Kontrolle gebracht und feuerten hemmungslos. Die Kugeln hagelten auf Cowboy und seine Kameraden herab und schlugen auf der Straße auf, und hin und wieder wurde das Knallen der Handfeuerwaffen durch das Zischen einer Panzerabwehrrakete oder die Explosion einer Handgranate unterbrochen. Die Kugeln flogen viel zu nah vorbei. Cowboy drückte es später so aus: »Sie zischten meinen Namen.«

Schon zu Beginn meiner Laufbahn hatte ich gelernt, dass man, wenn die Situation unkontrollierbar wird, jede Deckung nutzen, oft, aber sparsam schießen und sich schnell bewegen muss. Genau das taten die Männer. Sie überlebten dank rascher Reflexe und Nerven wie Drahtseilen. Während sie die Straße hinuntermarschierten und einander an Kreuzungen abwechselnd überholten, um sich gegenseitig Deckung zu geben, hielt Cowboy an der Spitze des Trupps Ausschau nach Zielen. Jeder der Kameraden in seinem Rücken deckte einen anderen seitlichen Winkel ab. Shane Snow tat sein Bestes, um sich rasch zu bewegen und Feuerschutz zu gaben, aber vor allem tat er, was ein guter EODler tut: Er suchte das Terrain vor ihnen nach Zünddrähten und Druckplatten ab. Der Trupp kämpfte wie ein Mann und schaffte es, die zweihundert Meter bis zur Position der Brüder zurückzulegen. Kaum ein feindlicher Kämpfer, der eine Waffe auf sie richtete, überlebte, um die Geschichte erzählen zu können.

Als sie um eine Ecke bogen und die Straße hinunterliefen, um den Exfiltrationspunkt zu erreichen, sahen sie zwei Bradleys vor einem Haus. Der eine stand in Richtung Norden, der andere in Richtung Süden. Eines der Fahrzeuge feuerte aus seinem 25-mm-Maschinengewehr auf ein Gebäude auf der anderen Straßenseite. Die Aufständischen antworteten, und die Kugeln prasselten auf den Panzer wie ein heftiger Regenschauer. Als sie sich dem Haus näherten, in dem das Team von Lieutenant Clint seinen Überwachungsposten bezogen hatte, bemerkte Shane glühende Fragmente auf der

Straße. Auf der Mauer des Vorhofs sah er einen kreisrunden schwarzen Fleck von etwa einem Meter Durchmesser: Dort war eine Panzerabwehrgranate eingeschlagen. Crossman, der Kommandeur des Bravo Platoons, stand vor der Tür und beschoss Gebäude auf der anderen Straßenseite. Ein weiterer SEAL bearbeitete dieselben Ziele mit einem M48-Maschinengewehr. Das Team bewegte sich zur Mauer vor dem Haus und nutzte die Bradleys als Deckung.

Als Cowboy den Kopf in den Bradley steckte, war der Innenraum voll Rauch. Dann schlug ihm der furchtbare Geruch entgegen. Im Mannschaftsraum lag eine furchtbar verstümmelte Leiche. Der Tote war ein Iraker, einer von Lieutenant Clints Dschundis. Er hatte beide Beine verloren, das Fleisch an den Stummeln war vollkommen verbrannt. Um die Reste der Oberschenkel war Draht gewickelt – anscheinend hatte jemand versucht, die Blutung zu stoppen. Aber es war unmöglich gewesen, den Mann zu retten. Die Kugeln prasselten weiter auf das Fahrzeug herab, aber alle blieben ruhig und konzentriert. Sie taten einfach, was sie im Training gelernt hatten. Aber auch unser realitätsnahes Training mit den schwer verletzten Schweinen hatte uns nicht vollkommen auf einen solchen Augenblick vorbereiten können.

Jemand schrie: »Ins Haus!« Cowboy sah sich um: Lieutenant Chris winkte ihn in die Tür. Von einer großen roten Pfütze auf der Straße führte eine dunkelrote Schleifspur ins Haus. Durch eine dichte Rauchwolke folgte Cowboy der Blutspur bis zu einer weiteren Blutlache im Inneren. In der Lache lag ein M4-Karabiner mit zerrissenem Gurt.

Er tastete sich durch den Rauch weiter vor und stolperte über etwas, das am Boden lag. Es war Elliott Miller. Er schrie auf, als Cowboy gegen ihn stieß. Seine Beine waren vollkommen zerstört. Es schien Cowboy, als stiege eine feine weiße Rauchfahne von Millers Körper auf.

Einige Schritte entfernt lag ein weiterer Mann. Johnny Brands stieß gellende Schmerzensschreie aus, während mehrere Kameraden versuchten, seine Füße zu verbinden. Sie taten ihr Bestes, da Elliott, der Sanitäter des Zugs, außer Gefecht gesetzt war. Jeder Kampfschwimmer wird in Erster Hilfe ausgebildet, aber es ist sehr ungünstig, wenn der verantwortliche Sanitäter verwundet wird – was allzu oft geschieht.

Cowboy und die anderen aus seinem Trupp, die jetzt in dem Haus Zuflucht gesucht hatten und sich an den Versuchen beteiligten, ihren Kameraden das Leben zu retten, erfuhren bruchstückhaft, was hier passiert war.

Die eher geringfügige Verletzung durch die Granatsplitter, die Elliott zuvor erlitten hatte, hatte das Team dazu bewegt, die Exfiltration anzufordern. Als die schnelle Eingreiftruppe mit den Bradleys vorgefahren war, bewegte sich der Trupp rasch die Treppe hinunter und nahm Aufstellung in einer Reihe, um aus dem Haus auszubrechen. Sie warfen zwei Rauchgranaten auf die Straße, um den Aufständischen die Sicht zu nehmen, und stürmten hinaus. Zwei Iraker liefern voraus, gefolgt von Elliott, der von Johnny Brands gestützt wurde. Kaum waren die Dschundis zur Tür hinaus, da verdunkelte sich die Welt. Es war nicht klar, ob ein Aufständischer den improvisierten Sprengsatz in einem Rucksack vom Dach geworfen hatte oder ob die Bombe in der Straße vergraben oder ans Tor gehängt worden war, während die SEALs im Haus waren. Fest steht, dass diese Falle von Feinden gelegt worden war, die genau wussten, wo wir waren und wie wir vorgingen. Sie wussten, dass sie in direkten Feuergefechten wenig gegen uns ausrichten konnten. Also schlichen sie sich an und legten ihre Bomben dort, wo sie uns erwarteten. Und sie erwischten uns. Ein gewaltiger Donnerschlag traf unsere Jungs, als sie das Haus verließen.

Die Explosion tötete die beiden Iraker, die vorausgingen: Der erste Mann löste sich einfach in einem rosafarbenen Nebel auf, während dem zweiten, der teilweise vom Körper seines Kameraden geschützt wurde, praktisch die Füße weggerissen wurden. Die Detonation war stark genug, um auch noch Elliotts Körper zu erwischen. Die Splitter fuhren in sämtliche Körperteile, die nicht durch die Panzerung geschützt waren. Seine Beine wurden von der Mitte der Oberschenkel abwärts zerstückelt. Er hatte ein Loch in der rechten Schulter, und alle Teile seines Körpers, die nicht durch Platten geschützt waren, wurden von irgendeiner furchtbaren chemischen Substanz zerfressen.

Wie wir später erfuhren, hatten die Aufständischen den Sprengsatz vermutlich aus der Hülse einer 122-mm-Artilleriegranate und einer 82-mm-Mörsergranate gebaut und mit weißem Phosphor gefüllt. Die auch als WPs (Weißer Phosphor) oder »Willie Petes« bezeichneten Phosphorbomben gehören zu den schlimmsten Waffen auf Erden. Der mit Kautschuk gemischte Phosphor klebt auf Metall, Kleidung, Haut und Fleisch und verbrennt den Körper. Weißer Phosphor kann nicht gelöscht werden.

Elliotts Körper war mit dem Höllengemisch überzogen. Seine Kameraden konnten nichts anderes tun, als zuzusehen, wie sich die Chemikalie langsam durch ihn hindurchfraß. Die Männer des Bravo Platoons konnten den Anblick kaum ertragen. Aber Elliott ist ein harter Hund. Er nahm die Schmerzen einfach hin. Es dauerte eine Weile, bis sein Körper endlich aufhörte zu rauchen.

Johnny war nicht ganz so schlimm erwischt worden, aber seine Verletzungen waren furchtbar. Seine Füße hingen nur noch an den Achillessehnen. Die Explosion hatte auch ein Mitglied einer der Bradley-Besatzungen verletzt. Als er das erfuhr, entschied der Kommandeur der schnellen Eingreiftruppe, dass der Verwundete zum Stützpunkt zurückgebracht werden musste. Die Bradleys zogen sich zurück.

Die Bergung war fürs Erste gescheitert, und die Jungs vom Bravo Platoon waren wieder auf sich gestellt. Sie orientierten sich an den Schmerzensschreien, um im dichten Rauch ihre Brüder zu finden. Als Dozer auf seine beiden verwundeten Kameraden stieß, die zu seinen engsten Freunden gehörten, musste er seine Verzweiflung unterdrücken. Er dachte: *Du musst mit ihnen von der Straße kommen, oder du wirst ins Gesicht geschossen.* Die Aufständischen, die diese Bombe gelegt hatten, waren möglicherweise immer noch in der Nähe und warteten auf die Gelegenheit, weitere Sprengsätze zu zünden.

Elliotts Beine schienen nur von der Hose am Rumpf gehalten zu werden. Die Munitionsmagazine, die in den Taschen seiner Weste steckten, waren von der Druckwelle verbogen worden. Seine verkohlte Uhr lief verblüffenderweise immer noch. Nur seine Panzerweste hatte ihn vor dem Tod bewahrt. Dozer schob die Hände unter die Platten, um nach Verletzungen am Oberkörper zu suchen. Während er Elliott von seiner Ausrüstung befreite, wurde ihm klar, dass er nicht wusste, womit er bei der Behandlung derart schwerer Verletzungen beginnen sollte. In diesem Moment hörte er eine weitere, kleinere Explosion im Hof. Eine Granate. Die Aufständischen waren immer noch draußen unterwegs, testeten den Widerstand der SEALs und planten vermutlich einen weiteren Angriff. Elliott gehörte mit einem Körpergewicht von fast 120 Kilo zu den schwersten Männern in den Teams. Dazu kamen Ausrüstung, Rucksack und Montur. Dozer packte ihn an den Schultern und begann, ihn in den Eingangsflur des Hauses zu schleifen. Eines von Elliotts Beinen blieb am Türrahmen hängen und verdrehte sich in einem unnatürlichen Winkel. Dozer wollte durch den Eingang zurückzukehren, um den Fuß zu befreien, aber Elliotts breite Schultern versperrten ihm den Weg. Dozer schrie einem anderen Kameraden zu, er solle ihm helfen, und gemeinsam gelang es ihnen, Elliotts Fuß freizubekommen.

Zwei Mann waren getroffen, mehrere andere waren damit beschäftigt, sie zu versorgen. Dozer dachte: *Es wäre ein Leichtes für einen Angreifer, hineinzustürmen und uns alle zu töten.* Sie waren sehr verwundbar, bis die Männer von den anderen Overwatch-Posten eintrafen. Aber auch dann hatte die kleine Truppe – der Rest des Bravo Platoons – alle Hände voll zu tun, um dem Feind keine Angriffsfläche zu bieten. Sie konnten aus zu vielen Richtungen beschossen werden. Sie konnten nicht sehen, was draußen oder auf dem Dach vor sich ging.

Während sich mehrere Männer um Elliott kümmerten, sah Dozer nach Johnny. Er erschrak: Aus dem Schritt seines Kameraden floss Blut. Dozer befürchtete eine Verletzung der Femoralarterie und riss Johnnys Hose auf. Erleichtert stellte er fest, dass alles intakt schien. Er sagte zu dem Verwundeten: »Ich weiß, dass es wehtut, und ich weiß, dass dir das jetzt nichts hilft, aber ich kann dir sagen, dass dein Schwanz noch da ist.« Johnny lachte tatsächlich. Schließlich fand Dozer den Ursprung der Blutung, einen Schnitt unterhalb der Leiste. »Du bist in Ordnung«, sagte Dozer. »Du wirst es schaffen.«

Elliott kam zu Bewusstsein. Und er war immer noch durch und durch ein SEAL: Er sagte seinen Kameraden, sie sollten sich zuerst um Johnny kümmern. Dann begann er vor Schmerzen zu schreien und verlangte Morphin. Niemand wusste, wo das Morphin gelandet war. Als sie es fanden, hielt der Mann, der versuchte, es Elliott zu spritzen, den Injektor verkehrt herum und setzte sich selbst den Schuss. Aber der Stress verhinderte, dass er zu benommen wurde.

Als Dozer und Clint sicher waren, dass Elliott und Johnny stabilisiert waren – die Arterienbinder waren fixiert, die Vitalzeichen in Ordnung, die Druckverbände angelegt und die Gefahr des Verblutens gebannt –, mussten sie einen Weg finden, um die Verwundeten dort herauszubringen. Dozer hatte mehrere Bradleys per Funk zu dem Haus gelotst. Aber wie bewegt man einen Mann mit zerstörten Beinen, dessen Körper langsam vom Phosphor aufgefressen wird? In Ermangelung einer Trage gab es nur einen Weg, das zu tun: Mehrere Männer mussten ihn tragen.

Als die schnelle Eingreiftruppe zurückkehrte, beugte sich Cowboy über Elliott und sagte: »Wir bringen dich hier raus, Amigo, aber du musst sehr stark sein, denn wir werden dir wehtun müssen.« Dann packte er ihn unter den Resten seiner Beine und hob sie an, während ihn ein anderer Mann unter den Schultern nahm. Elliott hatte einen beidseitigen Schien- und Wadenbeinbruch sowie einen Trümmerbruch des rechten Unterarms erlitten. Während sie ihn auf die Straße trugen, schrie er immer wieder: »Hört auf! Ihr bringt mich um!«

Mehrere Männer stürmten aufs Dach, sicherten es und stellten ein leichtes M48-Maschinengewehr auf, mit dem sie die Gebäude, die freie Schusslinie auf die Schützenpanzer hatten, mit Unterdrückungsfeuer belegten. Auf der Straße sicherte Crossman den Exfiltrationspunkt. Lieutenant Clint befahl seinen Männern, sich für den Ausbruch bereitzuhalten. Als sie sich auf das Tor des Vorhofs zubewegten, wies er den Schützen des Bradley an, seine Maschinenkanone auf das Dach ihres Gebäudes zu richten. Dann setzten sich die Männer, die Elliott trugen, in Bewegung. Während sie Elliott in den Mannschaftsraum legten, prallten immer wieder Kugeln auf die Panzerung des Fahrzeugs. Feindliche Kämpfer tauchten für Sekunden in Hauseingängen und in den umliegenden Gassen auf oder lugten kurz über die Dachbalustraden, um mehr oder weniger gezielte Schüsse abzugeben. Cowboy bemerkte einen in ein Tuch gehüllten Kopf, der kaum drei Meter über ihm hinter einer Balustrade verschwand. Zum Glück hatte dieser Mann keinen Mut – und keine Granate.

Dozer, Cowboy und die anderen liefen zurück ins Haus, um Johnny zu holen. Zuerst mussten sie ihn beruhigen. Dozer packte den Verwundeten an den Schultergurten, Cowboy nahm die Beine. Dozer sagte: »Wenn du auf etwas beißen musst, solltest du jetzt damit anfangen.« Was er nicht sagte, war, dass er befürchtete, Johnnys Füße würden abreißen, wenn sie ihn bewegten. Aber es gab keine andere Möglichkeit. Mithilfe von zwei weiteren Männern hoben Dozer und Cowboy den Schwerverletzten hoch. Nie zuvor hatten sie so furchtbare Schmerzensschreie gehört. Aber sie ließen sich nicht beirren und trugen ihn zu dem wartenden Panzerfahrzeug. Dann zwängten sie sich in den kleinen Mannschaftsraum und schlossen die Luke hinter sich. Vor dem Mannschaftsraum stand ein Soldat im Geschützturm. Dozer konnte nur seine Beine sehen. Sie zitterten vor Furcht.

Es vergingen unendliche zwanzig oder dreißig Sekunden, ohne dass sich der Bradley bewegte. Der Fahrer sagte, er brauche erst die Autorisation des Kommandos. Cowboy griff nach dem Mikrofon und teilte allen, die zuhörten mit, dass die »Autorisation«, was immer das bedeute, hiermit erteilt sei. Das genügte dem Fahrer. Während draußen auf der Straße Granaten explodierten und Gewehrkugeln von der Hülle des Schützenpanzers abprallten, trat der Fahrer das Gaspedal durch.

In diesem Moment drehte sich Cowboys Magen um. Er hatte es zurückgehalten, solange es nur irgendwie ging, aber in diesem dunklen, engen Raum war der Gestank von verbranntem Fleisch, Blut und Exkrementen einfach zu viel. Cowboy und ein Teamkollege erbrachen sich genau neben Johnny, der unablässig schrie, während seine zertrümmerten Schienbeine und Sprunggelenke in dem überfüllten Bradley durchgeschüttelt wurden.

Es war ein Wunder, dass sämtliche Männer lebend aus diesem Höllenloch herauskamen. Elliott und Johnny wurden in Windeseile zum Feldlazarett in Camp Corregidor gebracht und nach einer Erstversorgung durch die dortigen Notärzte in CH-46-Sea-Knight-Transporthubschraubern zum Luftwaffenstützpunkt al-Asad ausgeflogen, wo die Unfallchirurgen versuchten, ihre zerschmetterten Körper wieder zusammenzuflicken. Cowboy wich nicht von Elliott Millers Seite. Ohne die Uniform gewechselt zu haben, die mit dem Blut seines Freundes durchtränkt war, stieg er mit ihm in den Hubschrauber. Nachdem die beiden Maschinen abgehoben hatten, machte sich Dozer auf die Suche nach jemandem, der ihn in den Papa-Sektor zurückbringen konnte, wo seine Teamkollegen immer noch kämpften. Er war ebenfalls blutverschmiert. Als er endlich einen Bradley gefunden hatte, der ihn ins Gefecht zurückbringen konnte, war der Kampf beendet. Die Jungs aus Camp Corregidor hatten aufgeräumt und waren zum Stützpunkt zurückgekehrt.

Es war ein schlimmer Tag gewesen. Selbst der beste Schlangenbeschwörer wird irgendwann gebissen, wenn er lange genug mit den Biestern spielt.

10

»HIER KOMMEN WIR NICHT LEBEND RAUS«

Ich verfolgte das Geschehen vom Gefechtsstand in Camp Marc Lee aus. Ich hörte alles über Funk: die Schüsse, die Explosionen, die Funksprüche zwischen den Trupps und die wachsende Verzweiflung meiner Kameraden, die mit dem Rücken zur Wand standen. Hätte ich auf einem anderen Kontinent gesessen, so hätte ich auch nicht weiter von den Jungs entfernt sein können. Ich erinnere mich an das lähmende Gefühl der Hilflosigkeit, das mich überkam, als ich dort bei dem Funkgerät saß, ohne irgendetwas tun zu können. Und natürlich musste ich den Mund halten, da ich sonst jemanden von den dringenden Bedürfnissen meiner Kameraden am anderen Ende der Stadt hätte ablenken können. *Erneut Mann getroffen … Er ist tot.*

Aber wer? Es dauerte Stunden, bis wir die Einzelheiten erfuhren. Und dann begann das lange, angsterfüllte Warten auf die Rückkehr unserer Jungs.

Ich wanderte durch die Anlage wie ein ruheloser Geist. Ich schämte mich, weil ich nicht am Kampf teilnehmen konnte. Es war unmöglich zu schlafen, also hörte ich auf, es zu versuchen. Ich ging zur Physiotherapie ins Lazarett und verbrachte ein wenig Zeit mit Personen, die mich aufzurichten versuchten – mit Männern wie Marty Robbins, der sich von seinen Splitterverletzungen erholte. Dieser Mann war hart im Nehmen, ein gutes Vorbild für mich. Er hatte unermüdlich darum gekämpft, wieder als LPO und Teamführer einsatzfähig zu werden, und als ich ihn endlich wieder mitnahm, zog er nach jedem Einsatz die Stiefel aus, damit ich seine Füße versorgte: Seine Socken hatten sich mit Blut vollgesaugt. Wenn Sie Baseballfan sind, erinnern Sie sich vielleicht an den Pitcher Curt Schilling von den Boston Red Sox und das »Blutige Socken«-Spiel 2004, als er das sechste Spiel der Finalserie entschied, obwohl sein Knöchel nach einer Operation noch nicht verheilt war. Martys blutige Socken beeindruckten mich noch viel mehr.

Ich trainierte im Fitnessraum, solange es mein Rücken zuließ, und ging anschließend auf den Schießstand, wo ich eine Stunde lang meinen Frust abreagierte. Ich weiß, dass es nichts geändert hätte, wenn ich draußen in al-Malaab gewesen wäre, aber es ließ mir trotzdem keine Ruhe.

Johnny Brands wurde nach Deutschland ausgeflogen und verwandelte sich in ein Musterbeispiel für rekonstruktive Chirurgie. Ich sah ihn erst nach unserer Heimkehr aus Ramadi in den Staaten wieder. Und was Elliott anbelangt – nun, er kam nur knapp mit dem Leben davon. Die Ärzte pumpten neun Liter Blut in ihn hinein und flickten ihn zusammen, so gut sie konnten, nachdem der Phosphor ausgebrannt war. Mehr als einmal riefen sie uns an, um uns zu sagen, dass es zu Ende gehe, aber Elliott kämpfte sich jedes Mal ins Leben zurück. Schließlich sagte Dozer, sein engster Freund im Bravo Platoon, den Ärzten, sie sollten bitte nur anrufen, wenn Elliotts Vitalwerte für mehr als zwei Stunden abfielen.

Nach etwa zwei Wochen erlangte Elliott das Bewusstsein wieder, aber er sollte nie wieder derselbe Mann werden, der nach dem 11. September aus dem Marine Corps ausgestiegen war, um bei den SEALs seinen Weg zu machen. Nach vier Entsendungen war er durch und durch Kampfschwimmer, und er wird es immer sein. Aber er lebte jetzt in einer anderen Welt, in der er darum kämpfen musste, möglichst viel von seinem Leben zurückzugewinnen, nachdem er Verletzungen erlitten hatte, die 99 von 100 Männern getötet hätten. Keiner von uns zweifelte daran, dass er sich der Herausforderung mit Entschlossenheit und großem Mut stellen würde.

In den Tagen nach der Schlacht herrschte eine bedrückte Stimmung im Camp Marc Lee. Etwa die Hälfte der Männer, die in jener Nacht ausgerückt waren, kehrte mit Splitterverletzungen zurück – es wurden reihenweise Purple Hearts für Verwundung durch den Feind verteilt. Ich besuchte jeden einzelnen der Verletzten im Lazarett von Camp Ramadi. Und ich verbrachte mehr Zeit als sonst am Telefon, um mit meinen Angehörigen und Freunden in der Heimat zu sprechen.

Einige Tage später erwachte ich in der Früh, weil Morgan mir mit einer Taschenlampe ins Gesicht leuchtete. Er war aus Camp Corregidor herübergekommen. Sein Gesichtsausdruck verriet mir, dass er eine harte Zeit hinter sich hatte. In unserem ganzen Leben hat nur selten etwas zwischen uns gestanden. Wir hatten so viel zusammen durchgemacht. In der »Operation Redwing« trennten sich zum ersten Mal unsere Lebenswege. Jetzt konnte ich in ihm eine Spur meines neuen Selbst entdecken. Da waren Schmerz und Wut und ein neuer Blick auf die Welt, geprägt vom Anblick der Wunden, die Elliott und Johnny erlitten hatten. Ich sah es in seinen Augen und an der Anspannung seines Kiefers, und jede einzelne Silbe, die ihm über die Lippen kam, war ein Echo davon. Er schilderte mir, was an jenem Tag geschehen war. Wo es seit Redwing etwas gegeben hatte, das uns voneinander unterschied, waren wir jetzt wieder einander gleich.

So überraschend Morgan aufgetaucht war, so plötzlich verschwand er auch wieder. Er musste zu seiner nächsten Mission aufbrechen. So ist das Leben eines Elitesoldaten im Krieg. Aber es war gut, ihn gesehen zu haben. Ich glaube nicht, dass es ein Zufall war, dass am selben Tag ein Paket von Mom eintraf, das lauter gute Dinge enthielt.

Als mir mein Trident angesteckt worden war, hatte ich gedacht, das Leben eines SEAL würde voll von Kämpfen wie jenem im Papa-Sektor sein. Jeder in der Task Unit Red Bull genoss es, zu den Männern zu gehören, die sich mitten ins Getümmel gestürzt und den Kampf in al-Qaidas Hinterhof getragen hatten. Bei jener Mission am 19. November, für die wir einen so hohen Preis bezahlen mussten, verpassten wir einer wichtigen Terrorzelle, die entschlossen war, den Irak ins Mittelalter zurückzuführen, einen Bauchschuss. Der Feind verlor mehr als fünfundreißig Kämpfer, und al-Qaidas Fähigkeit, diesem gefährlichen Teil der Stadt ihren mörderischen Willen aufzuzwingen, war deutlich gesunken. Aber die Tage, Nächte und Wochen in Ramadi zehrten an meiner körperlichen und seelischen Gesundheit. Und dennoch: Obwohl meine Muskeln Schecks einlösten, die meine Knochen nicht decken konnten, half mir diese Mission, mich in meiner neuen Position zurechtzufinden. Ich wusste, dass wir alles dem Ziel unterordnen mussten, langfristige Veränderungen in einem zerrissenen Teil der Welt zu bewirken. Der Skipper und der Master Chief verbreiteten diese Botschaft unermüdlich. Doch obwohl wir uns auf die Aufgabe konzentrierten, den Scheichs bei der Rückeroberung ihrer Stadt zu helfen, hörten wir nie vollkommen auf, den Feind zu töten, wenn er uns den Kampf antrug. Dies war das Yin und Yang unseres Dienstes als Elitesoldaten.

Kurz nach dem verlustreichen Einsatz in den Papa-Sektoren flogen die Kommandeure aus Falludscha ein. Commander Leonard und der Master Chief setzten sich mit beiden Platoons zusammen und erklärten uns, dass wir den Übergang zu unserer neuen Funktion rascher vorantreiben müssten. Für unsere Brüder in den konventionellen Einheiten mochte es unangenehm sein, unsere direkte Unterstützung im Kampf zu verlieren, aber unser Einsatz musste unbedingt von Erfolg gekrönt sein. Seit der Ankunft im Irak hatten sie mit den Führungen sämtlicher Einheiten in unserem Einsatzgebiet zusammengearbeitet, um die Grundlage für die Einbindung der Stämme und für eine erfolgreiche Aufstandsbekämpfung zu schaffen. Die letzte Unterstützungsmission hatte verdeutlicht, dass wir bei der Entscheidung darüber, wie wir uns auf der Straße mit dem Feind auseinandersetzten, umsichtiger vorgehen mussten. Wenn wir in vom Feind kontrollierte Viertel gingen, um Overwatch-Posten einzurichten, gab es manchmal keinen Weg hinaus, wenn die Hölle losbrach. Wir wurden immer seltener gebraucht, um anderen Einheiten Feuerschutz zu geben, erklärte er uns. Stattdessen mussten wir unsere Fähigkeiten nutzen, um grundlegende Veränderungen herbeizuführen. Wir mussten unsere Emotionen unter Kontrolle bringen und durften uns nicht dazu hinreißen lassen, jeden Kampf anzunehmen, uns zu rächen und auf diese Art unser höheres Ziel aus den Augen zu verlieren. Der Skipper machte klar, dass wir von nun an nur noch auf seinen direkten Befehl an Overwatch-Missionen teilnehmen würden. Es gefiel ihm nicht, die Autonomie der Kommandeure seiner Einheiten zu beschneiden, aber wir mussten sicherstellen, dass unsere Missionen den richtigen strategischen Zielen dienten.

Was Elliott und Johnny zugestoßen war, machte insbesondere unseren EODlern schwer zu schaffen. Sie hatten das Gefühl, uns im Stich gelassen zu haben. Andy nahm sich die Sache derart zu Herzen, dass er seinen OIC, Lieutenant Paul Craig, in Falludscha anrief und darauf drängte, dass endlich eine Maßnahme ergriffen wurde, die er seit Langem forderte: Er war der Meinung, dass die Sprengstoffexperten anders mit unseren Kommandoeinheiten zusammenarbeiten mussten. Anstatt am Ende der Kolonne zu gehen und darauf zu warten, dass man ihn nach vorne rief, wollte Andy immer mit dem Point Man an der Spitze der Truppe gehen, um die Straße nach Zünddrähten und Druckplatten abzusuchen. Wann immer wir ein Haus verließen, in dem wir eine Scharfschützenposition bezogen hatten, sollten die EODler als Erste hinausgehen, um den Boden und die Wände abzusuchen.

Später besuchte Lieutenant Craig das Camp Marc Lee. Er und der Master Chief hatten in der Vergangenheit über diese Taktiken diskutiert, und als die Einsatzkräfte eine Änderung forderten, hielt er den Zeitpunkt für gekommen, die Anregung aufzugreifen. Er und Andy setzten sich mit mir zusammen. Ihre Botschaft lautete: »Wir werden hier nicht lebend herauskommen, wenn wir unser Vorgehen nicht ändern.«

Diese Forderung wurde nicht leichtfertig erhoben. Wir SEALs verteidigen die Position an der Spitze unserer Kolonnen eifersüchtig: Wir sind skeptisch gegenüber Männern, die keine Kampfschwimmer sind, aber in einem Einsatz eine führende Rolle spielen wollen. Die Spitze des Zugs ist eine wichtige Position, und wir müssen sicher sein, dass wir dort jemanden haben, der mit kritischen Situationen umgehen kann. Aber die EODler verstanden es, uns vom Wert ihrer speziellen Kenntnisse zu überzeugen. Zum Glück hatte der Master Chief dem Kommando unserer Einsatzgruppe bereits vor einiger Zeit denselben Vorschlag gemacht. Daher war der Kommandeur unserer Gruppe, Lieutenant Commander Ryan Thomas, durchaus aufgeschlossen, als wir den Vorschlag an ihn weiterleiteten. Von da an ging bei unseren Patrouillen immer einer unserer EODler direkt hinter dem Point Man und untersuchte das Terrain nach Hinweisen auf Sprengfallen. In Konvois saßen sie hinter dem Fahrer und gaben ihm Ratschläge dazu, wann er den Fuß vom Gas nehmen, wo er abbiegen und welche Hindernisse er besser weiträumig umfahren sollte. Sie waren hoch qualifizierte Beifahrer. *Pass auf diesen Riss im Asphalt auf. … Halt – diesen Steinhaufen will ich mir genauer ansehen. …* Bald waren unsere Fahrer so gut geschult, dass sie die Anweisungen des Sprengstofftechnikers in Gedanken hörten, noch bevor er sie tatsächlich aussprach. Diese Veränderung rettete Menschenleben. Sie überzeugte uns derart, dass wir unsere Point Men Salazar und Studdard zu den Spezialeinheiten der Army schickten, damit sie ihnen klarmachten, wie sinnvoll es war, die EODler an die Spitze der Kolonne zu stellen.

Als Lieutenant Clint und Dozer darauf hinwiesen, dass wir für die Jungs in Camp Corregidor einen zweiten Fliegerleitoffizier brauchten, der die Sprache der Piloten beherrschte, holten wir einen weiteren F/A-18-Piloten, Lieutenant Commander Jake Ellzy, aus dem Hauptquartier in Falludscha. Jake stammte ebenfalls aus Texas. Ich bin mir nicht sicher, ob die Tatsache, dass unsere Leute im Osten der Stadt nach seiner Ankunft keinen Angriff mehr abwehren mussten, mit ihm zu tun hatte, aber wir konnten es auch nicht ausschließen.

Der Ausgang des Kampfs um Ramadi würde nicht davon abhängen, wie viele feindliche Kämpfer wir töteten. Die Aufständischen konnten jeden verlorenen Mann durch ein Dutzend andere ersetzen. Unser Ziel war ein anderes: Wir mussten die Iraker in die Lage versetzen, dieses Höllenloch selbst unter Kontrolle zu bringen. Es war leicht, die Einheimischen wie Möbelstücke zu behandeln. Es verbesserte die Beziehung zu den Leuten nicht, wenn wir ihre Häuser beschlagnahmten und in mit Einschusslöchern übersäte Repliken von Fort Alamo zu verwandeln, während Bomben den Rest der Nachbarschaft in Schutt und Asche legten. Natürlich musste ein angreifender Feind getötet werden, aber wie konnten wir dafür sorgen, dass die Geschichte unserer Einsätze, wenn sie später auf der Straße erzählt wurde, nicht von unserem heimtückischen Feind vollkommen verdreht wurde und lediglich der Propaganda gegen uns diente? Wenn wir eine strategische Wirkung erzielen wollten, mussten wir die Darstellung dieses Kampfes in die Hand nehmen. Wir mussten andere Maßnahmen ergreifen, um das Vertrauen der Einheimischen zu gewinnen.

Davon wollten viele der Männer nichts wissen: Sie wollten losgehen und den Feind zum Kampf auffordern. Sie wollten es wie Krieger austragen. Wir betrachteten uns als Einheit, die in einem wilden Land einen erbarmungslosen Feind bekämpfte. Jeder Krieger liebt die Geschichte und Kultur des antiken Sparta, dessen 300 Soldaten in der Schlacht bei den Thermopylen eine der großen Heldengeschichten der Geschichte schrieben. Wir identifizierten uns mit dieser Kriegerkultur, die die westliche Zivilisation gerettet hatte. Aber als uns der Master Chief vor Augen hielt, dass die Spartaner ihre Schlachten oft gewonnen hatten, indem sie weniger fähige Krieger aus anderen Nationen vorausschickten, um den Feind zu dezimieren – wobei er die Tatsache unter den Tisch fallen ließ, dass die Spartaner manchmal ein Verhalten an den Tag legten, dass viele Amerikaner als unmännlich betrachten würden –, schien uns unsere Mission sehr viel sinnvoller. »Wenn ihr wie die Spartaner sein wollt«, sagte er, »dann fangt an, die Iraker auszubilden.«

Manchmal hatte es den Anschein, als würde es nie gelingen, einem Volk, das nichts anderes kannte als Unterdrückung und Terror, die Freiheit zu bringen. Die Iraker lebten in tiefer Armut, während ihr Herrscher und sein Clan ein Luxusleben in üppigen Palästen führten, und Saddam Hussein hatte das Volk gelehrt, in Furcht vor ihm zu leben und seine Herrschaft nicht infrage zu stellen. Wer es dennoch tat, wurde rasch beseitigt. Wir mussten gegen die Apathie der Überlebenden kämpfen. Oft hatte es den Anschein, als seien sie bereit, sich jedem anzuschließen, der die Oberhand gewann, solange ihre Familien in Sicherheit waren. Den Bewohnern dieses gottverlassenen Ortes eine Chance zu eröffnen wäre ein großes Vermächtnis unseres Einsatzes.

Damals in Afghanistan war ich unerwartet zu einem Teil der Kultur des Landes geworden. Der uralte Ehrenkodex der Paschtunen, das *Paschtunwali*, bedeutete Gulab, der mich gerettet hatte, und den anderen Bewohnern seines Dorfes so viel, dass sie ihr Leben aufs Spiel setzten, um meines zu schützen. Sie hielten die Taliban in Schach, die mich töten wollten. Auch im Irak begegneten wir einem guten Volk. Die Menschen dieses Landes sorgten für ihre Kinder, bauten Schulen und versuchten, die Zukunftsaussichten der nachfolgenden Generationen zu verbessern. Dabei mussten sie gewaltige

Hindernisse überwinden. Das Rechtswesen, die öffentliche Ordnung, die Wirtschaft und die staatliche Verwaltung funktionierten nicht, und im Alltag mussten die Iraker auf grundlegende Annehmlichkeiten verzichten, ohne die wir in den Vereinigten Staaten nicht eine Minute auskommen würden. Die Iraker taten ihr Bestes, um sich aus diesem Albtraum zu befreien. Aber im Augenblick erschwerten wir das Leben der Zivilbevölkerung sehr mit unseren Versuchen, das mörderische Krebsgeschwür herauszuschneiden, das sich im Körper der irakischen Gesellschaft festgesetzt hatte.

+++

Die kalte Jahreszeit hatte bereits begonnen, als einige unserer Männer zu einem irakischen Außenposten geschickt wurden, wo Ausbilder der Army damit beschäftigt waren, irakische Einheiten kampftauglich zu machen. Die Dschundis in ihren Hemden mit den blauen Kragen stellten sich einigermaßen ungeschickt an und hatten noch viel zu lernen. Während ihre Ausbildung voranschritt, setzten unsere zwei Platoons ihre Arbeit in hohem Tempo fort. Wir rückten oft mehrere Nächte hintereinander aus und bekamen kaum Pausen. In der eisigen Nachtluft mussten wir uns wärmer anziehen, und die dicke Kleidung erschwerte uns die Bewegungen.

Zu meinen Aufgaben bei der Einsatzplanung gehörte es, unseren Missionen Namen zu geben. Die nächsten zwei, die wir planten, waren »Blind Fury« (Blinde Wut) und »Armageddon«. Diese Bezeichnungen beschrieben unsere Geisteshaltung nach den Verlusten in den Papa-Sektoren sehr gut. »Blind Fury« war eine Razzia, deren Ziel es war, einen Bombenbauer und einen Meuchelmörder auszuschalten. Diese Aufgabe übernahmen Lieutenant Austin und seine Jungs. Ich war Teil der Gold-Einheit, die die »Operation Armageddon« durchführte. Es war eine Overwatch-Mission zum Schutz konventioneller Einheiten, und in den nächsten beiden Nächten würden weitere Razzien folgen.

Das Thanksgiving-Essen war, gemessen an dem, was wir normalerweise im Kampfgebiet gewohnt waren, luxuriös – ein trockenes Schinken-Käse-Sandwich, das wir mit einer Dose Mountain Dew hinunterspülten. Aber es war kein heiterer Feiertag. Das Wetter war nass und kalt. Vielleicht war das der Grund, dass ich kaum Schlaf fand.

Die Razzia gegen ein hochwertiges Ziel, unsere nächste Mission, erhielt die Bezeichnung »Operation Mind Freak«. Darauf folgte ein Scharfschützeneinsatz in einer Gegend, in der wir bis dahin noch nicht gewesen waren. Für diesen Einsatz waren ein paar neue Männer zu uns gestoßen. Unsere »Stehplatzzuschauer« waren allesamt zuverlässige Elitesoldaten, und einige von ihnen besaßen große Erfahrung. Wir wussten ihre Anregungen und Beiträge zu schätzen. Nur weil wir sechs Wochen länger in Ramadi waren als sie, hatten wir kein Monopol auf die richtige Einschätzung der Lage.

Wie vom Kommando gewünscht, gingen wir von statischen Overwatch-Missionen zu aktiveren mobilen Einsätzen über. Wir nutzten die Aufklärungsdaten für chirurgische Eingriffe, die dazu dienten, führende Köpfe des Aufstands auszuschalten. Wir schlugen schnell zu, um dieser Männer habhaft zu werden. Wir verzichteten auf Lockvogeloperationen und auf Patrouillen, mit denen wir dem Feind den Kampf antrugen. Da der Feind abgetaucht war, bestand die Herausforderung jetzt darin, mehrdeutigen Informationen einen Sinn abzugewinnen und herauszufinden, wer welche Rolle spielte. Wir mussten entscheiden, wann wir eine Tür sprengen und wann wir Süßigkeiten verteilen sollten. Wenn man die falsche Tür eingetreten hatte, schrieb die Strategie der Aufstandsbekämpfung vor, dass man einen Handwerker herbeirief oder selbst zum Werkzeug griff, um den Schaden zu beheben. Es heißt, die SEALs könnten überall operieren, und tatsächlich tun wir das. Aber das war ein vollkommen ungewohntes Schlachtfeld für uns. Manchmal fügten ein Hammer und eine Schachtel Nägel (und eine Handvoll M&Ms für die Kinder) dem Feind größeren Schaden zu als eine lasergelenkte Maverick.

In Afghanistan hatte ich meine Waffe gar nicht schnell genug nachladen können. In Ramadi war ein Gewehrmagazin wie die Büchse der Pandora. Der Kampf um die Stadt schien sich manchmal eher zu unseren Gunsten zu entscheiden, weil wir auf Schüsse verzichteten. Eines Nachts bemerkte einer unserer Scharfschützen zwei Aufständische, die ein Loch in der Straße gruben, um eine Bombe zu legen. Er erschoss einen der beiden und verletzte den Zweiten. Wir nahmen den Verwundeten fest und schickten ihn ins Krankenhaus. Man könnte meinen, dass es ein Fehler ist, das Leben eines Feindes zu retten. Aber welche der beiden Kugeln, die der Scharfschütze in dieser Nacht abfeuerte, trug mehr zur Befriedung Ramadis bei? Natürlich kann der getötete Aufständische nie wieder eine Bombe legen. Aber der Mann, der angeschossen und von uns gesund gepflegt wurde, dürfte heute anders über die Amerikaner denken. Unsere Feinde hatten den Irakern eingeredet, wir seien gekommen, um ihnen ihr Öl und ihre Frauen wegzunehmen. Aber hatten unsere Feinde sie vielleicht belogen?

Manchmal gingen der Skipper und der Master Chief mit uns hinaus, um sich anzusehen, wie wir vorgingen. Sie nahmen eine Position am Ende der Kolonne ein und forderten uns auf, einfach so zu tun, als wären sie nicht da. Einmal gesellte sich der Master Chief zu uns, während wir die Flanke einer Infanterieeinheit sicherten, die in einem erbittert umkämpften Teil der Stadt einen Häuserblock säuberte. Die Army hatte einen Kordon von gesicherten Gebäuden um den Straßenblock gezogen, sodass sich niemand ungesehen nähern konnten. Einer unserer Sniper meldete über Funk: »Wir haben Bewegung. Männlicher Iraker im kampffähigen Alter.« Und da kam er auch schon die Straße herunter. Er hatte etwas in der Hand. Er schien sich nicht auf unsere Truppen zuzubewegen und verhielt sich nicht bedrohlich. Aber der Scharfschütze hielt ihn für sehr verdächtig, denn er befand sich an einem Platz, an dem er nichts zu suchen hatte, obwohl er sich in sicherer Entfernung von unseren Positionen und außerhalb des »Sicherheitsrings« bewegte.

Wir hörten dem Gespräch über Funk zu.

»Es könnte eine Handgranate sein – ah, nein, ich glaube nicht, dass es eine ist.«

»Ich glaube, es ist ein Apfel.«

»Warte. Es sieht aus, als könnte es doch eine Splittergranate sein.«

»Nein, glaube ich nicht. Ich glaube, es ist ein Apfel.«

»Es ist eine Granate. Das kann nichts anderes sein …«

Während die Diskussion hin und her ging, stand der Master Chief auf, um sich die Sache anzusehen. In seinen Augen war es schwer festzustellen, was genau der Mann vorhatte, und er sah nicht älter aus als vierzehn oder fünfzehn Jahre. Dann krachte der Schuss. Der Scharfschütze auf der anderen Seite hatte sich entschlossen, auf den Jungen zu schießen, als dieser sich einem Häuserblock näherte. Es war ein schwerer Schuss auf ein bewegliches Ziel, das sich auf den nicht einsehbaren Bereich eines nahe gelegenen Gebäudes zubewegte. Der Scharfschütze hatte den Jungen verfehlt. Nachdem er knapp dem Tod entronnen war, zog er sich klugerweise zurück. Als er die abgeriegelte Zone verließ, hatte er nichts mehr in der Hand.

Zurück auf dem Stützpunkt, analysierte der Master Chief das Geschehen mit den Scharfschützen.

»Was meint ihr? Glaubt ihr, dass der Gegenstand in seiner Hand wirklich eine Granate war?«

Niemand hatte einen Grund, an der Einschätzung des Schützen zu zweifeln, aber der Master Chief bekam keine Antwort.

»Ich glaube, am Ende war es ein Glück, dass er ihn verfehlte«, sagte er. »Nach dem zu urteilen, was ich gehört habe, *wollten* wir eine Granate sehen. Wir sollten uns folgende Frage stellen: Selbst wenn es eine Handgranate war, was hätte dieser eine Junge damit anfangen können? Es waren keine amerikanischen Soldaten in der Nähe, und er war keine Bedrohung für unsere Stellungen oder für irgendwelche anderen.«

Einer unserer Scharfschützen erklärte, der Schuss habe möglicherweise andere Iraker davon abgebracht, zu Handgranaten zu greifen oder sich in Sperrgebieten verdächtig zu verhalten. Vielleicht war es auch ein gefährlicher Aufständischer gewesen, den man besser erschossen hätte. Vielleicht hätte sein Tod andere Männer, die darüber nachdachten, für Geld Granaten einzusammeln, davon abgehalten.

Der Master Chief antwortete: »In Ordnung, nehmen wir an, dass er eines dieser Ziele verfolgte. Wir erschießen ihn also, um andere irakische Jungs davon abzuhalten, Granaten aufzusammeln, womit wir amerikanischen Soldaten das Leben retten. Der Junge ist also tot, und die Granate liegt dort auf dem Boden. Wir werden nicht hinausgehen, um die Granate wegzuräumen, nicht wahr? Nein, das werden wir nicht tun. Das bedeutet, dass sie wahrscheinlich in den Händen eines anderen Aufständischen landen wird. Und wie werden irakische Normalbürger diese Szene erleben?«

Wir wussten es alle. »Nun, sie werden einen toten Jungen sehen«, sagte der Master Chief. »Und sie werden sagen: ›Die Amerikaner haben diesen Jungen ohne Grund erschossen. Da liegt ein unschuldiger Junge, der sterben musste, weil er mit einem Apfel in der Hand auf der Straße stand.‹ Das ist die Geschichte, die auf der Straße erzählt werden wird – selbst wenn es tatsächlich eine Granate war. Eine falsche Entscheidung kann uns ein ganzes Stadtviertel kosten. Und diese Granate – oder dieser Apfel – liegt immer noch auf der Straße. Egal, was von beiden es ist, unsere Mission wird einen Rückschlag erleiden. Wenn wir uns für den Schuss entscheiden, müssen wir bereit sein, hinauszugehen und Einfluss auf die Darstellung zu nehmen. Ich will nicht, dass ihr zimperlich werdet, aber wir müssen manchmal aus taktischen Gründen geduldig sein. Wir müssen überzeugt sein, dass der Schuss unumgänglich ist, und wenn ihr glaubt, dass er unumgänglich ist, müsst ihr die schwere Entscheidung fällen.«

In solchen Diskussionen war dem Master Chief schwer beizukommen. Er verstand es sehr gut, komplexe Zusammenhänge klar darzustellen und auf unnötiges Geschwafel zu verzichten. Im Jahr 2005 hatte er ähnliche Situationen gesehen. Damals hatten die Einsatzregeln unseren Scharfschützen erlaubt, auf jeden zu schießen, der eine Schaufel oder einen Sack trug, in dem eine Sprengladung versteckt sein konnte. Männer mit Schaufeln und schweren Müllsäcken wurden als potenzielle Bombenleger verdächtigt – bis sich herausstellte, dass harmlose Ladenbesitzer manchmal Schaufeln und Fegebleche benutzten, um ihre Eingänge zu reinigen, und dass hin und wieder bedauernswerte Menschen von den Aufständischen gezwungen wurden, mit Steinen gefüllte Säcke zu einem Loch in der Straße zu tragen, um herauszufinden, ob unsere Scharfschützen in der Nähe waren. Und so hatte der Master Chief aus der Geschichte gelernt, und ebenso lernte er von seinen Kollegen und von jedem, der Dinge gesehen hatte, die er nicht gesehen hatte. Und all das gab er an seine Männer weiter.

Wenn man dem Master Chief keine guten Argumente entgegenhalten konnte, war man gut beraten, einfach den Mund zu halten. Er erhob nie die Stimme und stützte sich immer auf vernünftige Argumente. Dafür wird ein Oberstabsbootsmann in der Navy bezahlt, und das ist die Funktion des

Stabsfeldwebels im Marine Corps und in der Army und eines Oberfeldwebels in der Air Force. Sie halten sich an einen Grundsatz, der in meiner Heimat von vielen Leuten hochgehalten wird: Aus dem zweiten Tritt des Maultiers lernt man nichts Neues.

So wie wir es sehen, sollte eine Führungskraft jederzeit bereit sein, seine Untergebenen zu fragen: Tun Sie alles, um Ihr Team besser zu machen? Handeln Sie so, dass die Leistung und der Ruf des Teams besser werden? Halten Sie sich im Interesse Ihrer Gemeinschaft körperlich und geistig in guter Form? Man bringt die Leute nicht dazu, einem zu folgen, indem man es von ihnen verlangt. Man sichert sich ihre Gefolgschaft, indem man mit gutem Beispiel vorangeht. Wir hängten ein Schild über dem Speisesaal im Camp Marc Lee auf: »Wie gut wäre die Truppe, wenn jeder SEAL wie ich wäre?«

Die herausragende Qualität der Führung von Team 5 spornte mich an, mein Bestes zu geben, obwohl mein Körper unter dem Gewicht der Platten zusammenzubrechen drohte. Unsere Kommandeure vermittelten Kompetenz und Effektivität und gaben diese Eigenschaften an uns weiter. Ein Erfolg baute auf dem anderen auf, und selbst nach einem schlechten Tag verspürten wir den Drang, besser zu werden. Es war uns allen bewusst, dass wir an der Seite ganz besonderer Männer dienten. Selbst die altgedienten SEALs denken nach zahlreichen Einsätzen in den darauffolgenden Jahren immer noch so über die Task Unit Ramadi.

Einmal hatte DQ zu mir gesagt: »Der Tag wird kommen, an dem der Kampf um die Stadt kippt. An einem Tag hängt der Sieg davon ab, dass wir ein Gebäude beschießen. Am nächsten Tag wird der Sieg davon abhängen, dass wir es *nicht* beschießen. Der Erfolg hängt davon ab, ob es uns gelingt, rasch genug zu begreifen, dass der Wandel vollzogen ist.«

Jedes Mitglied der Task Unit Ramadi erinnert sich an den Tag, an dem dieser Wandel eintrat und wir begannen, das Schicksal der Menschen von Ramadi zu teilen. Es war der Tag nach Thanksgiving, als eine verzweifelte Botschaft eintraf.

»Meine Leute werden getötet. Helft uns!«

11

MEIN FEIND, MEIN FREUND

Die Mitteilung kam von einem Scheich namens Jassim Muhammad Saleh al-Suwadawi. Der Führer des Albu-Soda-Stamms kontrollierte das dünn besiedelte Gebiet um das Dorf Sufija im Nordosten Ramadis. Es war derselbe Stamm, den Travis Patriquin als möglichen Schlüsselverbündeten gegen al-Qaida bezeichnet hatte.

Wir hatten keine guten Erfahrungen mit den Albu Soda gemacht. Sie waren von Anfang an ein Dorn im Fleisch der Besatzung von Camp Corregidor gewesen. Die meiste Zeit bewegten sich mit al-Qaida verbundene Aufständische ungehindert durch diesen Stadtteil, beschossen den Stützpunkt mit auf Pick-ups montierten Granatwerfern und machten sich aus dem Staub, bevor wir mit radargesteuerten Waffen antworten konnten. Zu Beginn unserer Stationierung konnten wir an manchen Tagen die Uhrzeit anhand der Zahl ihrer Mörsergranaten messen. Manchmal schlugen Salven von fünf oder sechs Granaten ein. Viele Soldaten wurden in der Schlange vor der Essensausgabe getötet. Wir bewegten uns auch im Lager nur in voller Schutzmontur. Wir wussten, dass Terroristen von al-Qaida für den Großteil dieser Angriffe verantwortlich waren. Und aus der Tatsache, dass die Attacken fast ununterbrochen kamen, schlossen wir, dass die Terroristen eine Vereinbarung mit Scheich Jassim und seinem Stamm geschlossen hatten.

Aber irgendwann zerbrach dieses höllische kleine Bündnis offenbar.

Scheich Jassim wollte nicht länger dulden, dass die Menschen und Häuser seines Stadtteils ständig ins Kreuzfeuer gerieten. Die al-Qaida-Milizen beschossen Camp Corregidor von Schulen und Krankenhäusern aus, da sie damit rechneten, wir würden davor zurückschrecken, solche Gebäude anzugreifen. Manchmal schossen wir tatsächlich nicht zurück, aber manchmal taten wir es – mit den entsprechenden Kollateralschäden. Scheich Jassim hatte nicht viel für die feigen Kämpfer von al-Qaida übrig und konnte die Verluste von Menschenleben und Eigentum nicht länger ertragen. Also verbannte er die Terrororganisation aus seinem Stadtteil. Er ließ Kontrollposten errichten, um die al-Qaida-Kämpfer am Zutritt zu hindern. Obwohl die Polizeieinheit seines Stammes nur etwa fünfzig Mann stark war, gelang es den Albu Soda dank ihrer Fähigkeit, die Störenfriede von den Einheimischen zu unterscheiden, innerhalb kürzester Zeit, al-Qaida aus Sufija zu vertreiben.

Die Terroristen wollten sich das nicht gefallen lassen. Sie stießen Drohungen aus: »Wenn die Kontrollposten nicht innerhalb von zweiundsiebzig Stunden verschwunden sind, werden wir euren ganzen Stamm ausrotten.« Der Scheich blieb standhaft. Die Reaktion von al-Qaida ließ nicht auf sich warten: Mit einem massiven Angriff auf Sufija versuchte die Organisation, Jassims Volk auszulöschen.

Zunächst überrannten die Kämpfer von al-Qaida die Polizeiposten. Die Ordnungshüter hatten ihre Magazine rasch verschossen und wurden getötet. Dann fielen die Mörder über die Frauen und Kinder her. Es war ein entsetzliches Gemetzel. Die männliche Bevölkerung im kampftauglichen Alter war rasch dezimiert, aber das genügte den Killern von al-Qaida nicht.

Wir befürchteten seit Langem, dass so etwas geschehen würde. Captain Patriquin war so vorausschauend gewesen, dem Stammesältesten für alle Fälle ein Satellitentelefon und seine persönliche Telefonnummer zu geben. So konnte Scheich Jassim die amerikanischen Streitkräfte direkt erreichen. »Meine Leute werden getötet. Helft uns!«

Die Luftüberwachung zeichnete ein düsteres Bild der Geschehnisse. Die Terroristen töteten einfach alle Menschen, die ihnen in die Hände fielen. Sie erschossen sie in ihren Höfen, in ihren Häusern und auf den Straßen. Sie metzelten ihr Vieh nieder, vergifteten ihr Wasser und zerstörten ihre Stromgeneratoren.

Unser Geheimdienst lieferte rasch eine Erklärung für die Brutalität und das Ausmaß des Angriffs: Der Kopf von al-Qaida im Irak, Abu Ayyub al-Masri, war nach Ramadi gekommen, um das Massaker persönlich zu organisieren. Vermutlich war dies die verzweifelte Reaktion der Terrororganisation auf den Erfolg der Aufstandsbekämpfung und der Bewegung »Das Erwachen al-Anbars«.

Am nächsten am Geschehen war das 1. Bataillon des 9. Infanterieregiments (das 1/9) unter dem Kommando von Lieutenant Colonel Charles Ferry. Er schickte seine Panzer und Infanterieeinheiten unverzüglich in den Bezirk, der noch vor wenigen Wochen tabu für uns gewesen war.

Als die Amerikaner eintrafen, waren die Schergen bereits auf dem Weg zum Haus des Scheichs. Jassim und seine Kämpfer gaben den Hof auf und zogen sich zum Euphrat zurück. »Haltet aus!«, rief Captain Patriquin ins Satellitentelefon. »Wir sind unterwegs, haltet aus!«

Aus den Lautsprechern der Minarette drangen die vertrauten schrillen Rufe der Imame. Sie riefen die Gläubigen zum Heiligen Krieg auf. Aber diesmal ging es gegen einen anderen Feind: Unsere Dolmetscher erklärten uns, dass die Imame zum Dschihad gegen al-Qaida aufriefen.

Hier waren wir also, Amerikaner aus verschiedenen Einheiten, die einem Aufruf zum Dschihad folgten. Die Welt stand wirklich kopf.

Oberst Ferry forderte Luftunterstützung an, um die Terroristen durch Tieffliegerangriffe zurückzuschlagen. Die Artillerie der Army nahm die al-Qaida-Kämpfer ins Visier. Die strategischen Einheiten der Luftwaffe trafen ein und halfen, das Kräfteverhältnis zu unseren Gunsten zu verschieben. Trotz ihrer chaotischen Schlachtfelder wurde die Provinz al-Anbar von einigen Leuten beim Oberkommando in Bagdad als Nebenschauplatz betrachtet, und bis zu diesem Tag hatten wir keine Luftunterstützung in diesem Ausmaß erhalten. Aber nicht jeder, der ein schwarzes Tuch um den Kopf gewickelt hatte und eine Kalaschnikow in der Hand trug, war ein Terrorist. Aus anderen Stadtteilen kamen Stammeskämpfer, um Jassims belagerten Stamm zu unterstützen. Doch die Kämpfer von al-Qaida fielen oft durch ihre Grausamkeit auf. Bei der Flucht versuchten sie, die Einheimischen einzuschüchtern, indem sie Leichen hinter ihren Pick-ups herschleiften. Aber das half lediglich unserer Luftaufklärung, Feind von Freund zu unterscheiden. Eine F/A-18 Hornet des Marine Corps erhielt den Befehl, Jagd auf die Terroristen zu machen. Die Männer von al-Qaida wurden in Stücke geschossen und besudelten zum letzten Mal die Erde. Am Ende wurde al-Masris Killerbrigade mit der urarmerikanischen Methode »Schrecken und Furcht« gestoppt.

Bevor amerikanische Einheiten Jassim unter ihre Fittiche nahmen und nach Camp Corregidor brachten, wo al-Qaida nicht an ihn herankommen würde, wies der Scheich die Ältesten seines Stammes an, mit uns zu kooperieren. Nachdem im Kampf gegen den Aufstand so viel Blut geflossen war – und zweifellos hatten auch Jassims Leute viel amerikanisches Blut vergossen –, hatten wir jedoch alle unsere Zweifel. Aber wir haben gelernt, uns rasch an die Verschiebungen auf dem Schlachtfeld anzupassen. In Ramadi des Jahres 2006 spürten wir, dass sich die Lage zu unseren Gunsten veränderte.

Am Abend nach dem Angriff halfen unsere Männer in Camp Corregidor dabei, die Rückkehr von Scheich Jassim in seinen Bezirk zu planen. Die meisten in Corregidor stationierten SEALs gingen an Bord eines Hubschraubers und brachen in diesen bis vor Kurzem unzugänglichen Teil der Stadt auf. Nach mehreren simulierten Landungen, die dem Feind die Bestimmung des Orts erschweren sollten, an dem sie tatsächlich abgesetzt werden würden, stiegen sie schließlich in einem ländlichen Gebiet etwa fünf Kilometer vom Haus des Scheichs entfernt aus und setzten den Weg zum Ziel zu Fuß fort.

Es war wie ein Spaziergang durchs Löwengehege. Mit grimmigem Gesichtsausdruck behielten unsere Jungs Jassims Männer und die Kämpfer der mit ihnen verbündeten Stämme im Auge, die mit geladenen Waffen in den Straßen auf und ab gingen. Sie trugen die typische irakische Ninja-Montur: schwarzer Kittel und schwarzes Tuch, das Gesicht verhüllt – das waren dieselben Männer, die Camp Corregidor mit Mörsern beschossen und uns entlang des Weges zum westlich gelegenen Camp Marc Lee attackiert hatten. Die Abneigung war wechselseitig – in einigen Nächten hörten unsere Dolmetscher am Lagerfeuer, wie sich die Iraker darüber unterhielten, dass sie vor einer Woche noch amerikanische Soldaten getötet hätten. Aber beide Seiten verstanden, dass sich die Umstände geändert hatten. Wir mussten die Vergangenheit ruhen lassen. So funktionierte das Leben dort drüben im alten Zweistromland, es war ein bewährtes Prinzip, das fest in den uralten Traditionen dieses Landes verwurzelt war: »Der Feind meines Feindes ist mein Freund.« Jedermann schien zu wissen, wie das Spiel funktionierte. Der Krieg ist wahrlich verrückt.

Für alle Fälle hatten unsere Jungs den Finger jedoch jederzeit am Abzug.

Sie hatten angenommen, es würde nur ein kurzer Vorstoß werden, eine dreitägige Overwatch-Mission, vielleicht von zwei oder drei Razzien unterbrochen. Doch der sehr reduzierte Zug von etwa einem Dutzend Männern verbrachte fast einen Monat dort, um die Lage zu beruhigen und die Leute des Scheichs gegen Vorstöße von al-Qaida zu verteidigen. Sie stellten ein Stromaggregat auf und zogen in den Hof des Scheichs ein. Der EODler Shane Snow sicherte die Außenmauern der Anlage mit Antipersonenminen, die er unter Decken und Gebetsteppichen verbarg. Vorsicht ist besser als Nachsicht.

Bevor sie begannen, die Rekruten für eine einheimische Polizeitruppe auszubilden, prüften sie den Hintergrund der Freiwilligen und legten eine biometrische Datenbank mit Fingerabdrücken und Netzhautscans an und hielten in Listen fest, wer sich im Vorfeld wie verhalten hatte. Mehrere Freiwillige hatten Amerikaner getötet. Allerdings besaßen natürlich die Charismatischsten und Aggressivsten von ihnen auch die Eigenschaften, die Führungskräfte auszeichnen, weshalb wir diesen Männern die Verantwortung übertrugen, obwohl Grund zu der Annahme bestand, dass sie besonders gefährlich waren.

Es hat etwas Beängstigendes, mit Männern zusammenzuarbeiten, die dich vor wenigen Tagen noch umbringen wollten. Die SEALs werden von Anfang an darauf trainiert, dauernd mit solchen Bedrohungen umzugehen. Es erübrigt sich wohl zu sagen, dass mein Bruder und seine Kameraden dort draußen immer mit einem offenen Auge schliefen. Ihre Tage und Nächte waren eine überlange Episode von *CSI: Irak*. Die Strategie, die unsere und viele andere Einheiten verfolgten, erforderte es. Sie sollte das Land verändern.

Nach wenigen Tagen konnten die meisten unserer Jungs genug arabische Worte, um Schießübungen zu leiten. »Kolben fest an die Schulter drücken!«

»Rechtshänder mit dem rechten Auge durchs Visier schauen!« Sowenig ihnen diese Mission gefiel, erfüllten sie ihre Aufgabe als Ausbilder doch mit Leidenschaft. Nach getaner Arbeit saßen sie mit den Einheimischen um das Feuer und tranken Tee und tauschten in gebrochenem Arabisch, unterstützt von Gesten und unter häufigem Rückgriff auf das Wörterbuch, Geschichten aus. Die irakischen Jungen waren begeistert. Die SEALs achteten sehr darauf, die Frauen mit Respekt zu behandeln, die wie Mütter in aller Welt besser als alle anderen wussten, wie das Leben in ihrem Winkel der Welt funktionierte.

Jene SEALs, die gut Arabisch sprachen, erreichten wirklich etwas, denn sie sammelten wertvolle Informationen bei ihren neuen Freunden. Dank dieser Aufklärungsdaten konnten wir Zellen der Aufständischen aufheben, die wir sonst nie gefunden hätten. Manchmal legten sie uns herein und schwärzten Kämpfer rivalisierender Stämme als al-Qaida-Terroristen an, damit wir ihre Widersacher aus dem Weg räumten. Aber wir lernten rasch, ihre Hinweise richtig einzuschätzen.

Es dauerte nicht lange, bis die Army eine ganze Kompanie von etwa 150 Mann in diesen Bezirk verlegt hatte. Die SEALs und diese Soldaten aus Lieutenant Colonel Ferrys Kommando verstanden, worum es ging. Obwohl es der offiziellen Politik der Koalition widersprach, hatten sie die Erlaubnis, die Polizeieinheiten des Stammes mit Waffen und Munition zu versorgen, damit sie die Bevölkerung verteidigen konnten. Natürlich bestand die Gefahr, auf diese Art eine Miliz aufzubauen, die sich gegen die Amerikaner wenden konnte, aber wir mussten versuchen, Verbündete zu gewinnen, die die Verteidigung des Landes selbst in die Hand nehmen konnten. Wir lehnten es nicht grundsätzlich ab, dass die Dinge so gehandhabt wurden, und wir hatten nichts dagegen, wenn es so gut funktionierte wie hier. Tatsächlich dauerte es nicht lange, bis etwas Bemerkenswertes geschah: In weniger als zwei Tagen hörten die Mörserangriffe auf Camp Corregidor vollkommen auf.

Eines Tages bemerkte Shane, dass eine der Claymore-Minen, die er zum Schutz der Anlage an der Außenmauer platziert hatte, sichtbar geworden war, weil eine Windböe den zur Tarnung verwendeten Gebetsteppich verschoben hatte. Er sah einen schwarz verhüllten Iraker, der die Mine bemerkte. Shane richtete seine M4 auf den Mann und legte den Finger an den Abzug. In diesem Moment beugte sich der Mann herunter, hob den Teppich auf und legte ihn wieder über die Mine. Shane senkte die Waffe wieder. Dieser Feind war anscheinend unser Freund geworden.

Die Kämpfe endeten nie vollkommen, und wir mussten immer auf der Hut sein, aber nachdem Scheich Jassim und sein Stamm den Stadtteil mithilfe der Amerikaner von den Terroristen zurückerobert hatten, war klar, dass al-Qaida im Irak in den Seilen hing. Wir betrauerten die Amerikaner, die ihr Leben gegeben hatten, um das überhaupt erst zu ermöglichen. Und wir wussten die Opfer der Iraker zu schätzen. Wer zu jener Zeit dort war, der weiß, wie viel ihr beharrlicher und mutiger Einsatz bewirkte. Wir schafften es, und wir schafften es gemeinsam.

12

SÜDWÄRTS UND ABWÄRTS

Bei der Durchsicht meines Tagebuchs aus dieser Zeit wird mir etwas klar, was ich damals nicht wirklich begriff: Obwohl wir ihn als alltäglich erlebten, als schier endlose Abfolge kleiner Missionen, war der Kampf um Ramadi ein Aufeinandertreffen von epischem Ausmaß. Diese Mission verlangte uns geistig und körperlich alles ab. Sie vermittelte uns neue Fähigkeiten und schärfte unsere Klinge für bekannte und neuartige Kriege.

Ich persönlich musste in diesem Einsatz an die Grenzen meiner Belastbarkeit gehen. Anfang Dezember, als der Pearl Harbor Day näher rückte, war mir klar, dass meine Tage als Frontkämpfer gezählt waren.

Als Sanitäter meines Platoons hatte ich alle Hände voll zu tun, um die Verletzungen und Beschwerden meiner Kameraden zu behandeln. Aber wie das eben so ist: Die Kinder des Schuhmachers tragen die schlechtesten Schuhe. Mein Rücken und mein Becken waren derart beschädigt, dass ich jedes Gefühl in den Beinen verlor, wenn ich länger als zwanzig Minuten saß, und schließlich erfasste die Taubheit auch meine Arme. Der Druck auf meine Wirbelsäule wurde immer schmerzhafter. Ich fand kaum Schlaf und schleppte mich mithilfe von Cocktails aus Vicodin, Flexeril, Ambien und anderen Mischungen durch, die mir der Arzt verschrieb. Aber ich war nicht bereit, mich den inneren Kräften zu ergeben, die mich zur Aufgabe zwingen wollten. Schulter an Schulter mit meinen Kameraden zu stehen war mir wichtiger als die Gesundheit meines Körpers – und ich war immer bereit, alles zu tun, was nötig war, um dabeizubleiben.

Am 7. Dezember 2006 brach ich zu meiner letzten Mission auf, die auf den Namen »Going South« getauft wurde. Im Amerikanischen bedeutet das nicht nur, nach Süden zu gehen, sondern auch, »auf dem absteigenden Ast sein«. Und genau das bedeutete es für mich.

+++

Nachdem Johnny und Elliott so schwer verwundet worden waren, hatten sich unsere Sprengstoffexperten darauf konzentriert, die »Emire« auszuschalten, die den Bau der Sprengfallen beaufsichtigten. Unsere Überfallkommandos hatten zahlreiche Triggermen und Bombenleger gefangen oder getötet, aber die »hochwertigen Ziele« (High Value Targets, HVT) waren uns durch die Lappen gegangen. Die Mistkerle, die die unkonventionellen Sprengvorrichtungen entwarfen und bauten, waren wie die Drogenköche, die Metamphetamin zusammenmischen. Diese Leute hatten oft einen Universitätsabschluss und eine Fachausbildung und waren schlau genug zu wissen, wann wir ihnen auf der Spur waren. Wenn sie merkten, dass es eng wurde, machten sie sich aus dem Staub, und das war vermutlich der Grund dafür, dass sich der Aufbau der Sprengfallen, die unsere EODler fanden, so oft änderte.

Andy und Shannon vermuteten, dass sich einige der Bombenhirne in dem Stadtteil im Westen versteckten, den wir als »Fife Kilo« bezeichneten. Es war eine ruhige, dünn besiedelte, ländliche Gegend. Wir waren noch nie zu einem Einsatz in »Five Kilo« ausgerückt, aber ich vertraute ihrem Gespür und gab die Vermutung an meine Vorgesetzten weiter. Schließlich wurde entschieden, diesem Stadtteil einen nächtlichen Besuch abzustatten.

In der Stadt bewegten wir uns fast immer in gepanzerten Fahrzeugen auf relativ sicheren Routen zu einem unserer Außenposten, um uns von dort aus zu Fuß dem Ziel zu nähern. Aber dieses Mal wählten wir die klassische Methode: Anstatt vom COP aus zu marschieren, fuhren wir direkt zum eigentlichen Ziel. Das motorisierte Überfallkommando bestand aus zwei zehnköpfigen Trupps, einer unter Lieutenant Austin mit Salazar als Point Man, der andere unter Chief Marty Robbins. Begleitet wurden die Trupps jeweils von drei Dschundis. Lieutenant Nathan und ich leiteten die mobile Streitmacht:

die Fahrzeuge. Die zwei Trupps zwängten sich in unsere zweieinhalb Tonnen schweren Mannschaftswagen, und nach Mitternacht verließen wir das Camp Marc Lee und fuhren auf der Route Michigan nach Westen.

In der trostlosen Gegend westlich des Stadtzentrums waren entlang der mit zahlreichen Schlaglöchern gespickten Hauptstraße oft große IEDs versteckt. Diese in der Straße vergrabenen Sprengfallen waren so etwas wie mit hausgemachten Bomben gefüllte Temposchwellen. Unser Konvoi fuhr an verschiedenen Symbolen vorbei, die auf die Mauer am Straßenrand gesprüht worden waren. Angeblich waren es an die Einheimischen gerichtete Hinweise auf vergrabene Bomben. Die aus Lehm und Stroh gebauten Häuser standen verstreut in einer von der Sonne verbrannten Ebene. Man hätte es für eine bäuerliche Gegend halten können – sofern der Anbau von Staub eine landwirtschaftliche Aktivität ist.

Wir hielten etwa fünfhundert Meter von den Häusern entfernt, die wir angreifen würden, und unsere beiden Trupps stiegen ab. Sie bildeten ihre Reihen und liefen parallel zur Straße los, wobei sie eine gesunde Distanz hielten, um ein unerwünschtes Feuerwerk zu vermeiden. Unser Ziel waren drei Häuser, bei denen verdächtige Bewegungen beobachtet worden waren. Obwohl sie schwer mit Ausrüstung beladen waren, liefen unsere Männer fast lautlos.

Das Überfallkommando spaltete sich in zwei Gruppen auf, die von ihren Point Men zu den Türen geführt wurden. Die Breacher traten vor und brachen die Türriegel auf. Chief Marty Robbins trieb seine Männer an, damit der Trupp das Haus rasch unter Kontrolle brachte. Sie erwarteten Widerstand und hofften auf den Jackpot. Aber da war nichts. Kein Widerstand, kein Kampf. Und auch kein Bombenmaterial, keine Sprengstoffe, Kabel oder Werkzeuge. Nichts. Der Lieutenant und ich, die für die Fahrzeuge zuständig waren, erhielten einen Anruf von den verärgerten SEALs, die herausgeholt werden wollten. Als wir sie an der Stelle abgeholt hatten, an der sie vor nicht einmal zwanzig Minuten aufgebrochen waren, ließen sie ihrer Frustration über diesen Schuss in den Ofen freien Lauf.

Kommandoaktionen wie »Going South« eignen sich nicht als Stoff für einen Film. Man findet nicht immer vor, was man erwartet hat. Dieser Einsatz hatte keine Geschichte, wenn man den Tag ausnimmt, der ihm vorausging: Wir musste eine Liste der Einsatzkräfte erstellen, die Routen für In- und Exfiltration festlegen, diskutieren und ändern, den Einsatz mit den Irakern koordinieren, die Fahrzeuge vorbereiten, die Zeit für den Weg zum Einsatzort berechnen, das Vorgehen im Gefecht und die Verfahren zur Bewältigung von Notsituationen festlegen und durchspielen, den Fernmeldeplan entwerfen, den Einsatz einer schnellen Eingreiftruppe planen. All das musste im Tempo der Spezialeinheiten geschehen. Die Ausrüstung musste mehrfach geprüft werden: Wir mussten unsere Sturmgewehre reinigen, Magazine und Handgranaten einpacken, Batterien, Leuchtgeschosse, Funkgeräte und so weiter kontrollieren. Noch größer ist der Adrenalinstoß, wenn man in ein unbekanntes Einsatzgebiet vordringt. Vorfreude und Nervenanspannung gehören ebenfalls zum Krieg.

Tatsächlich ist jede Mission ein Abenteuer, und der Kampf findet nicht immer dort statt, wo man ihn erwartet, weshalb die erste Aufgabe eines Kriegers darin besteht, darauf vorbereitet zu sein – insbesondere wenn es keinen Grund gibt, mit einem Kampf zu rechnen. Man bereitet sich nicht so vor, dass man kämpfen muss, sondern so, damit man *nicht* kämpfen muss. Man bekommt nicht immer, was man sich erhofft hat. Wenn man den Kampf zu sehr liebt, kann es passieren, dass diese Liebe nicht erwidert wird.

So unbedeutend, wie diese Mission war: Für mich war sie ein Wendepunkt, und ich wusste es. Besser gesagt, es wurde mir bewusst, als mir Senior Chief Steffen eröffnete, was für ein Wendepunkt der Einsatz war. Es war unmöglich, meinen körperlichen Niedergang vor einem Offizier zu verbergen, der seine Männer so gut kannte wie er. Er spürte meine Schmerzen und meine Erschöpfung. Beides half der Truppe nicht weiter.

Ich habe es oft gesagt und kann es nicht oft genug sagen: In meinen Augen ist Senior Chief Steffen einer der besten Männer überhaupt in den Spezialeinheiten. Zu seinen Fähigkeiten gehört, dass er in der Lage ist, dir Dinge zu sagen, die du nicht hören willst, und dir zu zeigen, dass dies genau das ist, was du hören musstest. Er hat dieses seltene Talent, dir auf eine Art und Weise den Kopf zu waschen, dass du auch noch dankbar dafür bist. Er setzt dir zu wie ein liebender Vater. Er sagt dir, dass du Mist gebaut hast oder dass du nicht das Beste aus dir herausholst oder dass es ernste Zweifel an deiner Einsatztauglichkeit gibt – und am Ende willst du nichts anderes sagen als: »Verstanden, Sir.« Und dann machst du dich daran, besser zu werden. Er forderte keinen Respekt von uns, sondern flößte ihn uns ein.

Aber als er eines Tages Anfang Dezember auf mich zukam und mir eröffnete, seiner Meinung nach sei für mich der Zeitpunkt gekommen, auf die Teilnahme an Kampfeinsätzen zu verzichten, war ich nicht bereit für diese Wahrheit. Ich erinnere mich noch sehr gut an das Gespräch. Ich wehrte mich. Ich sagte ihm, ich sei immer noch einsatztauglich und dass mir die Jungs aushelfen würden, wenn es nötig sei. Wir seien eine Maschine, die noch viele Kilometer laufen könne. Natürlich war ich selbst nicht vollkommen davon überzeugt, aber ich tat mein Bestes, um ihn zu überzeugen. Es durfte nicht sein, dass ein Fehlschlag wie »Going South« mein Schwanengesang war.

Ich werde den Ton unserer Diskussion nicht wiedergeben. Meine wütende Reaktion war das letzte Aufbäumen eines erschöpften Kampfschwimmers. Ich denke, er wusste das, und ich denke, er wusste, dass ich es auch wusste. Aber mein Stolz musste sich Gehör verschaffen, bevor ich akzeptierte, was richtig war. Als Mitglied einer Kommandoeinheit war ich mittlerweile eher eine Belastung als ein unverzichtbares Element. Ich hatte die Möbel verbrannt, um nicht zu erfrieren. Und jetzt hatte ich nichts mehr. Es war die Pflicht des Senior Chief, mir zu sagen, dass ich nicht mehr ausrücken konnte.

Wie kann sich ein 31-jähriger Mann mit der Tatsache abfinden, dass die Karriere, für die er alles gegeben hat, plötzlich beendet ist? Es half, dass unser Stabsoffizier DQ, der in der E5-Mafia großes Ansehen genoss, gerade aus Falludscha zu Besuch gekommen war. Er half mir dabei, mich mit der Entscheidung abzufinden. Er sah mich direkt an und sagte, der Krieg könne nicht ewig dauern. Jeder Krieger komme zwangsläufig irgendwann in die Jahre. Er führte mir vor Augen, dass dies eine natürliche Entwicklung ist, und zwang mich, ehrlich zu mir selbst zu sein. Er fragte mich: »Marcus, wenn dort draußen etwas schiefläuft, und du musst jemandem über eine Mauer helfen oder einen schwer verletzten Kameraden in Sicherheit bringen, bist du dann der beste Mann, um diese Last für dein Team zu tragen?« Mein Rücken, meine Knie und mein erschöpfter Geist beantworteten die Frage für mich.

Also beschritt ich den Weg, den wir alle gehen müssen. Alle altgedienten SEALs, darunter der Master Chief, DQ und der Skipper, kamen an den Punkt, an dem sie als Kämpfer kürzertreten mussten, um ihre Tätigkeit als Führungskräfte ausbauen zu können. DQ sagte mir, dass es in der Einsatzplanung eine Aufgabe für mich gebe. Ich würde in der Praxis sein Gegenstück in Camp Marc Lee sein. Im Gespräch mit ihm fühlte ich mich wie der Spieler in John Fogertys Lied »Centerfield«: »Setz mich ein, Coach.« Ich hatte mich mit der Tatsache abfinden müssen, dass ich nicht mehr kampftauglich war, aber es gab noch viel zu tun für mich. Am Ende der »Höllenwoche« im BUD/S-Kurs hatte ein Ausbilder zu uns gesagt: »Wir haben das alle durchgemacht. Es ist an der Zeit, die nächste Sprosse der Leiter zu erklimmen.«

Dies war der geeignete Zeitpunkt für eine Wiedergeburt.

Dazu, dass ich die nächste Sprosse auf der Leiter erklomm, gehörte auch, dass ich meinen Kameraden gegenübertrat und herausfand, wie sie mit meiner neuen Rolle zurechtkamen. Ich fürchtete mich vor dem, was ich in ihren Gesichtern sehen würde. Nachdem sich herumgesprochen hatte, dass ich nicht mehr zu Einsätzen ausrücken würde, ging ich in den Speisesaal, wo einige der Männer auf mich zukamen und mir sagten, dass es ihnen sehr leidtue. Sie sagten mir, ich solle die Zeit nutzen, um gesund zu werden. Und ich solle mir keine Sorgen machen, denn die Einheit werde weiter gut funktionieren. In zehn Minuten war alles gesagt, und wir wandten uns wieder unseren Aufgaben zu. Wir gehörten weiterhin zusammen. Es stand immer jemand bereit, der deine Rolle übernehmen konnte.

Ich fand eine neue Heimat im TOC, wo ich die Position des Einsatzkoordinators übernahm. Ich nahm die Herausforderung in Angriff, die Einsatzpläne zu überprüfen, die Kommunikation zu koordinieren, die Luftunterstützung zu organisieren, die Marschrouten zum Einsatzort und die Rückzugsrouten zu planen, dafür zu sorgen, dass die Einsatzkräfte draußen nie anderen Einheiten in die Quere kamen, und die Ausbildungsmission zu unterstützen. Man kann leicht auf die Idee kommen, man sei dort, um zu tun, was immer man will, und seine persönlichen Ziele zu verfolgen. Aber das ist falsch. Unsere Pflicht war es, der Mission zu dienen, und wenn wir das nicht taten, hatten wir kein Recht, das, was wir taten, als Dienst zu bezeichnen.

Obwohl mir klar war, dass ich wahrscheinlich nie wieder mit einer Waffe in der Hand in ein Kampfgebiet ausrücken würde, wollte ich nicht, dass mich meine Kameraden für einen Papiertiger hielten. Also hielt ich mich über die Aktivitäten der Einsatzkräfte auf dem Laufenden. Ich prüfte alles wieder und wieder. Ich wollte in den Einsatzbesprechungen immer in der Lage sein, zu ihnen zu sagen: »Hier habt ihr alles, was ihr braucht. Ich kenne den Weg, denn ich bin ihn selbst gegangen.« Ich rief ihnen immer wieder die eine Sache in Erinnerung, die wirklich wichtig war: »Die Mission ist erst beendet, wenn ihr unversehrt zurück seid, wenn die Aufgabe erfüllt ist und wenn ihr in euren Zelten schlaft. Bringt all eure Kameraden zurück. Wenn es hart auf hart kommt, kämpf, wie ihr nie zuvor gekämpft habt. *Aber bringt alle Kameraden zurück.*«

Ich war erst einunddreißig Jahre alt, aber es war mir bewusst, dass ich ein alter Hase war. Und ich würde mir das Recht verdienen, wie ein solcher zu sprechen, sofern mich diese eigensinnigen jungen Kerle ließen. Es half, dass ich von vorzüglichen Kampfschwimmern umgeben war, die diese Entwicklung bereits hinter sich hatten. So verstörend die Erfahrung auch war, heute blicke ich zurück und sehe, dass ich nie stolzer darauf war, ihrer Gemeinschaft anzugehören. Die Kameraden, mit denen ich in Ramadi im Einsatz war, gehörten allesamt zu den Besten, mit denen ich je gedient habe. Es machte mich glücklich, Männern wie Marty Robbins und Wink bei der Arbeit zuzusehen. Sie erfüllten ihre Aufgaben mit jener Selbstsicherheit und Autorität, die sie sich als SEALs verdient hatten. Wenn ich sah, wie sie an den Aufgaben wuchsen, hatte ich nicht den geringsten Zweifel daran, dass sich unsere Welt nicht um einen einzelnen Mann dreht. Niemand kann allein etwas Großes bewirken.

+++

Der Pearl Harbor Day war ein furchtbarer Tag in Ramadi. Bei Angriffen der Aufständischen wurden mindestens zehn amerikanische Soldaten getötet. Ein Attentat war besonders heimtückisch und folgenschwer.

An jenem Tag waren auch einige amerikanische Journalisten in der Stadt zu Besuch. Sie interessierten sich für die Geschichte der Bewegung »Das Erwachen al-Anbars« und wollten mit eigenen Augen sehen, wie sich diese Veränderung auf den Straßen auswirkte. Also wurden sie in eine Einheit »eingebettet«, die mit ihnen zu einem Einsatz ausrückte. In Anbetracht der schlechten Presse, die der Einsatz der amerikanischen Truppen in der Heimat bekam, waren wir der Meinung, es könne hilfreich sein, wenn die Journalisten die wahre Geschichte zu Gesicht bekämen. Sie wollten sich ansehen, wie unsere Arbeit einen der schlimmsten Orte im Irak veränderte, und machten sich in einem Konvoi über die Route Sunset auf den Weg zum COP Falcon. Die Straße war sicher, denn wir patrouillierten dort rund um die Uhr und hatten sie ständig im Blick. Der einzige verwundbare Punkt war eine Straßenkreuzung in der Nähe einer vor Kurzem wiedereröffneten Schule. Und genau dort hatte al-Qaida ein Bombenlegerteam eingeschleust.

Ein Offizier, der im zweiten Humvee des Konvois fuhr, entdeckte die in der Fahrbahn vergrabene Stahlplatte. Er versuchte das erste Fahrzeug zu warnen, aber es war zu spät. Einer der Reifen rollte über die Platte, und nach einer kurzen Zündverzögerung ging der dritte Humvee in einem Feuerball auf. In dem Fahrzeug saßen vier Personen: der Fahrer, der Turmschütze, eine Pressebetreuerin des Marine Corps und Captain Travis Patriquin, jener Offizier, dessen Kooperation mit den sunnitischen Stämmen so viel dazu beigetragen hatte, Ramadi zu befrieden.

Die Explosion schleuderte Patriquin aus dem Fahrzeug. Er war auf der Stelle tot. Der Turmschütze Vincent Pomante und die Pressebetreuerin Major Megan McClung wurden ebenfalls getötet. Major McClung war die erste Absolventin der US-Marineakademie, die im Einsatz getötet wurde.

Unter denen, die von diesem Verlust besonders schwer getroffen wurden, war Scheich Sattar. Als er die Nachricht über den Tod von Captain Patriquin hörte, brach er in Tränen aus. »Wenn ich mich mit Amerikanern anfreunde«, sagte er später, »werden sie meine Brüder, und dann sterben sie.« Der

Scheich konnte es nicht ertragen, weitere Freundschaften mit Amerikanern zu schließen: »Ich will nicht, dass sie sterben.« Einige Tage nachdem Patriquins Leiche in die Heimat zurückgeflogen worden war – an der Verabschiedung dieses »Heldenflugs« nahmen mehr als tausend Menschen teil –, sprach Sattar beim Gedenkgottesdienst für die drei Toten ein traditionelles muslimisches Totengebet für seinen ermordeten Freund. »Allah, nimm ihn ins Paradies auf, und schütze ihn vor der Qual des Grabes und vor der Qual des Höllenfeuers. Mache sein Grab geräumig, und fülle es mit Licht.« Er gelobte auch, die Mörder ihrer gerechten Strafe zuzuführen.

Innerhalb von achtundvierzig Stunden erhielt er von einem Verwandten einen Hinweis, der seine Polizei und unsere Einheiten zu den Attentätern führte. Bei einer Reihe von Razzien am 19. Dezember suchten unsere Einheiten nach den drei Männern, die diese Bombe gelegt hatten. Der Trupp Gold bekam sie schließlich in die Finger. Wie wir vermutet hatten, waren es ganz gewöhnliche Handlanger von al-Qaida, junge Männer, die aus Geldgier gehandelt hatten. Sie wurden der irakischen Polizei übergeben. Scheich Sattar verkündete später, er habe sie an seine Hunde verfüttert. Ich weiß nicht, ob das stimmt. Aber es war seine Stadt, weshalb ich annehme, dass es seine Angelegenheit war.

Patriquin hinterließ ein wichtiges Erbe: Sein Beitrag zum »Erwachen al-Anbars«, seine Zusammenarbeit mit Scheich Sattar und seine Unterstützung für die Rebellion von Scheich Jassim gegen al-Qaida waren von großer Bedeutung. Diese Scheichs wussten, wie sie in ihrer Stadt für Ordnung sorgen konnten: Sattar hatte unschätzbare Arbeit bei der Rekrutierung von Ordnungskräften geleistet, und Jassim hatte al-Qaida aus Sufija vertrieben, wobei er lediglich siebzehn seiner Männer verloren hatte. Jassim bezeichnete seine gefallenen Kämpfer als Märtyrer. Egal, wie man sie nennt, für die Bevölkerung Ramadis waren sie Helden. Nach unseren Schätzungen hatte al-Qaida in dieser Schlacht etwa sechzig Mann verloren, obwohl es in dem Chaos, in dem die Terroristen von wütenden Menschenmengen, amerikanischen Truppen und Flugzeugen angegriffen wurden, schwer war, sich ein genaues Bild von den Opferzahlen zu machen. Nachher hatten sich uns viele Stämme angeschlossen, die uns und die Bemühungen um den Aufbau eines neuen Irak bis dahin nach Kräften behindert hatten. Sie halfen uns beim Aufbau einer neuen Polizei. Es schien, als hätte sich das Blatt gewendet. Travis Patriquins hatte mit seinem Geschick viel dazu beigetragen, und wir vermissten sein Gespür für die Bedürfnisse der irakischen Stämme schmerzlich.

Präsident Bush hatte mit dem irakischen Ministerpräsidenten Nuri al-Maliki über unsere Fortschritte gesprochen. Bei einem Treffen in Jordanien Ende November schlug der Präsident erstmals eine Aufstockung der amerikanischen Truppen um 20 000 oder 30 000 Mann vor, um die Sicherheitslage zu verbessern. Etwa zur selben Zeit erschien daheim ein weiterer kritischer Zeitungsartikel, dessen Autoren behaupteten, die Lage in al-Anbar sei so schlecht, dass »die amerikanischen und irakischen Truppen nicht mehr in der Lage sind, den Aufstand in der Provinz zu besiegen«.

Tatsächlich traf diese Einschätzung möglicherweise teilweise zu, denn die Welle, die die Terroristen in Ramadi hinwegspülte, war nur teilweise militärisch. Als die Iraker erkannten, dass die Terroristen von al-Qaida die wirklichen Ungläubigen waren, schlossen sich überall junge Männer dem gerechten Kampf gegen diese Verbrecher an. Captain Patriquin hatte das Anfang Dezember erkannt: »Das Versprechen eines abenteuerlichen Lebens, eines regelmäßigen Einkommens und eines Kampfs aufseiten der Rechtschaffenen hat sich als geeignetes Rezept erwiesen.« Friedliebende Iraker, die auf der Seite des Gesetzes standen, konnten ihrer Familie, ihrem Stamm und ihrer Nation dienen. Von einem Tag auf den anderen beherrschten Bauern und Ladenbesitzer Schießkunst, Überfalltaktiken, Durchführung von Straßenkontrollen, Beweis- und Verhörtechniken. Wer vielversprechend schien, wurde auf die Polizeischule am anderen Ende der Stadt geschickt. Der Wandel fand von innen heraus statt. Wir halfen, ihn zu beschleunigen, aber wir waren keineswegs die Eroberer der Provinz al-Anbar.

Am 13. Dezember traf sich der Präsident mit seinem Generalstab, um die Frage zu klären, wie die positive Dynamik in al-Anbar genutzt werden konnte. Fünf Tage später trat der neue Verteidigungsminister Robert Gates sein Amt an und besuchte sogleich Ministerpräsident al-Maliki. Nach seiner Heimkehr empfahl Gates die Ernennung eines neuen Kommandeurs für die Koalitionsstreitkräfte im Irak. Die Wahl fiel auf den herausragenden

Strategen der Aufstandsbekämpfung, General David Petraeus. Das beweist, dass unser Erfolg in Ramadi, der auf vorangegangenen Fortschritten in Tal Afar und anderswo beruhte, ein Modell für das Vorgehen im ganzen Land darstellte.

Angesichts des Widerstands der Bürger schienen die Terroristen zu begreifen, dass die Tage ihrer Terrorherrschaft gezählt waren. Und die Task Unit Ramadi war an den Stützpunkten Camp Marc Lee und Camp Corregidor voll im Kampfrhythmus, was die Terroristen ebenfalls vor große Probleme stellte. Dank des Zulaufs zu den örtlichen Polizeieinheiten erhielten wir bessere nachrichtendienstliche Informationen, und Nacht für Nacht rückten unsere Kommandoeinheiten aus und trafen eine wachsende Zahl hochwertiger Ziele.

Bei einigen dieser Missionen ließen wir uns auf große Wagnisse ein.

Nehmen wir beispielsweise die Stay-behind-Missionen: Man rückt mit einer starken Streitmacht in ein Stadtviertel ein, mit Einheiten, die einen großen »Fußabdruck« hinterlassen, also mit Panzern, Fahrzeugen und zahlreichen Soldaten. Man bewegt sich durch das Viertel, dringt in Häuser ein und macht viel Lärm. Man hinterlässt seinen Fußabdruck, denn alle sollen wissen, dass man da ist. Dann zieht man sich wieder zurück – zumindest sieht es so aus, als zöge man sich zurück. Die Panzer rollen mit rasselnden Ketten weg, die Patrouillen steigen in ihre Bradleys und ziehen ab. Aber viele Männer bleiben zurück. Eine solche Operation ist nur möglich, wenn man sich im Kampfgebiet zu Hause fühlt, wenn man mit den Menschen und ihren Reaktionen vertraut ist, wenn man auf den Straßen einem Mindestmaß an Wohlwollen begegnet und wenn man im Grunde weiß, wie der Feind vorgehen wird.

Man hinterlässt ein paar Platoons, die, über das Viertel verstreut, in Häusern sitzen, mit ihren Gastgebern plaudern, freundlich sind und den Leuten erklären, dass sie die Männer aufhalten wollen, die die Kinder des Viertels töten und das Leben unmöglich machen. Die friedvollen Einwohner von Ramadi sind wie Zivilisten überall auf der Welt: Sie wollen nicht, dass vor ihrem Haus gekämpft wird und dass ihre Familien jeden Tag um ihr Leben fürchten müssen. Sie bieten den Soldaten Pita-Brot und ihren dicken, süßen Tee an. Unsere Männer behalten die Straßen im Auge. Wenn unsere Fahrzeuge verschwunden sind, werden die feindlichen Kämpfer wieder auftauchen, um das Viertel erneut unter Kontrolle zu bringen, Sprengfallen zu platzieren und ihren gewohnten Aktivitäten nachzugehen. Es kann im Morgengrauen so weit sein oder wenn die Muezzins zum Gebet rufen. Etwas kommt in Bewegung, Männer versammeln sich. Die Kämpfer und Bombenbauer wachen auf und zeigen sich.

In diesem Moment schnappt die Falle zu.

Manchmal war es ein Panzerzug, der mit Unterstützung von schweren Waffen aus einem Versteck auftauchte. Manchmal nahmen auf Dächern postierte Scharfschützen die feindlichen Kämpfer ins Kreuzfeuer. Die Kommandos erhielten fast immer Luftunterstützung – wir liebten diese Piloten. Sie warteten immer ungeduldig darauf, den Zauberspruch eines Fliegerleitoffiziers am Boden zu hören: »Ziel freigegeben.« Und wir genossen, was dann folgte: Unsere Männer sahen auf der Straße Autos und Pick-ups voller Bewaffneter vorbeifahren – und im nächsten Augenblick ging ein von einer Rakete getroffenes Fahrzeug in Flammen auf. Auf diese Art dezimierten wir die feindlichen Kämpfer deutlich. Die Taktik hatten wir von der Army übernommen. Seit der Gründung unserer Spezialeinheit sind wir stets bereit gewesen, unsere Vorgehensweise durch Taktiken zu erweitern, die wir bei den konventionellen Truppenteilen abschauen. Wir übernehmen alles, was geeignet ist, dem Feind das Leben zur Hölle zu machen.

Wir bedienten uns auch der psychologischen Kriegführung. Beispielsweise stellten wir für eine Operation Lautsprecher auf und schickten beleidigende Botschaften an den Feind. Wir griffen das fragile Selbstbewusstsein der Aufständischen direkt an und überhäuften sie mit Provokationen: »Ihr versteckt euch hinter euren Frauen und schleicht herum wie Hunde! Warum kommt ihr nicht und kämpft? Wir warten auf euch!« Tatsächlich gerieten die Aufständischen normalerweise außer sich, und wenn die Zeit für das Mittagsgebet kam, hörten wir von al-Qaida wohlgesinnten Muezzins kryptische Aufrufe zum Kampf: »Die Zeit für die Ernte im Garten ist gekommen …« »Spendet das Blut …« Wir sahen, wie sich die Störenfriede in Bewegung setzten, ihre Waffen aus den Verstecken holten, in ihre Fahrzeuge stiegen und sich in Bewegung setzten. Wir ließen sie kommen.

Manchmal war es schnell vorüber. Bei anderen Gelegenheiten war es einträglicher, nur zu beobachten und ihre Bewegungen zu verfolgen. So konnten wir so manchen Bombenbauer aufspüren: Ihre IED-Teams bestanden normalerweise aus drei Männern. Einer unserer Scharfschützen schaltete den Fahrer und den Mann mit der Schaufel aus, während wir den Aufständischen, der die Bombe trug, entwischen ließen. Wir verfolgten ihn bis zu seinem Versteck und umzingelten ihn und die gesamte Zelle.

Wir änderten unsere Methode fast bei jedem Einsatz, damit der Feind kein Muster in unserem Vorgehen erkennen konnte. Aber es gab eine Konstante, die sie anscheinend nie begriffen: Wenn sie sich auf einen Kampf mit uns einließen, verloren sie.

Es gibt nichts Aufregenderes, als ein vom Feind gehaltenes Haus aufzusprengen und zu stürmen. Wenn man als Point Man vorausgeht, ist man durch den Eingang, noch bevor sich der Staub gelegt hat. Manchmal hat man Glück, und ein feindlicher Kämpfer öffnet die Tür in dem Moment, da die Sprengladung hochgeht – in diesem Fall ist man beim Kampf im Haus von Anfang an im Vorteil. Man steigt über den Toten und dringt in hohem Tempo ins Haus ein, den zweiten und dritten Mann direkt im Rücken. Der Trupp kämpft wie ein Mann, ein Mitglied sichert den toten Winkel des anderen. Wenn du in den Raum stürmst, hofft ein Teil von dir, dass vor dir ein bewaffneter Feind auftaucht. Ob er nun eine Waffe im Anschlag hat oder benommen ist, blutet oder von der Druckwelle zu Boden geworfen wurde, du erschießt ihn und läufst an der Mauer entlang, während deine Kameraden hinter dir ins Haus stürmen. Aus dem Kopfhörer dringen die Bestätigungen: »Sauber!« »Sauber!« »Sauber!« Nachdem wir einen Raum geprüft haben – es sind fünfeinhalb Sekunden vergangen –, dringen wir in den nächsten vor. Wir sammeln uns und sichten das gesicherte Material. Abhängig davon, was wir gefunden haben, können in den nächsten Tagen mehrere weitere Razzien nötig werden.

Diese Dinge sind eine Droge für Elitesoldaten, aber ich brauchte eine »Entgiftungskur«. Die Breacher, Assaulter und Sniper, deren Einsätze ich fast jede Nacht koordinieren half, wurden zu einer Erweiterung meines eigenen Visiers. Wir brachten in ungezählten Varianten Tod über den Feind, nahmen noch viel mehr Kämpfer gefangen und hatten dabei üblicherweise einen großartigen Überblick über die sich entfaltende Aktion. Wir wussten, wie wir unseren Kameraden jede erdenkliche Unterstützung verschaffen konnten, und waren stolz, unseren Beitrag zum Kampf leisten zu können. Die Einsatzunterstützung wurde mein Daseinszweck im Gefechtsstand. Als ich mein Sturmgewehr gegen Laptop und Karten eintauschte, zog ich mich aus dem eigentlichen Kampf zurück und konzentrierte mich darauf, unsere Manöver wieder und wieder durchzuspielen, bis sie perfektioniert waren. Dann begann ich von vorne.

+++

Kurz vor Weihnachten beteiligten sich unsere Männer am Bau eines neuen Außenpostens in einer gefährlichen Gegend, die für uns Neuland war. Eine Kompanie von Marines aus dem 1. Bataillon des 6. Regiments war vom COP Firecracker, dessen Errichtung wir im Oktober abgesichert hatten, mehrfach in östlicher Richtung in den Bezirk Qatana vorgestoßen, dabei jedoch unter so heftigen Beschuss geraten, dass sie nie weit gekommen waren. Sie baten uns, sie zu begleiten und den Druck ein wenig zu verringern. Unsere Aufgabe war es, Overwatch-Stellungen zu beziehen und die Aufständischen auszuschalten, die den Vorstoß der Marines aufzuhalten versuchten. Senior Chief Steffen rückte mit Lieutenant Nathan an der Spitze des Trupps Gold aus. Lieutenant Austin und Marty Robbins führten den Trupp Blue.

Vor Mitternacht brach der Konvoi zum COP Firecracker auf, der mittlerweile in »17th Street Security Station« umbenannt worden war. (Das Kommando glaubte vermutlich, dass die Bezeichnung »Sicherheitsstation« für die Öffentlichkeit weniger beängstigend klingen würde als »Gefechtsaußenposten«.) Beim Außenposten trafen sie sich mit den Kommandeuren der Marines und brachen zu Fuß nach Qatana auf. Sie schlichen durch eine dunkle Ruinenlandschaft und fanden das Ziel, ein dreistöckiges Gebäude, das südwestlich vom neuen Außenposten lag und südlich an die »Rennstrecke« angrenzte.

Die Bewohner des Hauses schienen zu Tode erschrocken, als sie die Amerikaner sahen: Die Aufständischen hatten den Leuten gesagt, wir würden sie alle töten. Offenkundig hatten sie noch nie Menschen wie uns gesehen. Als sie unserem Dolmetscher Moose ihre Befürchtungen mitteilten, begann er zu lachen. Er blieb entspannt und beruhigte die Familie mit wenigen Worten. Sie begannen wieder zu atmen. Und kurz darauf brachten sie den dicken, süßen und heißen Tee und servierten auf ihren schönsten Porzellantellern das obligatorische Brot.

Fizbo, der den Trupp Blue begleitete, richtete sich in einem Zimmer im dritten Stock mit seinem Kommunikationssystem ein. Die Tür, die zum Dach führte, war von Kugeln durchschossen, und die Splitterlöcher in Wänden und Decke deuteten darauf hin, dass in dem Raum eine heftige Explosion stattgefunden hatte. Die Scharfschützen schlugen ein Loch in die Mauer, um eine freie Schusslinie nach Osten zu haben, von wo aus die größte Gefahr drohte. Ein kalter, feuchter Wind zog durch die löchrige Tür und die Wände. Es war ein scheußlicher Wintertag.

Am Morgen herrschte Ruhe, aber gegen Mittag kam Leben ins Viertel. Aus einem weniger als hundert Meter entfernten fünfstöckigen Gebäude eröffneten Aufständische mit Handfeuerwaffen und Panzerbüchsen das Feuer auf eine Stellung der Marines im Norden. Anscheinend wussten sie nicht, dass wir im Süden von ihnen auf der Lauer lagen. Aus dem einen Scharfschützennest eröffneten die Jungs vom Trupp Blue das Feuer aus allen Rohren. Sie schlugen sich beinahe darum, an der Schießscharte an die Reihe zu kommen. Nachdem sie das Gebäude mit Feuer eingedeckt hatten, war es nicht mehr zu sehen. Es war vollkommen in Rauch eingehüllt. Da die Wolken zu dicht waren, um einen Beschuss aus der Luft zu erlauben, bemühte sich Fizbo um die Freigabe für einen Beschuss mit Boden-Boden-Raketen. Aber als die Genehmigung kam, wurde die Unterstützung nicht mehr benötigt: Die Patrouillen stellten fest, dass die Aufständischen getötet worden waren oder die Flucht ergriffen hatten. In der folgenden Nacht zog Blue in ein Haus weiter östlich um. Obwohl Salazar ein ausgezeichneter Point Man war, verlief dieser Vorstoß unglücklich. Der Trupp bog falsch ab und musste eine Kreuzung überqueren, die knietief unter Wasser stand. Wie sich herausstellte, war es Abwasser. Marty Robbins, Adam Downs und die anderen Jungs hatten zweifellos großen Spaß.

Während die Scharfschützen ihre Positionen einnahmen und Fizbo die Luftunterstützung organisierte, entdeckte Brad Shannon, einer unserer EODler, direkt vor dem Haus drei Bomben und die dazugehörigen Zünddrähte. Einmal mehr wären die SEALs ohne die Sachkenntnis und den unglaublichen Mut der EODler nicht weit gekommen. Natürlich sprengten genau in dem Moment, als Brad die Bomben entschärfte, einige Häuser weiter ein paar Scharfschützen der Army ein Schützenloch in eine Mauer. Als die Explosion die Straße erschütterte, glaubte Brad, er sei gerade in Stücke gerissen worden. Als er ins Haus zurückkehrte, war er kreidebleich. Aber ich bin mir sicher, sein Schreck war nichts verglichen mit dem Entsetzen, das eine Gruppe von Aufständischen erfasste, die einige Straßen entfernt dem Trupp Gold über den Weg liefen.

Das Unglücksgrüppchen hatte offenbar keine Ahnung, wo sich die Stellungen der Amerikaner befanden. Als sie sich durch die Straßen drückten, fanden sie es auf die harte Tour heraus. Die Aufständischen wollten sich an einen Außenposten der Marines nördlich von unserer Position anschleichen, als sie den Scharfschützen von Lieutenant Nathan vor die Flinte liefen. Zwei feindliche Kämpfer starben auf der Stelle. Kurze Zeit später rief der Muezzin einer Moschee zu »Blutspenden« auf, und plötzlich wimmelte es von Zielen für die Sniper. Diese Glückspilze – ich wünschte, ich hätte bei diesem missratenen Angriff der Aufständischen dabei sein können.

Blue hatte die meiste Zeit Ruhe, bis Fizbo am Nachmittag durch die Bordkamera der über uns kreisenden F-16 eine Gruppe von zehn Aufständischen bemerkte, die ein nur hundert Meter von seiner Position entferntes Haus verließen und geradewegs auf ihn und seine Einheit zukamen. Fizbo nahm an, dass es sich um einen Selbstmordangriff von Kämpfern handelte, die dem Aufruf zur »Blutspende« nachkamen. Da die Angreifer schon sehr nahe waren, blieb keine Zeit mehr, um eine Genehmigung für einen Luftschlag einzuholen. Und da zwischen seiner Position und den Angreifern mehrere Häuser standen, konnten die Scharfschützen die feindlichen Kämpfer noch nicht sehen. Daher benutzte Fizbo seine Augen am Himmel, um den Scharfschützen auf dem Dach über die Bewegungen des Feindes auf dem Laufenden zu halten.

Chuck Norton, einer der Sniper, wandte sich an Danny Hanks und fragte: »Borgst du mir eine Handgranate?« Hanks hatte nichts dagegen und gab Chuck die Granate. Dieser zog sofort den Stift heraus und warf sie hinaus. Danny verstand nicht ganz, was sein Kamerad da getan hatte: Warum Chuck ihm nicht gesagt, *er* solle eine Granate werfen?

Nach den ISR-Daten[3] zu urteilen, waren die Aufständischen noch etwa hundert Meter entfernt, und Fizbo glaubte, Norton habe die Granate viel zu früh geworfen. Aber der Feind bewegte sich schnell, und wie sich herausstellte, hatte Norton einen Jahrhunderttreffer gelandet. Der Pilot der F-16 war mitten im Satz: »Sie bewegen sich geradewegs auf euch zu und ...« Er unterbrach sich. »Oh, nein, nicht mehr!« Die Granate explodierte in ihrer Mitte. Zwei Kämpfer waren tot, drei weitere schwer verletzt. Fizbo meldete: »Gute Wirkung, gute Wirkung. Volltreffer!«

Aus den Gassen der Umgebung tauchten andere Aufständische auf, um die Verwundeten zu bergen. Als Lieutenant Austin sagte: »Werft noch eine!«, glaubten alle SEALs auf dem Dach, der Kommandeur habe ihn angesprochen – und jeder von ihnen warf eine Granate. Der Hagel von Splittergranaten dezimierte die Angreifer. Danach versuchte niemand mehr, die Position des Trupps Blue anzugreifen.

Währenddessen war es beim Trupp Gold etwas knapper. Etwa hundert Meter von ihrer Position entfernt fuhr ein Van an den Straßenrand. Ein Mann stieg aus und stand eine Weile herum. Er wirkte verdächtig auf Senior Chief Steffen, der ihn durch seine Schießscharte beobachtete. Eines der hinteren Fenster wurde heruntergekurbelt. In diesem Augenblick sagte Steffen sein Instinkt, dass er besser in Deckung gehen sollte, und schon schlugen neben seiner Schießscharte zwei Kugeln ein. Der Aufklärer peilte den Feind durch ein Periskop an, und Steffens sprang auf Grundlage dieser Information auf und schoss. Er traf den feindlichen Schützen genau in die Stirn.

---

3 Das Ergebnis koordinierter Aktivitäten in den Bereichen Nachrichtendienst, Überwachung und Aufklärung (Intelligence, Surveillance and Reconnaissance).

Unsere Scharfschützen waren an diesem Tag gut in Form. Als die Sonne unterging, bemerkte Fizbo verdächtige Bewegungen. Ein Mann grub mit einer Schaufel ein Loch in der Straße. Vier andere knieten um ihn herum und bauten aus Teilen, die sie aus großen Säcken holten, etwas zusammen. Fizbo verfolgte sie mit der Kamera an Bord des Flugzeugs, leitete den Video-Feed an das Brigadehauptquartier weiter und bereitete einen Neunzeiler für einen Luftschlag mit einer Maverick-Rakete vor, als Chuck Norton zu dem Schluss gelangte, es sei nicht nötig, dem amerikanischen Steuerzahler diese Ausgabe aufzuhalsen. Er fragte Fizbo, in welcher Entfernung und Richtung sich der Feind befinde. Fizbos Antwort: Etwa 150 Meter genau in östlicher Richtung. Norton schlenderte mit einem M79-Granatwerfer vor das Haus. Fizbo hörte einen Bums, gefolgt von einer dumpfen Explosion. Der Pilot der F-16 meldete, nur zwei der feindlichen Kämpfer rührten sich noch, seien jedoch offenbar schwer verwundet.

Fizbo verfolgte genau, in welche Häuser sich die beiden überlebenden Aufständischen schleppten. Er und Norton blieben in der Nacht auf Posten und lenkten das Flugzeug, während die übrigen Männer unter der Führung von Lieutenant Austin, Marty Robbins und Salazar zu Razzien ausrückten. Sie umzingelten die Aufständischen und nahmen sie in Gewahrsam. Später entdeckte Norton mit Fizbos Unterstützung zwei weitere Aufständische, die sich an seine Position anschlichen. Erledigt und erledigt – eine weitere Nacht in Ramadi war vorüber.

Am Ende der Nacht zog der Trupp ab, um das Weihnachtsfest in aufgekratzter Stimmung zu feiern. Zurück in Camp Marc Lee, grillten sie ein Lamm über einem Lagerfeuer. Es war gut, die Jungs wohlbehalten zurückkehren zu sehen. Wir saßen zusammen und waren dankbar für das, was wir hatten. Später hatte ich Gelegenheit, daheim anzurufen und mich mit meinen Eltern zu unterhalten.

13

»HIER IST SNIPER 1«

Ein einzelner Schatten bewegt sich geschmeidig und lautlos durch die Dunkelheit und verschwindet in einem Haus. Ein weiterer Schatten folgt ihm, überquert die Straße und löst sich wie ein Gespenst in dem Hauseingang auf. Und dann noch einer. Das Gebäude ist ein vierstöckiger, leer stehender Wohnblock, der im Südwesten an ein Fußballfeld angrenzt.

Die Nacht ist still. Kaum eine Bewegung ist zu erkennen, außer man beobachtet das Dach des Hauses lange Zeit aufmerksam. Das kleine Stahlrohr eines Periskops taucht über der Balustrade auf. Das Auge des Periskops dreht sich, und der Mann, der es verwendet, studiert eine Freifläche unterhalb des Hauses.

Das Auge, das durch das Periskop schaut, gehört zu einem SEAL-Sniper. Er und zwei weitere Scharfschützen sind in einem Bezirk nördlich der »Rennstrecke« und westlich des Allgemeinen Krankenhauses im Einsatz, nachdem wir von einem Informanten einen Tipp bekommen haben. Es ist das erste Mal, dass unsere Männer in diese Gegend vorstoßen. Sie nehmen an einer Mission teil, deren Ziel es ist, mehrere führende Köpfe von al-Qaida auf ihrem ureigenen Gebiet aufzuspüren. Die drei Scharfschützen haben die Aufgabe, ein Fußballfeld zu beobachten, wo nach Angabe einer zuverlässigen Quelle etwas Großes bevorsteht: Um neun Uhr morgens werden sich Mitglieder der Führung von al-Qaida hier versammeln, um eine Gruppe von Aufständischen über geplante Anschläge zu informieren. Sie werden Waffen und Bargeld verteilen.

Die Scharfschützen liegen geduldig auf der Lauer und spähen in die Nacht.

Der Himmel im Osten hellt sich auf, die Sonne klettert über den Horizont und schiebt die Schatten vor sich her. Die Straßen erwachen zu neuem Leben. Pünktlich auf die Minute tauchen die Autos auf – Limousinen, Kombis, Pick-ups. Mehrere Dutzend Fahrzeuge biegen von der Straße ab und fahren auf das Fußballfeld.

Cowboy meldet per Funk: »Hier ist Sniper 1. Melde Bewegung.«

Die Aufständischen stellen ihre Fahrzeuge Front an Heck in einem Kreis auf, steigen aus und beginnen ihre Versammlung. Sie treten mit der Selbstsicherheit von Gangstern auf. Obwohl sie für die Bewohner der umgebenden Häuser gut sichtbar sind, wirken sie entspannt und fühlen sich offenbar vollkommen sicher. Etwaige Beobachter sind ihnen offensichtlich völlig egal. Dies ist ihr Territorium.

Sie beginnen, Waffen von einigen Pick-ups abzuladen: PK-Maschinengewehre, Panzerbüchsen, Kalaschnikows, Handfeuerwaffen. Sie begutachten die Waffen und lassen sie von Hand zu Hand wandern. Sie wirken vollkommen unbesorgt. Viele von ihnen sind offensichtlich Ausländer, diese Männer sind Profis. Sie scheinen sich für eine Art All-Star-Team zu halten: Saladins Krieger verteidigen ihr Kalifat.

Die Army registriert die Meldung.

+++

Die Operation sollte damit beginnen, dass die irakische Polizei mit großem Getöse anrückte, um die Aufständischen zu zerstreuen. Die Polizisten sollten von Westen auf das Fußballfeld zugehen und die Männer von al-Qaida in Richtung Osten in eine aus drei Scharfschützennestern bestehende »Fangreuse« treiben. Für den Fall, dass der Einsatz nicht wie geplant verlief, hatte »Sniper 1« im Westen Stellung bezogen.

Und der Einsatz verlief nicht wie geplant. Als die irakischen Polizisten anrückten, fuhren sie weiter bis in den Osten des Fußballfeldes. Die Folge war, dass sich die Aufständischen in westlicher Richtung zurückzogen, weg von der Falle mit drei Scharfschützennestern und direkt auf den einzelnen Sniper 1 zu. Es war klar, dass die Polizisten alle Hände voll zu tun haben würden, wenn es zum Gefecht kam. Die anderen drei Scharfschützenteams würden nicht in den Kampf eingreifen können.

Wer bei den SEALs dient, ist immer auf der Suche nach einem Kampf. Und im Irak war der Kampf immer auf der Suche nach uns. Man könnte sagen, dass dieser Krieg genau das Richtige für die SEALs war. Der Feind konnte uns den direkten Kampf antragen oder sich verstecken und uns aufs Geratewohl angreifen – wir wurden mit allem fertig. Die Welt wäre sicherer, würden diejenigen, die Amerika schaden wollen, einfach diese Lektion lernen und sich entsprechend verhalten.

An diesem Tag lagen Cowboy und seine Teamkollegen Jerry und Lars in ihrer Stellung bereit, um ein weiteres Kapitel dieses Lehrbuchs zu schreiben. Sie wussten genau, was sie zu tun hatten.

»Hier ist Sniper 1«, meldete Cowboy. »Bitte um Erlaubnis, das Feuer zu eröffnen.«

»Warten Sie, Nummer 1.« Es trat eine Pause ein, während sich die Einsatzleitung im Hauptquartier besprach. Dann knackte das Funkgerät: »Feuer frei.«

Es war ein Fest für einen Scharfschützen.

Im BUD/S-Kurs waren wir alle zu Experten im Einsatz von Gewehr und Pistole ausgebildet worden. Später lernten wir, Ziele in bis zu fünfhundert Meter Entfernung zu treffen. Mit einem guten Zielfernrohr sollte man imstande sein, einen Schuss auf 650 Meter abzugeben, aber mit einem normalen Gewehr ist das die äußerste Grenze. In der Scharfschützenausbildung findet man heraus, wie leicht das mit einem Scharfschützengewehr und genug Übung ist. Scharfschützen treffen auf sehr viel größere Entfernungen. Chris Kyle aus dem Team 3 hat mit der .300-Winchester-Magnum-Patrone aus 1500 Meter Entfernung und mit größeren .338 Winchester Magnum aus 1900 Meter Entfernung getroffen. Andere haben möglicherweise noch weiter entfernte Ziele getroffen. Aber das Scharfschießen erfordert mehr als Treffsicherheit. Es erfordert auch Geduld, die Fähigkeit, sich unauffällig zu bewegen, und eine sehr gute Beobachtungsgabe. Dazu kommt psychologisches Geschick. Wie wird sich der Feind verhalten? Man muss von der Körpersprache und dem Verhalten einer Person auf ihre Absichten schließen. Es ist eine schwierige

Kunst. Am Ende sind es oft unsere Scharfschützen, die einen der Grundsätze in die Tat umsetzen, die der Skipper für unsere Mission in Ramadi formuliert hatte: »Bringt jene, die das Potenzial dazu haben, auf den rechten Weg zurück. Tötet die, die ihre Zeit auf dem Planeten verwirkt haben.«

An diesem Tag gab es viele, die ihr Leben verwirkt hatten. Die siebzig bis achtzig Verbrecher, deren Aufmerksamkeit von den aus östlicher Richtung heranrasenden irakischen Polizisten in Anspruch genommen wurde, bemerkten Cowboy, Jerry und Lars nicht. Sie ahnten nicht, dass an ihrer Flanke drei Scharfschützen auf der Lauer lagen.

Jerry hatte ein leichtes M249-Maschinengewehr dabei, Lars bediente einen M79-Granatwerfer. Cowboy arbeitete mit seinem Scharfschützengewehr, einer Stoner SR-25. Der Zeitpunkt für eine Feindberührung war gekommen.

Es war perfekter L-Hinterhalt. Unsere Jungs lagen an der kurzen Seite des L und griffen die Aufständischen von der Seite an. Von dem schmalen Sonnendeck im vierten Stock hatten sie einen ausgezeichneten Schusswinkel. In einer Entfernung von nur etwa hundert Metern stellte Cowboy sein Zielfernrohr ein, und als er und seine beiden Kameraden hinter der Balustrade auftauchten, machten sich die Dschihadisten scharenweise auf den Weg, um ihre 72 Jungfrauen abzuholen.

Es war wie ein Preisschießen. Cowboy schoss mit seiner schallgedämpften Stoner im Stakkato und leerte ein Magazin nach dem anderen. Jerry setzte diszipliniert kurze Feuerstöße aus seiner automatischen Waffe ab. Als die ersten ihrer Kameraden fielen, begannen die Aufständischen hektisch nach dem Ursprung des Feuers zu suchen, und begannen blind in die Luft zu schießen. Dann liefen sie um ihr Leben. Einige sprangen in ihre Fahrzeuge, aber Lars nahm die Autos mit Granaten unter Beschuss. Sie waren auf einer offenen Fläche gefangen und hatten keine Chance. Die Fahrzeuge rasten kreuz und quer durcheinander, stießen jedoch an hohe Betonkantsteine, die sie nicht überwinden konnten. Es folgte ein chaotisches Blutbad. Sie fuhren über die Körper ihrer getroffenen Kameraden und wurden selbst von Granaten getroffen. Jedes Auto bekam eine Ladung Blei ab. Zum großen Bedauern der drei SEALs entkam ein Fahrzeug, ein blauer BMW.

Cowboy verschoss sechs oder sieben Magazine. Jerry glaubte, mit seinem leichten Maschinengewehr etwa fünfhundert Schüsse abgegeben zu haben. Mit Ausnahme der Burschen in dem BMW überlebte nicht ein einziger Terrorist. Eine große Zahl der besten Killer von al-Qaida lag tot auf dem Fußballfeld. Und bis zu ihrem Tod glaubten sie, von der irakischen Polizei massakriert zu werden. Sie sahen nie, wer sie beschoss. Es war der perfekte Scharfschützeneinsatz.

Als ihre Arbeit getan war, packten die drei SEALs ihre Ausrüstung ein und machten sich auf den Weg nach unten. Sie verließen ihre Stellung und liefen zur Nordwestecke des Fußballfelds, wo sie von Panzerfahrzeugen des Marine Corps abgeholt und zum Außenposten Firecracker zurückgebracht wurden. In der Nähe jubelten überglückliche irakische Polizisten und schossen in die Luft. Es war ein überwältigender doppelter Triumph – ein perfekter Scharfschützeneinsatz und ein Erfolg unserer Strategie der Aufstandsbekämpfung. Wir überließen den einheimischen Sicherheitskräften gerne die Anerkennung für den Einsatz.

Die Marines, die Cowboy, Jerry und Lars zum COP Firecracker zurückbrachten, waren neu in Ramadi. Einige von ihnen waren schockiert über das Blutbad. Jerry sagte ihnen nur, dass sie es schon verstehen würden, wenn sie erst einmal ein wenig länger in der Stadt wären und ein paar ihrer Kameraden sterben gesehen hätten. Cowboy setzte den Schlusspunkt hinter den Einsatz, als er den blauen BMW bemerkte, der auf ein Panzerfahrzeug zuraste. Er kniete sich hin und legte an. Schon erledigt.

Es war ein produktiver Tag im Krieg gegen al-Qaida im Irak. Diese drei Männer machten dem Aufstand in einem ganzen Bezirk ein Ende. Aus dieser Gegend war das ganze Jahr über kein Muckser mehr zu hören. Und auf dem Rückweg zum Camp Corregidor konnten die SEALs deutlich spüren, dass ihr Erfolg die Moral der Einheimischen deutlich beflügelte.

14

FLUG NACH AL-ASAD

Ende Februar schickte der Master Chief mich und einige meiner Teamkollegen nach Camp Ramadi, wo ein Hubschrauber auf uns wartete. Er wollte, dass die Führung seines Platoons in Ramadi hin und wieder anderen Einheiten in der Region einen Besuch abstattete. Wir sollten nachrichtendienstliche Informationen und neue taktische Erkenntnisse austauschen, und vermutlich wollte er uns auch vor Augen führen, wie schlecht es allen anderen ging, damit wir nicht anfingen, uns von unserem Kommando vernachlässigt zu fühlen. In Habbanija, das 35 Kilometer östlich an der Autobahn nach Falludscha lag, sollten wir uns mit den Männern von anderen Task Units treffen. Sie erlebten eine tolle Zeit und gerieten fast jedes Mal, wenn sie einen Fuß auf die Straße setzten, unter Feuer. Ein guter Freund aus der Heimat, sein Name war Breg, war mit einer Bradley-Einheit in einer nordwestlich von Ramadi gelegenen Ortschaft namens Hit stationiert. An einem Abend hatte ich Gelegenheit, ein paar Stunden mit ihm zu verbringen. In unserer Jugend waren wir viel zusammen gewesen und hatten gemeinsam trainiert, um uns auf eine militärische Laufbahn vorzubereiten. Als Morgan und ich zu den SEALs gegangen waren, waren Breg und sein Bruder in die Army eingetreten. Mittlerweile gehörten sie beide den Green Berets an.

Unser nächstes Ziel war der Luftwaffenstützpunkt al-Asad. Der Master Chief wollte mich mit einem seiner früheren Teamkollegen in Kontakt bringen, einem erfahrenen Kampfschwimmer, der Senior Chief einer auf dem Stützpunkt stationierten SEAL-Einheit war. Alle Welt kannte meinen Gastgeber nur unter seinem Spitznamen Slab. Wie sich herausstellte, lernte ich sehr viel von ihm – genau, wie der Master Chief es vorausgesehen hatte.

Wenn Sie schon einiges über unsere Einsätze nach dem 11. September gelesen haben, kennen Sie den Namen dieses Mannes vermutlich schon. Er hat fast alles gesehen und getan, was man bei den SEALs sehen und tun kann. Jahre vor der »Operation Redwing« hatte Slab selbst eine Tragödie erlebt und ungewollte Berühmtheit erlangt. Dieser schweigsame Kämpfer hatte eine Katastrophe überlebt, war allein durch Mut und Standhaftigkeit wiederauferstanden und hatte den Weg zurück in die Teams gefunden. Er hatte an der Seite von Master Chief an einem früheren Einsatz teilgenommen. Während der Vorbereitung auf die Entsendung nach Ramadi hatte der Master Chief erfahren, dass Slab ganz in der Nähe unseres Einsatzorts an der alten Schmugglerroute stationiert sein würde. Er glaubte, es wäre gut für mich, Slab kennenzulernen. Ich erstellte jetzt Einsatzpläne, fertigte Berichte über die Missionen an und überließ den Spaß meinen Kameraden. Master Chief meinte, ein Tapetenwechsel würde mir guttun. Außerdem hoffte er, dass ich mit wertvollen Erkenntnissen aus Slabs Einsatzgebiet zurückkehren würde.

Nur eine Handvoll von uns sind in die unglückliche Lage geraten, jegliche Kontrolle über Leben und Tod zu verlieren und an einer Mission teilzunehmen, die »alle zu erwartenden Notsituationen sprengt«. Slab hatte diese Erfahrung im März 2002 auf einem Berg namens Takur Ghar in Afghanistan gemacht. Wie das Camp Marc Lee wurde dieser Bergkamm später nach dem SEAL benannt, mit dessen Namen er in der Erinnerung all jener verbunden ist, die ihren Fuß auf diesen Flecken Erde gesetzt haben. Jeder in unserer Bruderschaft erinnert sich an den Tag, an dem dieser Berg zum Roberts Ridge wurde.

Neil Roberts, ein erfahrener SEAL mit zwölf Dienstjahren auf dem Buckel, war verheiratet und Vater eines kleinen Sohns. Er gehörte einer kleinen Aufklärungseinheit an, die am Takur Ghar abgesetzt wurde, um eine amerikanische Offensive gegen die Taliban und al-Qaida im südöstlich von Gardez gelegenen Shahi-Kot-Tal vorzubereiten. Die »Operation Anaconda« zielte auf eine große feindliche Streitmacht. Slab, Roberts und ihre Kameraden hatten die Aufgabe, den Feind in seinen Verstecken im Gebirge aufzuspüren und Luftangriffe ins Ziel zu lenken. Sie ahnten nicht, dass ihre Landezone mitten in einer der stärksten natürlichen Festungen in dieser Region lag. Die Afghanen hatten dort einst Alexander den Großen und in der jüngeren Vergangenheit die Rote Armee besiegt. Diese Berge hatten einen festen Platz in der Geschichte. Welchen Platz würden sie in der Geschichte der SEALs einnehmen?

Als der Chinook-Transporthubschrauber im Landeanflug war, um das Team abzusetzen, geriet er unter heftigen Beschuss und wurde von mehreren Panzerabwehrgranaten getroffen. Aus zerschossenen Leitungen spritzte Motoröl, das in Flammen aufging und den Laderaum mit dickem Qualm füllte. Der Pilot versuchte, wieder aufzusteigen, aber der Hubschrauber geriet ins Trudeln. Neil Roberts hockte bei der offenen Laderampe, als ein Besatzungsmitglied auf dem ölverschmierten Deck ausrutschte und die Rampe hinunterrutschte. Roberts wollte ihn festhalten, rutschte jedoch selbst aus und fiel aus etwa drei Meter Höhe in den Schnee. Es geschah alles innerhalb von Sekunden. Während Roberts durch den hüfthohen Schnee taumelte, versuchte der Pilot, seinen verletzten Vogel zu retten. Die Elektrik versagte, aber die Motoren funktionierten noch. Mit leckender Hydraulik hob der Chinook ab und tauchte über einen Steilhang ab. Erst jetzt begriff der Pilot, dass er einen seiner Passagiere verloren hatte.

Roberts schaltete seine Funkbake ein, um seine Position für ein Rettungsteam zu markieren. Der Pilot des Chinook wollte umkehren, um ihn zu bergen, aber aufgrund der beschädigten hydraulischen Systeme konnte er die Maschine nicht kontrollieren. Der Kommandant füllte eine Dose Hydraulikflüssigkeit nach, was dem Piloten wertvolle Sekunden verschaffte. Mit 150 Stundenkilometern trudelte der Hubschrauber den Berghang hinunter, und es gelang dem Piloten, die Maschine etwa acht Kilometer weit zu fliegen, bevor sie am Fuß des Berges aufschlug. Bei dem »kontrollierten Absturz« brach sich der Pilot mehrere Rückenwirbel, aber alle Männer an Bord überlebten.

Slab, seine Teamkollegen und die Hubschraubercrew sammelten sich unweit der Absturzstelle und forderten Unterstützung an. Eine AC-130 informierte den Stützpunkt Gardez, wo ein weiterer Chinook losgeschickt wurde, um das abgestürzte Team zu bergen. Als der andere Hubschrauber eintraf, ging Slab davon aus, dass die Einheit wieder auf den Berg gebracht würde. Aber als er den Piloten fragte, ob Flugzeuge die Landung mit Unterdrückungsfeuer vorbereiten würden, erfuhr er, dass das Kommando keine Erlaubnis zur Rückkehr auf den Berg gegeben hatte. Der Pilot hatte Anweisung, sie nach Gardez zurückzubringen. Slab machte dem Piloten klar, dass er ungeachtet der Wünsche des Kommandos auf den Berg zurückfliegen werde, um Petty Officer First Class Roberts zu retten.

Unterdessen befand sich Roberts, der allein auf dem Berg saß, in einer kritischen Lage. Es ist nicht vollkommen klar, was als Nächstes geschah. Auf der Suche nach Deckung kämpfte er sich bergauf, sah sich jedoch rasch von feindlichen Kämpfern umringt. Er kämpfte bis zum Ende. Eine AC-130 übermittelte Infrarotbilder von seinen letzten Augenblicken. Auf den Aufnahmen war die Wärmesignatur eines Mannes mit einem Karabiner zu sehen. Aus der Mündung fuhr ein heller Blitz, als er auf eine bei einem Baum hockende Figur schoss. Jene, die diese Bilder in Echtzeit sahen, erfuhren erst später, was geschehen war. Am 3. März 2002 um 4:27 Uhr morgens fiel Neil Roberts als erster SEAL im Kampf gegen den Terror.

Als Slab einen Hubschrauber gefunden hatte, der ihn auf den Berg zurückbringen würde, erbat er ein vorbereitendes Bombardement von den über dem Einsatzort kreisenden Flugzeugen. Seine Einheit war bereits eine Minute in der Luft, als sie erneut die Mitteilung bekamen, dass die AC-130 eine Zone, in der sich eigene Kräfte befanden, nicht beschießen würde. Es war erst zwei Tage her, dass durch Eigenbeschuss zwei Männer getötet und vierzehn weitere verletzt worden waren. Der Schock über diesen Fehler saß bei den Kommandeuren noch tief.

Da keine Zeit blieb, nach einer alternativen Landezone zu suchen, entschloss sich der Pilot, an derselben Stelle zu landen, an der der erste Hubschrauber getroffen worden war. Slab sagte seinen fünf Kameraden, sie müssten davon ausgehen, dass Roberts noch am Leben sei. Ihr Berufsethos verbot es ihnen, einen Mann zurückzulassen. Er sagte ihnen, dass eine Infrarotbake eingeschaltet worden war. Sie würden an einem vom Feind kontrollierten, mit schweren Waffen verteidigten Ort landen. Es war anzunehmen, dass Roberts dem Feind bergab auszuweichen versuchte. Slab wusste, dass dies mit einiger Wahrscheinlichkeit kein Rettungs-, sondern ein Bergungseinsatz werden würde. Er sagte zu seinen Kameraden: »Wir gehen wieder dort hinauf und töten jeden einzelnen dieser Hurensöhne.«

In der Landezone angekommen, schwebte der Hubschrauber in geringer Höhe über dem Boden, und Slab und seine Kameraden sprangen in den Schnee. Slab war mit seinem Stoner-SR-25-Scharfschützengewehr, acht Handgranaten und einer automatischen SIG-Sauer-9-mm-Pistole bewaffnet. Für die Eliteeinheit mit dem Codenamen »Mako 30« begann eine siebenstündige Feuerprobe, in deren Verlauf sie wiederholt eine gut befestigte feindliche Stellung angriffen, um ihren Kameraden zu retten oder seine Leiche zu bergen.

Slab spricht nicht gerne über das, was er erlebt hat. Wie viele unserer besten Männer drängt er sich in einer Menschenmenge nicht nach vorne. Bevor ich ihn kennenlernte, stellte ich ihn mir als einen Riesen von einem Mann vor – so gewaltig war sein Ansehen. Aber kaum jemand käme auf den Gedanken, hinter der äußeren Erscheinung dieses schlanken, unauffälligen Mannes einen der besten Elitesoldaten überhaupt zu vermuten. Aber Dynamit wird in kleinen Packungen geliefert, und Züge kommen auf schmalen Schienen daher. Slab war 37 Jahre alt, als ich ihn kennenlernte. Auf dem Höhepunkt seiner Laufbahn war er ein erfahrener Kampfschwimmer, der sich in den extremsten Belastungssituationen als unerschütterlich erwiesen hatte. In seine Augenfalten waren die Geschichten der vielen Missionen gemeißelt, die nie jemand erzählt hat und die nicht erzählt werden können. Es war ein Privileg, einige dieser Geschichten aus seinem Mund zu hören.

Kaum im Schnee gelandet, gerieten Slab und seine Teamkollegen unter Beschuss. Sie hatten es mit Tschetschenen zu tun, die im Kampf in gebirgigem Terrain erfahren waren. Die feindlichen Kämpfer begannen, Mako 30 einzuschließen, und griffen die SEALs von drei Seiten an. Unsere Männer waren in einen »Hufeisenhinterhalt« geraten. In etwa siebzig Meter Entfernung hatte der Feind zwei Bunker errichtet, in denen er Deckung finden konnte. Angesichts des Kugelhagels warfen sich Slab und sein Funker, Sergeant John Chapman von der Luftwaffe, in den Schnee und gaben ihren Kameraden Randy und Turbo Feuerschutz, die einen der Bunker zu erreichen versuchten. Die beiden anderen SEALs, Kyle und Brett, versuchten die feindliche Position zu umgehen.

Der Pilot der AC-130 sah das Gefecht als Lichtshow am Berghang. Es überraschte ihn, wie nahe die feindlichen Kräfte einander waren. »Es war ein Schusswechsel in einer Telefonzelle«, erklärte er später. Dieses Gefecht muss ausgesehen haben wie eine Szene aus *Star Wars*: Auf einem eisigen Planeten flitzten Leuchtspuren über den Schnee. Wenn man in Unterzahl in der Nähe eines Berggipfels kämpft, kann man ziemlich sicher sein, eingeschlossen zu werden. Auf geringerer Höhe kann man zumindest irgendwohin ausweichen. Ich weiß nicht, was ich an Slabs Stelle getan hätte – vielleicht hätte ich mich tot gestellt und eine entsicherte Handgranate unter dem Bauch gehalten, um den Hebel loszulassen, wenn sie sich mir näherten.

Slab zielte mit dem M203-Granatwerfer auf den Bunker, aber die Wirkung der Granate wurde durch den Schnee gedämpft. Chapman wurde von mehreren Kugeln getroffen und schwer verwundet. Brett erlitt Durchschüsse in beiden Beinen. Dann bekam Turbo einen Treffer ab, der einen seiner Füße beinahe oberhalb des Gelenks abtrennte; nur der Druck seines mit Schnee gefüllten Stiefels verhinderte, dass er verblutete.

Slab warf eine Rauchgranate und versuchte, sich vom Feind zu lösen. Der Pilot der AC-130 blieb auf Position, obwohl seine Treibstoffreserve bereits im roten Bereich war. Slab wies ihn an, eine nur fünfzig Meter von seiner Position entfernte Baumgruppe zu beschießen, aber der Pilot hatte Angst, die eigenen Männer zu treffen. Slab sagte: »Es ist mir egal, wie nah sie sind. Das ist unsere einzige Chance zu überleben.« Das »fliegende Kanonenboot« flog eine langsame Kurve gegen den Uhrzeigersinn, und der Bordschütze an der linken Seite eröffnete das Feuer mit seiner 105-Millimeter-Haubitze. Die Besatzung stand unter extremem Druck, denn der Pilot und seine Crew würden nie wieder ruhig schlafen, wenn sie den belagerten SEAL töteten, mit dem sie vor wenigen Sekunden noch gesprochen hatten. Der Treibstoff ging zur Neige, und die AC-130 drohte zu einem leichten Ziel zu werden, da sich der Himmel bereits aufzuhellen begann. Etwa 75 Geschosse konnte die AC-130 auf den Berg herabregnen lassen, bevor der Pilot gezwungen war, zum Stützpunkt zurückzukehren. Es schnürte ihm den Hals zu, dass er Slab und seine Männer schutzlos zurücklassen musste, bis ein anderes Flugzeug seine Position einnehmen konnte. Während sich zwei in Kuwait stationierte F-15E Strike Eagles näherten, versuchte Slab, sich so gut wie möglich zu verstecken. Im Hauptquartier machte sich eine Einheit der Army Rangers bereit, den bedrängten SEALs als schnelle Eingreiftruppe zu Hilfe zu eilen.

Als die zwei F-15 eintrafen, versuchte Slab, sie per Funk in die richtige Position zu bringen, um den Feind treffen zu können. Aus Sicht der Piloten verlangte der SEAL von ihnen, Bomben genau auf seine Position abzuwerfen. Die schnell fliegenden Kampfflugzeuge trafen ihre Ziele nie exakt. Nachdem der Pilot das Ziel zweimal angegriffen, aber deutlich verfehlt hatte, meldete er »Bingo« – was bedeutete, dass ihm der Treibstoff ausging – und schwenkte ab, um sich ein Tankflugzeug zu suchen. Slab und seine Teamkollegen waren wieder allein.

Die schnelle Eingreiftruppe der Ranger bestand aus zwanzig Mann, die in zwei Chinooks eingeflogen wurden. Sie sollten von Bagram nach Gardez fliegen, von wo aus sie am Boden vorrücken würden. Aber nur einer der Hubschrauber stieg auf. Und da rasch klar wurde, dass die Zeit für die SEALs ablief, flog der Chinook direkt ins Gefecht.

Als der Transporthubschrauber kurz vor dem Morgengrauen zur Landung ansetzte, geriet er in einen Kugelhagel. Dem Piloten gelang eine Bruchlandung, bei der niemand an Bord getötet wurde. Die Ranger, die, umringt von feindlichen Schützen, in einer Wolke aus Schnee ausstiegen, gerieten sofort unter ebenso heftigen Beschuss wie zuvor das Team Mako 30. Die von Captain Nate Self angeführten Ranger stellten rasch fest, dass sie selbst ebenfalls gerettet werden mussten.

An diesem Punkt nahm Slabs Geschichte eine Wendung, die mich persönlich betraf. Jason Cunningham, einer der Rettungsfallschirmspringer der Air Force, hatte gemeinsam mit mir die Sanitätsschule »18 Delta« der Army besucht. Er gehörte der 24. Spezialtaktikschwadron der Rettungsfallschirmspringer an. Während die Rangers bergauf vorrückten, verwandelte Cunningham den abgestürzten Hubschrauber in ein Feldlazarett, in dem er unter heftigem Feuer aus einem nur hundert Meter entfernten Bunker mehrere Schwerverletzte behandelte. Rund um den Hubschrauber schlugen Granaten ein. Gegen halb ein Uhr mittags wurde Jason von einer Kugel im Unterleib getroffen und erlitt schwere innere Verletzungen. Mit letzter Kraft versorgte er die verwundeten Soldaten, bevor er schließlich im Schnee verblutete. Am 4. März wurde zum ersten Mal seit dem Vietnamkrieg ein Rettungsfallschirmspringer der Air Force im Einsatz getötet. Gegen acht Uhr abends starb Jason Cunningham.

+++

Bei ihrem entschlossenen Angriff auf die feindliche Stellung verlor die schnelle Eingreiftruppe vier Männer. Neun weitere wurden schwer verletzt. Schließlich gelang es mit massiver Luftunterstützung, die feindlichen Einheiten zu zerschlagen. Zwei Chinooks holten die dezimierte Ranger-Einheit ab. Der erste Hubschrauber brachte die Überlebenden zurück nach Bagram, der zweite transportierte die Toten.

Slab und seine Männer harrten weitere sechs Stunden in der Kälte aus. Unter ständigem Beschuss mit Granaten überlebten die bewegungsfähigen, verwundeten SEALs in einer Felsspalte. Ein Pilot namens Tom Friel vom 160. Special Operations Aviation Regiment kehrte nach Einbruch der Nacht mit einem Chinook zurück. Einer der SEALs richtete den Laserstrahl seiner Waffe aus der Felsspalte senkrecht in die Höhe, um Friel ihre Position zu zeigen. Dieser manövrierte den massigen Transporthubschrauber bis auf wenige Meter an die Felswand und hielt ihn im Schwebeflug, sodass der Crew Chief die Laderampe öffnen konnte. Es gelang, die drei verwundeten SEALs an Bord zu hieven. Als der Hubschrauber wieder aufstieg, war die Mission endlich vorüber. Slab und die anderen Überlebenden würden das Echo dieser Schlacht ihr Leben lang hören.

Ich hörte Slab zu, wie es sich für einen jungen Kampfschwimmer gehört: mit geschlossenem Mund und weit aufgesperrten Ohren. Ich hatte die Berichte über den Einsatz gelesen, aber als ich die Geschichte aus seinem Mund hörte, begriff ich, dass jeder, der eine Situation wie diese überlebt, den Rest seines Lebens eine Last mit sich herumträgt. Eines lernte ich von

Slab: Es passiert leicht, dass man eine Katastrophe nicht mehr aus dem Kopf bekommt und auf Lebzeiten ihr Gefangener bleibt. Slab zeigte mir, wie man darüber nachdenken und negative in positive Energie verwandeln konnte. Die Menschen, denen es gelingt, sich auf das Positive zu konzentrieren, werden sich behaupten. Man darf nicht denken: *Ich kann diese schreckliche Erfahrung nicht verwinden.* Man muss denken: *Ich kann diese Erfahrung nutzen, um besser zu werden.*

Ich war überrascht zu erfahren, dass der Master Chief beinahe ebenfalls an diesem Einsatz teilgenommen hätte. Zu jener Zeit diente er in Slabs Einheit, aber er war gerade in den USA, wo er an einem Ausbildungs- und Unterstützungsprogramm nach dem 11. September teilnahm. Es war einfach nicht sein Schicksal, an diesem Tag an Bord dieses Hubschraubers zu gehen. Einem Mann, der weit entfernt ist, wenn seine Einheit überrannt wird, geht es vermutlich nicht viel besser als einem Mann, der eine solche Katastrophe als Einziger überlebt. Er wird den Rest seines Lebens denken, dass er an der Seite seiner Kameraden dort draußen hätte sein sollen, und er wird keine Antwort auf die Frage »Was wäre gewesen, wenn?« finden. Der Master Chief erzählte mir, dass es ein gewisser Trost gewesen sei, in den Staaten bei der Rückholung und Beerdigung seines gefallenen Kameraden helfen zu können. Er wusste, dass er dort, wo er war, gebraucht wurde, und akzeptierte, dass er in der Heimat die wichtige Aufgabe hatte, der Familie seines Kameraden zur Seite zu stehen. Manchmal besteht die schwerste Aufgabe eines Soldaten nicht darin, am Kampf teilzunehmen.

Slab bewältigte seine Erfahrung, indem er sie analysierte, um Fehler zu finden, die er nicht noch einmal begehen wollte, und sie anschließend zu den Akten legte. Er ist ein nachdenklicher, introvertierter Mann und ein harter Kämpfer. Trotz seines zurückhaltenden Wesens machte er mir in unserer gemeinsamen Zeit klar, wie und warum er es geschafft hatte weiterzumachen, wie ihn schlechte Erfahrungen zusätzlich motivierten und wie er gelernt hatte, Furcht von Verängstigung zu unterscheiden. Furcht ist eine Kraft, die die Sinne schärft. Verängstigung ist ein lähmender Zustand, der jedes Handeln unmöglich macht. Es ist wichtig, den Unterschied zu verstehen. Ich begriff ihn erst in den Gesprächen mit Slab. Man muss seine Furcht nutzen, um sich vor dem tödlichen Zustand der Verängstigung zu bewahren. Zu sehen, wie Slab seine Aufgaben erfüllte, wie er Missionen plante und mit seiner Truppe umging, hatte dieselbe Wirkung auf mich wie die Gesellschaft von JT, Josh, JJ und Morgan nach meiner Rückkehr aus Afghanistan. Seine Gegenwart gab mir Kraft und erfüllte mich mit Respekt, ohne dass er ein Wort sagen musste.

Man muss kein Herkules sein, um Großes zu erreichen. Man braucht einen inneren Antrieb und Leidenschaft sowie eine realistische Einschätzung dessen, was möglich ist und was nicht. In meiner Zeit mit Slab begriff ich, dass ich kaum etwas hätte tun können, um den Lauf der Dinge an jenem Tag im Hindukusch zu ändern. Seine Gegenwart motivierte mich ungemein, wie der Master Chief vorausgesehen hatte. Ich habe festgestellt, dass man harte Zeiten am besten übersteht, indem man sich mit positiven Menschen umgibt. Die Gesellschaft von Menschen, die schwach sind oder sich unentwegt selbst bedauern, wirkt lähmend. Man darf nie zurückschauen, sondern muss den Blick immer in die Zukunft richten. Slab, ich danke dir für deine Hilfe.

+++

Ich war noch bei Slabs Team in al-Asad, als al-Qaida bewies, wie verzweifelt ihre Lage im Irak mittlerweile war: Am Morgen des 19. Februar explodierte vor einer Polizeistation in Ramadi ein mit Sprengstoff gefülltes Auto. Nachdem das Wachhäuschen und das Tor weggesprengt worden waren, rollte ein mit vier Tonnen Sprengstoff und einem Tank voll Chlor gefüllter Müllwagen auf die Polizeistation zu. Die Fanatiker hatten ihre Versuche aufgegeben, die Bevölkerung zu manipulieren. Als klar geworden war, dass sich die ganze Stadt gegen sie gewandt hatte und sie endgültig loswerden wollte, blieb ihnen nur noch nihilistischer Massenmord. Der Müllwagen durchbrach eine Betonmauer und explodierte mitten im Morgenappell. Sechzehn irakische Polizisten wurden getötet, mehr als sechzig erlitten Verletzungen.

»Dies ist die Wahl, vor die wir sie gestellt haben«, sagte Scheich Sattars Bruder Ahmed. »Sie können sich ergeben oder sich in die Luft sprengen. Sie haben die Hoffnung auf den Sieg aufgegeben, also bleibt ihnen nur der

Selbstmord.« Sie wollten einen frühen Flug in die Hölle erwischen, und wir waren gerne bereit, ihnen dabei zu helfen.

Als ich ins Camp Marc Lee zurückkehrte, erzählten mir meine Kameraden, wie viel sie mittlerweile zu tun hatten. Die Army und die Marines waren unentwegt in der Stadt im Einsatz. Fizbo berichtete mir von einer großen Räumungsaktion des 1. Bataillons des 9. Infanterieregiments von Camp Corregior ausgehend. Sie waren eines Morgens um drei Uhr morgens in den Bezirk al-Malaab ausgerückt, der ein Paradies für einen jeden Fliegerleitoffizier war. Mit seinen scharfen Augen am Himmel konnte er fast überall, wo er hinschaute, feindliche Bewegungen sehen.

Bei dieser Gelegenheit ließ das Hauptquartier die Truppen ein wenig von der Leine. Fizbo erhielt die Freigabe für zahlreiche Neunzeiler. Er saß mit einem Team, dem auch mein Bruder angehörte, in seinem Scharfschützennest und lenkte Tonnen von Fliegerbomben und Raketen auf feindliche Stellungen. Gleichzeitig setzte die Army ihre Raketensysteme wirkungsvoll ein. Apache-Kampfhubschrauber schossen aus geringer Höhe Hellfire-Raketen ab, und die großen Abrams-Panzer griffen ebenfalls ein. Am Ende der dreitägigen Operation waren zahlreiche feindliche Kämpfer getötet worden, aber noch wichtiger war, dass anders als bei unserem letzten Vorstoß in dieses Gebiet all unsere Jungs wohlbehalten zum Stützpunkt zurückkehrten.

Etwa zur selben Zeit trafen ermutigende Nachrichten über die Genesung unserer Verwundeten ein. Der Zustand von Johnny Brands hatte sich nach mehreren Operationen stabilisiert. Die Ärzte glaubten sogar, dass er irgendwann vielleicht wieder einsatztauglich sein würde. Elliotts Prognose war nicht so gut, aber er konnte endlich aus Deutschland in die Heimat zurückgebracht werden, wo die Behandlung seiner Verbrennungen fortgesetzt werden würde.

In der Task Unit Red Bull machte sich das Gefühl breit, dass wir uns beim Feind revanchiert hatten und dass den Aufständischen in Ramadi die Luft ausging.

15

BLUT UND SIEG

Als das Ende unseres Einsatzes in dem Höllenloch näher rückte, wurde der Regen heftiger, und ich vermute mal, dass irgendwo ein Teil der Hölle zufror, denn die Medien schienen plötzlich zu begreifen, was in der Provinz al-Anbar geschehen war. Seit General Petraeus das Kommando über die Koalitionstruppen im Irak übernommen hatte, waren die Journalisten offenbar bereit, die Erfolge im Westen des Landes zu registrieren (obwohl viele von ihnen anscheinend der Meinung waren, dass sich diese Erfolge ohne amerikanische Beteiligung ganz von allein eingestellt hatten).

Ich bitte um Verständnis für meinen bitteren Ton. In der Zeit, über die ich berichte, wurden mehr als ein Dutzend Mitglieder meines Teams verwundet (dazu kamen die schweren Verluste von Team 3 mit zahlreichen Verwundeten und zwei Toten), und die konventionellen Truppen, an deren Seite wir kämpften, verloren mehr als hundert Männer, zu denen ungezählte Verwundete kamen. Die amerikanischen Streitkräfte töteten mehr als 1100 Aufständische und nahmen mindestens ebenso viele feindliche Kämpfer gefangen. Die Zahlen waren für jedermann zugänglich.

Die Zahl der Angriffe auf unsere Truppen und auf die Zivilbevölkerung von Ramadi war innerhalb von sechs Monaten von durchschnittlich zwanzig am Tag auf etwa die Hälfte gesunken. Die Gesamtzahl der Angriffe mit Mörsern und IEDs war um zwei Drittel zurückgegangen. Die Zahl der feindlichen Kämpfer, die an den selten gewordenen komplexen Attacken teilnahmen, war von zwanzig auf zehn Mann gesunken.

Die Aufgabe bestand jetzt darin, die Sunniten auf allen Ebenen in die Politik und die staatliche Verwaltung zu integrieren. Nach Saddam Husseins

Sturz und der Auflösung seiner Baath-Partei waren zahlreiche Sunniten aus dem öffentlichen Dienst gedrängt worden, weshalb ihre Führung die Wahlen boykottierte. Die Regierung Bush stockte die amerikanischen Truppen um 18000 Mann auf – in Bagdad wurden fünf Heeresbrigaden und in al-Anbar zwei Bataillone der Marines stationiert –, und die Dienstzeit der im Irak stationierten Soldaten wurde von zwölf auf fünfzehn Monate verlängert. Diese starke Präsenz ermutigte viele verängstigte Iraker, sich wieder am öffentlichen Leben zu beteiligen.

Als unser Einsatz im April endete, war in Ramadi ein fast unwirklich anmutender Friede eingekehrt. Als wir im Oktober dort eingetroffen waren, wurden jeden Tag etwa sechzig gewaltsame Zusammenstöße gezählt. Als die zwei Platoons der Task Unit Ramadi ihre Ausrüstung zusammenpackten, waren es nur noch ein oder zwei Zwischenfälle – pro Woche.

Aber wie es Paul Craig, der Kommandeur unseres Kampfmittelräumdienstes, ausdrückte: »Du bist an keinem Tag sicherer, weil du der Heimreise einen Tag näher bist.« Unsere Männer in Falludscha führten in diesen Tagen einige ebenso wichtige wie folgenschwere Operationen durch. Anfang April brach ein Platoon von Team 4 zu einer Mission im Norden von Falludscha auf, um mehrere Mitglieder einer Zelle gefangen zu nehmen oder zu töten, die offenbar mit SA-7 – schultergestützten Boden-Luft-Raketen – amerikanische Hubschrauber abgeschossen hatten. Es bestand der Verdacht, dass eines dieser üblen kleinen Dinger im März einen CH-46-Transporthubschrauber des Marine Corps vom Himmel geholt hatte. Als unsere Aufklärung endlich das Versteck der Zelle ausfindig gemacht hatte und eine kombinierte Einheit von Irakern und SEALs den Hof stürmte, erwartete sie im Inneren ein in Gefechtsstellungen verschanzter Feind. Im folgenden Gefecht wurde einer unserer Männer getroffen, und das Spezialkommando musste sich zurückziehen.

Der Kommandeur des Platoons, ein harter Mann namens Dan, wurde im Vorraum des Hauses in einen Winkel gedrängt und sah sich zahlreichen feindlichen Kämpfern gegenüber. Chief Dan hatte 21 Dienstjahre und sieben Auslandseinsätze auf dem Buckel, davon zwei im Irak. Er wurde von 27 Kugeln getroffen, von denen elf in seiner Schutzweste stecken blieben.

Rechnen Sie selbst. Am Boden liegend, gelang es ihm, drei feindliche Kämpfer zu erschießen. Bevor sie ihm den Rest geben konnten, begannen seine Kameraden einen zweiten Sturmangriff. Sie töteten die Aufständischen und brachten Chief Dan in Sicherheit. Zum Glück hatten ihn die sechzehn Kugeln nur in den Beinen getroffen, und keine der Verletzungen war tödlich.

Diese Zelle würde keine Hubschrauber mehr abschießen.

Kurz vor unserer Abreise mussten wir einen weiteren Verlust hinnehmen. Achtundvierzig Stunden bevor wir an Bord des Flugzeugs in die Heimat gingen, war mein Point Man Studdard außerhalb von Camp Marc Lee zu Fuß unterwegs, als ihn etwas zwischen den Rippen traf. Zuerst dachte er, jemand habe einen Stein nach ihm geworfen, und sah sich wütend nach dem Schuldigen um. Dann begriff er, dass er eine tiefe Wunde hatte, und rief um Hilfe. Nachdem wir ihn geborgen hatten, suchten wir die Umgebung nach dem Angreifer ab. Studdard war von einer 7,62-mm-Patrone getroffen worden, die aus etwa 1500 Meter Entfernung vom anderen Ufer des Euphrat gekommen war. Die Kugel steckte so nahe an seiner Wirbelsäule, dass die Chirurgen sie nicht herausholen konnten. Als sie ihn ins Krankenhaus brachten, hatte ich keine Gelegenheit, ihm für alles zu danken, was er als Point Man für uns getan hatte. Ein Mann, der an einem Ort wie Ramadi Nacht für Nacht diese Aufgabe erfüllte, hatte keine hohe Lebenserwartung. Aber er beklagte sich nie darüber. Jetzt trägt er als Belohnung ein kleines Stück von dieser Stadt mit sich herum.

Dabei nahmen wir natürlich alle etwas mit nach Hause. Das schönste Andenken war vermutlich der Sieg. Die Stadt war wie verwandelt. Die Infrastruktur war immer noch zerstört, aber Ramadi war zu neuem Leben erwacht. Als die Vorausabteilung von Team 7 eintraf – jetzt waren sie an der Reihe, eine Übernahmepatrouille zu machen, den Finger an den Puls dieser gefährlichen Stadt zu legen und ihren Kampfrhythmus zu finden –, war Ramadi ein anderer Ort. Auf den Straßen patrouillierten einheimische Polizeieinheiten, denen sich mittlerweile mehr als dreitausend Rekruten angeschlossen hatten. Es gab kein sicheres Rückzugsgebiet mehr für al-Qaida, denn diese Polizisten kannten ihre Viertel und erkannten ausländische Terroristen mühelos. Die örtliche Handelskammer half beim Aufbau von Kleinbetrieben. In den Seitenstraßen spielten Kinder Fußball. Irakische Frauen begannen sich mit Unterstützung einiger weiblicher Zivilbeauftragter des Marine Corps zusammenzuschließen, die sich ihre Probleme anhörten und ihnen dabei halfen, ihr Leben in die Hand zu nehmen, ihre Geldangelegenheiten selbst zu regeln, Arbeit zu finden, lesen zu lernen. Nach dem jahrelangen Morden waren die meisten dieser Frauen Witwen. Nun übernahmen sie eine wichtige Rolle im Leben der Stadt und bildeten ein Bollwerk gegen eine Rückkehr von al-Qaida. Wenn einer ihrer Söhne mit einem Geldbündel in der Hosentasche heimkehrte und erklärte, er sei auf einer heiligen Mission, stellten sich diese Mütter dem Wahnsinn entgegen: »Was soll das für eine heilige Mission sein? Wer hat dir das eingeredet?«

Im September 2007 fand im Gedenken an den Polizeibeamten Captain Ali, der bei dem Versuch gestorben war, einen Selbstmordattentäter aufzuhalten, der seine Polizeistation angreifen wollte, in Ramadi ein Straßenrennen über fünf Kilometer statt, das von der Glasfabrik über Camp Hurricane Point und die vor nicht allzu langer Zeit mit Sprengfallen gespickte Route Michigan in den Bezirk al-Malaab führte. Mehr als hundert Iraker nahmen daran teil, und entlang der Route Michigan schwenkten die Zuschauer Nationalflaggen. Der Erfolg war nicht auf Ramadi beschränkt. Der Skipper und der Master Chief hatten ihre Bewegungsfreiheit in einem weitläufigen Gebiet genutzt, um unsere Einsätze mit denen der Spezialeinheiten und konventionellen Truppen in Falludscha, Habbanija, dem nördlichen Euphrat-Tal und sogar al-Qa'im unweit der syrischen Grenze zu koordinieren. Die Special Forces der Army spielten dabei eine wichtige Rolle. Ich sah es bei meinem Besuch in Hit mit eigenen Augen. Die Green Berets leisteten dort und in Haditha großartige Arbeit, was uns die Möglichkeit gab, uns auf den Korridor zwischen Ramadi und Falludscha zu konzentrieren.

Von dort aus breitete sich die Bewegung »Das Erwachen al-Anbars« nach Bagdad im Osten und in die Provinz Dijala im Norden aus. Die sunnitischen Scheichs in diesen Gebieten stellten die jungen Männer ihrer Stämme für den Dienst in den Sicherheitskräften ab und machten Jagd auf al-Qaida, wo immer sie der Terroristen habhaft wurden. Dank des Wohlwollens der Stammesältesten wurden unsere Soldaten in Städten und Dörfern, deren Bewohner noch nie einen Amerikaner gesehen hatten, freundlich aufgenommen. Gemeinsam mit den Stämmen zerrissen unsere Streitkräfte systematisch das Netz der Terrorzellen.

In der Provinz al-Anbar war der Wandel so tief greifend, dass er sogar die Ermordung des wichtigsten Vordenkers von »Das Erwachen al-Anbars« überdauerte. Am 13. September, der Ramadan hatte gerade begonnen, fuhr Scheich Sattar zum Luftwaffenstützpunkt al-Asad, wo er sich mit Präsident Bush traf. Wieder zurück, wurde Sattar von einem Selbstmordkommando angegriffen. Mit ihm starben mehrere seiner Leibwächter. Es war ein Rückschlag für die Friedensbemühungen, aber so, wie man einen Aufstand nicht durch Töten besiegen kann, konnte al-Qaida den Aufstand nicht durch Töten zu neuem Leben erwecken: Sattars Tod wirkte sich nicht wesentlich aus, denn sein Bruder, Scheich Ahmed Abu Rischa, nahm seinen Platz ein und setzte sich an die Spitze des Wiederaufbaus.

Auch die Einstellung der Iraker, die sich zum Dienst in den Sicherheitskräften gemeldet hatten, änderte sich. Anfangs war es ihnen nur darum gegangen, Gefahren aus dem Weg zu gehen und mit ihrem Gehalt über die Runden zu kommen, aber nach einer Weile begannen sie sich für das Gemeinwohl zu interessieren. Einmal brach unter einigen Rekruten ein heftiger Streit aus. Unsere Dolmetscher erklärten uns, worum es ging: Ein irakischer Soldat, der zur trägen und unzufriedenen Sorte gehörte, kritisierte einige Kameraden, weil sie sich im Training anstrengten. Sie antworteten ihm: »Wir werden für den Irak kämpfen. Wir werden ein großes Land aufbauen.« Diese Einstellung breitete sich aus. Die Männer trainierten immer härter, und es dauerte nicht lange, da hatten wir eine Kompanie und dann ein Bataillon von irakischen Soldaten, die im Wesentlichen einsatzbereit waren. Wir integrierten sie in unsere Einsätze, und sie leisteten wertvolle Beiträge zur Befriedung ihrer geschundenen Stadt.

Unser Einsatzleiter DQ erzählte mir, dass er immer wieder Spott über sich ergehen lassen müsse, weil unsere Vorgehensweise in der Aufstandsbekämpfung vielen Leuten nicht passte. Sein Gegenstück im Regimentshauptquartier in Falludscha, ein raubeiniger Infanterist der alten Schule, rieb ihm immer wieder unter die Nase, die SEALs in Ramadi verteilten im Grunde nur Fußbälle. Aber als er sah, wie sich die Stadt veränderte, änderte er seine Einstellung. »Ich will das, was ihr habt«, sagte er zu DQ. »Ihr tut das Richtige.«

Etwa um dieselbe Zeit erklärte der Mehrheitsführer im amerikanischen Senat: »Dieser Krieg ist verloren, und die Truppenaufstockung bringt nichts.« Der Präsident bezeichnete diese Äußerungen als »eine der unverantwortlichsten in meinen acht Jahren in Washington«. Natürlich waren die Widersacher des Präsidenten nicht bereit, ihm einen Erfolg zuzugestehen. Eine Zeitung erklärte ihren Lesern: »Wofür auch immer Präsident Bush gekämpft hat, es ist ein Kampf für eine verlorene Sache. [...] Die zusätzlichen Truppen, die in der Region Bagdad stationiert wurden, haben nichts verändert.« Der Hass dieser Leute auf den Oberkommandierenden schien größer zu sein als ihre Liebe zu ihrem Land. Die Provinz al-Anbar war über den Berg, aber die Medien verschoben den Berg, sodass es den Anschein hatte, als hätten wir den Anstieg noch vor uns. Als im Jahr 2009 ein neuer Präsident gewählt worden war, schienen die Medien eher bereit, uns Anerkennung für das Erreichte zu zollen. *Newsweek* brachte eine Cover Story unter der Schlagzeile »Am Ende doch ein Sieg: Die Geburt der irakischen Demokratie«. Besser spät als nie, oder? Jene von uns, die dort waren, kennen die wahre Geschichte. Als die Männer vom 1. Bataillon des 506. Infanterieregiments, die Currahees, nach Fort Campbell zurückkehrten, wurden zweihundert Soldaten ausgezeichnet, darunter siebenundachtzig mit dem Purple Heart, fünfzehn mit einem Bronze Star samt »V» für Valor (besondere Tapferkeit) und drei mit einem Silver Star. Ihre Namen stehen jetzt in den Annalen der amerikanischen Kriegseinsätze, aber der Heldenmut der meisten dieser Männer war typisch für den der Soldaten, die ich in Ramadi im Einsatz sah.

Wir alle wissen, welchen Preis wir für den Sieg zahlen mussten.

+++

Eine Aussage des Master Chief drückt in meinen Augen am besten aus, worum es bei unserer Arbeit geht und was es bedeutet, als SEAL zu dienen. Als sich einige von uns beklagten, wir setzten uns unnötigen Gefahren aus, indem wir die Iraker an unseren Einsätzen teilnehmen ließen, antwortete er: »Manchmal muss man einen Nachteil in Kauf nehmen, um sein langfristiges Ziel zu erreichen. Man kann es sich leicht machen und sagen, die Iraker seien alle korrupt und kämpften schlechter als wir. Oder man kann es anders betrachten und sich bewusst machen, dass sie wie alle anderen Menschen sind, dass auch Amerika irgendwann in seiner Geschichte so gewesen ist, dass auch bei uns Unschuldige in einem blutigen Bürgerkrieg ins Kreuzfeuer gerieten. Es gibt Menschen, die in Ramadi leben *müssen*, die nicht nach Syrien, in die Vereinigten Staaten oder nach Bagdad fliehen können. Sie sitzen hier fest und müssen versuchen, hier zu überleben. Es ist komplex. Und weil es komplex ist, kann alles, was ihr tut, gewaltige Auswirkungen haben.« Und unser Einsatz hatte gewaltige Auswirkungen auf Ramadi. Eine Anekdote aus der amerikanischen Geschichte hilft dabei, die Entwicklung im Irak ein bisschen einzuordnen. Im Jahr 1787, wenige Jahre nach dem Ende des Unabhängigkeitskriegs, war die verfassunggebende Versammlung gerade vertagt worden, als eine Dame Benjamin Franklin fragte, welche Art von Regierung das amerikanische Volk nun erhalten werde. »Eine Republik«, antwortete er, »sofern ihr sie bewahren könnt.« Ich denke, das war es auch, was die Bevölkerung von al-Anbar bekam.

Einmal mehr lieferte der Master Chief eine gute Zusammenfassung: »Wir haben aus einem Grund so hart trainiert: Wir wollten die Kriegskunst besser beherrschen als unser Feind, wir wollten uns die für die Bewältigung der Mission nötigen Fähigkeiten aneignen, und wir wollten in der Lage sein, die Risiken auf uns zu nehmen. Als amerikanische Krieger haben wir die Pflicht, die Unschuldigen zu verteidigen. Und das bedeutet manchmal, dass wir in einer Auseinandersetzung auf der benachteiligten Seite stehen müssen.«

Es geht nicht um uns. Besser lässt sich die wahre Natur des Militärdienstes nicht in Worte fassen.

+++

Während ich in Ramadi stationiert war, schoss ich kaum öfter als vier- oder fünfmal auf feindliche Kämpfer. Die Aufgabe eines Chief besteht darin, seine Männer in die Lage zu versetzen, sich im Kampf zu behaupten. Ich sorgte für meine Männer und versuchte immer zu gewährleisten, dass sie alles hatten, was sie brauchten. Denn das war alles, was ich brauchte.

In Ramadi griff ich zum letzten Mal zur Waffe, um mit den SEALs in den Kampf zu ziehen. Es war der Augenblick gekommen, meine Waffe in den Schrank zu sperren und das nächste aufregende Kapitel in diesem Leben in Angriff zu nehmen.

Letzten Endes hatte der Einsatz im Irak wenig mit einer Revanche für die »Operation Redwing« zu tun, die zu brauchen ich geglaubt hatte, aber als wir unsere Ausrüstung in Camp Marc Lee zusammenpackten und die Vorausabteilung des SEAL-Teams begrüßten, das uns ablösen würde, wurde mir klar, dass ich im Rahmen einer bedeutsamen Mission auch meine eigene kleine Mission erfüllt hatte.

Hin und wieder, wenn ich nachts wach liege, denke ich an Mikey, Danny und Axe und bete darum, dass sie stolz auf mich sind.

Teil II

WIE WIR LEBEN

16

GEGEN DIE WAND

Morgan und ich hatten uns immer gewünscht, SEAL-Offiziere zu werden. Unser Plan war es, uns durch die Hierarchie hochzuarbeiten, um anschließend die Offiziersschule OCS (Officer Candidate School) zu besuchen oder uns in das Navy-Programm Seaman to Admiral einzuschreiben. Die Offiziere, die sich so hochgearbeitet haben – sie werden auch als »Mustangs« bezeichnet –, sind sehr viel glaubwürdiger als diejenigen, die direkt aus dem College kommen und ihr Offizierspatent innerhalb von drei Monaten erwerben. Wir wollten immer den Weg der Mustangs gehen.

Als die C-17-Transportmaschine auf dem Luftwaffenstützpunkt al-Asad abgehoben hatte, zogen meine Teamkollegen und ich Bilanz und zählten unsere Wunden. Wir fragten uns, wann wir das nächste Mal Gelegenheit erhalten würden, in ein Kampfgebiet zu fliegen. Das heißt, die anderen stellten sich diese Frage. Für mich waren die Kampfeinsätze erledigt. Nach neun Jahren in der Navy wusste ich, dass der Zeitpunkt gekommen war, in den Ruhestand zu gehen.

Da mein Buch *Lone Survivor* im Juni erscheinen würde, musste ich schnell meinen Abschied nehmen. Die Navy verlangte, dass ich aus dem aktiven Dienst ausscheiden musste, bevor es erschien. Normalerweise bekommen wir nach einem Auslandseinsatz einen Monat Urlaub. Zurück am »Strand«, brachte ich die ärztlichen Untersuchungen hinter mich, von denen die Höhe der Versorgungsleistungen abhing. Dann füllte ich die entsprechenden Papiere aus und gab meinen Militärausweis ab.

Die Unterkünfte von Team 5 waren verwaist, denn all meine Kameraden waren im Urlaub. Auch im Quartier von Team 7 herrschte Stille, da diese

Männer mittlerweile in der Provinz al-Anbar waren. Die anderen Teams mit ungeraden Nummern befanden sich in verschiedenen Stadien der Einsatzvorbereitung. Ich hatte nicht erwartet, dass der Abschied so alltäglich sein würde. Ich gab meine Ausrüstung zurück, holte meinen Entlassungsbericht ab und verabschiedete mich vom Skipper und vom Master Chief. Nun war ich kein SEAL im aktiven Dienst mehr. Als das Tor hinter mir zufiel, realisierte ich es. Ich würde dieses Areal nie wieder ohne Begleitung betreten.

Kein Schritt in meinem Leben war mir so schwergefallen wie der Ausstieg aus der Navy. Vom ersten Augenblick an vermisste ich die Bruderschaft, die dort zusammengeschweißt wird. Man lernt die Gewohnheiten und Schrullen der anderen Männer kennen, aber trotz aller Unterschiede teilt man sein Leben mit ihnen. Man hackt unablässig aufeinander herum, aber das ist ein Nebeneffekt der Bruderliebe. Nachdem ich meine Kameraden in extremen Belastungssituationen (sowie in Situationen lähmender Langeweile) erlebt hatte, kannte ich viele von ihnen besser als ihre eigenen Familien. So schlimm die Lage auch werden mag, du kannst dich darauf verlassen, dass diese Männer immer an deiner Seite sein werden. Ob ein Mensch ein wirklicher Freund ist, zeigt sich erst in einer kritischen Lage: Wir haben viele Freunde, solange alles rundläuft. Wahre Freundschaften werden in Augenblicken des Chaos geschmiedet. Das mag traurig sein, aber es ist die Wahrheit.

Ich hatte kaum die Uniform ausgezogen, als die Nachricht kam: Morgan war an der Offiziersschule angenommen worden und würde nach Pensacola gehen, um auf die dunkle Seite zu wechseln. Ich hatte ebenfalls eine Weggabelung erreicht und schickte mich an, für mein Buch auf Werbetour zu gehen. Wir waren weiter unzertrennlich, aber unsere Lebenswege gingen an diesem Punkt ein wenig auseinander.

Morgan schloss seinen dreimonatigen Offizierslehrgang als Jahrgangsbester ab, genau wie er es seinerzeit in der »A«-Schule (die Nichtoffiziere nach dem Boot Camp besuchen), im BUD/S-Kurs und im Scharfschützenunterricht der SEALs gemacht hatte. Bei der Abschlussfeier in Pensacola war ich ungeheuer stolz, ihn in der weißen Ausgehuniform mit dem goldenen Streifen auf dem Ärmel zu sehen. Er war immer noch in der Bruderschaft.

Ich weiß, was es für eine Gnade ist, dass ich noch am Leben bin und dass ich in der Gesellschaft der besten Krieger der Welt dienen durfte. Aber das Überleben ist nicht zwangsläufig etwas Wunderbares, wenn man sich jeden Tag fragen muss, was man mit dem Geschenk des Lebens anfangen soll, das man viele Male bereitwillig für einen Kameraden hergegeben hätte. Im Kampf gibt es Gewissheiten. Selbst im Kampf gegen Aufständische, in dem es so viele Grauzonen in verschiedensten Schattierungen gibt, wartet da draußen immer der Feind auf eine Gelegenheit, um dich zu töten. Das schafft sogar in der widersprüchlichsten Situation Klarheit, die dem Kämpfer Kraft gibt. In der Heimat ist sehr viel weniger klar, was das Leben von dir verlangt. Zurück in Texas, fühlte ich mich wie ein ausgesetzter Hund, der auf der Suche nach einem neuen Heim ist. Jedes Mal, wenn ich im Fernsehen einen Bericht über einen Einsatz der SEALs sah, spürte ich, wie der Stolz auf meine Kameraden durch Eifersucht getrübt wurde. Ich fragte mich: *Was ist diesmal die Aufgabe der Jungs? Wie ist die Stimmung im Quartier des Teams?* Ich vermisste meine Kameraden mehr, als ihnen klar war.

Ein kluger Mann der Spezialeinheiten der Navy sagte einmal: »Das hier wird nicht ewig dauern, und das leuchtende Riesenrad wird sich auch ohne euch weiterdrehen.«

+++

Der Weg aus dem Militärdienst zurück ins Zivilleben ist steil und gefährlich, und manche Krieger in meiner Familie sind auf diesem Weg ins Straucheln gekommen. Alle Männer in der Familie meiner Mutter dienten in den amerikanischen Streitkräften und kämpften in verschiedenen Kriegen. Sie waren Kampfpiloten, Infanteristen und Marines im Zweiten Weltkrieg und Soldaten im Bürgerkrieg. Der Vetter meiner Mutter konnte unsere Ahnenlinie bis zum Unabhängigkeitskrieg und zu einem entfernten Verwandten von Martha Washington zurückführen. Wir sind schon richtig lang dabei. Unsere Männer zogen in den Krieg, während die Frauen weitere Krieger heranzogen. Mein Vater schärfte meinem Bruder und mir ein: »Bevor ihr die Chancen nutzen dürft, die euch dieses Land bietet, werdet ihr ihm auf irgendeine Art dienen, so wie es alle Männer in eurer Familie getan haben.« Als ich aus der Navy ausschied, hatte ich das Gefühl, diese Aufgabe erfüllt zu haben. Nun fragte ich mich: *Und was jetzt?*

Viele meiner Kameraden entstammten Familien mit großer militärischer Tradition. Max Axelsons Großvater war an Bord der USS *Pennsylvania*, als die Japaner im Jahr 1941 Pearl Harbor angriffen, und seine Großmutter diente im Marine Corps. Sein Vater wurde im Vietnamkrieg zur Army eingezogen und diente als Funker in einer Infanteriekompanie. Der Vater von Danny Dietz war ebenfalls in Vietnam, wo er als Sanitäter in einer Aufklärungseinheit des Marine Corps diente. Der Master Chief, dessen Eltern aus Tschechien und Deutschland stammten, erzählte mir, dass sein Großvater in der deutschen Wehrmacht gekämpft hatte. Andere Teamkollegen waren die ersten Soldaten in ihren Familien und erfüllten ihre Rolle als Pioniere mit Stolz.

In unserer Familie wird der feste Glaube überliefert, dass die Luttrells im Kampf Glück haben. Wenn man sich ansieht, wie es Morgan und mir ergangen ist, kann man vermutlich sagen, dass dieser Glaube berechtigt ist. Aber nicht alle aus dem Krieg zurückgekehrten Luttrells haben es geschafft, sich problemlos in das Leben des Landes einzufügen, das sie verteidigt haben. Die Geschichte von Onkel Frank ist ein warnendes Beispiel.

Obwohl ich Frank nie kennenlernte, war er in meinem Leben sehr präsent, und sein Vorbild trug wesentlich dazu bei, mich zum Eintritt ins Militär zu bewegen. Er nahm im Zweiten Weltkrieg unter General Patton an fast allen großen amerikanischen Operationen in Nordafrika und Südeuropa teil. Eine Zeit lang war er sogar Pattons Fahrer. Im Kampf leistete er Herausragendes und verdiente sich beim Vormarsch aus Nordafrika durch Italien und Südfrankreich bis nach Deutschland in einigen Schlachten mehrere Silver Stars und Purple Hearts. Wann immer Morgan und ich in einem Einsatzgebiet waren, betete meine Mutter zu Gott, Franks Geist möge über uns wachen. Aber Onkel Franks kämpferischer Geist nahm in seinen Kampfeinsätzen schweren Schaden. Er verlor nie ein Wort über seine Zeit im Krieg, sondern übte sich in einem mönchischen Schweigen, was dieses Thema anbelangte.

Unsere Mutter bewahrte eine alte Fotografie von Onkel Frank auf. Das Bild ist verblasst, aber es zeigt Frank in Bestform. So werde ich ihn immer in Erinnerung behalten, aber das Bild sendet widersprüchliche Botschaften: Frank sieht sehr hart aus, aber es ist kaum zu übersehen, dass ihn das Leben im Krieg und die Jahre zu einem Schatten auf einem Stück Papier verwandelt hatten. Als der Krieg vorüber war, war Onkel Frank als verlorene Seele nach Arkansas zurückgekehrt. Er flüchtete sich in den Alkohol und lebte mehr oder weniger in Güterwaggons. Er tauchte unangemeldet bei Familienfesten auf und blieb so lange, bis er mit seiner Trunksucht und seinem Missmut die Gastfreundschaft seiner Verwandten überstrapaziert hatte. Dann setzte er seine ziellose Wanderung fort.

Ich fragte mich, ob mir ein ähnliches Schicksal drohte. Wenn ich, was mittlerweile wahrscheinlich schien, tatsächlich an Altersschwäche sterben würde, was für eine Art von altem Mann würde ich dann werden?

+++

Ein anderer Mann, der es sicherlich nicht leicht hatte, all das, was er im Kampf erlebt hatte, zu verarbeiten, ist Romus Valton Burgin, den kennenzulernen ich 2011 das Glück hatte. Ich suchte den Austausch mit ihm, weil er Ähnliches erlebt hatte wie ich in der »Operation Redwing«. Seine Erfahrungen hat er in dem Buch *Islands of the Damned* für die Nachwelt festgehalten.

R.V. Burgin ging zu den Marines, als Hundemarken noch aus Messing gefertigt wurden. Im Jahr 1922 geboren, gehörte er der Generation an, die im Zweiten Weltkrieg Hitlerdeutschland und das japanische Kaiserreich in die Knie zwingen musste. Er zog mich durch dieselbe Eigenschaft an, die mich im Lauf meiner Karriere mit vielen Kampfschwimmern verband: Er stammte aus Texas.

Burgin, der heute in Lancaster lebt, wuchs in Jewett auf. Er nahm als Marine am Kampf um den Pazifik teil und kämpfte in Cape Gloucester, Peleliu und Okinawa. Wenn Sie die Geschichte des Zweiten Weltkriegs kennen, wissen Sie, dass diese Namen gleichbedeutend mit der »Hölle auf Erden« waren.

Jedes Mal, wenn ihm eine schwere Prüfung bevorstand, sprach er ein kurzes Gebet: »Gott, ich bin in deiner Hand. Bitte beschütze mich.« Als er in einem Amphibienfahrzeug, das die Nummer 13 trug, am Strand von Peleliu landete, streckte Gott die Hand aus und setzte das Fahrzeug auf ein Riff, sodass es nicht rechtzeitig an dem Punkt ankam, an dem eine Artilleriegranate aus einer japanischen Haubitze ins Wasser plumpste. Da war es aber mit Burgins Glück auch zu Ende.

Der Mangrovendschungel, der die halbe Insel bedeckte, verbarg eine Landschaft wie aus einem Albtraum vor unseren Aufklärungsflugzeugen. Die Marines stießen an steile Kalksteinklippen und gerieten in tiefe Sümpfe, die den japanischen Truppen idealen Schutz boten. Es war ein furchtbarer Ort. Warf man einen Stein in einen Busch, so stiegen grüne Fliegen in einer Wolke auf, die dicht genug war, um einen Schatten zu werfen. Sauberes Trinkwasser gab es nur hinter den feindlichen Linien. Die Leichen der Gefallenen waren rasch mit Maden bedeckt. Im September 1944 hatten die Japaner aus ihren Fehlern gelernt: Sie stürzten sich nicht mehr in den offenen Kampf. Auf der Insel Peleliu verwandelten sie sich in verstohlene Halsabschneider, von deren Ankunft in der Nacht nur das Kampfgetümmel, das Stöhnen und die lange Schreie aus den amerikanischen Schützenlöchern zeugten. Ihre Scharfschützen nahmen unsere Sanitäter aufs Korn, wenn sie Verwundete bergen wollten.

Obwohl die Insel nur etwa neun Kilometer lang und drei Kilometer breit ist, konnten Burgin und seine Kameraden den erbitterten Widerstand der Japaner erst nach einem Monat brechen. Die Japaner saßen nicht auf Peleliu – sie saßen *in* Peleliu. Tausende Verteidiger hatten ein Netz von unterirdischen Höhlen angelegt. Manchmal hörten die Amerikaner als Erstes ihre Stimmen unter der Erde.

Korporal Burgin war einer der robustesten Männer in seiner Einheit, aber sogar er gelangte an den Punkt, an dem es ihm gleichgültig war, ob er lebte oder starb. Die 1. Division der Marines verlor in dreißig Tagen mehr als 6500 Mann (darunter mehr als 1250 Tote), und die Army-Einheiten, die geschickt wurden, um die Lücken zu schließen, verzeichnete weitere 1500 Tote, Verwundete und Vermisste. Burgins Einheit – die K/3/5, die K Company des 3. Bataillons, 5. Regiment des Marine Corps – landete mit 235 Mann. Als die Japaner kapitulierten, waren nur noch 85 Männer einsatzfähig. In Burgins Wohnzimmer hängt ein Foto der verbliebenen Gruppe an der Wand. Die meisten Männer sind ausgemergelt und erschöpft. Einige sehen aus wie Geister.

Nach dem Krieg legte Burgin seine Erfahrungen in eine Kiste, die er in einen dunklen Winkel seines Gedächtnisses schob. Er sprach 35 Jahre lang nicht über seine Erlebnisse: nicht ein Wort über das Leiden auf Peleliu oder seinen heldenhaften Einsatz bei der Zerstörung einer japanischen MG-Stellung auf Okinawa, für den er mit einem Bronze Star ausgezeichnet wurde. Er arbeitete im Zivilleben mit vier Marines zusammen, die auf Tarawa, Guam und Tinian gekämpft hatten, aber sie sprachen nie darüber, und wenn das Gespräch doch auf den Krieg kam, dann nur in Form von lustigen Anekdoten, die die Männer davon abhielten, über ihre verstörenden Erfahrungen nachzudenken.

+++

Ich denke, man begreift erst im Nachhinein, wie man durch den Krieg verändert worden ist. Du sitzt da und liest die Zeitung oder erledigst etwas im Haus und bemerkst, dass dir etwas fehlt. Es fühlt sich an, als hättest du etwas zu erledigen, aber es gibt nichts zu tun. Du bist innerlich im Handlungsmodus und bereit, die körperlichen und emotionalen Herausforderungen auf dich zu nehmen, an die du dich im Krieg gewöhnt hast. Da die im zivilen Leben aber normalerweise fehlen, tust du das Nächstbeste und lässt die gesamte Überkapazität ab, um nicht zu platzen. Und da ist die Flasche, die sich in deinen Mund leert. Und abhängig von deinem Stoffwechsel bist du in paar Minuten wieder in einem befriedigenden, wenn auch nur vorübergehenden Gleichgewicht.

Man könnte die schriftliche Auseinandersetzung mit meinen Erfahrungen in Afghanistan als eine erste Therapiephase bezeichnen. Die zweite Phase war die Rundreise durch das Land, um nach der Veröffentlichung von *Lone Survivor* mit der Öffentlichkeit über diese Erfahrungen zu sprechen. Es war eine verblüffende Erfahrung. Wenn ich heute das erste Fernsehinterview sehe, das ich damals gab, sehe ich einen Mann, dessen Nerven noch für den Krieg verdrahtet sind. Die »Operation Redwing« lag fast zwei Jahre zurück. Ich saß in Anzug und Krawatte in einem Fernsehstudio und sprach zögerlich, mit rastlos umherwanderndem Blick. Am Ende des Interviews sagte ich zu dem Journalisten Matt Lauer: »Ich bin ebenfalls auf diesem Berg gestorben. Ich habe einen Teil von mir dort zurückgelassen.« Dieses Bekenntnis vor laufender Kamera war ein Schritt auf dem Weg zur Bewältigung der Tatsache, dass dein Leben nicht zu Ende sein muss, weil dir im Krieg etwas Schlimmes zugestoßen ist.

Ich hatte das Buch aus zwei Gründen geschrieben: Ich wollte Mikey, Danny, Axe und die Männer des Rettungsteams würdigen, und ich wollte die falschen Darstellungen widerlegen, die in Umlauf gebracht worden waren. Meine Kameraden und Vorgesetzten ermutigten mich, aus dem Schatten vorzutreten. Ohne ihre Unterstützung wäre die Geschichte nie an die Öffentlichkeit gelangt. Anfangs konnte ich mich nicht mit der Idee anfreunden, aber mittlerweile habe ich das Gefühl, dass die Veröffentlichung für alle Betroffenen gut war.

Wenn man ein Buch schreibt, muss man sich der Öffentlichkeit stellen. Als ich vor kleinen und großen Zuhörergruppen sprach, hatte ich das Gefühl, mein Innerstes wäre nach außen gekehrt worden. Es gab Zeiten, da es buchstäblich so war: Wenn ich die Geschichte zu detailliert schilderte, drehte sich mir der Magen um, und ich musste schnell verschwinden, um das Abendessen zu erbrechen. Egal, wie lange es her ist: Wann immer ich die Geschichte erzähle, bricht mir der Schweiß aus, und mein Herz beginnt unkontrollierbar zu rasen. Und in weniger als einer Minute bin ich wieder auf jenem Berg.

Mehr als einmal hat es sich gelohnt, diesen Preis zu bezahlen. Wenn andere Veteranen im Publikum waren, sahen sie mein Unbehagen, unsere Blicke trafen sich – und mir wurde klar, dass sie genauso empfanden. Normalerweise war es nicht nötig, ein Wort zu verlieren. Ich erlebte viele solche Momente mit ehemaligen Soldaten und hatte jedes Mal das Gefühl, dass wir, obwohl ich dem Mann nie zuvor begegnet war und obwohl wir verschiedenen Truppenteilen, ethnischen Gruppen, Glaubensgemeinschaften oder Gesellschaftsgruppen angehörten, Brüder waren.

Same blood, different mud. Die Hautfarbe von zwei Soldaten mag unterschiedlich sein, aber ihr Blut ist immer rot.

17

DER ENGEL AUF MEINER SCHULTER

Ich möchte Ihnen eine Geschichte erzählen, die mich stets begleitet. Ich wünschte, ich hätte sie in *Lone Survivor* erzählen können. Es ist die Geschichte der CSAR-Piloten, die nahe des Gipfels des Sawtalo Sar nach uns suchten. Die CSAR-Piloten (Combat Search and Rescue) sind auf bewaffnete Such- und Rettungsmissionen spezialisiert. Einer von ihnen, ein höllisch guter Hubschrauberpilot, den wir alle nur »Spanky« nannten, landete eines Nachts und brachte in Sicherheit, was von mir übrig geblieben war, und einige seiner tapferen Kameraden hatten die Ehre, schließlich meine gefallenen Kameraden zu bergen.

Unter den Männern, die den Fliegeroverall überstreifen und ins Cockpit steigen, sind die Hubschrauberpiloten diejenigen, die den Spezialeinheiten am nächsten sind. Wir sind bei den meisten Einsätzen auf sie angewiesen. Sie riskieren ihr Leben mit uns, sie bringen uns in die Schlangengruben, in denen wir unsere Arbeit machen, und holen uns dort wieder heraus. Die Schlagzeilen verraten uns oft, dass sie einen hohen Preis bezahlen: Ich denke an »Black Hawk Down« und die Piloten, die im Jahr 1993 in Somalia starben, und an die Roberts Ridge während der »Operation Anaconda« im Jahr 2002. Am 28. Juni 2005 verloren sechzehn Männer das Leben, als unser Platoon versuchte, Mikey, Danny, Axe und mir zu Hilfe zu eilen. Natürlich kommen auf jede fehlgeschlagene Mission hundert erfolgreiche, von denen die Öffentlichkeit nie erfährt. Und die Geschichte, die ich jetzt erzählen möchte, handelt von einer solchen Mission.

Ich stehe für immer in der Schuld des Piloten und der Besatzung des Hubschraubers, der mich fünf Tage nach dem katastrophalen Ende jenes Einsatzes auf dem Sawtalo Sar schließlich in Sicherheit brachte. Dasselbe gilt für die Piloten der A-10, die dem Hubschrauber den Weg zur Landezone freischossen. Die folgende Geschichte handelt vom Heldenmut dieser Piloten.

Neunzehn tote Männer machten die »Operation Redwing« zu einem Desaster. Während meine Kameraden und ich noch um unser Leben kämpften, nahmen die meisten der A-10-Piloten, die Spanky Peterson wenige Tage später beim Such- und Rettungseinsatz helfen würden, weiter südlich an einer großen Schlacht teil, die unweit der Stadt Chost tobte. Dort kämpften amerikanische Einheiten gegen Taliban und al-Qaida-Kämpfer, die aus dem benachbarten Pakistan über die Grenze eingesickert waren. Sie hatten keine Ahnung, worum es bei der Operation namens »Redwing« ging, die in ihrem täglichen nachrichtendienstlichen Briefing erwähnt wurde. Meine Einheit stand unter einem anderen Kommando. Sobald wir Feindkontakt meldeten, wurden aus Bagram zwei A-10 geschickt, die gerade rechtzeitig eintrafen, um mit anzusehen, wie »Turbine 33« – das war das Rufzeichen des unglückseligen Hubschraubers, der die sechzehn Rettungskräfte an Bord hatte – als Feuerball in die Tiefe stürzte. Im folgenden Chaos wurde es zur vorrangigen Aufgabe, in der Umgebung der schwarzen Spur auf den Felsen nach Überlebenden zu suchen.

Es begann eine große Such- und Rettungsaktion. Aus ganz Afghanistan wurden Dutzende Flugzeuge verschiedener Typen zum Absturzort beordert. Einer der Gründe für die allgemeine Verwirrung war, dass fast alle Angehörigen meines Kommandos, die sämtliche Details über die »Operation Redwing« hatten, an Bord von »Turbine 33« gewesen waren. Da unsere Mission geheim war, hatten wir der Luftwaffe keinen Fluchtplan vorgelegt. Wenn etwas schiefgeht, kann diese unabhängige Vorgehensweise der Spezialeinheiten die Reaktion erschweren und verlangsamen, und in diesem Fall erschwerten einander überschneidende und widersprüchliche Zuständigkeiten zweifellos die Arbeit der Rettungskräfte.

Am Boden bemerkte ich kaum etwas von der epischen Such- und Rettungsmission, die eingeleitet wurde, um mich aufzuspüren. Als ich mit zerschmetterten Knochen und von Granatsplittern durchlöchert auf dem Berg saß, flog eine A-10 in geringer Höhe und mit großer Geschwindigkeit über mich hinweg. Sie war so nah, dass ich glaubte, sie mit einem Stein treffen zu können.

Würden Flugzeuge einen BUD/S-Kurs durchlaufen, so würden sie die Hell Week als A-10 Thunderbolt II abschließen, besser bekannt unter dem Namen »Warthog« (»Warzenschwein«). Wenn man sie mit ihren protzigen Mantelstromtriebwerken am Heck vorbeifliegen sieht, fühlt man sich an einen krummbeinig daherkommenden Revolverhelden erinnert, beide Hände an den Pistolenhalftern, um jederzeit ziehen zu können. Dieses extrem vielseitige Flugzeug wird in Missionen eingesetzt, bei denen es um das Yin und Yang von Leben und Tod geht. Die bodennahe Luftunterstützung ist ein gefährliches Geschäft, und die mit starken Waffen bestückte A-10 beherrscht es wie kein anderes Flugzeug. Am Boden ist kaum ein Anblick schöner als der eines Warthog, die über unseren Köpfen aus seinem 30-mm-Gatling-Maschinengewehr einen Bleisturm entfacht, der den Feind wegfegt. Die Such- und Rettungsmissionen sind die zweite große Aufgabe der Warthog. Ihre guten Flugeigenschaften in geringer Höhe, das robuste Flugwerk und die Fähigkeit, lange Zeit mit geringer Geschwindigkeit in der Luft zu bleiben, prädestinieren sie zum Lebensretter. Sie ist zugleich Schutzengel und Todesengel.

Obwohl ich den Helm des Piloten sehen konnte, als die Maschine wenige hundert Meter über mir das schmale Stück Himmel durchschnitt, das ich zwischen den Felsen sah, gelang es mir nicht, Funkverbindung zu ihm herzustellen. Er seinerseits konnte mich in der Felsspalte unmöglich sehen. Das Flugzeug war Teil einer fliegenden Armada, deren Aufgabe es war, verschollene Soldaten aufzuspüren und zu bergen. Die CSAR der Air Force war in Vietnam entstanden. Die Piloten, die eine Spezialausbildung zum Rettungspiloten absolvieren, verdienen sich die Bezeichnung »Sandy«, die Aufschluss über ihre ungeheuren Fähigkeiten und ihr Engagement für eine einzigartige Aufgabe steht und in ihrer Gemeinschaft großes Gewicht hat.

Das CSAR-Team konzentrierte sich auf die Stelle, an der »Turbine 33« abgestürzt war, als den Kommandeuren einfiel, dass jemand nach dem vierköpfigen SEAL-Team suchen musste, dessen Pech auf diesem Berg das ganze Wirrwarr ausgelöst hatte.

Ich war im Hornissennest auf der Flucht und damit ein »Evader«, wie die Rettungseinheiten Einsatzkräfte nennen, die hinter den feindlichen Linien verloren gegangen sind. Die Such- und Rettungsteams tun alles, was in ihrer Macht steht, um einen solchen Mann in Sicherheit zu bringen. Wenn er dazu in der Lage ist, kann der Flüchtige seinen Teil dazu beitragen, um seinen Rettern die Arbeit zu erleichtern. Üblicherweise wird er eine Funkbake einschalten, anhand deren Signal die Piloten seine Position bestimmen können. Ein Evader kann auch sein Funkgerät ein- und ausschalten, um seinen eigenen Einheiten seine Gegenwart zu signalisieren, ohne den Feind mit Funksprüchen auf sich aufmerksam zu machen.

Wie ich im Nachhinein erfuhr, waren in jener Nacht neben den A-10 auch mehrere HH-60-Hubschrauber sowie ein Aufklärungsflugzeug der Navy auf der Suche nach mir. »Hier Rettungseinheit der Air Force«, gaben die Piloten auf der Notfrequenz durch. »Bitte melden Sie sich.« Ich hatte ein Funkgerät, konnte jedoch nicht sprechen, weil meine Mundhöhle vollkommen ausgetrocknet und mit einer sandigen Kruste überzogen war. Aber da ich umgeben von feindlichen Kämpfern tief in einer Felsspalte lag, wäre es ohnehin verrückt gewesen, mich zu melden. Da hätte ich gleich ein Neonschild über meinem Kopf aufhängen können: »Hier liegt ein angeschossener Yankee mit einem Felsen im verlängerten Rücken.« Ich beschloss, meine Funkbake einzuschalten und besonders inständig zu beten.

Obwohl das Wetter schlecht war und die Wolken tief hingen, bemerkte einer der Warthog-Piloten, Captain Barry »Sluf« Coggins, beim Überfliegen der Absturzstelle von »Turbine 33« nördlich des Wracks eine Infrarotbake. Die Techniker an Bord einer AC-130 fingen mit besseren Sensoren tatsächlich Funksignale auf. Der Pilot, der in jener Nacht in der Führungsposition flog – der Kommandeur der Rettungsmission –, war Captain Brett »Zero« Waring. Er wies Sluf an, zum Auftanken nach Bagram zurückzukehren, während er klärte, ob die Hubschrauber den Soldaten bergen konnten, falls das mysteriöse Signal verifiziert werden konnte. Aber das Wetter machte dem CSAR-Team einen Strich durch die Richtung: Eine gewaltige Gewitterfront zog auf, weshalb es den Hubschraubern, die mich in Sicherheit bringen sollten, unmöglich war, den Ort anzufliegen, dessen Koordinaten man ihnen gegeben hatte. Es dauerte nicht lange, da mussten sämtliche Flugzeuge und Hubschrauber zum Stützpunkt zurückkehren. Der Kommandeur der Spezialeinheiten war nicht glücklich darüber, dass sich die Luftunterstützung zurückziehen musste, und auch für die Air Force war es eine enttäuschende Nacht.

In Bagram eingetroffen, ging Zero in die überfüllte Telefonzentrale in der Kommandozentrale und rief seine Frau an. »Alles in Ordnung?«, fragte sie. »Ja«, sagte er, aber sie hörte die Niedergeschlagenheit in seiner Stimme. »Geht es dir gut?«, fragte sie. »Was ist passiert?«

Er wollte nur ihre Stimme hören. Er konnte keine Einzelheiten preisgeben. »Wir haben einen schlechten Tag gehabt«, sagte er. »Einen wirklich schlechten Tag. Es ist etwas Schlimmes passiert. Heute sind viele gute Männer gestorben.«

»Werde ich es in den Nachrichten sehen?«

»Mit Sicherheit. Wenn du es siehst, wirst du wissen, worum es geht.«

Es ist unglaublich, welche Wirkung die Stimme eines geliebten Menschen in schwierigen Momenten hat. Ich habe die härtesten Männer in Tränen ausbrechen sehen, als sie diese Stimme hörten. Es machte Zero zu schaffen, dass die Menschen, die ihn am meisten brauchten, am weitesten weg waren. Aber vor allem wollte er zum Himmel schreien: *Warum konnten wir dort keinen Hubschrauber hineinbringen?*

»Pass auf dich auf«, sagte seine Frau.

»Das werde ich«, sagte er. Doch damit wollte er eigentlich sagen: *Tut mir leid, das geht nicht.* Ihn erwartete eine gefährliche Aufgabe über vom Feind kontrolliertem Gebiet. Er dachte über die Taliban nach, die durch diese Berge zogen und versuchten, überlebende Amerikaner als Erste zu finden und nebenbei vielleicht noch ein oder zwei Hubschrauber oder Flugzeuge abzuschießen. Zero war fest entschlossen: *Ich werde ganz schnell wieder dort draußen sein. Ich werde meine Frau belügen. Auf gehts, ihr Mistkerle.*

Ich weiß mittlerweile, dass es Zero war, der an jenem Nachmittag mit dieser A-10 Warthog genau über mein Versteck am Gipfel des Sawtalo Sar hinwegdonnerte. Ich sah das Flugzeug nur für Sekunden, aber dieser Anblick nährte meine Hoffnung auf Rettung. Dabei war diese Warthog nur ein Rädchen in der riesigen Such- und Rettungsaktion, welche die Air Force in den folgenden Tagen startete.

+++

Da mein Funkgerät nicht funktionierte, fiel es mir schwer, Kontakt zu amerikanischen Einheiten aufzunehmen. Hin und wieder, wenn ich Flugzeuge über mir vermutete, stand ich auf und begann, einen Funkdraht, an dem ich ein paar Infrarotleuchtstäbe befestigt hatte, wie ein Lasso über meinem Kopf zu schwingen, um sie auf mich aufmerksam zu machen. Ein A-10-Pilot bemerkte mein verstohlenes Signal, aber durch die tief hängenden Wolken gelang es ihm nicht, meine Position mit seinen Sensoren genau zu erfassen. Er konnte sie nur auf etwa anderthalb Kilometer genau bestimmen, und weitere wertvolle Zeit verstrich.

Dass meine Überlebenschancen stiegen, verdankte ich ausgerechnet der Entdeckung durch Afghanen. Zwei Männer fanden mich. Einer von ihnen war ein Heiler namens Sarawa. Er kam aus dem nahe gelegenen Dorf Sabray, wo ich Gulab, dem Sohn des Dorfältesten, begegnete.

Der Stolz der traditionsbewussten paschtunischen Dorfbewohner war es schließlich, der mich rettete. Die beiden Männer brachten mich in ihr Dorf, und Gulabs Vater lief mehrere Kilometer zu einem Artilleriestützpunkt der Marines in der Nähe der Ortschaft Nangalam im Pech-Tal und überbrachte eine Mitteilung, in der ich meinen Aufenthaltsort nannte. Angesichts all der amerikanischen Flugzeuge am Himmel bedurfte es großen Mutes, der Air Force diese Information zu überbringen. Indem er tat, was die Tradition seines Volkes vorschrieb, erfüllte der alte Mann seine eigene Vorstellung vom Dienst und trug zu meiner Rettung bei.

+++

In der Nacht des 1. Juli hörte und spürte ich massive Explosionen in der Umgebung des Dorfes. In *Lone Survivor* habe ich erwähnt, dass die Air

Force bis über beide Ohren mit Ben Sharmak und seiner Miliz zu tun hatte. Nachdem die von Drohnen gesammelten detaillierten Luftaufnahmen des Hauptquartiers dieses Talibanführers im Korengal-Tal ausgewertet worden waren, wurde vom Stützpunkt Diego Garcia im Indischen Ozean ein strategischer B-52-Bomber losgeschickt. Nachdem der riesige Bomber fünfeinhalb Tonnen Eisen auf diesen kleinen Flecken Erde abgeworfen hatte, war von Ben Sharmaks Anlage nicht mehr viel übrig. So gab es in dieser schwierigen Nacht Grund zum Feiern. Im Gefechtsstand in Bagram brandete kurzer Beifall auf. Auch ich freute mich wenige Täler entfernt in Sabray.

Das CSAR-Team erfuhr am frühen Morgen des 2. Juli, dass ich noch am Leben war. Rasch wurde ein zwanzigköpfiges Team von Army Rangern und Green Berets auf den Weg geschickt. Ohne die Unbeugsamkeit, das Können und den Mut dieser Männer und der Flugzeug- und Hubschrauberbesatzungen wäre ich dort nicht lebend herausgekommen.

+++

Die CSAR-Teams waren im Ersten Weltkrieg gegründet worden. In Vietnam erhielten die gefährlichen Rettungs- und Evakuierungsmissionen die Bezeichnung »Entstaubungsflüge«, was wohl damit zu tun hatte, dass verschollene Soldaten aus der Versenkung geholt wurden. Die CSAR-Piloten haben heute mehr Möglichkeiten als je zuvor – sie sind perfekt vernetzt, fliegen mit Satellitenunterstützung, sitzen in besseren Maschinen und besitzen außergewöhnliche technische Fähigkeiten. Aber trotz aller technologischen Unterstützung geben nach wie vor der Charakter und die Vorbereitung des Manns im Cockpit den Ausschlag.

Major Jeff Peterson, Rufzeichen Spanky, gehörte dem 305. Rettungsgeschwader an, das Teil der 943. Rettungsgruppe ist, einer Reserveeinheit der Air Force, deren Heimatstützpunkt der Luftwaffenstützpunkt Davis-Monthan in Tucson (Arizona) ist. Als es darum ging, mich aus diesem Gebirge auszufliegen, hatte ich das Glück, dass eine Truppe wie diese losgeschickt wurde.

Spanky war achtunddreißig Jahre alt und hatte in seiner Heimatstadt Tucson mit seiner Frau Penny vier Söhne. Er stammte aus Utah und hatte ein Jahr lang an der Brigham Young University studiert, bevor er einen zweijährigen Dienst als mormonischer Missionar antrat – weißes Hemd, dunkler Schlips, schwarzes Namensschild, das volle Programm. Anschließend machte er an der Arizona State University eine Ausbildung zum Reserveoffizier. Im Jahr 1991 erwarb er sein Offizierspatent als Lieutenant der Luftwaffe. Der Reservist Spanky bewies großes Geschick am Steuerknüppel eines Sikorsky HH-60G Pave Hawk (so etwas wie eine aufgemotzte Version des Black Hawk). Die meisten Reservisten sind ältere Piloten, die viele, viele Flugstunden auf dem Buckel haben. Als sich Spanky auf die Suche nach mir machte, hatte er vierzehn Dienstjahre und mehr als hundert Einsätze in Afghanistan hinter sich, zu denen noch zahlreiche in den Vereinigten Staaten kamen, wo er gestürzte Bergsteiger, havarierte Segler, in Bedrängnis geratene Feuerwehrmänner und Opfer verschiedenster Unfälle geborgen hatte. Er hat ungezählte Menschen gerettet, und seinem Geschwader verdanken Tausende ihre Leben. Eine Zeit lang war er auch bei den Spezialeinheiten.

In der Nacht vom 2. auf den 3. Juli 2005 wurde ich ein weiterer Name in der langen Liste der Menschen, denen er als Schutzengel zu Hilfe geeilt war.

Für Spanky war es eine lange Reise zu dem kleinen Felsvorsprung, der als Landeplatz vorgesehen war. Kurz nach dem Abschuss von »Turbine 33«, als die Suche nach Überlebenden gerade erst begonnen hatte, wurde er mit seiner Crew zum Flughafen Bagram nördlich von Kabul bestellt. Sein Kopilot Dave Gonzales, der für den Grenzschutz und für den amerikanischen Zoll geflogen war, hatte mehr als tausend Flugstunden in Hubschraubern hinter sich. Spankys Flugingenieur konnte auf zwei Auslandseinsätze zurückblicken. Diese Männer waren keine »Wochenendsoldaten«, wie die Reservisten oft genannt werden. Sie waren erfahrene Profis. Ihr Ruf wurde ihrem Können nicht gerecht.

In der Einsatzbesprechung wurden zwei Hubschraubercrews – die eine wurde von Spanky Peterson kommandiert, die andere von Lieutenant Colonel Jeffrey Macrander, genannt Skinny – über sämtliche Einzelheiten der »Operation Redwing« aufgeklärt. Da der Dorfälteste aus Sabray meine Botschaft überbracht hatte, kannten sie den Namen des Dorfes, in dem ich mich aufhielt. Wie sich herausstellte, hatte es zu meiner Rettung beigetragen, dass ich im Kampfgetümmel auf dem Berg meine Notfunkbake eingeschaltet hatte. Die Batterie wurde zwar immer schwächer, aber ich schaltete sie ein und stellte sie auf das Fensterbrett meiner Hütte. Und tatsächlich wurde das Signal von einem Piloten aufgefangen, der die Notfrequenzen überwachte. Er prüfte den Code und »befragte« die Einheit elektronisch, um eine GPS-Lokalisierung zu erhalten. Diese bestätigte die Information auf dem Zettel, den der Dorfälteste überbracht hatte. Nun waren die Soldaten noch entschlossener, das Dorf zu erreichen.

Anhand der Luftaufnahmen von der Gegend fand die Rettungscrew eine Landezone, die groß genug für ihren Hubschrauber schien. Ein Platoon Ranger und Green Berets würden die Landezone sichern und mich aus dem Dorf holen.

Als Spanky und seine Männer die Koordinaten meiner vermutlichen Position studierten, wurde ihnen klar, dass der Ort nicht weit von der Absturzstelle von »Turbine 33« entfernt war. Die eigentliche Bergung würde zweifellos der gefährlichste Teil der Mission sein. Sie wussten, dass es in der Umgebung von Taliban wimmelte, und sie mussten mit dem rechnen, was jeder Rettungspilot am meisten fürchtet: dass die Operation eine Falle war, die der Feind gestellt hatte, um einen weiteren amerikanischen Hubschrauber ins Verderben zu locken. Der Feind hatte bewiesen, dass er in der Lage war, unsere Hubschrauber abzuschießen. (Später erfuhren wir, dass ein zwölfjähriger Junge »Turbine 33« getroffen hatte.) Es bestand die reale Gefahr, an diesem Berg einen weiteren Hubschrauber zu verlieren. Dann würde sich seine Besatzung zu der Schar von Soldaten gesellen, die gerettet oder geborgen werden mussten.

Als Skinny sah, dass feindliche Kämpfer in diesem Gelände gute Deckung finden würden, schlug er ein als »Trailer Spooky« bezeichnetes Manöver vor, einen sorgfältig choreografierten Tanz, in dem zwei Hubschrauber einander in der Landezone unterstützen. Der erste Vogel nähert sich rasch, schwirrt über der Landezone herum, steigt dann jedoch wieder auf, um nach Bedrohungen Ausschau zu halten, während eine AC-130 aus dreitausend Meter Höhe einen extrem starken Infrarotstrahl auf den Landeplatz richtet und A-10 Warthogs die umgebenden Höhenzüge überfliegen. Jetzt taucht der zweite Hubschrauber – der »Trailer« (Anhänger) – auf, landet sofort und sammelt die zu bergenden Soldaten ein.

Spanky wurde von freudiger Erregung erfasst, als Skinny seinen Plan erläuterte. Er würde die Rolle des Trailers übernehmen und seinen Hubschrauber auf dem Felsvorsprung landen, um mich abzuholen. Er wusste, dass Skinny als höherrangiger Offizier diese Ehre für sich hätte beanspruchen können. Aber für Skinny war die Mission wichtiger als der Ruhm, und die Aussichten auf einen Erfolg waren größer, wenn sein Untergebener landete, während er über ihm die Umgebung sicherte.

Während die Hubschrauberpiloten und ihre Crews den Einsatz besprachen, planten die für die Luftnahunterstützung zuständigen Kommandeure den Einsatz der schweren Waffen von zwei A-10-»Warzenschweinen« und einem AC-130-»Kanonenboot« zur Absicherung der Bergung – die Warthog-Piloten sprechen häufig davon, dass sie eine Landezone in eine »Blase aus Blei« hüllen können. Der Himmel über dem Sawtalo Sar füllte sich rasch: Rund zwanzig Flugzeuge und Hubschrauber waren an dem Einsatz beteiligt.

Skinny beauftragte seine Rettungsfallschirmspringer, nicht nur einen Rettungsplan, sondern auch einen Fluchtplan für alle Beteiligten zu entwerfen, für den Fall, dass das Schlimmste geschah und wir alle in jenem Dorf strandeten und selbst gerettet werden mussten. Die Rettungsfallschirmspringer bereiteten ihre Ausrüstung vor und stellten gemeinsam mit dem Flugingenieur sicher, dass ihr Material die Gewichtsgrenzen nicht überschritt. Zunächst einmal beschlossen sie, auf ihre Schutzwesten zu verzichten – bei den Rettungsfallschirmspringern ist es üblich, die Sicherheit der Verwundeten über ihre eigene zu stellen.

Das Scheitern einer Mission hat seine Ursache normalerweise in der Überzeugung, dass alles reibungslos ablaufen wird. Vor ihrer Entsendung hatten die Rettungseinheiten Einsätze wie diesen in den Bergen rund um Albuquerque und anderswo in den Rocky Mountains unter sehr viel härteren Bedingungen als jenen geübt, die sie im Kampfgebiet erwarteten. Aber wie sie bald herausfinden sollten, war es keine einfache Übung, mich von jenem Berg abzuholen.

Bevor sie sich mit ihren Kopiloten und den vierköpfigen Besatzungen – einem Flugingenieur, einem Bordschütze und zwei Rettungsfallschirmspringern – zusammensetzten, um den gesamten Einsatz durchzugehen, blieb Skinny und Spanky ein wenig Zeit, um ihre Gedanken zu sammeln. Eine Weile lauschten sie der unablässigen Kommunikation über Funk: Die Piloten der Warthogs und der AC-130 sprachen über vermutliche feindliche Kämpfer, die sich in kleinen Gruppen im Einsatzgebiet bewegten. Die Landezone war viel zu heiß, und vielen wurde klar, dass die Mission eigentlich abgeblasen werden musste. Wir hatten bereits einen Chinook und sechzehn Männer verloren, und es wäre unverantwortlich, in derselben Gegend einen weiteren Hubschrauber zu riskieren. Allerdings war den Crews auch klar, dass die Zeit knapp wurde, wenn man mich retten wollte.

Bei der abschließenden Besprechung sagte der Kommandeur der SEALs den Besatzungen: »Die einzige Aufgabe heute Nacht besteht darin, unsere Männer nach Hause zu holen. Es gibt keine andere Priorität, und wir werden nicht scheitern.« Mit dieser knappen Anweisung wurden die Piloten entlassen. Skinny und Spanky, ihre Kopiloten und die vierköpfigen Besatzungen stiegen in ihre vollgetankten HH-60-Hubschrauber und schnallten ihre Gurte fest.

+++

In dreitausend Meter Höhe durch den Hindukusch zu marschieren, um zu mir zu gelangen, war sehr viel leichter gesagt als getan. Die Ranger und Green Berets, die sich auf den Weg zu mir gemacht hatten, um während meiner Rettung die Landezone zu sichern, wurden am Himmel ständig von zwei A-10 begleitet, aber sie brauchten fast einen ganzen Tag, um zu mir zu gelangen, und als sie eintrafen, waren einige von ihnen vollkommen dehydriert. Diese Berge waren extrem hart. Diese Männer mussten sich in dünner Höhenluft durch schwieriges Gelände kämpfen.

Und dann war da ein großes Missverständnis: Die Elitesoldaten glaubten, dass ich in dem Dorf als Geisel gehalten würde. Sie dachten, dass ich von schwer bewaffneten Aufständischen festgehalten würde, und verbrachten den Großteil des ersten Tages nach ihrer Ankunft damit, einen Sturmangriff auf das Dorf zu planen. Ein Angriff auf eine gut verteidigte Anlage, in der in einem unbekannten Gebäude eine Geisel festgehalten wird, ist selbst für die besten Elitesoldaten eine große Herausforderung. Aber um mich zu retten, waren diese Männer bereit, sich auf das Wagnis einzulassen, obwohl ihnen klar war, dass wahrscheinlich einige von ihnen nicht überleben würden.

In der Nacht zog ein Gewittersturm auf, der monsunartigen Regen über dem Berg niedergehen ließ. Da die Taliban mit den Säbeln rasselten und neue Drohungen ausstießen, damit Gulab mich herausgab, beschloss er, mich in ein Nachbardorf zu bringen. Wir wollten vor Mitternacht aufbrechen, aber da der Regen nicht nachließ, mussten wir das Vorhaben aufgeben. Es war zu gefährlich, sich bei diesem Wetter zu bewegen. Gulab wachte über mich, während ich zum ersten Mal seit mehreren Tagen Schlaf fand.

Im Morgengrauen hielten die Taliban Sabray immer noch umzingelt. Die Spannung war unerträglich. Der Anführer der Taliban stellte Gulab ein Ultimatum: »Gib den Amerikaner heraus, oder deine gesamte Familie wird sterben.« Gulab hatte viel zu verlieren: Er war der Vater von acht Kindern. Aber er war ein Mann, den niemand von seinen festen Überzeugungen abbringen konnte.

Ich hatte keine Ahnung, was als Nächstes geschehen würde. Während Gulab und seine Männer draußen waren und genau das herauszufinden versuchten, lag ich da und fragte mich, was sie wohl vorhatten. Irgendwie war es meiner neuen afghanischen Familie aber wohl gelungen, an den Taliban vorbeizukommen, Kontakt zu den amerikanischen Soldaten um das Dorf herum aufzunehmen und alles zu klären, denn nach einer Weile führten mich die Männer aus dem Haus und brachten mich zu einem bewaldeten Steilhang. Wir waren noch nicht weit gekommen, als ich plötzlich einen mit einem Gewehr bewaffneten Afghanen sah, der in einiger Entfernung stand. Als wir näher kamen, erkannte ich, dass er ein Regierungssoldat war. Er trug eine Kappe mit dem Aufdruck »Bush for President«. Das war das Letzte, was ich in den Bergen Afghanistans zu sehen erwartet hatte.

Ehe ich mich versah, lief Gulab auf eine Gruppe von etwa zwanzig Männern zu und schrie: »Dr. Marcus, two-two-eight!« Er identifizierte mich anhand der Nummer meines BUD/S-Kurses, die er auf meinem Rücken gesehen hatte – ich hatte sie mir eintätowiert. Als mich die Dorfbewohner dem Rettungsteam übergaben, sah ich zum ersten Mal nach fünf Tagen Kameraden.

»Marcus?«, fragte einer der Ranger.

Es war wie eine Befreiung, jemanden in meiner eigenen Sprache sprechen zu hören. »Hallo, Bruder«, sagte ich. »Schön, dich zu sehen.«

Er drehte sich um und rief: »Wir haben ihn, hier unten!« Ich umarmte den Ranger und drückte ihn an mich, als wären wir seit unserer Kindheit die besten Freunde. (Ich habe noch nie einen Mann so umarmt, und ich hoffe, es war ihm nicht unangenehm.)

Die Ranger und Green Berets brachten mich weiter den Hang hinauf und setzten mich in einem Verschlag ab, der, nach dem Dung zu urteilen, ein Ziegenpferch war. Ihr Sanitäter T.O. machte sich daran, meine Wunden zu versorgen. Aber natürlich waren wir noch nicht aus dem Schneider. In einem Gebiet, in dem es von feindlichen Kämpfern wimmelte, saßen wir alle im selben Boot und mussten uns auf hohen Wellengang gefasst machen.

Die Soldaten zogen einen Sicherheitskordon um das Lager, während T.O. mich behandelte. Als sie versuchten, einen Posten vor meiner Hütte aufzustellen, traten die Dorfbewohner dazwischen: Sie würden nicht zulassen, dass die Amerikaner das taten, denn die Gesetze ihres Stammes schrieben vor, dass sie mein Leben mit ihrem eigenen beschützen mussten. Der Doktrin des *Lokhay Warkawal*, eines Gebots der Gastfreundschaft, das Teil des *Paschtunwali* ist – ihres uralten Stammesgesetzes –, hatte mir das Leben gerettet. Für sie kam es nicht infrage, dass man sie dieser traditionellen Verpflichtung enthob. Am Ende bekamen alle Beteiligten, was sie brauchten: Die Soldaten konnten ein wenig ausruhen, während die Dorfbewohner die Wache übernahmen.

Ich plauderte mit T.O., um die Situation ein wenig zu entspannen, als er sich anschickte, mir eine geballte Ladung Antibiotika und Morphin zu spritzen. Ich wollte einen klaren Kopf bewahren und hätte lieber darauf verzichtet, aber da ich selbst Sanitäter war, wusste ich, dass er recht hatte, und der Ranger ließ mir angesichts meiner Schwäche und meiner Verletzungen keine Wahl. Kurz darauf begann ich, mich zu übergeben. Ich war ernsthaft krank. In meinem Verdauungstrakt hatte sich irgendein Parasit eingenistet. »Das sieht nicht gut aus, Mann«, sagte er. »Wir müssen dich schnell hier herausbringen.«

Diese Hubschrauber mussten kommen, und zwar schnell.

Als ich mich gerade wieder hingelegt hatte, kamen der Kommandeur und sein Platoon Sergeant herein, um mich zu begrüßen. Es folgten mehrere Ranger. Als sie abwechselnd an mein Lager traten, um mir die Hand zu schütteln, wurde mir klar, dass sie einen zermürbenden Gewaltmarsch hinter sich hatten. Sie waren schwer mit Ausrüstung beladen, trugen Plattenwesten und schleppten Waffen mit sich herum, die in diesem steilen, gebirgigen Gelände fehl am Platz schienen. »Mann, du siehst beschissen aus«, sagte ich zu einem von ihnen. »Bist du auf dieselbe Art wie ich den Berg heruntergekommen?«

Wäre ich an ihrer Stelle gewesen, so hätte ich den starrköpfigen Navy SEAL verflucht, der sich zu weit auf einen Felsvorsprung hinausgewagt hatte. (Sie bestätigten mir, dass sie genau das getan hatten.) Ich bat jeden Einzelnen von ihnen um Verzeihung. Sie waren an der Grenze ihrer Belastbarkeit angelangt, und jetzt hing ihr Überleben wie meines davon ab, dass die Rettungshubschrauber kamen. Wir konnten nur noch darum beten, dass sie durchkommen würden.

18

»VIELLEICHT SOLLTET IHR JETZT BETEN«

Als sich Skinny und Spanky durch die Nacht näherten, sahen sie zu ihrem Entsetzen, dass überall in der Gegend Gewitter aufzogen. Sie hatten darum gebetet, dass die nächste Gewitterzone im Osten verharren würde. Aber es hatte nicht sollen sein. Eine Wolkendecke wurde über die Erde gelegt, und der Regen wusch sie rein. Das Schlimmste war, dass die Wolken die Quellen des Umgebungslichts blockierten, das sie brauchten, um durch ihre Nachtsichtgeräte richtig sehen zu können. Sie flogen trotzdem weiter.

Als sie anhand der Luftaufnahmen, die von den Drohnen geliefert worden waren, die Anflugroute studierten, wurde den Piloten klar, dass sie »Ballast abwerfen« mussten, um ihr Ziel zu erreichen. Um das Gewicht zu verringern, mussten sie kostbaren Treibstoff ablassen. Spanky schreckte davor zurück, über bewohntem Gebiet Kerosin abzulassen, aber er wusste, dass er keine andere Wahl hatte. Kurz nachdem er das Stadtgebiet von Asadabad hinter sich gelassen hatte, öffnete er die Tanks und sagte zu sich selbst: »Das ist für Penny und die Jungs.« Gut zweihundert Liter Treibstoff ergossen sich über die Erde. Mit weniger Treibstoff hatte er weniger Spielraum bei den Manövern in der Landezone, aber mit dem leichteren Hubschrauber hatte er bessere Chancen, das Dorf überhaupt zu erreichen. Kopilot Dave Gonzales sagte über den Bordfunk: »Jungs, wenn ihr religiös seid, solltet ihr jetzt vielleicht beten.«

Die schwierigste Aufgabe bestand darin, die Landezone zu finden. Anhand der Koordinaten würden sie die richtige Stelle finden, aber um sicher zu landen, mussten sie den Boden gut sehen können. Und dazu brauchten sie Licht.

Währenddessen gerieten wir auf dem Weg hinauf zum Landeplatz gelegentlich unter Beschuss seitens der Taliban, die in der Umgebung umherschlichen. Hin und wieder beteiligte ich mich an den Bemühungen, sie in Schach zu halten, und markierte mit dem Laser, den die Dorfbewohner von meinem Gewehr entfernt hatten, Ziele für die Flugzeuge, die über uns kreisten. Dann klappte einer der Ranger einen Laptop auf: Als in der tiefen Dunkelheit plötzlich das Gesicht des Mannes in einem grellen weißen Licht erstrahlte, gab Gulab ihm rasch zu verstehen, dass er das Gerät besser wieder zuklappte. Wir waren ohnehin leichte Ziele, und jedes Licht konnte unsere exakte Position verraten. Wir mussten unbedingt diszipliniert sein. Vor einigen Tagen hatte mich Gulab schon einmal zurechtgewiesen, weil ich in der Nacht das Licht meiner G-Shock-Uhr eingeschaltet hatte.

Nach etwa zwanzig Minuten erreichten wir die Landezone. Wir hockten uns an einer Steinmauer hin, die den Rand des Felsvorsprungs säumte, benetzten uns die Lippen mit den letzten Tropfen Wasser aus unseren Feldflaschen und warteten auf die Retter, die vom Himmel kommen sollten.

Es war kurz vor Mitternacht. Spanky Peterson und Skinny Macrander waren von dem ausgetrockneten Flussbett, dem sie durch das Tal gefolgt waren, abgebogen und stiegen auf. Aus ihren Kopfhörern drangen auf fünf Frequenzen die Mitteilungen einer wahrhaftigen Kavallerie der Lüfte. Die abgehackten, klaren Stimmen gaben ihre Positionen durch und bestätigten ihre Bewegungen, und wie immer gab es diejenigen, die unablässig den Status von diesem und jenem wissen wollten (einige dieser Leute befanden sich auf der anderen Seite der Weltkugel). Spanky konnte seine eigene Position durch die Sohlen seiner Stiefel spüren. Als er eine Höhe von 2100 Metern erreichte, begannen die beiden T701-Turboprop-Triebwerke von General Electric zu zittern und zu beben: In den Pedalen spürte Spanky die Vibrationen, die verrieten, dass die Triebwerke zu leiden begannen.

Vorgesehen war, dass die Rangers das Zentrum der Landezone mit einem Infrarotstrahl für die Piloten markieren sollten. Aber dieser Plan musste rasch aufgegeben werden: Sobald die Warthogs im Tiefflug die Taliban anzugreifen begannen, beeilten sich unsere Soldaten am Boden, ihre Positionen zu zeigen, damit sie nicht irrtümlich von den eigenen Flugzeugen angegriffen wurden. Jeder Mann hatte für diesen Zweck eine Infrarotlampe dabei, und innerhalb kürzester Zeit blinkten überall am Berghang Infrarotlichter auf. Spanky hatte keine Ahnung, welches der Dutzenden fluoreszierenden grünen Lichter seine Landezone markierte. Der Berghang sah aus wie eine Discothek in den Siebzigern. Und zwei Minuten vor der geplanten Landung hatte Spanky keinen Treibstoff zu vergeuden.

An diesem Punkt ruhte alle Hoffnung auf der AC-130H Spectre, die über der Landezone kreiste. Der Einsatzplan sah vor, dass das Flugzeug dreißig Sekunden lang seinen starken Infrarotlichtstrahl auf die Landezone richten sollte. Die Infrarotanlage der Spectre ist riesig, der beeindruckende Lichtstrahl, den sie erzeugt, ist jedoch ohne Nachtsichtgerät nicht zu sehen. Ein entsprechend ausgerüsteter Pilot sieht allerdings einen strahlend hellen Lichtstrahl, der die gesamte Landezone beleuchtet. Deshalb bezeichnen die Piloten die Spectre als »künstliche Sonne«.

Mit Vollgas stiegen die beiden Engel aus der Fabrik von Sikorsky durch die dünner werdende Luft den Berghang hinauf. Für die zwölf Männer an Bord würde bald die gefährlichste Phase ihrer Mission beginnen. Jetzt konnten sie zeigen, was sie im Training gelernt hatten.

+++

Spanky war seit etwa zehn Minuten unterwegs, als Mercury, der unter dem Rufzeichen »Sandy 1« fliegende Pilot einer der A-10 Warthogs, der auch die Mission leitete, das Kommando gab: »Alle Akteure: Ausführen, ausführen, ausführen.« Die AC-130 Spectre legte sich zur Seite, und aus ihrer 105-mm-Haubitze ergoss sich ein Geschosshagel auf vermutliche Stellungen der Taliban. Die Warhogs feuerten aus ihren 30-mm-Maschinenkanonen in kurzen Feuerstößen siebzig Geschosse pro Sekunde ab. Das 40-mm-Boforsgeschütz fiel in den Chor ein, und rasch verwandelte sich der Berg in ein Grab für jeden, der die Flugbahn der explosiven Geschosse kreuzte: Die kleinsten dieser Geschosse hatten die Sprengkraft einer Handgranate.

In den Hügeln rund um das Dorf hatte ich die Lagerfeuer der Taliban und die tanzenden Lichter der Taschenlampen gesehen, die sich an den Hängen durch die Nacht bewegten. Jetzt hatten alle feindlichen Kämpfer, die den Kugelhagel überlebt hatten, Deckung gesucht und rührten sich nicht mehr. Ich fühlte mein Herz bis zum Hals schlagen.

Durch sein am Helm montiertes Nachtsichtgerät sah Spanky, wie die an den Berggipfeln hängenden Wolken plötzlich erleuchtet wurden. Die A-10 Warthogs flogen in geringer Höhe Angriffe in unserer Nähe sowie auf weiter entfernte Höhenzüge, um den Feind von der tatsächlichen Landezone abzulenken. Das höllische Trommelfeuer übertönte auch das Rotorengeräusch der sich nähernden Hubschrauber.

Spanky flog über das steile Gelände bergauf, konnte die Landezone jedoch immer noch nicht sehen, obwohl er in weniger als einer Minute landen sollte. Er konnte nur darauf hoffen, dass die AC-130 den Landeplatz mit ihrem Infrarotstrahl ausleuchten würde. Er fragte sich, wo das Spotlicht blieb, als über Funk eine kühle und professionelle Stimme kam, aus deren Tonfall jedoch eine leichte Dringlichkeit herauszuhören war, die ahnen ließ, in welcher verzweifelten Lage der Pilot der in großer Höhe kreisenden AC-130 war.

»Halos: Negatives Feuer, negatives Feuer.«

»Halos« war das Rufzeichen der beiden Hubschrauber. »Negatives Feuer« bedeutete, dass die AC-130 nicht in der Lage war, die Landezone auszuleuchten. Die Wolkendecke war zu dicht. Die Techniker an Bord hatten das Infrarotlicht eingeschaltet, aber der Strahl konnte die Wolkendecke nicht durchdringen. Doch ohne das Infarotlicht konnte Spanky unmöglich landen.

Manchmal muss man einer kritischen Situation ihren Lauf lassen, um schließlich einen Ausweg zu finden. Wie ich als SEAL gelernt habe, liefern Panik oder Verzweiflung nie die richtige Lösung. Und das, was als Nächstes geschah, war ein ausgezeichnetes Beispiel dafür, wie ein kompetenter Mensch mit Widrigkeiten umgeht: Er lässt zu, dass sich die Situation entwickelt.

Nachdem Spanky die schlechte Nachricht von dem AC-130-Piloten erhalten hatte, wandte er sich an Skinny:

»Welches Licht markiert die Landezone?«

»Hast du sie?«

»Ich sehe sie nicht …«

Mercury, der Kommandeur der Warthogs, hatte das Stakkato ihres Wortwechsels offenbar verfolgt. Wie alle Beteiligten war ihm bewusst, dass sich das Wetter verschlechterte. Gewitterwolken bedeckten den gesamten Himmel. Es musste einen anderen Weg geben, um die Landezone zu beleuchten. Sie würden keine zweite Chance bekommen.

Mercury konnte es nicht selbst tun. Sein Waffensteuerungssystem, das den Laser beinhaltete, den er für die Zielerfassung verwendete, funktionierte nicht. Daher hatte er keine Möglichkeit, seinen Ziellaser auf die Landezone zu richten. Aber sein zweiter Mann konnte es vielleicht tun: Sandy 2 war ein Warthog-Pilot, dessen ungewöhnliche Körpergröße und sanfte Natur ihm den Spitznamen »Wookie« eingetragen hatten. Mercury erkannte die einzige Chance, die dieser Mission noch blieb, und gab Wookie den Befehl: »Sandy 2, markieren Sie die Landezone.«

Wookie, der gerade eine Gefechtsposition der Taliban angriff, war vollkommen auf das Ziel vor sich konzentriert und teilte seinem Kommandeur beiläufig mit: »2 ist heiß« – was bedeutete, dass er das Feuer eröffnen wollte. Diese Mitteilung versetzte Mercury in eine leichte Panik. Er hatte eine einfache Bestätigung des Befehls erwartet. In dem Glauben, Wookie habe ihn falsch verstanden und wolle die Landezone mit Raketen beschießen, schrie Mercury: »Negativ! Abbruch! Mit dem Lasermarker, nicht mit Raketen!«

Wookie verstand sofort, dass es sich um ein harmloses Missverständnis handelte. Er lächelte, schloss den Tiefflugangriff ab, zog die Maschine dann hinauf und legte sie in eine scharfe Rechtskurve. Dann aktivierte er die Zielerfassung und gab die Koordinaten der Landezone ein. Sogar unter den Ausnahmekönnern am Steuer der Warthogs war Wookie für sein besonderes Geschick am Steuerknüppel bekannt, aber in diesem Fall lenkte ihn zweifellos auch eine himmlische Hand. Die tief hängende Wolkendecke war immer noch dicht, aber genau dort, wo wir es brauchten, öffnete sich ein Loch in dem dicken Teppich. In dem Moment, als Wookie den Laser aktivierte, glitt seine Maschine über die Öffnung über der Landezone. Zu meinem Glück flog er etwa zwölf Sekunden über diesem Fenster, und der Ziellaser traf den Landeplatz genau in der Mitte.

Spanky sah den Strahl durch das Loch in der Wolkendecke fahren. Wie sein Kopilot Dave Gonzales es später ausdrückte: Es war, als würde Gott mit einem Finger auf die Landezone zeigen.

Die Hubschraubercrews wussten dank der Luftaufnahmen, dass die Landezone etwa so groß war wie ein Footballfeld. Für einen erfahrenen HH-60-Piloten ist das ein riesiger Parkplatz. Aber da die Satellitenaufnahmen immer aus einem bestimmten Winkel gemacht werden, entstehen optische Täuschungen, und die beiden Piloten hatten keine Ahnung, wie steil und schmal der Landeplatz tatsächlich war. Es war ein schmaler Vorsprung, umgeben von einem Haufen spitzer Felsbrocken. Spanky wusste, dass kein vernünftiger Pilot je versuchen würde, an einem solchen Ort zu landen, und zwar nicht einmal am Tag. Es war beinahe Mitternacht. Als er zur Landung ansetzte, kam eine Warnung über Funk: »Feind hundert Meter südlich von Ihrer Position identifiziert.« Seine Nackenhaare stellten sich auf: Die Landezone war tatsächlich so heiß wie befürchtet. Aber jetzt gab es kein Zurück mehr.

In einer solchen Situation müssen Pilot und Besatzung so zusammenarbeiten, als wären sie eine Person. Der Pilot hat die Hände am Steuerknüppel und kontrolliert die drei Bewegungsachsen des Hubschraubers. Der Kopilot bedient das Gaspedal und hält sich bereit, im Notfall Vollgas zu geben. Der Flugingenieur überwacht die Motoren und die übrigen Systeme, während der Bordschütze und die Rettungsfallschirmspringer auf Hindernisse achten und die Bewegungen der Maschine bei der Landung verfolgen. Sie kommunizieren unentwegt miteinander. Sagt der Bordschütze beispielsweise »Stopp links«, so weiß der Pilot, dass er die Abdrift nach links augenblicklich korrigieren muss. Diese Manöver sind schon bei Tageslicht schwierig genug, aber in der Nacht werden sie noch viel schwieriger – und wenn die Hubschrauberrotoren wie in jener Landezone einen Sand- und Staubsturm aufwirbeln, wird es fast unmöglich. Spanky flog vollkommen blind im sogenannten Brownout.

Es war nach halb zwölf Uhr, als ich den Hubschrauber sah. Er sank und sank, dann stand er in der Luft, schien eine Ewigkeit dort zu verharren …

Über der Staubwolke sah ich den Hauptrotor, der eine sechzehn Meter große Scheibe in den Himmel malte. Durch das Nachtsichtgerät betrachtet, sah es aus, als schwebte ein grüner Glorienschein am Nachthimmel.

Die Situation war sehr gefährlich. Wenn eines der Räder aufsetzte, während der Vogel sich noch zur Seite bewegte, würde er kippen und in den Berghang krachen. Driftete er zu weit nach links ab, so würde der Rotor den steinigen Felsvorsprung berühren, und der Hubschrauber würde in Flammen aufgehen. Kippte er nach rechts, so würde er fünfhundert Meter tief in den Abhang stürzen – oder uns genau auf die Köpfe fallen.

Ich hockte mit T.O., Gulab und dem übrigen Team der Army genau unterhalb der Landezone auf der anderen Seite der niedrigen Steinmauer. Ich kann Ihnen versichern, dass ich in meinem Leben kein zweites Mal eine solche Dreckdusche abbekommen habe. Die zwei Motoren des Hubschraubers, die zusammen mehr als dreitausend PS hatten, gaben einen nicht endenden metallischen Schrei von sich, der jeden Gedanken abtötete. Jenes Abflussrohr im Persischen Golf, das der Master Chief erkundet hatte, mochte der dunkelste Ort der Welt gewesen sein, aber der lauteste Ort der Welt dürfte unter einem landenden Hubschrauber sein.

Auch nach all diesen Jahren kann ich mich an einige Ereignisse in jener Nacht nur dunkel erinnern. Ich glaube, nicht weit von uns fand ein Gefecht statt. Ich glaube, die Landezone selbst geriet unter Beschuss, obwohl das bei all dem Lärm und den umherfliegenden Steinen schwer zu sagen war. Die Luftwaffe bearbeitete immer noch ein paar Kämme in der Nähe, und genau über uns, im Mittelpunkt all der Aufregung blieb die Hubschraubercrew ruhig und gefasst. Die Besatzungsmitglieder gaben Spanky per Bordfunk Anweisungen zu Korrekturen. Sie bewegten sich auf einem schmalen Grat zwischen Leben und Tod. Aber ich nehme an, ihr Vermächtnis war gesichert. Wenn sie in diesen Bergen starben, würden sie diese Welt als Helden verlassen, die ihr Leben bei einer gewagten Mission gelassen hatten. Und wenn sie überlebten, würde das Resultat für sich selbst sprechen.

Als die Anweisungen »Stopp links!« und »Stopp rechts!« immer dringlicher wurden, legten sich die Crewmitglieder flach auf den Boden – dies war das übliche Vorgehen in Hubschraubern, um einen Wirbelbruch zu vermeiden. Und obwohl Spanky so gelassen blieb wie möglich, konnte er Gedanken an seine Frau Penny und seine vier Söhne nicht vermeiden.

Gottes Finger – auch als Wookies Ziellaser bekannt – hatte Spanky den Weg gewiesen, aber es kam noch ein weiteres himmlisches Zeichen. Durch den Strudel des Wirbelgewitters sah Spanky plötzlich schräg über sich etwas: die zitternden Zweige eines Busches. Seine Rotoren mussten die Hälfte des Sandes auf diesem Berghang weggefegt haben, bevor er den Busch sehen konnte. Aber da war er, fixiert im Raum wie ein Zeichen aus dem Alten Testament. Wie gesagt, muss man manchmal zulassen, dass sich eine Situation entwickelt. Mit dem Busch als visuellem Bezugspunkt ging Spanky in einen stetigen Schwebeflug und setzte 8600 Kilo Stahl auf die Erde. Kaum hatte er aufgesetzt, da sprangen die beiden Rettungsfallschirmspringer aus der rechten Tür.

Jetzt war auch für uns der Zeitpunkt gekommen, uns in Bewegung zu setzen. T.O. klopfte mir aufs Bein, und ich stand auf. Wenn ein feindlicher Kämpfer in der Nähe war, würde er uns mit Sicherheit mit einer Granate ins Jenseits schicken. Aber als Gulab und ich über die Steinmauer kletterten und uns von hinten dem Hubschrauber näherten, ging die größere Gefahr vom Heckrotor aus, denn es war schwer zu erkennen, wo sich die Maschine überhaupt befand.

Die Rettungsfallschirmspringer sahen uns aus etwa fünfzig Meter Entfernung kommen. Ich trug wie ein Mudschahed einen traditionellen afghanischen Kittel, den mir Gulab gegeben hatte, und das sah zweifellos auch einigermaßen Furcht einflößend aus. Die beiden Sanitäter, Chris Piercecchi und Josh Appel, stammten aus Arizona. Als am 11. September 2001 die Terroristen zugeschlagen hatten, war Chris (Spitzname »Checky«), der in den Neunzigerjahren bei den Rettungsfallschirmspringern gedient hatte, bereits aus dem Militär ausgeschieden gewesen und hatte als Sanitäter bei der Feuerwehr von Albuquerque gearbeitet. Nach dem Einsturz der Zwillingstürme in New York trat er als Reservist wieder in den Dienst ein. Josh hatte gerade ein Medizinstudium an der University of Arizona abgeschlossen und wollte Notarzt werden. Als der Krieg in seine heiße Phase trat, hatte er wie Checky das Gefühl, dass dort draußen größere Herausforderungen auf ihn warteten und dass er im Kriegsgebiet einen wertvolleren Beitrag leisten konnte.

Ich war froh, in ihrer Obhut zu sein. Allerdings töteten sie mich fast, bevor sie mich retteten: Da sie uns für feindliche Kämpfer hielten, ließen Checky und Josh ihre Trage fallen und richteten ihre Karabiner auf uns. Durch sein Nachtsichtgerät musterte Checky die beiden dunstigen grünen Figuren, die auf ihn zugehumpelt kamen, und markierte mit seinem Infrarotlaser einen Punkt auf meiner Brust. Er sah, dass ich bewaffnet war, aber die Art und Weise, wie ich meine Waffe trug – mit der Mündung auf den Boden zeigend –, gab ihm ein wenig Zeit, um sich die Sache genauer anzusehen, anstatt mich auf der Stelle wegzupusten. Sie schossen nicht. Sie ließen zu, dass sich die Situation entwickelte.

Als ich stolperte und fiel, bemerkten sie hinter uns eine dritte Figur. Einer der Rettungsfallschirmspringer richtete seinen Laser auf diesen weiteren Verdächtigen – und da erstrahlte auf seiner Brust die amerikanische Flagge, die das Infrarotlicht reflektierte. Unsere Rettung war der Old-Glory-Aufnäher von T.O., der in Checkys Nachtsichtgerät grün leuchtete. In diesem Augenblick wussten die beiden Rettungsfallschirmspringer, dass er einer von ihnen war. Die Alarmstufe konnte von Rot auf Orange verringert werden.

Checky lief uns zu und lenkte uns mit erhobenem Arm am Heckrotor vorbei. (Das wäre wirklich ein tolles Ende der »Operation Redwing« gewesen, obwohl Sie sicher sein können, dass es nie in den Zeitungen aufgetaucht wäre.) Er packte T.O. an seiner Schutzweste, zog ihn an sich heran und brüllte gegen das Kreischen der Turboprop-Triebwerke an: »Wo ist das Paket?«

Der Sanitäter der Ranger zeigte auf mich. »Hier hast du es, deine wertvolle Fracht!«

Checky wandte sich an mich und schrie: »Wer ist dein Lieblingssuperheld?«

Die beiden Rettungsfallschirmspringer hatten mein ISOPREP-Profil studiert, jene Sammlung persönlicher Daten, die verwendet wird, um die Identität von Elitesoldaten zu überprüfen.

Meine Antwort – »Spiderman« – passte zu den gespeicherten Daten und sicherte mir einen Platz in dem Hubschrauber. Danke, Spinnenmann.

Checky führte Gulab und mich zur Seitentür des Hubschraubers. Im Inneren sah ich etwa ein Dutzend Kisten Wasser und Lebensmittelrationen. (Kein Wodka, schließlich war es ein offizieller Rettungseinsatz.) In einem kleinen HH-60 war kein Platz für zwanzig Soldaten, was bedeutete, dass die Ranger und Green Berets zurückbleiben würden. Die Hubschraubercrew warf die Kisten aus der Tür. Hoffentlich würden die Männer mit diesen Vorräten auskommen, bis ein größerer Chinook kam, um sie abzuholen.

Ich wurde die Angst nicht los, dass wir jeden Augenblick von einer Granate getroffen würden. Aber über uns wachten unsere Schutzengel: Zwei A-10 Warthogs kreisten im Westen und hielten sich bereit, den Berghang erneut in Flammen aufgehen zu lassen, sollte sich der Feind rühren, und eine AC-130 machte in großer Höhe den Quarterback. Sie warteten alle auf die Nachricht, dass der Einsatz geglückt war. Schließlich bestätigte Spanky, dass er uns an Bord genommen hatte: »Popcorn plus zwei.« Übersetzung: Der Rettungshubschrauber hob ab – wie platzende Maiskörner – und hatte zwei Passagiere an Bord. Die Zahl der Personen, die Spanky an Bord genommen hatte, sorgte sofort für Unruhe. Einige hatten nur mich erwartet (»Popcorn plus eins») und fürchteten, der zusätzliche Fluggast könne ein Taliban mit Sprengstoffweste sein. Schließlich wurde die Sache geklärt – Gulab war der Mann, der mich gerettet hatte –, und der Kommandeur an Bord der A-10 gab den Befehl: »An alle Akteure, hier spricht Sandy 1. Nach Hause! Nach Hause!»

Checky beugte sich zu mir herüber und fragte mich, ob ich etwas bräuchte. Nachdem er meine Vitalwerte geprüft hatte, seufzte er tief und musterte mich einen Augenblick lang. Wir begriffen beide, wie intensiv die vergangenen Stunden gewesen waren. Er nahm meine Hand und schüttelte sie: »Willkommen daheim, Bruder.«

+++

Eine verkürzte Version dieser Geschichte findet sich in *Lone Survivor*, aber als ich an jenem Buch arbeitete, kannte ich die Männer, die mich gerettet hatten, nicht. Und ich wusste damals nicht, wie gefährlich es für sie gewesen war, mich dort herauszuholen. Wir alle sind seit damals mit unserem Leben beschäftigt gewesen und hatten nicht viel Zeit füreinander. Ich kenne diese Männer nicht so gut wie meine Kameraden aus den SEAL-Teams. Aber auch ihre Geschichte verdient es, erzählt zu werden, Ich betrachte sie als Mitglieder meiner erweiterten Familie, einer Familie von Kriegern, die durch tragische Umstände zusammengeschweißt wurde. Sie gehören zu der größeren Familie derer, die sich Gefahren ausgesetzt haben, um ihrem Land zu dienen. Diese Geschichte ist mein kleiner Tribut an alle, die die blaue Uniform der Air Force tragen.

Während des kurzen Flugs nach Asadabad hielt ich Gulab umklammert, als wäre er mein Sohn. Wir saßen direkt hinter Spanky auf dem Boden, mein Kopf lag an der Wand des Hubschraubers. Gulab saß zwischen meinen Beinen und hatte seine Arme um meine Unterschenkel gelegt. Mein linker Arm lag auf seiner Schuler, meine rechte Hand auf meinem Gewehr. Ich wurde von Dankbarkeit und Bedauern erfüllt. Gulab hatte furchtbare Angst. Er flog zum ersten Mal in einem Hubschrauber, und unser Verhältnis hatte sich umgekehrt. In seiner Welt war er mein Beschützer gewesen. Jetzt war er mein Schützling in meiner Welt. Als ich ihn gebraucht hatte, war er ein Fels in der Brandung gewesen. Jetzt kauerte er zu meinen Füßen, und ich gab ihm Halt. Ich sagte: »Es wird alles gut. Ich verspreche es.« In diesem Moment wandte sich Checky an mich und brüllte: »Wir müssen zwischenlanden und Gulab absetzen.«

Ich war schockiert. Sie wollten den Mann, der mich gerettet hatte, von mir trennen. Das Militär hatte unterschiedliche Pläne mit uns.

Als wir in Asadabad landeten, nahm Checky Gulab am Arm und führte ihn zur sich öffnenden Tür. Gulab stieg zögerlich aus, versuchte dann jedoch, wieder einzusteigen, aber die Tür schloss sich vor seiner Nase. Ich hatte keine Gelegenheit gehabt, mich von ihm zu verabschieden. Ich schrie durch die geschlossene Tür: »Passt gut auf ihn auf!« Checky antwortete: »Werde ich! Als gehörte er zu meiner Familie.«

Checky wusste nicht viel mehr als ich über die Afghanen. Und natürlich kannte er Gulab nicht. Ich glaube, er hielt den Mann für gefährlich. Der Rettungsfallschirmspringer packte Gulab am Oberarm und führte ihn zur Einsatzzentrale. Als sie in der Dunkelheit das Tor durchquerten, stolperte Checky über einen Stein. Er hatte das Gefühl, dass Gulab sich von ihm losreißen wollte, und wurde nervös. Hatte dieser Afghane etwas vor? Da verlor Checky das Gleichgewicht und fiel zu Boden. Gulab bückte sich zu ihm hinab, reichte ihm die Hand und half ihm auf die Beine. Erst jetzt begriff Checky, dass der Mann lediglich versucht hatte, ihn vor einem Sturz zu bewahren. Es war dasselbe, was das Rettungsteam gerade für mich getan hatte.

Das glückliche Ende des Rettungseinsatzes war eine überwältige Erfahrung für alle Beteiligten, aber wie so oft in solchen Situationen war keine Zeit, sich zurückzulehnen und über das Geschehene nachzudenken. Nach einer kurzen Pause stiegen alle wieder in den Hubschrauber ein, um zum Luftwaffenstützpunkt Dschalalabad weiterzufliegen. Dort stieg ich in ein MC-130-Transportflugzeug um, das mich nach Bagram brachte, wo eine Woche zuvor die Odyssee der »Operation Redwing« begonnen hatte.

+++

Nun machten sich die Ärzte an die Arbeit. Ich hörte eine beruhigende Frauenstimme, die mich fragte, ob ich starke Schmerzen hätte. Ich nickte, und sie sagte: »Das bringen wir in Ordnung, Schätzchen.« Es erinnerte mich daran, wie mich meine Mutter gepflegt hatte, wenn ich als Junge krank gewesen war. Ich erfuhr nie den Namen dieser Frau und hatte keine Gelegenheit, ihr zu danken, aber sollte sie diese Zeilen lesen, so hoffe ich, dass sie meinen verspäteten Dank akzeptiert.

Ein anderer Arzt beugte sich über mich. Er nahm seine Kappe ab und setzte sie mir auf den Kopf. An der Vorderseite war eine amerikanische Flagge aufgenäht. Er sagte: »Sie haben Ihr Land stolz gemacht.« Ich habe diese Kappe noch immer. Hin und wieder hole ich sie aus dem Schrank und setze sie auf, um mir in Erinnerung zu rufen, dass man trotz aller Widrigkeiten alles erreichen kann, wenn man sich nicht entmutigen lässt und immer wieder aufsteht.

Die Wiedervereinigung mit meinen Kameraden vom SEAL-Team 10 war ein beglückender und zugleich tieftrauriger Augenblick. Ich versuchte, ein wenig zu scherzen: »Die Jungs von der Army sind gekommen, um mich zu retten. Wo seid ihr gewesen?« Ich war mit dem Leben davongekommen und wusste nicht, was ich sagen sollte. Meine Äußerung kam nicht gut an. Niemand war in der Stimmung für Scherze, denn es lagen immer noch drei unserer Brüder auf diesem Berg.

Nachdem ich ein bisschen Zeit mit meinen Kameraden verbracht hatte, blieb ich ein paar Tage lang im Krankenhaus und wurde anschließend den Traumatologen anvertraut, die anordneten, mich zur weiteren Behandlung nach Deutschland auszufliegen.

+++

Spanky Petersons weitere Erfahrungen sind aufschlussreich. In Dschalalabad angekommen, ging er ins Einsatzzentrum und rief daheim in Tucson an. Seine Frau Penny war sehr erleichtert, als sie hörte, dass er in Sicherheit war. Er konnte nichts Genaues über seinen Einsatz sagen, aber sie ahnte, dass es eine gefährliche, zermürbende und wichtige Mission gewesen war. Da sie wusste, dass sie ihn nicht nach Details fragen konnte, stellte sie eine ganz andere Frage. Sie fragte: »Hast du gerade getan, wofür du zehn Jahre lang trainiert hast?«

In diesem Augenblick konnte Spanky seine Gefühle kaum mehr zurückhalten. Er musste die Tränen unterdrücken, als er bejahte. Dass er nicht mehr erzählen konnte, hatte nicht nur Sicherheitsgründe, sondern lag auch daran, dass einige Männer hinter ihm darauf warteten, ans Telefon zu kommen, und er wollte nicht, dass sie ihn weinen sahen.

Pennys Frage zielte auf den Kern dessen, was der Militärdienst bedeutet: Die Männer und Frauen im Militär vervollkommnen jahrelang ihre Fähigkeiten, ohne zu wissen, ob sie ihr Können jemals vollkommen ausschöpfen müssen. Helden werden nicht im Voraus bestimmt. Jeder Soldat muss in jedem Augenblick bereit sein, sein Bestes zu geben.

Meine Erfahrung ist, dass es immer die größten Helden sind, die sagen, sie hätten nur das getan, was jeder ihrer Kameraden in dieser Situation getan hätte. Unsere Ausbildung und unsere Kultur bereiten uns alle darauf vor, so zu reagieren, gleich an welchem Krieg wir teilgenommen haben. Wir messen uns in der Ausbildung an einem Maßstab und machen uns auf diese Art austauschbar mit anderen, die sich am selben Maßstab messen. Und deshalb können alle Soldaten gleichermaßen stolz auf den Dienst sein, den sie ihrem Land geleistet haben.

19

DAMIT ANDERE WEITERLEBEN

Im Gefechtsstand in Bagram, der im ersten Stock des alten sowjetischen Towers untergebracht war, fand eine gedämpfte Feier mit Zigarren und alkoholfreiem Bier statt. Die A-10-Piloten sahen sich in ihrer aus Sperrholzplatten gezimmerten Suite, die als »Warzenschweinpferch« bezeichnet wurde, einen 8-mm-Film von Wookie an, der sein Flugzeug in eine scharfe Rechtskurve legte und seinen Ziellaser auf die Landezone richtete. Aber die kleine Feier dauerte nicht lange, denn die »Operation Redwing« war noch nicht abgeschlossen. Es mussten noch die toten Kameraden geborgen werden.

Am 4. Juli 2005 wurden die sechzehn Männer geborgen, die an Bord von »Turbine 33« gestorben waren. Die Night Stalker landeten in zwei MH-47 Chinooks, und Zero und Sluf nahmen gemeinsam mit einer AC-130 die umliegenden Hänge unter Beschuss, damit die Night Stalker ihre stolze Pflicht erfüllen konnten. Als die Schüsse verklungen waren, herrschte Stille im Bergwald.

Als die beiden Hubschrauber die Toten nach Bagram zurückbrachten, hatte Zero das Gefühl, dass sich seine Maschine »zu Ehren der Männer, die auf ihren Schilden heimkehrten, ein wenig beugte«. Die gesamte Besatzung des Stützpunkts war am Landeplatz und entlang der Zufahrtsstraßen erschienen, um dem feierlichen Entladen der Gefallenen beizuwohnen. Alle standen in Habachtstellung, als die sterblichen Überreste ihrer Kameraden abtransportiert wurden. Die Kapläne lasen aus der Bibel, und die Sargträger holten die Toten einen nach dem anderen aus den Chinooks. Es war eine würdevolle Prozession von Helden. Sie hatten nicht weniger verdient.

Aber der ernsteste Teil des Such- und Rettungseinsatzes der Air Force stand noch bevor: Jetzt galt alle Aufmerksamkeit der Bergung von Mikey, Danny und Axe, die auf dem Sawtolo Sar verschollen waren.

Anhand der Detailinformationen, die ich im Debriefing hatte geben können, gelang es, Mikey und Danny aufzuspüren. Ein Team von Rangern sicherte die Umgebung. Da die Night Stalker zum Gedenken an ihre gefallenen Männer eine Nacht lang nicht ausrückten, blieb es den HH-60 überlassen, die toten SEALs zu bergen. Zero war Sandy 1 und hatte einen jungen Piloten namens Fudd an seiner Seite. Skinny flog den Hubschrauber an der Spitze mit Checky und Josh als Rettungsfallschirmspringern. In jener Nacht gab es keine Gewitter, und sie konnten bei klarer Sicht fliegen. Als Sandy 1 leitete Zero den Einsatz und wies die anderen Piloten an, wie sie ihre Aufgaben zu erfüllen hatten.

»Alle Akteure, bereit für einen Fünfzehnzeiler.« Der Einsatzbefehl.

»Zeile eins: Poison Eins-Fünf hat die Kontrolle über die Landezone.« Dies war das Rufzeichen eines Fliegerleittrupps am Boden.

»Zeile zwei: Zwei im Einsatz getötete Männer.« Die beiden gefallenen SEALs waren das Ziel. Zero bedauerte sofort, dass er nicht die wirklichen Namen der beiden Männer verwendet hatte. Er begriff, dass er hätte sagen sollen: »Michael P. Murphy und Daniel P. Dietz werden heimgeholt.«

»Zeile drei: Standort, zum Zeitpunkt Juli null-vier, um vierzehnhundert Uhr Zulu, aktualisiert um neunzehn-zehn, Papa Alpha sieben neun sieben fünf acht, sechs eins zwei null drei.« Der Ort ihres letzten Gefechts.

»Zeile vier: Situation – gefallen.« Zero musste kurz innehalten, um seine Fassung wiederzugewinnen.

»Zeile fünf: Infrarotsignale.« So würde die Landezone lokalisiert werden. Die Ranger am Boden würden den Landeplatz für die Hubschrauber markieren.

»Zeile sechs: Authentifizierung abgeschlossen. Bedrohungen im Einsatzgebiet sind Panzerbüchsen, Handfeuerwaffen. Landezone gegenwärtig sicher.« Die Warthogs und das A-130-»Kanonenboot« würden die Umgebung ohnehin in Brand setzen.

»Zeile sieben: Höhe acht-drei-neun-zwei Fuß. Landezone ist eine Schlucht. Ausgangspunkt ist Papa Alpha acht drei drei, sechs acht eins. Jolly Eintritt durch das Tal, zehn und drei Seemeilen, Austritt umgekehrter Weg nach Asadabad. Feuerschutz durch eins-null-fünf und vierzig Millimeter von Shooter, dreißig Millimeter von Boar und fünfzig Millimeter auf Jolly. Shooter hat die Landezone, Boar Ablenkungsangriffe und Begleitschutz, Bergung durch Rettungswinde.«

So ging der Einsatzbefehl weiter, knapp und effizient, und die Besatzungen erfuhren alles, was sie wissen mussten, ohne dass versucht wurde zu erklären, was nie vollkommen erklärt werden konnte.

Nachdem er die ganze Sequenz abgespult hatte, fragte Zero: »Fragen?« Da sich niemand meldete, sagte er: »An alle Akteure. Zeit einundzwanzig zweiundfünfzig, ausführen, ausführen, ausführen.« Und im selben Augenblick ging der Berg in Flammen auf.

Der Hubschrauber ging über dem steilen Gelände in den Schwebeflug, und zwei Rettungsfallschirmspringer seilten sich ab, um die Rettungswinde vom Hubschrauber zum Boden zu leiten. Sie hoben die sterblichen Überreste von Mikey und Danny auf eine Trage, während Zero und Fudd ihnen Deckung gaben. Zero schaltete seine Navigationslichter ein und flog so tief wie möglich, um feindliche Kämpfer abzulenken, die möglicherweise vorhatten, die Bergung zu stören. Dann wurden Mikey und Danny gen Himmel gehoben – dieses Bild weckte die Ehrfurcht aller Beteiligten – und nach Bagram zurückgeflogen, wo man auch ihnen einen würdigen Empfang bereitete.

+++

An diesem Punkt blieb dem Such- und Rettungsteam nur noch eines zu tun: Axe war immer noch nicht gefunden worden.

Im besten Fall hatte er schwer verletzt überlebt. Bei den SEALs gehen wir so lange davon aus, dass ein verschollener Kamerad noch am Leben ist, bis wir tatsächlich seine Leiche finden. Die Sandy-Piloten der Air Force gehen genauso vor. Diese Piloten, die Tag für Tag aufbrachen, um nach unserem letzten vermissten Kameraden zu suchen, beeindruckten mich mit ihrer Hingabe. Im alten sowjetischen Tower in Bagram blickte Zero nach Osten, wo Axe war. Er war dankbar dafür, dass die Gewitter aufhörten, die zwischenzeitlich wieder eingesetzt hatten. Er sagte leise: »Wir kommen, Axe. Lass uns wissen, dass du da draußen bist, Bruder, damit wir dich nach Hause bringen können.«

Zero stammte aus Los Angeles und gehörte dem 74. Kampffluggeschwader an, das auf dem Luftwaffenstützpunkt Moody in Georgia stationiert war und auf die Flying Tigers zurückging, die im Zweiten Weltkrieg von China aus den Japanern die Hölle heiß gemacht hatten. Seine A-10 war mit demselben charakteristischen Haifischmaul bemalt, das seinerzeit die Curtiss P-20 Warhawks der von General Claire Chennault befehligten Einheit geziert hatte. Die Flugzeuge des 74., 75. und 76. Kampffluggeschwaders sind die einzigen, die noch heute diese besondere Verzierung tragen dürfen.

Als Kind hatte Zero furchtbare Angst vor Achterbahnfahrten im Vergnügungspark gehabt, aber an der United States Air Force Academy, wo er im Jahr 1996 seinen Abschluss machte, entdeckte er seine Liebe zum Tiefflug. Es wurde süchtig nach dem Nervenkitzel, den man bei einem Flug wenige Meter über den Baumwipfeln empfindet. Bei Vollgas hüpfte sein Blick zwischen der vor ihm ausgebreiteten Karte und der unter ihm vorbeirasenden Welt her, in der er nach visuellen Bezugspunkten suchte, um sich zu orientieren. Er verbrachte seine gesamte Laufbahn in der A-10 Warthog, und während seiner Dienstzeit in Südkorea bat er den Waffensystemoffizier seines Geschwaders, ihm dabei zu helfen, den Schritt zum Sandy-Piloten zu machen und Such- und Rettungspilot zu werden.

Da Axe weiterhin verschollen war, war den A-10-Piloten klar, dass sie einige lange Arbeitsnächte vor sich hatten. SEALs geben nie auf, und dasselbe gilt für die Sandy-Piloten.

»Hältst du es für möglich, dass der Kerl noch am Leben ist?«, fragte Zeros Wingman Clap.

»Wir müssen annehmen, dass er noch lebt«, antwortete Zero. »Nehmen wir etwas anderes an, so werden wir nicht mit vollem Einsatz bei der Sache sein. Und dann lassen wir einen Mann im Stich, für den es um *alles* geht.« Aber seit dem ersten Tag hatten sie kein einziges Funksignal mehr auffangen können. Doch dann hörten Sluf und sein Wingman Butters eines Nachts, als sie über die Berge flogen und die Notfunkfrequenz überwachten, Funkgerätklicks.

Sluf meldete sich: »Evader, wenn Sie mich hören können, klicken Sie zweimal.« Die Antwort waren zwei Klicks.

Da draußen hört mir jemand zu, dachte er.

Sluf wies seinen Wingman an, nach Norden abzuschwenken und das Signal aus einer anderen Richtung aufzufangen, um den Ursprungsort des Signals mittels Triangulation bestimmen zu können. Mit der Funkpeilung gelang es den Piloten, die Quelle des Signals südöstlich der Absturzstelle von »Turbine 33« zu lokalisieren. Sie hatten jemanden gefunden, aber war es ihr Mann?

Man sollte meinen, es sollte einem Soldaten, der sich in vom Feind kontrolliertem Gebiet bewegt, irgendwann möglich sein, sich per Funk zu melden. Aber manchmal hat er keine Möglichkeit dazu. Vielleicht ist der Feind so nah, dass er ihn hören würde. Und noch wahrscheinlicher ist, dass der Feind, wenn er schlau genug ist, die Signale abfängt und den Flüchtigen per Funkpeilung aufspürt. Aus diesem Grund drückt ein Evader oft nur den Sendeknopf, um Kontakt mit dem Such- und Rettungsteam aufzunehmen. Vielleicht ist er auch so schwer verletzt, dass er nicht zu mehr in der Lage ist.

Da Sluf und Butters in jener Nacht nicht verifizieren konnten, von wem das Signal kam, mussten sie unverrichteter Dinge zum Stützpunkt zurückkehren.

Am nächsten Tag flog Zero. Kurz nachdem er seine Position über dem Suchgebiet eingenommen hatte, begann auch er, auf der Notfrequenz Funkgerätklicks zu empfangen. Um den Sender zu identifizieren und festzustellen, ob es Axe war, ging er in den Gesprächsmodus, obwohl ihm klar war, dass er es durchaus mit einem Feind zu tun haben konnte, der mit einem gestohlenen Funkgerät versuchte, den amerikanischen Rettungskräften eine Falle zu stellen.

Die Authentifizierung eines einzelnen Evaders am Boden ist möglicherweise die anspruchsvollste Aufgabe für ein Such- und Rettungsteam. Vom

Ruf-Antwort-Spiel des Piloten hängen Leben und Tod ab, weshalb absolute Professionalität und Sorgfalt gefordert sind. Es war bekannt, dass die Taliban gerne die Notfunkgeräte getöteter Amerikaner an sich nahmen, um Spielchen mit den Rettungsteams zu spielen. Manchmal versuchten sie, die Piloten in eine Falle zu locken. Ein Pilot muss die Signale eines wirklichen Evaders von feindlichen Täuschungsversuchen unterscheiden können.

»Evader, wir empfangen Ihr Signal. Wenn Sie meine Stimme hören können, klicken Sie bitte die vorletzte Ziffer Ihrer Sozialversicherungsnummer.« Diese Daten standen in Axes' Akte und lagen Zero im Cockpit vor. Er wünschte sich nichts sehnlicher, als die richtige Zahl von Klicks zu hören, aber es herrschte Stille. Er wiederholte die Frage.

Jetzt kam eine Antwort. Zwei Klicks. Aber es hätten fünf sein müssen.

Zero fragte sich: *Könnte es sein, dass er mich nicht richtig hört?* Er entschloss sich, auf die Zahlen zu verzichten und es mit persönlichen Fragen zu versuchen. »Axe, wir müssen wissen, ob wir wirklich mit Ihnen sprechen. Der Feind hört mit und versucht, uns von Ihnen fernzuhalten.«

Er fuhr fort: »Sie werden mehrere Namen hören. Wenn Sie den Namen Ihres Labradors hören, möchte ich, dass Sie fünfmal klicken. Wenn Sie mich verstehen, klicken Sie jetzt bitte zweimal. Haben Sie mich verstanden?«

Als zwei Klicks kamen, schöpfte Zero Hoffnung. Zu seinem Wingman Clap, der am Steuer von Sandy 2 saß, sagte er: »Dann schauen wir doch mal.«

»Axe, hier sind die Namen. Hank … Hank …« Keine Antwort.

»Bobby … Bobby …« Keine Antwort.

Bleib dran. Schenke dem Feind nichts.

»Boomhauer … Boomhauer …« Das war der Name von Axes' Hund.

Nichts.

Es fiel dem Piloten schwer, seine Enttäuschung zu unterdrücken, aber er versuchte es mit einem weiteren Namen: »Redcorn … Redcorn …«

Dieser Name löste eine hektische Abfolge von Klicks aus. Zero bat Barnyard, einen fliegenden Kommandoposten, dessen Besatzung aus großer Höhe, zuhörte, um Bestätigung.

»Barnyard bestätigt. Nur auf Redcorn wurde reagiert.«

Zero hatte den Verdacht, dass da jemand Spielchen mit ihm trieb – Redcorn klang ein wenig wie ein Hundename –, aber er konnte sich auch vorstellen, dass ein schwer verletzter, dehydrierter Mann, der immer wieder das Bewusstsein verlor, möglicherweise Schwierigkeiten hatte, Anweisungen zu befolgen, die ihm über eine instabile Funkverbindung gegeben wurden.

»Axe«, fuhr Zero fort. »Ich werde Ihnen jetzt Ja-oder-Nein-Fragen stellen. Wenn Sie Ja antworten wollen, drücken Sie die Taste zweimal. Wenn Sie Nein antworten wollen, klicken Sie schnell vier- oder fünfmal. Haben Sie verstanden?«

»Barnyard meldet zwei Klicks.«

Die Signale waren so schwach, dass wir sie auch mit der besten Technik nicht orten konnten. Daher wollte Zero herausfinden, ob Axe lebensnotwendige Vorräte hatte, um noch eine Weile aushalten zu können. »Axe, ich werde jetzt einige Bestandteile der Überlebensausrüstung auflisten. Wenn Sie diese Dinge haben und verwenden können, klicken Sie bitte zweimal. Wenn Sie sie nicht haben, klicken Sie, sooft Sie wollen.«

Er begann mit einer Liste von Gegenständen, die Axe möglicherweise verwenden konnte, um uns Zeichen zu geben: Signalspiegel. Infrarotlampe. Hitzepack für Essensrationen. Armbanduhr mit Beleuchtung. Leuchtstäbe. Streichhölzer oder andere Gegenstände, mit denen man ein Feuer entfachen konnte.

Barnyard meldete, bei Infrarotlampe und Hitzepack jeweils zwei Klicks empfangen zu haben.

»Axe, aktivieren Sie bitte Ihre Infrarotlampe.«

»Barnyard registriert sechs Klicks.«

Verdammt, dachte Zero. *Was soll das bedeuten? Kann der Mann das Licht nicht einschalten? Oder nimmt mich der Feind auf den Arm?*

Zero kontrollierte seinen Treibstoff. Der Tank war fast leer. Also schwenkte er ab, um ein Tankflugzeug anzufliegen, aber er bat Barnyard, dranzubleiben und einen Weg zu finden, die Position des Evaders zu bestimmen.

In der zwanzigminütigen Tankpause dachte Zero über die Kommunikation mit diesem Phantom nach. Er begriff, dass die Zeit nicht auf seiner Seite war: Er musste die verdeckten Anweisungen klarer formulieren. Wenn der

Mann Axe war, musste er ihm die Information klarer geben, selbst wenn der Feind mithörte. Als er mit vollem Tank zurückkehrte, setzte er das Gespräch dort fort, wo er es unterbrochen hatte.

»Axe, Kumpel, komm schon. Schalte dein Infrarotlicht ein.«

Und da hörte er Claps aufgeregte Stimme: »Hier Sandy 2. Gerade wurde ein Infrarotlicht eingeschaltet!«

Und da war es, genau unter ihm: ein strahlendes Licht in einer Wellenlänge, die nur mit Nachtsichtgeräten empfangen werden konnte. *Wir haben etwas gefunden!* Zero erfasste den Infrarotstrahl mit seinem Targeting Pod und studierte den Vier-Zoll-Bildschirm auf der Instrumententafel. Unweit der Infrarotbake erkannte er ganz deutlich zwei Personen.

»Ich habe zwei Personen mit einer Infrarotbake«, meldete er, »Position Nord vierunddreißig, zweiundfünfzig Komma null-drei … Ost null-siebennull, siebenundfünfzig Komma neun-drei.« Clap richtete seine Sensoren auf denselben Punkt und bestätigte die Beobachtung.

Zero fragte sich, warum da zwei Personen waren: Waren es zwei feindliche Kämpfer, die ihn an der Nase herumführen wollten, oder war bei Axe jemand wie Gulab, der ihm zu helfen versuchte? Er gab die Koordinaten an das Hauptquartier weiter und wartete. Er hatte Hoffnung – weshalb die Nachricht, die schließlich kam, umso niederschmetternder war.

»Barnyard hat Informationen von weiter oben: Das ist ein Scharfschützenteam des Marine Corps. Koordinaten und Standort bestätigt.«

Plötzlich fühlte sich Zeros Helm an, als bestünde er aus Blei. Aber er hörte nicht auf, kreativ zu denken.

Was könnte ein SEAL nie vergessen, nicht einmal unter schwerer Folter? Da ging ihm ein Licht auf: Jeder, der den BUD/S-Kurs hinter sich gebracht hatte, würde nie wieder vergessen, dass er den brutalen Ausleseprozess einfach beenden konnte, indem er zu einer großen Glocke ging und sie dreimal schlug. Und schon war die »Entlassung auf Wunsch« erledigt. Niemand durchlief den Kurs, ohne irgendwann in Versuchung zu geraten, diese Glocke zu läuten. Der Weg in die Freiheit stand immer offen, und frisch gebrühter Kaffee und Donuts standen bereit. Wenn man es bis zum Ende schaffte, hatten vier von fünf Männern, die zum Kurs angetreten waren, diese Glocke geschlagen. An den metallischen Klang der Kapitulation – *Deng, Deng, Deng!* – würde sich Axe unter allen Umständen erinnern.

Zero sagte: »Axe, wenn Sie sich entschlossen hätten, aus dem BUD/S-Kurs auszusteigen, wie oft hätten Sie dann die Glocke geläutet?«

Die Antwort kam augenblicklich: *Klick, klick, klick.* Er ließ Stift und Logbuch fallen. Dann fragte er bei seinem Wingman und bei Barnyard nach: »Wie viele Klicks waren das?« Sie hatten alle drei gehört.

Verdammt noch mal, dachte Zero. *Haben wir ihn endlich?*

»Axe, Bruder, wir werden nicht aufgeben. Zeig uns, dass du es bist, und wir holen dich heute Nacht nach Hause!«

Da war nur Rauschen im Kopfhörer.

»Axe, hilf uns, deine Position zu finden. Halte die Taste fünf Sekunden lang gedrückt.«

Zero hoffte, ein längeres Signal würde die Triangulation erleichtern. Und tatsächlich meldete Barnyard ein schwaches Signal von fünf Sekunden Dauer.

»Kommt schon, Jungs. Wir müssen es doch schaffen, das zu triangulieren«, sagte Zero. Aber Barnyard antwortete, das Signal sei zu schwach.

»Axe, gib mir zwanzig Sekunden.«

»Barnyard registriert zweimal fünf und zweimal acht Sekunden.«

Dort unten war jemand, der zuhörte, und nach dem Muster zu urteilen, war es gut möglich, dass diese Person schwer verletzt war. In dem Wissen, dass keine Zeit mehr für Spielchen blieb, setzte Zero alles auf eine Karte. Er würde nicht länger bei den Taliban auf den Busch klopfen. Er dachte: *Wir müssen wissen, ob das Axe ist, und wir müssen es jetzt wissen.*

»Axe, sag mir deine Vornamen, und zwar jetzt. Ich muss wissen, mit wem ich spreche.«

Rauschen.

»Axe, sage mir deinen ersten und zweiten Vornamen.«

Rauschen.

»Axe, gib mir Klicks, wenn du deine Initialen hörst: Juliet Papa Whiskey … Bravo Alpha Delta … Juliet Lima Sierra … Mike Golf Alpha … Sierra Mike Alpha … Juliet Charlie Tango …«

Keine Reaktion.

In dreitausend Meter Höhe schlug Zero in hilfloser Wut mit beiden Fäusten gegen das kugelsichere Kabinendach. *Wir hatten etwas! Wir waren nahe dran!* Aber es klappte einfach nicht. Er sah, dass sich aus dem Westen eine neue Gewitterfront näher schob. Er sah, dass sein Treibstoff wieder zur Neige ging. Da ihm diese unausweichlichen Beschränkungen keine andere Wahl ließen, wies er seine Flugzeuge an, zum Stützpunkt zurückzukehren. Als die beiden A-10 und die AC-130 eintrafen, die sein Team ablösten, fasste er für die Neuankömmlinge über die sichere Funkverbindung die letzten fünf Stunden zusammen. Er gab ihnen die Details seiner Botschaften und der Antworten, die er erhalten hatte. Er fühlte sich geschlagen, weigerte sich jedoch, dieses Gefühl gegenüber den anderen Piloten zu zeigen, als er sich per Funk bei dem Evader am Boden verabschiedete.

»Axe, Kumpel, ich muss zurück, um dieses Schwein hier zu füttern. Es ist so durstig wie ein Nilpferd in der Wüste. Aber meine Brüder sind hier. Du kannst jetzt mit ihnen sprechen. Wir lassen dich nicht allein, und bald werden wir dich nach Hause holen.«

+++

Zurück im Einsatzzentrum in Bagram, spielte Zero den Skeptikern eine Aufzeichnung der Kommunikation mit dem mysteriösen Mann am Boden vor.

»Irgendjemand ist da draußen«, sagte er, »und wir müssen so lange mit der Authentifizierung weitermachen, bis wir sicher wissen, ob es unser Mann ist oder nicht.«

Kurze Zeit später meldete AFN, der Nachrichtensender der amerikanischen Streitkräfte, ein Sprecher der Taliban in Pakistan habe sich damit gebrüstet, die Taliban hätten in den Bergen bei Asadabad einen amerikanischen Soldaten gefangen genommen. Die Taliban erklärten, es sei sinnlos zu versuchen, ihn zu finden, und wenn nicht bestimmte Forderungen erfüllt würden, werde der Gefangene hingerichtet und in der Wildnis liegen gelassen.

Zeros Zuversicht schwand mit einem Schlag. Er ging hinüber ins Zelt, in dem das Kommando der Spezialeinheiten untergebracht war, um in Erfahrung zu bringen, was der neueste Stand der Dinge war. Dort musste er einen weiteren Schlag hinnehmen. Ein auf die Signalanalyse spezialisierter externer Fachmann teilte ihm mit, dass er die Radioklicks mit seinen hochempfindlichen Geräten einer computergestützten Auswertung unterzogen hatte: Zero habe nur atmosphärisches Rauschen gehört.

Zero starrte den Mann fassungslos an. »Hören Sie, es mag ja sein, dass ich nur ein blöder Pilot bin, aber ich weiß, dass atmosphärische Anomalien nicht auf Fragen antworten, die von menschlichen Wesen gestellt wurden. Ihr Computer sagt Ihnen eine Sache, aber meine Ohren sagen mir eine andere. Ich vertraue meinen Ohren.«

»Niemand hat versucht, Ihnen Zeichen zu geben«, antwortete der Analyst. »Wir haben heute Nacht eine sehr instabile Atmosphäre dort draußen. Diese Gewitter bringen unsere Frequenzen vollkommen durcheinander.«

»Sie wollen mir sagen, dass wir aufgeben sollen?« Zero bemerkte, dass er beide Hände zu Fäusten geballt hatte. Seine Hoffnungen waren dabei, sich in Luft aufzulösen, aber er wusste, was er gehört hatte, und wollte nicht aufgeben.

Beim Verlassen des Zelts begegnete er einem Sergeant der Luftwaffe und fragte ihn, was es mit der Meldung auf sich habe, die Taliban hätten den SEAL gefangen.

»Sie haben ihn nicht«, antwortete der Feldwebel.

»Wie bitte?«

»Sie haben ihn nicht.«

»Und woher wisst ihr das?«

»Wir wissen es, weil *wir* ihn haben.«

Zeros Knie gaben nach. Er war fassungslos.

»Eine unserer Patrouillen hat anhand der Informationen, die uns Marcus gegeben hat, noch einmal die Schluchten abgesucht. Sie haben ihn vor einer Stunde gefunden. Die Taliban haben ihn nie gehabt.«

»Ist das vollkommen sicher?«

»Sie haben ihn nach dem Gefecht nicht mehr angefasst. Sie versuchten nur, uns an der Nase herumzuführen, da sie wussten, dass wir nahe dran waren, ihn zu bergen. Wir bringen ihn morgen Nacht zurück. Sie sind Sandy 1, Zero. Sie machen die Bergung.«

Die Männer, die Axe schließlich gefunden hatten, waren SEALs. Die übrigen Männer aus seinem Trupp im SDVT-1 waren aus dem Irak eingeflogen worden, um dem SEAL-Team 10 bei der Suche in den Bergen zu helfen. Diese Männer blieben mehr als eine Woche ohne Pause dort draußen, gingen immer wieder die wahrscheinlichen Routen ab, die vom Sawtalo Sar wegführten, und nahmen Kontakt zu den Einheimischen auf, um Informationen zu sammeln.

Dass die Taliban Axe nie in die Hände bekamen, hatte viel mit dem zu tun, was in dem Dorf geschah, in dem die SEALs ihn schließlich fanden. Die Einwohner waren bereit zu sprechen, wirkten jedoch nervös. Schließlich gaben sie zu, dass sie Axe gefunden und begraben hatten, damit seine Leiche nicht den Taliban in die Hände fiel. Sie hatten ihm diese letzte Ehre erwiesen, weil sie respektierten, was er getan hatte: In der Umgebung hatte sich rasch herumgesprochen, dass er bis zum bitteren Ende gekämpft hatte. Sie wollten den verhassten Radikalen die Kriegsbeute vorenthalten, mit denen die Taliban ihren Ruf festigen konnten. Die mutigen Dorfbewohner fürchteten, die SEALs könnten wütend werden, weil sie sich diese Freiheit genommen hatten, aber sie erhielten nichts als Dankbarkeit.

Am 10. Juli hoben nach Einbruch der Dunkelheit in Bagram zwei MH-47 Chinooks ab und flogen in östlicher Richtung zum Korengal-Tal. Zero befehligte die beiden A-10, die den Hubschraubern Feuerschutz gaben. Der Südwind hielt die Gewitter fern, sodass die Hubschrauber die Hänge nahe des Dorfes bei klarer Sicht erreichten. Aus einem der Chinooks seilten sich zwei Rettungsfallschirmspringer aus einer Reserveeinheit der Air Force ab, die von den SEALs zu Axes Leiche geführt wurden. Sie hoben ihn vorsichtig auf und brachten ihn an Bord. Als der zweite Chinook landete, um die SEALs an Bord zu nehmen, dachte Zero, dass diese traurigen Einsätze zur Gewohnheit geworden waren. Aber als er in Bagram landete, empfand er Zufriedenheit, denn er hatte das Versprechen gehalten, das er zu Beginn des Einsatzes gegeben hatte: Er hatte Axe nach Hause gebracht.

Am Hubschrauberlandeplatz standen Mitglieder aller vier Waffengattungen bereit. Die A-10-Piloten hatten Mühe, die Fassung zu bewahren. Die feierliche Verabschiedung begann, und die Kapläne und Sargträger näherten sich dem Chinook, der Axes' sterbliche Überreste zurückgebracht hatte. Jetzt war er wieder mit den anderen achtzehn Männern vereint, die in der »Operation Redwing« ihr Leben gegeben hatten.

Auf der Landebahn stand ein C-17-Globemaster-Transportflugzeug mit offener Rampe bereit, und den Weg dorthin säumten die Männer der Night Stalker und des SEAL-Teams 10.

Dann rollten in einer langen Prozession die neunzehn Fahrzeuge heran, die die Toten beförderten. Die Stahlsärge waren mit amerikanischen Flaggen bedeckt. Die Anwesenden nahmen Habachtstellung ein, und ein Soldat spielte auf dem Dudelsack »Amazing Grace«. Die Kapläne lasen aus der Bibel, während die Sargträger die toten Kameraden von den Fahrzeugen in den Frachtraum der C-17 brachten. Als der letzte Sarg im Inneren abgestellt war, stiegen die SEALs und Night Stalker ein, und die Rampe schloss sich. Bevor das Flugzeug abhob, hatten die Männer an Bord noch Zeit, sich in aller Stille von ihren Kameraden zu verabschieden.

Ich bin immer noch tief gerührt, wenn ich daran zurückdenke, wie gewissenhaft und fürsorglich das Such- und Rettungsteam der Air Force die Bergung meiner Kameraden abwickelte. Das bedeutet mir genauso viel wie meine eigene Rettung.

Ich erzähle das, weil Geschichten wie diese die Soldaten mit Dankbarkeit erfüllen und tröstlich sind. Die Rettungsteams erhalten selten große Aufmerksamkeit, aber ihr Einsatz ist für ihre Brüder in Uniform von großer Bedeutung. Das Motto der Such- und Rettungseinheiten lautet: »Damit andere weiterleben.« Sie alle sind von diesem selbstlosen Geist beseelt. Und dies ist natürlich der Leitsatz aller, die ihr Leben aufs Spiel setzen. Warum tun wir das? Wir tun es für andere, damit sie ihre Pflicht erfüllen, ihre Mission vollenden, ihren Kameraden und ihrer Nation dienen und das gute Leben führen können, das sie verdient haben. Und einige der Besten opfern ihr Leben dafür. Das ist der höchste Preis, den einige für ihren Dienst zahlen. Und indem wir auf diese Art dienen, indem wir alles, was wir haben, aufs Spiel setzen, sind wir alle Helden. Stellen Sie sich eine Welt vor, in der jeder ein Leben führt, das seinen tiefsten Überzeugungen entspricht.

20

LAGERKOLLER

Diejenigen, die im Militär dienen, machen eine Erfahrung, die nur wenige Menschen kennen, die keine Uniform tragen: Sie leben in dem Bewusstsein, Teil von etwas zu sein, das größer ist als sie selbst. In einer Bruderschaft von Menschen, die dieselben Prioritäten haben wie wir selbst, knüpfen wir enge Bande zueinander. (Nicht zu vergessen ist, dass es im Militär auch viele engagierte Frauen gibt, darunter EODler, Warthog-Pilotinnen und Unterstützungspersonal und Mitglieder der Spezialeinheiten.) Die Beziehungen, die im Militär geknüpft werden, sind meist für die Ewigkeit. Meine Bindung zu Morgan ist aufgrund der Blutsbande noch etwas enger als die zu meinen anderen Teamkameraden.

Aber wie kehrt man aus dem Militärdienst zurück? Was tun wir mit den Fähigkeiten, die wir dort erworben haben, und was machen wir aus den Geschichten, die wir erlebt haben? Wie werden unsere Beziehungen zu den Menschen außerhalb der Bruderschaft funktionieren?

Morgan und ich hatten nie damit gerechnet, sonderlich alt zu werden. Das Versprechen, das wir einander gaben – »Vom Mutterleib bis ins Grab« –, sagte zwar nichts darüber, wie lange dieses Leben dauern sollte. Doch wir hatten beide unsere Zweifel, ob wir älter als vierzig werden würden. Aber wenn wir heute über die Zukunft sprechen, stellen wir uns vor, dass wir wie Robert Duvall in *Löwen aus zweiter Hand* oder Clint Eastwood in *Gran Torino* enden. Wir wollen unseren Rasen in Turnschuhen und schwarzen Socken mähen und die Nachbarkinder schimpfen, wenn sie ihren Baseball in unseren Garten werfen (und hinter vorgehaltener Hand grinsen). Aber vor allem wollen wir unsere Erfahrungen in Weisheit verwandeln.

Ich wäre vollkommen zufrieden, wenn ich ein Mann wie R.V. Burgin werden würde. Ich sehe ihn in seinem Haus in einer texanischen Kleinstadt südlich von Dallas, und ich sehe Ehre, Integrität, Liebe und inneren Frieden. Jeder von uns sollte das Glück haben, so zu sein. Ich lernte ihn erst spät in seinem Leben kennen, aber er ist wie ein Familienmitglied für mich, denn wir haben Erfahrungen gemein, die nicht ganz alltäglich sind: Wir sind unter heftigen Beschuss geraten und wurden verwundet. Wir kennen das Gefühl der Leere, das einen ergreift, wenn man einen Freund im Kampf verliert, und die Ehrfurcht, die man angesichts überzeugender Führung empfindet. Wir wissen beide, wie beglückend es ist, wenn Luftunterstützung kommt – er hat die F4U Corsair des Marine Corps in ebenso guter Erinnerung wie ich die A-10 Warthog. Wir kennen beide quälenden Durst, jene Art von Durst, die dich dazu bewegt, deine Socken über deinem weit aufgesperrten Mund auszuwringen. Wir haben die Endgültigkeit des Todes aus nächster Nähe erfahren, und wir haben beinahe unwirkliche Augenblicke unerwarteten Friedens erlebt. Im Jahr 2003 hockte mein Team während einer Aufklärungsmission im Mündungsgebiet des Schatt al-Arab in einem zerstörten irakischen Bunker und beobachtete das Wrack eines Tankers, der auf Grund gelaufen war. Der Geheimdienst hatte erfahren, dass der Feind dieses Schiff als Ausgangsbasis für den Drogenhandel nutzte. Am sechsten Tag kam ein Sturm auf. Er störte uns nicht, aber er scheuchte ein paar Schweine auf, die im Unterholz lebten. Rasch hatte einer unserer Scharfschützen eines der Tiere erlegt, und ich machte mich daran, es auszuweiden, um es auf einer Eisenstange aufzuspießen und mit scharfer Sauce aus unseren Proviantrationen über dem Feuer zu rösten. Wir waren glücklich.

Es ist aufregend, den Drachen zu jagen. Der Kampf ist wie eine Droge. Es gibt nichts, was dem Nervenkitzel beim Abseilen aus einem Hubschrauber oder der Anspannung auf einer vermutlich mit Sprengfallen gespickten Straße vergleichbar wäre. Im Kampf kann das Leben so intensiv werden, dass man einfach keine Zeit hat, sich zu fürchten oder von irgendetwas beeindrucken zu lassen. Als ich nach dem Scheitern der »Operation Redwing« allein dort draußen war und mich mit aller Kraft gegen den Tod stemmte, hatte ich immer ein unmittelbares Ziel, auf das ich mich konzentrieren konnte. Ich suchte mir einen großen Felsen oder einen Baum in mittlerer Distanz aus, und von da an dachte ich nur noch dran, die hundert Meter bis zu diesem Ziel zu bewältigen. Es gab immer ein Problem zu lösen. In den Wäldern im Osten von Texas aufgewachsen, fühlte ich mich auf jenem Berg sonderbar zu Hause. So feindselig er auch war, ein Teil von mir vermisst ihn und die kleinen Glücksgefühle, die ich empfand, wenn ich seine Prüfungen bestand.

+++

Der Master Chief kehrte den SEALs im Jahr 2008 den Rücken und verzichtete auf eine sechsstellige Bonuszahlung, die ihm nach einundzwanzig Jahren bei einer Verlängerung seiner Dienstzeit zugestanden hatte. Er hatte alles für die Teams gegeben, und jetzt war es genug. Er hatte andere Pläne. Nachdem er ein Studium in Globaler Führung abgeschlossen hatte, nutzte er seine in den Spezialeinheiten erworbenen Fähigkeiten in der Wirtschaftswelt. Er berät einen wichtigen Sportausrüster im Hinblick auf Strategie und Produktentwicklung – das geht es zum Beispiel um leichtgewichtige Outdoor-Stiefel und andere Ausrüstungsgegenstände für Sportler. Hin und wieder läuft er seinen ehemaligen Kameraden noch über den Weg, aber er ist jetzt ein Zivilist. Die Anforderungen des Berufslebens sind nicht mit denen im Kampf vergleichbar, aber er hat eine Herausforderung gefunden, die ihn erfüllt, und er hat das Glück, weiterhin mit einigen seiner Brüder in den Teams zu tun zu haben. Ich bin noch immer empört über das, was er mir von Personalmanagern erzählte, die seine Tauglichkeit für einen Job anzweifelten, weil er keine Erfahrung in dieser spezifischen Branche besaß. Zu wenige Leute begreifen, was ein Mann wie er an Führungsqualität und Anpassungsfähigkeit mitbringt, ganz zu schweigen von einer Vielzahl anderer Fähigkeiten und Werte. Branchenkenntnisse kann man lernen. Die Fähigkeiten, die ein Mann nach mehr als zwei Jahrzehnten in einer Elitetruppe besitzt, sind unmöglich zu messen. Wie sehr müssen andere Leute unter solchem Unfug leiden, wenn sogar ein SEAL-Kommandeur gegen eine Mauer der Ignoranz stößt?

Die Männer der Task Unit Ramadi kehrten heim und nahmen es weiter mit der Welt auf. Johnny Brands, der mit beinahe abgetrennten Füßen von Morgan und Dozer aus einem Haus im Papa-Sektor getragen worden war, ist wieder im Einsatz und dient als Chief in einem Team an der Westküste. Er ist immer noch einer der schnellsten Läufer unter den SEALs. Studdard kehrte nach einem langen Krankenhausaufenthalt als Feuerwehrmann nach Colorado zurück, wo er für seine Familie sorgt und sein Leben aufs Spiel setzt, um anderen Menschen zu helfen.

Unsere Bruderschaft nimmt ihre Verwundeten in die Mitte. Nachdem die Ärzte Elliott Miller das linke Bein am Knie amputiert hatten, begann für ihn eine mühselige Zeit der Wiederherstellung. Dozer und einige andere, die in San Diego lebten, zogen praktisch bei ihm ein. Vier Monate lang erfüllten sie neben ihren Aufgaben als SEALs auch die Pflichten guter Krankenpfleger und erfüllten all seine Bedürfnisse. Und da sie Kampfschwimmer waren, taten sie noch viel mehr: Sie forderten ihn, wenn es nötig war, und er ging darauf ein. Obwohl die Leute, die in der Navy das Sagen hatten, der Meinung waren, dass ihn die Jungs manchmal ein wenig zu hart anfassten, kam er unter ihrer Obhut rasch wieder zu Kräften. Die Ärzte meinen es gut, aber manchmal neigen sie von Berufs wegen dazu, dir zu sagen, was du alles nicht tun darfst, und können dir im Detail erklären, warum du es nicht darfst. Aber wir taten alles, um ihnen zu beweisen, dass sie im Irrtum waren. Wir fanden Gründe, nicht zu weinen. Dozer und die Jungs halfen ihm dabei, wieder sprechen zu lernen. Lektion für Lektion, Tag für Tag – es war wie eine Rückkehr in die Grundschule. Ich glaube nicht, dass man mehr von seinen Brüdern erwarten kann. Entscheidend ist, dass er nie darum bitten musste.

Elliott wird den Rest seines Lebens im Rollstuhl verbringen, aber sein Mut hat sein Schicksal in mehr als einer Hinsicht verändert. Er beeindruckte seine Physiotherapeutin derart, dass sie ihn heiratete. Obwohl es ihm schwerfällt zu sprechen, ist er noch gut drauf: Seine Frau erwartet mittlerweile ihr erstes Kind. Mit seinem Mut gibt er ein Beispiel dafür, wie man das Motto »Gib niemals auf« in die Tat umsetzen kann.

Viele meiner Kameraden aus der Task Unit Ramadi sind weiterhin im Einsatz: Commander Leonard, Senior Chief Steffen, Slab, Wink, Marty

Robbins und Jerry nehmen an Einsätzen teil, die jeden von uns mit Stolz erfüllen.

Mein Freund Chris Kyle, der Scharfschütze aus Team 3, ist nicht mehr in der Navy. In Sadr City, einem Stadtteil von Bagdad, geriet er in ein mörderisches Gefecht und fing sich innerhalb von zwei Minuten einen Kopfschuss und einen Treffer in den Rücken ein. Obwohl ihn sein Helm und die Schutzweste vor tödlichen Verletzungen bewahrten, machten ihm diese Kugeln etwas bewusst, was er vorher nicht hatte wissen wollen: Er war sterblich. Seine Frau Taya hatte nichts dagegen, dass er aus dieser Erkenntnis einen familienfreundlichen Schluss zog: Es war bereits zu oft um Haaresbreite gut gegangen, und es war Zeit, das Gewehr an den Nagel zu hängen. Niemand, nicht einmal der starrköpfigste Texaner, sollte glauben, dass er kugelsicher ist.

An einem bitterkalten Morgen Anfang Januar 2009 holte der Krieg Chris in gewissem Sinn ein. Was ihm unweit seines Hauses in der Nähe von Dallas widerfuhr, fand nicht seinen Weg in die Schlagzeilen, denn die Ortschaft, an der sich die Dinge zutrugen, wollte keine Publicity, aber der Zwischenfall hätte zweifellos für landesweites Aufsehen gesorgt, hätte je ein Journalist Wind davon bekommen.

Chris war an einer Tankstelle damit beschäftigt, seinen Pick-up aufzutanken, als er sich plötzlich zwei Männern gegenübersah, die ihn mit vorgehaltener Waffe aufforderten, ihnen sein Auto zu überlassen. Die Polizei rät in solchen Fällen dazu, keinen Widerstand gegen einen Kriminellen zu leisten. Und das ist ein guter Rat. Aber Chris wählte einen anderen Weg: Er blieb ganz ruhig und sah sich an, welcher der beiden Angreifer seine Pistole sicherer zu handhaben schien. Er hob die Hände und sagte zu den Männern, er wolle seine Schlüssel aus dem Auto holen. Dann griff er in seine Jacke, wo in einem Halfter sein Colt M1911 steckte, und verpasste er jedem der Räuber zwei .45er-Kugeln in die Brust. Als die Polizei auf den Notruf der verängstigten Frau reagierte, die in ihrem Auto hinter dem von Chris an der Zapfsäule wartete, war die Sache bereits erledigt. Es waren etwa zehn Sekunden vergangen. Die Überwachungskamera der Tankstelle nahm den ganzen Vorgang auf.

Ich bete für die Menschen, die in eine so verzweifelte Lage geraten, dass sie den einzigen Ausweg in einem kriminellen Leben sehen, aber es fällt mir schwer, ein schadenfrohes Lachen zu unterdrücken: Was für ein dämlicher Pechvogel muss man sein, um sich einen Mann, der mehr Leute getötet hat als die Pocken, als Opfer für einen bewaffneten Raubüberfall auszusuchen?

+++

Zwischenfälle wie dieser können die Pläne eines Veteranen für die Rückkehr ins Zivilleben durchkreuzen. Ich weiß das aus eigener Erfahrung, denn auch ich wurde einige Monate später vom Krieg eingeholt.

Die Nacht des 1. April 2009 begann wie jede andere. Ich erholte mich zu jener Zeit von einer Operation und fand kaum Schlaf. Natürlich schlafe ich nie gut, aber so vieles im Leben hängt von der Einstellung ab, und diese wiederum hängt in großem Maße davon ab, wie du über das, was du tust, denkst und sprichst. Der nächste Sonnenaufgang verspricht immer neue Möglichkeiten – wenn man sich das stets vor Augen hält, wird es ein wenig einfacher, die Mühsal des Alltags zu bewältigen.

Das war meine Grundhaltung, als ich in jener Nacht auf der Ranch meiner Familie in Huntsville im Haus umherwanderte – und plötzlich draußen einen Schuss hörte.

Instinktiv lief ich los, um nach meiner Mutter zu sehen. Ich schnappte mir eine Pistole, lief in ihr Schlafzimmer. Nachdem ich mich vergewissert hatte, dass es ihr gut ging, durchsuchte ich eilig das übrige Haus. Dann lief ich hinaus.

Ich fand sie unweit der Straße. Meine vierjährige Labradorhündin Dasy lag in einer Blutlache. Jemand hatte sie geprügelt und auf sie geschossen. Eine Blutspur führte zur Straße, wo sie tödlich verwundet worden war.

Jenseits des Zauns, der unser Grundstück von der Sandstraße trennt, sah ich ein Auto stehen, in dem vier Männer saßen. Ich warf mich auf den Boden und kroch durch das Gras zum Zaun. Ich wand mich unter dem Stacheldraht hindurch, krabbelte durch den Straßengraben und schlich mich an das Auto an. Ich näherte mich bis auf zehn Meter, ohne dass sie mich bemerkten. Ich hatte sie auf frischer Tat ertappt, befand mich jedoch in einem ungünstigen Schusswinkel. Dann gab der Fahrer Gas. Ich lief zu meinem Auto, sprang hinein und raste ihnen hinterher. Als sie mich im Rückspiegel sahen, war die Jagd eröffnet.

Während wir über die Nebenstraßen im ländlichen Texas rasten, rief ich 911 an und beschrieb die Situation: »Schicken Sie schnell jemanden«, sagte ich, »denn wenn ich die Kerle erwische, bringe ich sie um.« Und zwar alle vier.

Ich glaube an die Vergebung, aber diese Kerle waren zu weit gegangen. Es war an der Zeit, das biblische Gesetz anzuwenden: Auge um Auge, Zahn um Zahn.

Die Jagd zog sich über 65 Kilometer durch drei Countys. Teilweise fuhren wir mehr als 160 Stundenkilometer. Ich fühlte mich wie an einem normalen Arbeitstag.

Die Verfolgung endete an einer Straßensperre der Polizei von Onalaska (Texas). Wären die Sicherheitskräfte nicht eingeschritten, so wäre das Blutvergießen unvermeidlich gewesen. Doch ihre Anwesenheit half mir, mich zusammenzureißen. Als die Polizisten den Männern Handschellen anlegten, trat ich an sie heran und fragte: »Wer von euch hat meinen Hund getötet?« Einer der Kerle begann, mir zu drohen, was er mir alles antun werde. Er hatte ja keine Ahnung. Ich sprach mit mir selbst und versuchte, mich davon abzubringen, eine weitere Kerbe in den Griff meiner Pistole zu ritzen.

Menschliche Verkommenheit hatte ich an Orten gesehen, an denen das Leben sehr viel schlechter war als im Walker County, aber diese willkürliche Grausamkeit gehörte zu dem Schlimmsten, was ich bisher erlebt hatte. Als ich erfuhr, was die Kerle getan hatten – einer von ihnen hatte mit einem Baseballschläger auf Dasy eingeprügelt, bevor ein anderer sie erschossen hatte –, stieg der unwiderstehliche Wunsch in mir auf, zehn Minuten in einem Raum mit ihnen eingeschlossen zu sein. Wie verkommen müssen Menschen sein, um einen hilflosen Hund mit einem Baseballschläger zu malträtieren und ihn anschließend zu erschießen? Glauben Sie mir, ich musste mich mit aller Kraft zusammenreißen, um nicht auf diese Mistkerle loszugehen. Aber mir war klar, dass ich kein guter Krieger wäre, wenn ich nicht das Gesetz hochhielt, das ich zu schützen geschworen hatte, auch wenn diese Verbrecher eine Strafe verdient hatten, die sehr viel härter war als die gesetzlich vorgeschriebene.

Und die Zeit wird kommen. Gott sieht alles. Er sah mich, als ich Dasy zum See trug und unter einem Baum begrub.

+++

Am 24. September 2009 mussten die Spezialeinheiten einen weiteren Schlag hinnehmen, den niemand erwartet hatte. Zwei Tage nach einer Operation starb Ryan Job, der Kanonier des Teams 3, der im Sommer 2006 in Ramadi im Gesicht verwundet worden war, an Komplikationen infolge des Eingriffs.

Sein Tod galt nicht als durch den Kampf verursacht. In Ryans Krankenakte wurde er mit einer »im Krankenhaus entstandenen Komplikation« erklärt. Nach seiner Heimkehr aus dem Irak hatte sich Ryan so gut erholt, dass er den Mount Rainier besteigen konnte. Er trainierte für einen Triathlon und heiratete seine Freundin Kelly.

Jetzt hatten wir einen tapferen Krieger verloren, der furchtbare Verletzungen überlebt hatte und ein langes, erfülltes Leben verdient gehabt hätte. Nun würde er seine Tochter nie kennenlernen: Kelly war im dritten Monat schwanger, als Ryan starb. Ich bin selbst seit Kurzem Vater, aber niemand kann sich wohl vorstellen, welches Leid Kelly durchgemacht hat. Die Teams werden immer ihre Familie sein. Gott schütze sie.

Wir haben alle unser Kreuz zu tragen, und wir tun es aus Liebe zu unseren Waffenbrüdern. Aber manchmal muss man sich von der Vorstellung befreien, dass irgendjemand hier unten auf der Erde das Schicksal beeinflussen kann.

21

FAMILIENBANDE

Nachdem Morgan im Oktober 2009 während der Übung vor der Küste von Virginia bei jenem Hubschrauberabsturz verletzt worden war, nahm er die Reha mit derselben Einstellung wie ich in Angriff: Er war wütend, weil sein Körper nicht mehr funktionierte, aber wild entschlossen, alles zu tun, um wieder gesund zu werden, damit er in sein Team zurückkehren konnte.

Im Rehazentrum in Pensacola schaffte er es innerhalb von nur fünf Monaten, wieder auf sein Kampfgewicht zu kommen. Als er sich bei Athletes' Performance abmeldete, konnten die Ärzte es nicht glauben. Keiner von ihnen hatte es für möglich gehalten, dass er das Programm so schnell abschließen würde.

Im April 2010 brach er mit seinem Team in den Nahen Osten auf. Während er dort stationiert war, flog er mehrere Einsätze mit derselben Hubschrauberbesatzung, die in jener Nacht mit ihm abgestürzt war.

Unterdessen reiste ich kreuz und quer durch die Vereinigten Staaten, um bei Veranstaltungen als Redner aufzutreten. Ich hätte nie geglaubt, dass meine Geschichte anderen als Motivation dienen könnte. Als ich mit den Leuten sprach, die gekommen waren, um sich meine Vorträge anzuhören, wurde mir bewusst, dass das, was ich erlebt hatte, nur die Spitze eines Eisbergs war, den ich nie gesehen hatte, weil er tief in den Ozean reichte. Es war ganz natürlich, dass ich mich meinen Kameraden in den SEAL-Teams brüderlich verbunden fühlte. Aber ohne all die Militärangehörigen, die anderen Waffengattungen angehörten oder in anderen Zeiten gedient hatten, wäre nichts von dem möglich, was wir heute tun.

Meine Heilungserfahrung gab mir schließlich den Anstoß, eine Stiftung zu gründen, die Soldaten helfen sollte, die im Dienst für ihr Vaterland einen

Teil von sich geopfert hatten. Im Februar 2010 rief ich die gemeinnützige Lone Survivor Foundation ins Leben und machte mich daran, Spendengelder aufzutreiben, mit denen Programme finanziert werden sollten, um verwundeten Soldaten durch Therapien und Programme dabei zu helfen, ihre Verletzungen auszuheilen, neue Hoffnung zu schöpfen und ins Leben zurückzufinden. Dabei wollten wir uns vor allem auf jene Art von Outdoor-Aktivitäten konzentrieren, die mir nach meiner Heimkehr geholfen hatten, wieder auf die Beine zu kommen.

Wir holten vorzügliche medizinische Experten – Freiwillige, die sich auf bei Kriegsveteranen häufige Verletzungen spezialisiert hatten – an Bord, die mit den Soldaten arbeiteten und deren Zukunft planten. Wir stellten ein hoch motiviertes Leitungsgremium aus Personen zusammen, die mit der Lage verwunderter Soldaten vertraut waren und verstanden, dass sich die Verletzungen der Kriegsheimkehrer nicht nur auf sie selbst, sondern auch auf ihre Familien auswirken.

Kurze Zeit nach der Gründung der Lone Survivor Foundation lernte ich Sherri Reuland kennen, eine Kieferorthopädin aus dem texanischen Tyler, die *Lone Survivor* berührt hatte. Sie hatte eine Idee, wie man den Männern und Frauen, die ihr Land beschützen, etwas zurückgeben konnte. Gemeinsam mit vier Freunden startete sie die Boot Campaign, um die Öffentlichkeit auf die Probleme verwundeter Veteranen aufmerksam zu machen, und begann, »Give Back«-Kampfstiefel zu verkaufen. Der Nettoerlös dieser Kampagne fließt gemeinnützigen Einrichtungen wie der Lone Survivor Foundation zu, die Veteranen unterstützen.

Im Juni 2010 nahm mein Schicksal erneut eine Wendung. Meine Stiftung bereitete gerade ihre erste Spendengala in Houston vor. Dort begann Brad Juneau, ein großherziger Mann aus Houston und ein Freund von Danny Cortez, einem alten Kumpel von mir aus der Studentenverbindung, sich für die Stiftung zu interessieren. Danny wusste, dass sich Brad sehr für Militärveteranen einsetzte, und überredete mich gemeinsam mit Andy McGee, einem weiteren lebenslangen Freund von mir, Brad auf seiner Ranch einen Besuch abzustatten. Er wohnte nicht weit von der Ranch meiner Familie entfernt. Etwa zu dieser Zeit wurde ich auch seiner Tochter per E-Mail vorgestellt. Um es kurz zu machen: Melanie hielt sich gerade für einen längeren Urlaub in Belize auf, weshalb wir nur per E-Mail und SMS miteinander kommunizierten, während ich das Wochenende auf der Ranch ihrer Eltern verbrachte. Nach einer Weile begannen wir, miteinander zu telefonieren, und unterhielten uns oft fünf bis acht Stunden – und das jede Nacht. (Ich brachte es nie über mich, Brad zu gestehen, dass ich die Tage mit ihm verbrachte und mich nachts mit seiner Tochter unterhielt.)

Nachdem ich am Handy Auslandstelefonate in Höhe von etwa 5 000 Dollar geführt hatte, war mir klar, dass ich Mel unbedingt treffen musste, sobald sie nach Hause kam. Wir hatten uns für den Abend drei Tage nach ihrer Rückkehr verabredet. Aber ich konnte nicht so lange warten. Während sie noch im Flugzeug nach Houston saß, schickte ich ihr eine Nachricht: »Es kommt nicht infrage, dass wir uns im selben Staat aufhalten und uns nicht sehen.« Wir trafen uns noch am selben Abend in einem Restaurant in den Woodlands. In dem Augenblick, als ich sie sah, wusste ich, dass sie die Richtige war. Wir saßen an der Bar und unterhielten uns, bis das Lokal schloss. Dann brachte ich sie zu ihrem Auto, gab ihr einen Gutenachtkuss, stieg in meinen Wagen und schickte ihr eine SMS: »Das ist das letzte Mal, dass du ohne mich heimfährst.« Und so war es. Am Tag darauf begannen wir unser gemeinsames Leben.

Ich hätte sie sofort geheiratet, wäre da nicht ein kleines Problem gewesen: Ich brauchte Morgans Segen. Und Morgan war im Irak. Es wurde mir rasch klar, dass ich in meinem persönlichen Leben nicht den nächsten Schritt machen konnte, bevor Morgan den Krieg hinter sich gelassen hatte.

Die SEALs sorgen füreinander, und einige brauchen mehr Unterstützung als andere. Man nehme zum Beispiel JT. Er verliebte sich in eine Frau nach der anderen, und wir mussten ihn ein ums andere Mal vor sich selbst retten. Das nächste Mädchen war immer die Richtige. Er ließ sich so leicht hinreißen, dass ihm die Jungs in seinem Zug den Spitznamen »True Love« verpassten. Sein Herz war unentwegt auf der Suche nach der wahren Liebe. In einem solchen Fall hatte ein SEAL die Pflicht, seinen Bruder zu beschützen und dafür zu sorgen, dass er unversehrt und gesund blieb und sich weiter auf seine Aufgaben konzentrieren konnte. Wenn es ernst werden sollte, musste die Frau von uns auf Herz und Nieren geprüft werden. JT wusste, wie man liebt und wie man dient. Aber es war immer eine Teamleistung, Harmonie zwischen Liebe und Dienst herzustellen. Mit JT war das ein Fulltime-Job.

+++

Einige Monate nachdem Mel und ich zusammengekommen waren, bekamen wir einen Besuch, der mich zutiefst beeindruckte. Ich hatte Gulab zum letzten Mal in der Nacht gesehen, in der er in Asadabad völlig eingeschüchtert aus Spankys Hubschrauber geworfen worden war. Nachdem ihn unser Geheimdienst befragt hatte, wurde er in sein Dorf zurückgebracht. Das Militär bedankte sich bei ihm, indem es die Pioniere schickte, die Straßen zu seinem Dorf bauten und es ans Stromnetz anschlossen. Aber da ihn die Taliban bedrohten, musste Gulab mit seiner Familie an einen geheimen Ort umziehen. Ich hatte nie eine Chance gehabt, meinem Retter persönlich zu danken. Schließlich gelang es mir, über zwei Freunde in Afghanistan, einen Green Beret namens Joe und einen Offizier für zivile Angelegenheiten, Major Clint Hanna, Kontakt zu ihm aufzunehmen. Da diese beiden fähigen Männer bereit waren, ihre Verbindungen spielen zu lassen, hatte ich die Hoffnung, dass es gelingen würde, ihn rechtzeitig für eine Gala meiner Stiftung in die Vereinigten Staaten zu holen, aber eine Verzögerung bei den Formalitäten verhinderte das.

Als Gulab Ende September endlich in Houston eintraf, hatte ich nur eines im Sinn, das Einzige, was wirklich zählte: Ich wollte ihm meine persönliche Dankbarkeit zeigen. Als wir ihn am Flughafen Houston abholten, hatte er außer einem Rucksack kein Gepäck dabei und wurde von zwei Männern begleitet: einem Dolmetscher und einem Freund aus dem Militär, der seinen Besuch miteingefädelt hatte. Gulab war genau, wie ich ihn in Erinnerung behalten hatte: dunkel, selbstsicher, mit markanten Gesichtszügen, die auch sein dichter schwarzer Vollbart nicht verbergen konnte. Er strahlte Gelassenheit und Unerschütterlichkeit aus, jene Eigenschaften, die ihn in die Lage versetzt hatten, dem Taliban-Anführer die Stirn zu bieten, der meine Auslieferung verlangt hatte.

In der Gesellschaft von Gulab fühlte ich mich ähnlich ruhig und wohl wie an der Seite von Morgan, JT, Josh, JJ und meiner Familie. Gulab war ein Kamerad wie sie, und seine Gegenwart gab mir Kraft. In seinem Haus hatte er für mich gesorgt; jetzt war es an mir, für ihn zu sorgen.

Er blieb mehr als zwei Wochen bei uns. Mel und ich zeigten ihm Orte, die er in seinem Teil Afghanistans kaum zu sehen bekommen würde. Im Naturwissenschaftlichen Museum bestaunte er ratlos das Skelett des Tyrannosaurus Rex und fragte den Dolmetscher, ob es wirklich möglich sei, das ein solches Tier durch die Welt gestreift war. Sein Gesichtsausdruck war unbezahlbar.

Wir fanden ein afghanisches Restaurant, das ihm anscheinend gefiel. (Die einzige amerikanische Speise, die er wirklich mochte, waren glasierte Donuts. Und er schluckte ununterbrochen Tabletten gegen Sodbrennen.) Einmal brachten Mel und ich ihn zum Abendessen in den Petroleum Club in Houston. Ich werde nie vergessen, wie Gulab im Speisesaal im dritten Stock am raumhohen Fenster stand und seinen Blick über das Lichtermeer der Stadt schweifen ließ. Er konnte nicht fassen, wie viel Freiheit wir in Amerika genossen, in einem Land, in dem man in ein Auto steigen und so weit fahren konnte, bis man am Ufer des Meeres anstieß. Ein solches Maß an Freiheit war für ihn ein ebenso großes Rätsel wie der T-rex.

Einige Monate vor seiner Reise nach Amerika war er mit einem seiner Neffen auf dem Heimweg in einen Hinterhalt der Taliban geraten. Gulab wurde von einer Kugel in die Hüfte getroffen, sein Neffe wurde getötet. Es war ein normaler Tag in seinem Leben, wie er mir erklärte. Nachdem er mich gerettet hatte, brannten die Taliban sein Haus nieder, sprengten sein Auto in die Luft und schossen auf ihn. Als ich ihn am Flughafen abholte, fragte ich ihn, was er als Erstes tun wolle. Er antwortete: »Ich will dein Auto in die Luft jagen, dein Haus niederbrennen und dir in die Hüfte schießen.« Dieser Scherz machte mir klar, wie viel er verloren hatte, nur weil er mein Leben gerettet hatte. Er ist ein Held.

Während seines gesamten Aufenthalts spürten wir seine Sorge um seine Familie. Soweit wir wussten, lebte immer noch ein Teil seiner Familie in Sabray. Er hielt Kontakt zu ihnen, und was sie ihm erzählten, war oft beunruhigend. Es gab immer wieder Gefechte in der Umgebung, und die Taliban terrorisierten die Bevölkerung mit Sprengfallen.

Am letzten Septembertag kehrte Morgan von seinem Auslandseinsatz zurück, und wir trafen uns in Washington mit ihm. Mel und ich waren entzückt von Gulabs Gesichtsausdruck, als er sah, wie sehr mein Bruder und ich uns ähnelten. Als Gulab und Morgan einander umarmten, hatte ich das Gefühl, dass sich ein Kreis schloss.

Wir besichtigten das Weiße Haus, machten eine Tour durch das Pentagon und besuchten den Nationalfriedhof Arlington. Im Newseum, einem Pressemuseum an der Pennsylvania Avenue, gibt es einen Schauraum, der dem 11. September 2001 gewidmet ist. Auf einer riesigen Wand hängen Titelblätter von Zeitungen aus aller Welt, die den Terrorangriff meldeten. Der Anblick dieser Bilder und Schlagzeilen rief mir in Erinnerung, warum ich den Weg eingeschlagen hatte, der mich in Gulabs Welt geführt hatte.

Er sagte uns, dass er keinen Dank und kein Geld dafür wolle, dass er einfach getan hatte, was Allah von ihm verlangte. Es schien ihm unglaublich, dass ich in jenen Bergen überlebt hatte. Nachdem die Taliban mich nicht getötet hatten, hätte mich eigentlich der Berg töten müssen, sagte er. Er fügte hinzu, dass er bei unserer ersten Begegnung Barmherzigkeit in meinen Augen gesehen und das Gefühl gehabt habe, von Allah auserkoren zu sein, mich bis zum Ende zu beschützen.

In Washington konnte Melanie endlich ein wenig Zeit mit Morgan verbringen. So begann also ihr Vorsprechen für die Rolle der Schwägerin, wenn ich es so ausdrücken darf. Es lief nicht gut. Vielleicht hatte mein Bruder das Gefühl, dass sich unsere Beziehung zu schnell entwickelt hatte, während er weg war. Jedenfalls errichtete er eine Mauer und ließ sie nicht an sich heran. Er war erst seit wenigen Tagen aus dem Irak zurück – seine Nerven waren noch gespannt für das nächtliche Abseilen aus Hubschraubern, nicht für eine einfühlsame Begegnung mit der neuen Freundin seines Bruders.

Erst später in Texas taute mein Bruder auf. Die beiden verbrachten ein wenig Zeit miteinander und lernten sich kennen. Und es funktionierte. Was mich anbelangte, war es nur eine Formalität, aber als der Besuch abgeschlossen war, konnte ich tief durchatmen. Ich hatte grünes Licht für einen Heiratsantrag, und mit Morgans Unterstützung wagte ich den Schritt. Um ehrlich zu sein, weiß ich nicht mehr, ob am Ende ich oder Morgan um ihre Hand anhielt. Ich entsinne mich nur noch, dass ich einen Ring in der Hand hatte. Jedenfalls schlossen wir die Mission erfolgreich ab.

+++

Nachdem ich auf Facebook über Gulabs Besuch berichtet hatte, schickten ihm mehrere hundert Personen, die dort Kontakt mit mir halten, Grußkarten. Ich freute mich sehr über diese Demonstration von Zuneigung und Respekt. Als wir die Karten aus dem Büro der Lone Survivor Foundation nach Hause brachten, war Gulab gerührt.

Um das Eis weiter zu brechen, besorgte sich Mel einen Sprachkurs auf CD und begann, Paschtunisch zu lernen. Gulab amüsierte sich köstlich. Während sie versuchte, sich mit seiner Sprache vertraut zu machen, nahm er uns auf den Arm und offenbarte einen sarkastischen und manchmal sogar klugscheißerischen Humor, den ich bis dahin noch nicht an ihm bemerkt hatte. Aber als Brad ihn fragte, was er und seine Freunde tun könnten, um seinem Heimatdorf zu helfen, wurde Gulab ernst. Seine Leute brauchten dringend Unterrichtsmaterial und Sanitätsartikel. Wir schickten ihnen Verbandmaterial und antiseptische Wundsalben und wiesen auf Facebook auf die Bedürfnisse der afghanischen Landbevölkerung hin. Wie immer reagierten die Leute mit großzügiger Hilfe.

Nachdem Gulab wieder abgereist war, begannen Mel und ich, unsere Hochzeit vorzubereiten. Morgan kehrte nach Virginia zurück. Er war jetzt in einer ähnlichen Situation wie ich nach meiner Rückkehr aus dem Irak im Jahr 2006. Acht Auslandseinsätze und ein Unfall, den er mit viel Glück überlebt hatte, hatten seinem Körper zugesetzt. Er war jetzt Unterleutnant und entschloss sich, dass es an der Zeit war, die Schwimmflossen auszuziehen. Er akzeptierte einen Wechsel vom Team ins Hauptquartier in Virginia Beach. Sein Plan war es, noch ein Jahr am Schreibtisch auszuharren und dann aus der Navy auszuscheiden.

Wir standen alle am Beginn einer neuen Etappe. In der letzten Novemberwoche gaben Mel und ich auf der Ranch ihres Vaters, wo unsere nächtlichen Gespräche begonnen hatten, einander das Jawort. Vor dreihundert Freunden und Verwandten, die auf dem Hügel hinter dem Haupthaus saßen, legten wir unser Ehegelübde ab, während die Sonne hinter dem See unterging. Es war ein zauberhafter Abend. Ich war stolz, sie meine Frau nennen zu dürfen. Die Herbstluft war bitterkalt, aber mein Herz war warm. Melanie zu heiraten war der Größte, was ich in meinem Leben jemals erreicht hatte. Es hatte lange gedauert, bis ich sie gefunden hatte, und ich hatte nicht vor, noch eine Sekunde meines Lebens zu vergeuden, indem ich ohne Melanie lebte.

Teil III

WIE WIR STERBEN

22

DIE HELDEN DES TAGES

Wenn Morgan nicht im Ausland ist, schalte ich mein Handy normalerweise um zehn Uhr abends ab. In jener Nacht in Washington, in der ersten Augustwoche 2011, ließ ich es aus irgendeinem Grund eingeschaltet. Es war schon nach Mitternacht, als es auf dem Tisch in meinem Hotelzimmer zu vibrieren begann. Ich hob nicht ab. Wenige Sekunden später begann es erneut zu vibrieren. Ich hatte keine Lust ranzugehen. Als es ein drittes Mal zu klingeln begann, stand ich auf, ging hinüber und sah mir den Namen im Display an. Es war Boe, mit dem ich vor einigen Jahren in einem Team gedient hatte. Es war klar, dass er zu dieser Zeit nicht anrief, um zu hören, wie es einem alten Kumpel ging.

Ich nahm das Telefon, wischte mit dem Finger über das Glas und sagte: »Wen haben wir verloren?«

Er wusste nicht, wen es getroffen hatte, aber für einige unserer Kameraden sah es nicht gut aus. Ihr Hubschrauber war abgestürzt. Plötzlich hatte meine Schlaflosigkeit etwas Gutes. Ich würde eine Weile aufbleiben müssen.

Ich rief Boss an, der zu Hause in Virginia Beach war. Er hatte schon etwas geahnt, noch bevor ich ihm die Nachricht überbrachte. Am Abend, als es im Mittleren Osten früher Morgen war, hatte Boss an seine Kameraden im Einsatzgebiet gedacht. Das Wissen, dass ihre Arbeit die Welt zu einem etwas sichereren Ort machte, erfüllte ihn immer mit stillem Stolz. Wir empfinden alle so. Wir versuchen, uns darüber auf dem Laufenden zu halten, wer daheim und wer im Ausland ist, mit wem die Jungs zusammen sind und was sie so treiben. Aber an jenem Abend saß Boss mit seiner Frau Amy und ihrem lockenköpfigen Töchterchen Lulu auf der Couch, als etwas Ungewöhnliches geschah: Plötzlich fühlte er sich unwohl, Übelkeit und ein Gefühl der Austrocknung stiegen in ihm auf. Er ging nach oben, um sich ein wenig hinzulegen. Auf dem Weg ins Schlafzimmer machte er auf der Toilette Station: Sein Harn war klar, offenbar hatte er nicht zu wenig getrunken. Er trank ein Glas Wasser, legte sich aufs Bett und versuchte runterzukommen, aber er wurde das unangenehme Gefühl nicht los. Er ging wieder ins Wohnzimmer und sagte zu Amy: »Ich glaube, mit JT ist etwas passiert.« Er streifte ein wenig durchs Haus, fühlte sich jedoch weiter unwohl. Gegen halb zwölf legte er sich schlafen. Etwa eine Stunde später kam mein Anruf.

Als Boss ans Telefon ging, nahm ich an, dass er die Neuigkeit bereits gehört hatte, und sagte: »Hallo, Bruder. Weißt du schon mehr?«

»Mehr? Worüber?«

»Über JT.«

Am anderen Ende der Leitung herrschte Stille. JT und Morgan waren seine besten Freunde.

»Sein Vogel ist abgestürzt«, erklärte ich. »Wir warten auf weitere Nachrichten.«

Es war schwierig, in Erfahrung zu bringen, was genau geschehen war, aber mit jedem Anruf zeichnete sich das furchtbare Ausmaß des Verlustes deutlicher ab.

Anfangs hörten wir von fünf Todesopfern. Es stand fest, dass ein Trupp aus JTs Einheit betroffen war, aber mehr wusste niemand. Bei einem zweiten Anruf stellte sich heraus, dass es elf Tote gegeben hatte. Dann wurden es siebzehn, dann einundzwanzig, dann siebenundzwanzig Opfer – und am Ende stellte sich heraus, dass achtunddreißig Männer gestorben waren. Alle, die an Bord dieses Hubschraubers gewesen waren, hatten den Tod gefunden: dreißig Amerikaner und acht Afghanen, dazu kam noch ein Hund.

Die amerikanischen Toten waren zweiundzwanzig SEALs, zwei Rettungsfallschirmspringer und ein Combat Controller und fünf Besatzungsmitglieder des Chinook.

Als Boss eine SMS mit der Liste der Opfer erhielt, sagte er laut zu sich selbst: »Das kann nicht wahr sein.« Er kannte jeden einzelnen dieser Männer. Sie hatten zu den talentiertesten SEALs gehört, vor allem aber waren darunter Freunde gewesen: Aaron »Trey« Vaughn, Matt Mills, JT. »Wir können unmöglich all diese Männer verloren haben«, sagte er.

Aber es war kein Irrtum. Wir telefonierten und telefonierten, aber irgendwann konnte es keinen Zweifel mehr daran geben, dass sie alle tot waren. Das wog für dieses Team so schwer wie der Verlust eines atomgetriebenen Flugzeugträgers für die Navy: Es hatte etwa zehn Prozent seiner Kampfkraft verloren. Und Boss hatte es aus elftausend Kilometer Entfernung gefühlt. Aus unserem engsten Freundeskreis waren drei Männer herausgerissen worden. Morgan war sehr eng mit Tray Vaughn befreundet gewesen. Sie hatten sich in unserem Haus in Virginia Beach ein Zimmer geteilt. Matt war ein ausgezeichneter Mann gewesen, ein Texaner aus Dallas, mit dem ich bei den SEALs groß geworden war. Unsere Bruderschaft ist so klein, dass jeder Verlust ein schwerer Schlag ist. Aber der Verlust von JT traf uns am schwersten.

Nach einer schlaflosen Nacht in meinem Washingtoner Hotel wollte ich nicht daran denken, dass ich an diesem Tag noch einen Vortrag halten sollte. Aber es war eine wichtige Veranstaltung, die ich nicht absagen konnte. Bevor ich die Bühne betrat, wurde ein kurzes Video über die »Operation Redwing« gezeigt. Darin hieß es, der Verlust – neunzehn Männer – sei der schlimmste in der Geschichte der SEALs. Meine erste Pflicht an jenem Abend war es, diese Angabe zu aktualisieren.

»Heute ist ein finsterer Tag«, sagte ich. »Ich muss Ihnen leider sagen, dass dieses Video mittlerweile überholt ist. Die Teams haben heute hohe Verluste erlitten. Wir haben viele Kameraden verloren. In der vergangenen Nacht wurden in Afghanistan zweiundzwanzig SEALs getötet.«

Das Publikum war geschockt. Seit eines unserer Kommandos im Mai Osama bin Laden in Pakistan getötet hatte, waren die SEALs – und insbesondere das von JT – in aller Munde. Der gleichzeitige Verlust so vieler unserer besten Männer erregte großes Aufsehen. (In einigen Berichten hieß es, auch mehrere der Kampfschwimmer, die bin Laden ausgeschaltet hatten, seien unter den Opfern. Aber diese Information war falsch.)

Eine Zuhörerin in der ersten Reihe vergrub das Gesicht in den Händen. Nervöses Scharren, besorgtes Murmeln, Schluchzen. Die Medien hatten bisher nur gemeldet, dass in Afghanistan ein NATO-Hubschrauber abgeschossen worden war. Es gefiel mir nicht, der Überbringer der schlechten Nachricht zu sein, aber ich musste dem Publikum erklären, warum ich einfach nicht in der Lage war, meinen Vortrag zu halten. Ich druckste ein wenig herum und sagte schließlich: »Meine Damen und Herren, es tut mir leid, aber ich bin mit meinen Gedanken woanders.« Die Emotion erstickte meine Stimme, und ich brach den Vortrag ab, nickte den Leuten entschuldigend zu und verließ die Bühne. Ich hatte nur eines im Sinn: möglichst schnell nach Norfolk zu kommen. Ich musste mit meinem Bruder und meinen Kameraden zusammen sein. Vom verkohlten Wrack des Hubschraubers stieg noch Rauch auf, als ich mich auf den Weg zu ihnen machte, um meine Trauer mit ihnen zu teilen.

+++

Die letzte Meldung, die von JTs Hubschrauber zu hören war, war eine kurze Mitteilung: »Drei Minuten bis zum Ziel«, sagte der Kopilot.

Etwa hundert Kilometer westlich von Kabul sollten sie in der Provinz Wardak, einem erbittert umkämpften Gebiet im Tangi-Tal, einem Zug Ranger beistehen, der sich ein Gefecht mit den Taliban lieferte. Die Ranger hatten ein hochwertiges Ziel gefangen nehmen sollen, aber als der Feind die sich nähernden amerikanischen Bodentruppen bemerkte, begann ein heftiger Schusswechsel. Die Kugeln begannen zu fliegen, und das Ziel der Ranger, ein Warlord, der die Taliban-Einheiten in dem Tal lenkte, versuchte sich mit mehreren Gefolgsleuten aus dem Staub zu machen. Sie jagten davon wie aufgescheuchte Kaninchen.

Die Ranger standen unter Sperrfeuer und konnten ihnen nicht nachsetzen. Als der amerikanische Kommandeur sah, dass der Mann, dem die Aktion galt, zu entweichen drohte, bat er um Unterstützung, um den Taliban den Fluchtweg abzuschneiden. Unsere Männer waren die Besten für den Job. Da sie in dieser Nacht keine eigene Mission hatten, standen sie als schnelle Eingreiftruppe bereit. Als die Ranger um Hilfe baten, machten sie sich auf den

Weg. JT und seine Brüder stiegen in einen CH-47D Chinook ein, der von Army-Reservisten der Bravo Company der Task Force Knighthawk geflogen wurde, die Teil der 10. Luftkampfbrigade war. Der Hubschrauber bot Platz für dreiunddreißig Passagiere, und er hob voll beladen ab.

Der Chinook mit dem Rufzeichen »Extortion 17« erreichte das Zielgebiet rasch und rauschte in einer Höhe von etwa hundert Metern über die Talsohle, als feindliche Kämpfer ihn von den Hängen aus unter Beschuss nahmen. Vom Dach eines zweigeschossigen Lehmhauses etwa zweihundert Meter südlich feuerten Taliban in rascher Folge drei Granaten aus Panzerbüchsen auf den Hubschrauber ab. Die erste verfehlte ihn, aber die zweite traf den Heckrotor und sprengte drei Meter Glasfaserblatt weg.

Der Hubschrauber machte einen heftigen Satz und verlor rasch Höhe. Alle Insassen, die nicht durch die offene Laderampe hinausgeschleudert wurden, wurden so brutal durchgeschüttelt, dass sie wahrscheinlich nicht mehr bei Bewusstsein waren, als der Chinook schließlich in Flammen aufging. Es war etwa drei Uhr morgens, als »Extortion 17« auf dem Boden aufschlag.

Die Rangers eilten herbei, um die Absturzstelle zu sichern. Es waren keine langwierige Such- und Rettungsmission der Luftwaffe und kein langer Marsch eines Teams am Boden nötig, um die gefallenen Krieger nach Hause zu bringen. Der Taliban-Kommandeur entwischte, und die Männer, die den Chinook abgeschossen hatten, waren Berichten zufolge auch bald auf der Flucht nach Pakistan.

+++

JT. Alle Welt kannte ihn nur unter seinen Initialen. Er wurde auch »JT Money« genannt, in Anlehnung an die Motivationsrede, die Vince Vaughn seinem deprimierten Freund in dem Film *Swingers* hält: »You're so money!« (Du bist kapital!) Seine Einheit arbeitete im Schatten, aber wenn wir ein gutes Leben führen, treten wir im Tod alle ins himmlische Licht. So war es mit unserem gefallenen Bruder. Jetzt können wir ihn mit dem Namen ehren, den ihm seine Eltern George und Kathy aus Rockford in Iowa gegeben hatten: John Thomas Tumilson. He was money.

Es war JT, der über Morgan wachte, als mein Bruder im Krankenhaus lag, und der mit seinem Charme die Krankenschwestern abgelenkt hatte, damit wir Morgan gegen ärztliche Anweisung dort herausholen konnten. Und jetzt …

Boss und Morgan holten mich am Flughafen von Norfolk ab. Boss hatte gemeinsam mit mir den BUD/S-Kurs absolviert und sich während eines Auslandseinsatzes des Team 1 in Bagdad mit JT angefreundet. Beide waren extrem extrovertierte Nonkonformisten, die höchste moralische Ansprüche an sich selbst stellten. Im Jahr 2009, kurz bevor JT an die Westküste ging, waren er und Morgan bei der Hochzeit von Boss die Trauzeugen. Boss' Braut Amy wurde wie eine Schwester für uns. Sie verstand uns und war stark genug, um uns Paroli zu bieten, was sie zur idealen Partnerin für einen energischen Mann wie Boss machte. Und nebenbei entwickelte JT eine so enge Beziehung zu ihr wie zu seinen Schwestern Joy und Kristie.

Die Familie war sehr wichtig für JT. Einmal überraschte er zu Weihnachten seine Eltern, die nicht mit seinem Besuch gerechnet hatten, indem er aus einem großen Geschenkkarton sprang. (Unsere besten Jungs verstehen es, sich unbemerkt anzuschleichen.)

In Norfolk dauerte es nicht lange, bis Mel und unsere Freunde Scott, Andy MacGee sowie einige andere zu uns stießen. Wir bildeten einen Kreis und umarmten einander, um uns gegenseitig Kraft zu geben.

Die Familie Tumilson bat uns, JTs persönliche Dinge nach Iowa zu bringen. Es war eine Ehre, diese Aufgabe zu übernehmen, und als mehr und mehr Freunde und Kameraden eintrafen, überwanden wir gemeinsam unseren Schmerz und fuhren zu seinem Haus in Virginia Beach, um es auszuräumen.

Wir luden alles, was seine Familie vielleicht interessieren konnte, darunter seine Honda CBR 1 000 RR und mehrere Mountainbikes, auf unsere Pick-ups. Während wir JTs Schränke und Kisten durchstöberten, versuchten wir zu begreifen, was wir verloren hatten. Wir sahen uns die vertraute Sammlung verrückter T-Shirts mit all diesen skandalösen Aufdrucken, die Outdoor-Ausrüstung, die Waffen und Medaillen und eine Reihe von Dingen an, die wir noch nie gesehen hatten – Schuhschachteln voller Fotos von alten Freunden und von seiner Familie und andere Dinge, die ihm etwas bedeutet hatten –, und wir sahen das Leben eines großen Patrioten, das wie eine Geschichtsstunde vorüberzog.

JT hatte einen schokoladenbraunen Labrador namens Hawkeye, den er wie ein Kind liebte. Wie JT in seinem Testament vorgesehen hatte, blieb Hawkeye bei Scott. Die Nachbarn waren wunderbar: Sie versorgten uns mit Essen und standen bereit, um uns zu helfen. Niemand wusste, was er sagen sollte. Und es gab einfach keine Worte. Man konnte nicht viel mehr sagen als »Es tut mir leid«.

Um ein richtiger Texaner zu werden, hatte sich JT einen Pick-up gekauft, einen Chevy Silverado 2500HD. Morgan und ich hatten ihn behandelt wie ein Schulkind. Bei seinem ersten Besuch in Huntsville hatten wir ihm sehr zugesetzt, weil er noch eine andere Automarke fuhr. Als er endlich seinen Chevy gekauft und ihn um sechs Zoll angehoben hatte, hänselten wir ihn mit der Behauptung, er habe sein Auto »tiefer gelegt«. (Der richtige Texas-Stil erfordert eine Anhebung um mehr als das Doppelte.) JT grübelte Stunden über Zubehörkatalogen und entschied sich am Ende für Acerbis-Baja-Kotflügel. Aber in Texas braucht es ganz andere Sachen, um sein Auto so aufrüsten zu können, dass es eine Kuh aus dem Weg räumen kann. (Das zumindest erzählten wir ihm.) Unsere unablässigen Versuche, einander zu übertrumpften, setzten ihm sehr zu, aber der Wettstreit hielt ihn auf Trab.

Jetzt standen wir lächelnd vor dem metallblauen Silverado in der Auffahrt und konnten nicht mehr tun, als den Mann für die Hingabe und Leidenschaft zu lieben, mit der er alles im Leben in Angriff genommen hatte. Es gibt keinen Zweiten wie True Love.

Wir erfuhren, dass JT am Morgen seines Todestages sehr emotionale E-Mails an die Menschen geschickt hatte, die ihm am nächsten standen. Er hatte einigen von uns gesagt, dass er nicht glaube, von diesem Auslandseinsatz zurückzukehren. Als er Morgan und mir während eines Heimaturlaubs bei einem Besuch in Texas eröffnet hatte, dass er dunkle Vorahnungen habe, hatten wir uns nichts dabei gedacht – wir haben alle hin und wieder solche Gefühle. Aber wir sprechen nicht viel darüber. Aber jedes Mal, wenn jemand erwähnte, dass JT diese Vorahnungen gehabt hatte, meldete sich ein anderer zu Wort: »Genau das hat er mir auch gesagt.« JT hatte es also gewusst. Und Boss hatte es gespürt, als es geschehen war. Angesichts meiner eigenen Erfahrungen bin ich überzeugt, dass diese gespenstischen Gedanken tatsächlich etwas zu bedeuten haben.

Als unsere Arbeit in JTs Haus getan war, gingen wir die Witwe eines anderen SEALs besuchen, der in diesem Hubschrauber gestorben war. Wir kannten Chief Matt Mills seit 2002, als wir gemeinsam an einem Fortbildungskurs teilgenommen hatten. Er stammte aus Arlington in Texas. Alle Welt mochte und respektierte ihn. Wir kümmerten uns, so gut wir konnten, um seine Frau Keri und die Kinder, trugen den Müll hinaus und putzten das Haus. Wir trösteten Keri und erzählten ihr Geschichten über Matt.

Am folgenden Tag, dem 9. August, trennte ich mich von der Gruppe und machte einen kurzen Abstecher nach Chicago. Am Abend luden Boss, Morgan, Scott, Justin, Sean und Andy die letzten Habseligkeiten von JT ein und machten sich auf den Weg nach Iowa. Boss saß am Steuer des Silverado, mit ihm im Wagen saßen Scott, Sean und JTs Hund Hawkeye. Morgan fuhr mit Justin und McGee in seinem eigenen Auto. Während sie mit 145 Stundenkilometern durch das Shenandoah-Tal nach West Virginia und dann weiter nach Ohio flitzten, schallten aus der Musikanlage JTs Lieblingssongs – »Fallen Angel« von Poison, »Back Down South« der Kings of Leon, »Hero of the Day« von Metallica, »American Soldier« von Toby Keith, »Chicken Fried« von der Zac Brown Band und viele mehr. Bald hatten sie die Cops im Schlepptau – aber nicht, um sie wegen Geschwindigkeitsüberschreitung zu verhaften, sondern um sie zu eskortieren. Und als sich herumsprach, was das für ein Konvoi war, gesellten sich in Indiana immer mehr Polizeipatrouillen dazu und begleiteten sie zur Grenze des nächsten Zuständigkeitsgebiets, und jede Patrouille wurde an der Grenze ihres Countys von den Kollegen aus dem Nachbarcounty abgelöst.

Boss und Morgan hätten jede Ausfahrt zwischen Norfolk und Des Moines nehmen können und wären nur ein paar Kilometer von jemandem entfernt gewesen, der bereit war, sie zu unterstützen. In South Carolina, Pennsylvania, Maryland, Oklahoma, South Dakota, Indiana, Wisconsin, Georgia, Ohio, Kalifornien, Tennessee, New Mexico, Kentucky und Arizona boten Leute

Übernachtungsgelegenheiten, selbst gekochte Mahlzeiten, Unterstützung oder einfach nur ihre Freundschaft an. Das liest sich wie der Text eines Johnny-Cash-Songs. Jedes Mal, wenn der kleine Konvoi eine Staatsgrenze überquerte, hielten die Jungs an, um ein Gruppenfoto mit JTs Gadsden-Flagge zu machen, mit der gelben Flagge aus der Kolonialzeit, darauf die Klapperschlange und das Motto »Don't Tread on Me«. Freiwillige spendeten Geschenkgutscheine für Benzin und Lebensmittel. Melanie arbeitete unermüdlich mit, antwortete auf all die großzügigen Angebote und tat ihr Bestes, um den Jungs zu helfen, die chaotische Hilfsbereitschaft entlang der Strecke zu nutzen.

Wann immer ich niedergeschlagen bin, rufe ich mir diese Dinge in Erinnerung: Dies ist das Land, in dem wir leben, ein Land voll anständiger, fürsorglicher Menschen, die immer bereit sind, eine helfende Hand auszustrecken.

Spät in der Nacht trafen sie in Louisville ein. Dank Facebook erhielten sie nicht nur gute Hinweise, wo sie übernachten konnten, sondern fanden auch ein paar Freiwillige, die auf dem Parkplatz abwechselnd ihre kostbare Ladung bewachten, während sie ein paar Stunden ausruhten. Am Morgen trafen sie den Bürgermeister von Indianapolis. Von einer Polizeieskorte begleitet, fuhren sie zum Lucas Oil Stadium, der Heimat der Indianapolis Colts. Sie besuchten die berühmte Rennstrecke von Indianapolis und das Congressional Medal of Honor Memorial, wo Seite an Seite mit anderen Helden auch Mikey Murphy verewigt ist.

In der Zwischenzeit waren unsere Kameraden im Einsatzgebiet wie immer sehr beschäftigt. In der Nacht des 9. August kam die Nachricht, dass ein amerikanisches Spezialkommando die Männer aufgespürt habe, die den Chinook abgeschossen und anschließend versucht hatten, sich nach Pakistan abzusetzen. Die Taliban wurden allesamt durch einen Luftschlag getötet. Wir hatten gewusst, dass ihr Schicksal sie schließlich ereilen würde, und obwohl unsere Trauer dadurch nicht geringer wurde, war dies zumindest ein gewisser Trost.

Als die Medien von der Reise des blauen Pick-up erfuhren und Journalisten schickten, die den Leuten Mikrofone ins Gesicht hielten, mussten Boss, Morgan und die anderen Jungs ihre Identitäten verschleiern. An einer Tankstelle versammelten sich mehrere hundert Personen um sie, die das Gerücht gehört hatten, dass einige Journalisten sie dort aufgespürt hätten. Boss entkam, indem er einem Reporter sagte, er habe das wohl missverstanden: Er sei nur einer der amerikanischen Patrioten, die einen Blick auf den Konvoi der SEALs erhaschen wolle.

Als sie Illinois durchquert hatten und die Grenze Iowas erreichten, hielten sie erneut für ein Foto an. Der Sheriff von Rockford – ein enger Freund von JTs Vater George, der JT schon als Kind gekannt hatte – übernahm den Begleitschutz. In Davenport gesellten sich ein paar Männer der Patriot Guard Riders dazu. Ein guter Samariter bezahlte ihr Hotelzimmer.

Nach drei Tagen auf der Straße trafen sie am Freitagnachmittag schließlich in Rockford ein. In den folgenden Tagen gesellten sich immer mehr Mitglieder der Bruderschaft zu ihnen. Mindestens fünfunddreißig Kameraden von JT kamen in die Stadt. Mel und ich flogen nach Minneapolis, schlossen uns ihnen mit unserem Baby Axe an und verbrachten mehrere Tage damit, die Familie auf die Heimkehr von JT vorzubereiten.

Am darauffolgenden Dienstag wurde JTs Leichnam aus Dover mit dem Flugzeug nach Mason City gebracht. Der weiße Leichenwagen, der seinen Sarg beförderte, war der zentrale Bestandteil einer Kolonne, die Dutzende Polizeiautos und etwa fünfhundert Motorradfahrer der Patriot Guard Riders umfasste. Als JT in Rockford eintraf, säumten Menschen mit amerikanischen Flaggen den Highway 122 außerhalb der Stadt. Unter ihnen waren zahlreiche kleine Kinder. In der Stadt füllte eine riesige Menschenmenge die Avenue of the Saints, als JT heimkehrte. Überall waren die Farben Rot, Weiß und Blau: Wimpel, Hemden und Flaggen in allen Größen. Eine patriotische Stadt ehrte ihren gefallenen Sohn und seine Familie.

Unter den 1500 Menschen, die sich im Turnsaal der Rudd-Rockford-Marble Rock Community School zur Gedenkfeier versammelt hatten, waren der Gouverneur von Iowa und einer der US-Senatoren des Staates. Im Foyer waren JTs Tapferkeitsmedaillen ausgestellt. Die Begründung für die Verleihung des Bronze Star fasste seine Arbeit als Kampfschwimmer zusammen:

Für heroischen Einsatz im Kampf gegen den Feind als Funker und Scharfschütze einer Kommandoeinheit der Naval Special Warfare Task

Unit Habbaniyah in der direkten Unterstützung der Operation Iraqi Freedom zwischen dem 17. Oktober 2005 und dem 21. April 2006. Petty Officer Tumilson bildete achtzig irakische Soldaten aus und beriet sie bei mehr als sechzig Kampfeinsätzen. Am 4. April 2006 leistete er unter Feuer Außergewöhnliches und durchbrach mit Präzisionsfeuer einen Hinterhalt feindlicher Kräfte, sodass sich seine Kameraden in Sicherheit bringen konnten. Durch außerordentliche Führung, große Initiative und hingebungsvolle Pflichterfüllung verdiente sich Bootsmann Tumilson große Anerkennung und hielt die besten Traditionen der Seestreitkräfte der Vereinigten Staaten aufrecht.

Ein Tag im Leben eines SEAL.

Die Sargträger und die übrigen SEALs saßen in der ersten Reihe auf der Bühne. JTs Hund Hawkeye legte sich vor Scott auf den Boden.

JTs »letzte Botschaft an die Welt« wurde abgespielt: »If I Ever Leave This World Alive«, ein temporeicher irischer Song von Flogging Molly.

Seine Schwestern sprachen unter Tränen über seine Liebe zu seiner Familie, seine Begeisterung für das Leben und seinen bleibenden Einfluss auf sie und ihre Kinder. Wir traten alle vor und erzählten etwas über ihn, in verschiedenen Tönen der Trauer gehaltene Geschichten voller Liebe, Wut und Humor. Boe erklärte, dass er nie einem Mann begegnet sei, der sich mit JTs Mischung von Geschwindigkeit und Kraft messen konnte. »Er kannte keine Furcht und liebte die Arbeit. Auch wenn JT gewusst hätte, dass sein Hubschrauber bei dem Versuch, anderen zu Hilfe zu eilen, abgeschossen werden würde, wäre er eingestiegen. Und wer JT kennt, weiß das.«

Irgendwann entglitt Scott Hawkeyes Leine, und der Hund erhob sich, trottete zum Sarg seines Herrn und legte sich dort nieder. Er blieb eine Weile dort, und niemand wollte ihn wegführen. Die Fotos von diesem Augenblick verbreiteten sich rasch im Netz und wurden von den Fernsehsendern aufgegriffen. Ich werde diesen berührenden Anblick nie vergessen.

Später versammelte sich die Trauergemeinde, umringt von den Patriot Guard Riders und der Polizei, im Norden der Stadt auf dem Riverside Cemetery. Wir SEALs gingen der Reihe nach am Sarg vorbei und vollzogen unser traditionelles Ritual. Jeder Kampfschwimmer blieb beim Sarg stehen, legte seinen Trident auf den Deckel und trieb die Anstecknadel mit einem Faustschlag ins Holz. So begleitet ein Stück von seinen Kameraden einen gefallenen SEAL, damit er sie auch im Jenseits an seiner Seite hat. Wie im Leben halten wir auch im Tod zusammen, wir sind immer eine Familie, immer ein Team. Die Bruderschaft stirbt nie.

Fast alle SEALs wissen, wie es ist, einen Waffenbruder zu beerdigen. Man kann nichts tun, um den Schmerz des Verlustes zu beseitigen. Aber man kann ihn mit anderen teilen, sodass er ein wenig leichter zu tragen ist. Wir erzählten alle Geschichten, die uns aus dem Leben dieses großen Kriegers einfielen. Wir halfen seiner Familie, alle Angelegenheiten zu regeln.

In seinem viel zu kurzen Leben hatte JT jeden Gipfel, der in seinem Weg stand, erklommen und alle Hürden überwunden. Er war ein SEAL, ein herausragender Triathlet und ein ganz besonderes Mitglied unserer Eliteeinheit geworden. Eines hatte er nie geschafft, aber das regelte der Gouverneur von Texas, Rick Perry, sobald er von JTs Tod erfuhr: Er verlieh ihm die texanische Ehrenbürgerschaft. Die Familie ist im Besitz der amtlichen Urkunde, die es beweist. Vielleicht kam diese Ehre hier unten auf der Erde ein wenig spät, aber mach dir keine Sorgen, Bruder: Ich habe gehört, dass der Herr für gute Männer aus Texas einen Ehrenplatz im Himmel hat.

+++

Am 21. September, etwa einen Monat nach unserer Rückkehr aus Iowa, wurde der Taliban-Kommandeur, der das ursprüngliche Ziel der Kommandoaktion im Tangi-Tal gewesen war, bei einem Luftschlag getötet. Wie der Angriff am 9. August, der seine Gefolgsleute getroffen hatte, war auch diese Vergeltung ein kleiner Trost für die Familien der Gefallenen und für unsere Bruderschaft.

Hundert andere Schläge gegen hochwertige Ziele in den Monaten vor dem 9. August hatten größere Fortschritte gebracht als dieser. Aber wo immer sie auch waren, mussten JT, Trey, Matt und all die anderen stolz darauf sein, dass ihre Brüder Vergeltung geübt hatten. Nie vergeben, nie vergessen.

Für den Helden des Romans *Der Graf von Monte Christo* sind Trauer und Freude relativ. »Es gibt weder Glückseligkeit noch Elend in der Welt, sondern nur den Vergleich des einen Zustands mit dem anderen, sonst nichts«, schrieb Alexandre Dumas. »Wer tiefste Trauer empfunden hat, ist am besten in der Lage, vollkommenes Glück zu erleben.« Ich glaube, deshalb verstanden die meisten von uns, dass unsere Trauer nicht das Ende war. Der Schmerz, den wir immer noch fühlen, öffnet uns für noch größere Freude mit den geliebten Menschen. So werden die Männer, die wir verloren haben, wirklich unsterblich.

23

DIE KRIEGERKÖNIGINNEN

Während meiner ganzen Zeit im Militär habe ich das Privileg gehabt, an der Seite einiger der besten Männer zu dienen, an der Seite von Männern, die für ihr Land alles zu geben bereit waren.

Dieses Kapitel möchte ich einer Gruppe von Personen widmen, die häufig übersehen werden, einer Gruppe, die nie das Rampenlicht sucht, es jedoch zweifellos mehr verdient als unsere höchstdekorierten Soldaten. In guten wie in schlechten Zeiten halten sie die Stellung, normalerweise ohne formale Ausbildung und immer ohne gute Bezahlung. Dennoch sind die Ehepartner unserer Männer und Frauen in Uniform von ungeheurem Wert für unsere Nation, denn sie unterstützen den Kriegseinsatz, ohne je einen Schuss abzugeben. Ihre Fähigkeit, unter ungeheurem und vielfältigem Druck standzuhalten, gibt uns die Kraft, loszugehen und zu tun, was im Kampfgebiet getan werden muss. Und am meisten brauchen wir sie an den schlechten Tagen. Wir stützen uns auf die Menschen, die uns am nächsten und doch manchmal am weitesten entfernt sind.

Einige der besten Kampfschwimmer, die ich kennengelernt habe, waren Familienmenschen. Ihren Erfolg verdankten sie auch der Stärke und dem Charakter der Frauen, die in der Heimat auf sie warteten. Während sie fort waren, konnten sie sich nicht mit den Problemen auseinandersetzen, mit denen ihre Partnerinnen daheim konfrontiert waren. Aber sie wussten, dass ihre Frauen stark genug waren, um sich und die Kinder zu versorgen und die Stellung zu halten, während ihre Männer fern der Heimat kämpften.

Viele Frauen halten den Druck nicht aus, und man kann ihnen keinen Vorwurf machen. Ich war in meiner Zeit als SEAL nicht verheiratet und weiß nicht, ob ich es hätte sein können. Diese Arbeit ist sehr schädlich für Beziehungen: Es wird geschätzt, dass etwa 80 Prozent der SEAL-Ehen wieder geschieden werden.

Aber es gibt Geschichten von einigen wirklich starken Frauen, die daheim alles für ihre Männer zusammenhielten. In diesem Kapitel möchte ich Amy, Diane, Kristy und Kimberly zu Wort kommen lassen. Jede von ihnen ist auf ihre eigene Art eine Kriegerin.

Amy sind wir bereits begegnet. Sie ist gerade mit dem zweiten Kind schwanger, während ihr Mann in Afghanistan dient (sein Einsatz wurde vor Kurzem verlängert). Diane wird von aller Welt nur »Momma Shipley« genannt: Sie ist mit einem der härtesten Kampfschwimmer verheiratet und hat obendrein noch einen Sohn bei den SEALs. Kristy ist ein Pseudonym für die Witwe eines unserer gefallenen, aber unvergessenen Kameraden, der am 6. August 2011 in Afghanistan starb. Kimberly ist die Witwe von Aaron »Trey« Vaughn, der am selben Tag fiel. Sie blieb mit den beiden reizenden Kindern des Paars zurück.

Hier sind die Geschichten dieser Frauen.

Amys Geschichte

Mit einem Navy SEAL verheiratet zu sein ist kein Spaß. Es ist sehr viel schwerer, als die Leute glauben.

Ich kenne meinen Mann seit zwölf Jahren. Wir waren anfangs Freunde: Wir hatten beide feste Beziehungen. Wie viele SEALs war Boss (ja, ich spreche meinen Mann mit seinem Spitznamen an, der mir sehr gefällt) schon einmal verheiratet. Es war eine »Anfängerehe«, wie wir es nennen, eine typische Situation: Er war jung und naiv, und die Beziehung funktionierte von Anfang an nicht richtig. Er war gerade erst SEAL geworden und wusste nicht recht, wie er Familie und Arbeit unter einen Hut bringen sollte. Sie konnte oder wollte sich nicht damit abfinden, wie schwer dieses Leben sein kann.

Jahre später, als wir beide wieder Singles waren, führte uns das Leben schließlich zusammen. Nach einem Auslandseinsatz rief er mich an und sagte: »Ich werde in wenigen Stunden in den Staaten landen. Lass uns ausgehen.« Dann stand er vor meiner Tür … und ging nie wieder weg. Seitdem sind wir zusammen.

Und mein Leben hat sich vollkommen verändert.

Wir sind mehr Zeit getrennt als zusammen. Bei seiner ersten Entsendung dachte ich, ich wäre darauf vorbereitet. Schließlich kannte ich ihn seit Jahren, und er war auch früher lange Zeit fort gewesen. Aber ich war nicht vorbereitet. Nichts kann dich darauf vorbereiten. Man muss einfach lernen, damit zu leben. Doch als er dann weg war, wurde ich ein wenig verrückt – mein Mann und all meine Kumpels waren im Irak, und ich hatte keine Ahnung, wie ich damit umgehen sollte. Aber ich lernte rasch das Wertvollste kennen, was eine Frau in unserer Gemeinschaft hat: Unterstützung. Unterstützung durch die Familie, durch Freunde, andere SEAL-Frauen, Nachbarn – zum Teufel, man nimmt sogar Hilfsangebote von Fremden an. Du hast keine Wahl. Einmal bat ich einen wildfremden Mann auf der Straße, ins Haus zu kommen und die größte, widerwärtigste Kakerlake totzuschlagen, die ich je gesehen hatte. Das Furcht einflößende Biest war so groß wie ein kleiner Hund, und ich war an diesem Tag einfach nicht in der Lage, das selbst zu erledigen. Ich bin auf so viele Menschen angewiesen, und dass ich die Familie ohne Boss versorgen kann, liegt daran, dass ich mich auf diese Menschen verlassen kann. Auf diese Menschen und auf viele Flaschen guten Weins.

Ein paar Jahre später machte mir Boss den Antrag. Die Geschichte unserer Verlobung sagt sehr viel über das Wesen unserer Ehe. Boss nennt mich seit Jahren seine »Kriegerkönigin«. Wir reisten für einen überfälligen gemeinsamen Urlaub, den wir dringend nötig hatten, nach Griechenland (ich bin griechischer Herkunft und wollte mein Heimatland besuchen). Am letzten Tag einer unglaublichen zweiwöchigen Reise fuhren wir von Athen zum Schauplatz der Schlacht bei den Thermopylen. Heute ist es nicht mehr als ein Feld neben der Autobahn. Touristenbusse halten kurz an, damit die Leute ein Erinnerungsfoto schießen können, und fahren weiter. Es ist kein besonders malerischer Ort. Im Lauf der Jahrtausende ist die Küste mehrere Kilometer vorgerückt, weshalb der Pass nicht mehr am Meer liegt. Aber uns flößte er Ehrfurcht ein. Auf der anderen Seite der Autobahn liegen auf einem kleinen staubigen Hügel, wo die Schlacht endete, angeblich die Spartaner samt ihrem König Leonidas begraben. Auf einer einfachen Bronzeplakette steht folgende Inschrift: »Wanderer, kommst du nach Sparta, dann berichte, du hast uns hier liegen gesehen, so, wie das Gesetz es befahl.«

An diesem Ort kniete Boss sich nieder und bat mich, seine Frau zu werden. »Wir haben eine wunderbare Liebe. Ich werde dich bis zum Ende meiner Tage stets ehren und mit Respekt behandeln.« Nach einem Augenblick ungläubigen Zögerns flüsterte ich unter Tränen ein Ja.

Er versprach mir nie, dass es einfach werden würde. Er versprach mir nie, dass er da sein würde, wenn ich ihn brauchte. Er versprach mir nie, dass sie alle lebend zurückkehren würden. Er hätte fast sagen müssen: »Ich werde körperlich und geistig *lange Zeit* abwesend sein. Ich werde in Gefahr sein, ich werde dir nicht immer erzählen können, was genau ich tue, das Geld wird immer knapp sein. Du wirst der Familie Rückhalt geben und alles allein zusammenhalten müssen, und wahrscheinlich wirst du deine Familie, deine Freunde und deine Arbeit zurücklassen müssen, um in eine Stadt am anderen Ende des Landes umzuziehen. Du wirst viele Nächte allein sein – ach ja, und du wirst dir nie diese hübschen Schuhe leisten können, die dir so gefallen. Aber du wirst eine neue Familie haben, du wirst stärker sein, als du dir je vorstellen konntest, und du wirst es nie bereuen.«

Anders als einige der Frauen schaue ich keine Nachrichten, solange er im Ausland ist. Wir haben unseren eigenen Code für die Telefongespräche entwickelt, beliebig klingende Worte und Phrasen, die mir verraten, wo er ist, ob er »arbeitet«, wie lange er fort sein wird und so weiter. Normalerweise können wir über nichts Konkretes sprechen, also warte ich: Ich warte auf das Tagebuch, das er führt und alle paar Monate nach Hause schickt. Ich warte auf einen Telefonanruf oder eine E-Mail, die ein wenig von unserer Geheimsprache enthält, damit ich mir ein Bild von seiner Situation machen kann. Und ich warte darauf, dass er vor der Tür steht – und darauf, dass er mir eines Tages erzählen kann, was er alles durchgemacht hat.

Als Frau eines SEAL musst du flexibel sein. Boss wollte nicht heiraten, solange seine engsten Freunde nicht dabei sein konnten. (Die meisten von ihnen sind ebenfalls SEALs, und sie sind in verschiedenen Teams im Einsatz.) Es erübrigt sich fast zu sagen, dass wir vier Hochzeitstermine hatten und drei Anzahlungen flöten gingen! Wir hatten elf Trauzeugen. Aber ich hatte einen Haufen neuer Brüder.

Ja, sie sind wirklich meine Brüder. Seine Kameraden bedeuten mir viel, und ich verdanke ihnen ein sehr lustiges Leben. JT, Morgan, Marcus und einige andere Männer sind meine Brüder. Wir sind eine Familie. Als wir unerwartet JT verloren, verstand ich endlich das Motto der SEALs: Der einzige leichte Tag war gestern. Wie für viele Frauen in dieser Gemeinschaft gehören auch für mich die Teamkollegen meines Ehemanns zu meiner Familie. Sie kümmern sich um mich, und ich kümmere mich um sie. Ihre Gegenwart ist zu einem festen Bestandteil meiner Ehe geworden. JT rief an und schickte E-Mails, wenn er wusste, dass Boss sich nicht melden konnte. Wenn sie einen Tag frei hatten und die ganze Nacht unterwegs waren, schickte mir JT SMS, um mich zu beruhigen. Die Jungs nahmen mich mit zum Essen, zu Konzerten, kamen vorbei, um sich einen Film mit mir anzuschauen, oder luden sich zum Frühstück ein, sie riefen an, um zu fragen, ob alles in Ordnung sei. Ich kochte für sie und brachte sie zum Flughafen. Wir zogen ungezählte Male gemeinsam durch die Bars. Als ich schwanger war, kümmerten sich Morgan, Marcus, JT und viele andere – sogar Männer, die nicht mehr beim Militär waren – fürsorglich um mich. Sie luden mich zum Essen ein, führten den Hund Gassi, gingen mit mir ins Kino. Ich musste nur anrufen, und sie waren da. Boss war in Afghanistan, als ich im siebten Monat so einsam war, dass ich JT anrief und ihn bat, mit mir essen zu gehen. »Klar«, sagte er, »ich hole dich in einer Stunde ab. Ist es in Ordnung, wenn Andrea mitkommt? Sie ist auch schwanger, und ich will sie nicht allein lassen.« Wir zogen zu dritt los, und in kürzester Zeit hatten wir unsere Sorgen vergessen und verbrachten einige heitere Stunden.

Als Boss einmal unterwegs war, ging ich mit JT in die örtliche Bar, wo wir die ganze Nacht tranken und lachten. Am nächsten Tag bekam Boss einen Anruf von jemandem, der ihm erzählte, ich treibe mich ganz ungeniert mit einem anderen Mann herum. Boss antwortete: »Ja, sie hat mit meinem Bruder gefeiert. Alles in Ordnung.« JT war eines unserer Reserveräder (wir hatten einige davon, denn in den Teams gibt es viele Singles). Er stand auch vielen anderen Paaren so nahe und vielen anderen Ehefrauen zur Seite, wenn er daheim war. Und wie viele andere Frauen liebte ich ihn innig.

Als wir JT verloren, brach ich zum ersten Mal in meinem Erwachsenenleben zusammen. Ich weinte nicht. (Nicht eine einzige Träne, bis ich eine Woche nach seinem Tod nach Iowa kam und sein Zimmer betrat: Es war seit seiner Schulzeit unverändert geblieben, unschuldig und voller Hoffnung.) Aber als ich die Nachricht hörte, sagte ich zu Boss: »Nein, er ist in Ordnung. Ich fühle nichts.« Und ich ging tatsächlich zurück ins Bett und schlief fast zwei Stunden. Als ich aufwachte, saß Boss reglos da, und ich begriff es. Ich fiel im Schlafzimmer zu Boden und hörte auf zu atmen. Ich hatte immer gewusst, dass ich einen von ihnen verlieren konnte, sogar meinen Ehemann, aber erst jetzt spürte ich, wie es war, wenn das tatsächlich geschah. JT war ein fester Bestandteil meiner Ehe, und mit ihm starb auch ein Teil meiner Ehe. Boss und ich, alle Freunde von JT und so viele Frauen werden nie über den Verlust dieser Jungs hinwegkommen, und komischerweise bin ich jetzt, da mehrere Monate vergangen sind und der Schock nicht mehr so tief sitzt, so traurig und zugleich dankbar wie nie zuvor. Ich sehe die Witwen, diese unbeschreiblich und unglaublich tapferen Frauen, und bete zu Gott, dass mein Ehemann wieder heimkehrt.

Am Tag der Beerdigung trat bei JTs Grab eine wunderschöne junge Witwe an mich heran, die ich noch nie gesehen hatte, und sagte: »Es tut mir so leid.« Ich sah sie verblüfft an und sagte: »JT war ein Freund, er war nicht mein Mann.« Mit einem reizenden Lächeln sah sie mir direkt in die Augen, drückte meine Hand fest und sagte: »Er war Ihr Freund und Bruder, und es tut mir so leid, dass Sie ihn verloren haben.«[4] Ich werde nie vergessen, wie tief mich ihre Worte berührten. Diese Witwe tröstete *mich*? Ihre demütige und ihre selbstlose Freundlichkeit machten mich betroffen. Ich sah mich unter all den Frauen, Freundinnen und Exfreundinnen an, die so weit gereist

4 Später erfuhr ich, dass diese Witwe Kimberly Vaughn war.

waren, um an JTs Beerdigung teilzunehmen, und ich konnte nicht umhin zu denken: *In gewisser Weise waren wir alle mit ihm verheiratet.*

Wenn etwas schiefgehen kann, wird es meistens dann schiefgehen, wenn dein Ehemann fort ist. Beispielsweise verriss ich mir einmal den Nacken, verbrachte drei Stunden mit meinem kranken Baby beim Arzt, sperrte dann während eines Gewitters den Zündschlüssel im Auto ein, bekam eine Geldbuße wegen zu hoher Geschwindigkeit, wobei die Polizisten beinahe mein Auto beschlagnahmt hätten (es war mein Fehler, denn ich fuhr auf einer Landstraße in Virginia wie eine typische verrückte Südkalifornierin), und um diesen Tag würdig abzuschließen, trat ich in einen großen Hundehaufen, als ich mit dem schreienden Baby auf dem Arm nach meiner Geldbörse suchte, die mir aus unerklärlichen Gründen aus der Hosentasche gefallen war. Als dieser Tag vorüber war, wollte ich mich nur noch einrollen und mich in den Schlaf weinen. Und genau das tat ich. Dann fiel mir etwas ein, was mir Boss in einer besonders schmerzhaften Zeit gesagt hatte: »Wir können keine große Liebe erleben, ohne durch die Hölle zu gehen.« Und da kam mir die Erkenntnis: So viele Ehefrauen von SEALs haben sehr viel Schlimmeres durchgemacht als ich. So viele Frauen mussten häufigere und längere Auslandseinsätze ihrer Männer überstehen. So viele Frauen sahen ihre Männer nie wieder. Ich betrachte mich als relativ junge Ehefrau, und es gibt immer eine Frau, die Schlimmeres erlebt hat als ich. Daher versuche ich, selbst an den härtesten Tagen, an Tagen wie dem zuvor beschriebenen, mich einfach durchzubeißen. Ich gehöre zu den Glücklichen und vergesse es nie. Alle Frauen von Soldaten sind Kriegerinnen: Sie sind starke, beharrliche, forsche Frauen, die lernen, unbeugsam, tapfer und unabhängig zu sein, und im Alltag mutiger sind als die amerikanische Durchschnittsfrau. Ich glaube, dass die wenigsten Frauen zur Soldatenfrau geboren sind. Ich taugte zweifellos nicht dazu. Ich weine bei Werbespots und ertrage es nicht, allein zu sein. Ich schlafe mit eingeschaltetem Licht und einer Pistole unter dem Kopfkissen. Ich glaube, wir werden *dazu gemacht*. Unser Blut, unser Schweiß und unsere Tränen – viele Tränen – formen uns. So passen wir uns diesem Leben an. Und nachdem ich im Lauf der Jahre so viele Brüder verloren habe, nachdem ich mitansehen musste, wie so viele Ehen mit bitteren, schmerzhaften, feindseligen Scheidungen endeten, nachdem ich miterlebt habe, welchem Stress die Familien und insbesondere die Kinder von Soldaten ausgesetzt sind, die in den Krieg geschickt werden, bekommt mein Herz immer neue Risse, und es kostet viel Kraft, es zusammenzuhalten. Ich kenne viele Frauen, die im Bett auf der Seite ihres Mannes schlafen, wenn er fort ist (ich selbst zähle auch dazu). Ich bin nicht sicher, warum wir das tun; vielleicht versuchen wir auf diese Art, ihm näher zu sein? Ich machte das, ohne groß darüber nachzudenken, und erfuhr irgendwann, dass fast all meine Freundinnen dasselbe tun.

Aber irgendwie gelingt es uns, das Leben zu meistern. Wir müssen es meistern. Wir sind das Rückgrat dieser Gemeinschaft und kümmern uns daheim um alles, damit sie ihre Aufgaben konzentriert und souverän in Angriff nehmen können.

Eines Nachts sagte eine Frau bei einer Dinnerparty in San Diego zu mir: »Ich weiß nicht, wie Sie das schaffen, immer allein, und Ihr Mann ist immerzu in Gefahr. Ich könnte das nicht.« Ich schwieg, denn ich wusste nicht recht, was ich darauf antworten sollte. Um ehrlich zu sein: Manchmal weiß ich selbst nicht, wie ich es schaffe. Ich sah zu ihm hinüber. Da stand er auf der anderen Seite des Raums, dieser große, gut aussehende, lebhafte, charismatische und starke Mann, der mich leidenschaftlich liebt und für mich und seine Familie alles tun würde, ein Mann, der für seine Brüder und für sein Land bereitwillig sein Leben geben würde. In diesem Moment fing Boss meinen Blick auf und winkte mir mit einem breiten Grinsen zu. Schließlich antwortete ich meiner Gesprächspartnerin: »Ich tue es für Boss. Für ihn würde ich alles aufgeben, was ich besitze, ich würde auf Händen und Knien bis ans Ende der Welt und zurück krabbeln. Ich würde alles tun für meinen wunderbaren Ehemann. Schauen Sie ihn sich an: Würden Sie es nicht auch tun?«

Ich wünschte, ich könnte sagen, dass ich eine Soldatenfrau bin, weil ich Patriotin bin und meinem Land dienen möchte … und ein Teil von mir denkt tatsächlich so. Ich bin sehr stolz auf unser Militär und auf unsere Familien. Aber in schmerzhaften, unerträglich schweren Zeiten ist das Einzige, was mir Halt gibt, der unermessliche Stolz auf und die unerschütterliche Liebe zu meinem Mann. Ich glaube an ihn und werde es immer tun. Ich bin eine Kriegerkönigin. Irgendwie werde ich alles im Gleichgewicht halten – am liebsten mit einem schönen Glas Wein und ohne Riesenkakerlaken.

Wenn ich von vorne anfangen könnte, würde ich alles wieder so machen. Ich liebe diese Gemeinschaft. Ich liebe meine Brüder und bewundere all die Frauen, die stärker sind, als ich es je sein werde. Wir hatten so schöne Zeiten, dass sich die Opfer gelohnt haben. Ich liebe dieses Leben leidenschaftlich. Es gibt meinem Dasein einen Sinn und erfüllt mich mit Stolz. Ich würde nicht aufgeben – aber wenn Boss morgen nach Hause käme und sagte: »Ich habe im Lotto gewonnen. Vielleicht ist es an der Zeit, meinen Hut zu nehmen«, hätte ich nichts dagegen einzuwenden.

Kimberly Vaughn

Ich wusste es schon, als wir anfingen, miteinander auszugehen, aber nach unserer Hochzeit wurde vollkommen klar, dass es etwas ganz Besonderes war, die Frau eines SEAL zu sein. Die Entsendungen waren schwierig. Die Erste, die ich erlebte, war der siebenmonatige Einsatz im Irak. Wir hatten uns gerade verlobt und beschlossen, dass ich die Hochzeitsplanungen übernehmen würde, damit ich etwas zu tun hätte, während er fort war. Seine zweite Entsendung, die ihn für vier Monate nach Afghanistan führte, begann vier Wochen nach der Geburt unseres Sohns. Ich ging zurück nach Virginia, wo ich Unterstützung von meinen Eltern erhielt. Glücklicherweise konnten wir dank E-Mail und Skype einigermaßen regelmäßigen Kontakt halten. Über die Webcam konnte Aaron an den ersten Meilensteinen im jungen Leben unseres Sohns Reagan teilhaben, und ich schickte ihm per E-Mail tonnenweise Fotos. Auch seinen dritten und vierten Auslandseinsatz absolvierte Aaron in Afghanistan. Auch nach der Geburt unseres zweiten Kindes, unserer Tochter Chamberlyn, vergingen nur drei Wochen, bevor er aufbrechen musste. (Er hatte wahrlich ein gutes Timing, wenn es darum ging, sich um das Windelwechseln zu drücken.)

Mein märchenhaftes Leben sollte rasch enden. Der Titel einer Teamehefrau gehörte zu den außergewöhnlichsten, die ich je erwarb, und es war eine zermürbende Erfahrung, ihn wieder zu verlieren. Ich erlebte alles, was das Leben in den Teams zu bieten hat, das Gute wie das Schlechte. Ich wusste, dass Aaron als SEAL immer wieder in Gefahr sein würde, aber unser unerschütterlicher Glaube half uns, mit der ständigen Sorge angesichts seiner gefährlichen Tätigkeit umzugehen. Wir glaubten fest daran, dass Gott einen Plan für uns hatte, und wenn dieser Plan vorsah, Aaron früh zu sich zu nehmen, dann musste es eben so sein. Wir machten uns nicht täglich Sorgen, er könnte getötet oder verwundet werden. Wir kosteten das Leben in vollen Zügen aus, genossen die gemeinsame Zeit, die uns vergönnt war, und konzentrierten uns auf unsere gemeinsame Zukunft. Aber die war nicht Teil von Gottes Plan für uns. Als die Welt am 6. August 2011 erfuhr, dass in der Provinz Wardak ein Transporthubschrauber mit dreißig Amerikanern an Bord abgeschossen worden war, erfuhr ich, dass Aaron einer dieser Männer gewesen war und dass es keine Überlebenden gab.

Es lag ihm im Blut, ein Navy SEAL zu sein: Er war einfach ein geborener SEAL. Er liebte dieses Leben, und zwar alles daran, auch das Unangenehme und das Schmerzvolle: die Tage, Wochen und Monate, die er von seiner Familie getrennt war, die Knochenbrüche und Muskelzerrungen, die Rückenverletzungen und die Blasen. Für Aaron machten der Schmerz und die Mühsal das Leben als SEAL nur noch wertvoller. In meinen Augen zeigt die Tatsache, dass die wenigsten Menschen durchstehen können, was von den SEALs verlangt wird, von welchem Schlag diese Männer sind. Diese Elitesoldaten vollbringen Leistungen, die für viele Menschen unvorstellbar sind. Ihre Hingabe, Leidenschaft und geistige und körperliche Stärke sind verblüffend. In den Jahren, in denen ich mit Aaron verheiratet war, lernte ich auch, dass dieselben Eigenschaften auch bei den meisten Ehefrauen dieser Soldaten zu finden sind.

Dass unsere Ehe so erfolgreich und glücklich war, hatte einen einfachen Grund: Wir liebten einander. Aarons Laufbahn in den Teams hatte auch für mich oberste Priorität. Ich wusste, was Aaron durchgemacht hatte, um sich seinen Trident zu verdienen, und ich bewunderte ihn dafür. Für mich war entscheidend, dass ich wusste, wie wichtig das für Aaron war. Obwohl wir oft für lange Zeit voneinander getrennt waren, wusste ich, dass ich ihn bei all seinen Vorhaben in den Teams unterstützen konnte. Also versuchte ich, jeden unnötigen Stress von ihm fernzuhalten. Er brauchte einen klaren Kopf, und das bedeutete, dass ich häusliche Probleme vermeiden musste. Verstehen Sie mich nicht falsch: Wir stritten wie alle Paare und schrien uns manchmal an, aber ich denke, ganz ohne Konflikte wäre eine Ehe ziemlich langweilig. Und die SEALs sind alles andere als langweilig.

Diane Shipley

Oktober 1984, Trainingsgelände der Navy SEALs,
Coronado, Kalifornien
Ausbildung von Unterwassersprengmittelexperten (BUD/S), Klasse 131
Hell Week bestanden

Es war Freitagnachmittag, als das Telefon klingelte. Ich hatte auf seinen Anruf gewartet und hob rasch ab. Ich erkannte die heisere, kratzige Stimme am Ende kaum. »Ich hab es geschafft, Schätzchen. Kommst du mich abholen?« Mehr sagte er nicht. Ich sprang sofort ins Auto und fuhr nach Coronado.

Als ich auf der Suche nach Don um die BUD/S-Trainingsanlage fuhr, sah ich auf dem Gehweg völlig erschöpfte Männer liegen, die die Hell Week überstanden hatten, und fuhr geradewegs an ihm vorbei, ohne ihn zu erkennen. Mit aufgeplatzten Lippen und geschwollenem Gesicht hatte er kaum mehr Ähnlichkeit mit dem Mann, den ich eine Woche vorher in Coronado abgesetzt hatte. Er wankte zum Auto, ließ sich auf den Beifahrersitz fallen und schlief sofort ein.

Während der Heimfahrt stieß ich ihn an, um ihn kurz zu wecken. »Ich bin schwanger.« Ein Lächeln huschte über sein Gesicht, dann kippte sein Kopf wieder ans Seitenfenster.

Wir ahnten nicht, dass das Baby, das ich austrug, der nächste Beitrag unserer Familie zu den SEALs sein würde und dass ich fast auf den Tag genau siebzehn Jahre später erneut zur BUD/S-Anlage fahren würde, um meinen

Sohn nach überstandener Hell Week abzuholen. 115 Klassen nachdem sein Vater den Kurs erfolgreich abgeschlossen hatte.

Ich wuchs in einer Kleinstadt in Tennessee auf und lernte Don in der Navy kennen, als ich auf der USS *McKee* diente, auf dem zweiten Schiff, auf dem die Marine Frauen zuließ. Wir wurden in einer kleinen Zeremonie vom Schiffskaplan getraut.

Es ist eine traurige Tatsache, dass die meisten Ehen von SEALs mit einer Scheidung enden. Der Hauptgrund dafür ist, dass diese Elitesoldaten sehr viel Zeit fernab ihrer Familien verbringen, sei es in Ausbildungskursen oder Auslandseinsätzen. Ein weiterer Grund ist der Ärger darüber, dass man sich mit einem Kind auf jedem Arm mit undichten Wasserrohren und platten Reifen herumschlagen muss, während Daddy seinen Spaß hat und mit einem Maschinengewehr um die Welt reist.

Das Internet hat mit E-Mail und Skype den Ehefrauen von SEALs das Leben ein wenig erleichtert. In unseren Anfangsjahren schrieben wir einander Briefe und sprachen gelegentlich am Telefon miteinander, was jedoch oft mehr schadete als nutzte. Zu seinem ersten Auslandseinsatz nach unserer Hochzeit brach Don wenige Tage nach der Geburt unseres Sohns auf. Er rief mich aus einem Nachtklub auf den Philippinen an. Er war betrunken. Im Hintergrund konnte ich die Nutten hören, die lautstark um die amerikanischen Kunden buhlten: »Ich dich schön ficken.«

Kurz nach seiner Heimkehr brach er schon wieder zu einem sechsmonatigen Einsatz auf, und anschließend wurde er für ein weiteres halbes Jahr ins Ausland entsandt. Ich bin mir sicher, dass sich jede Frau eines SEAL ausmalt, wie »besonders« das Wiedersehen nach einer langen Trennung werden wird. Neue Frisur, neues Kleid, du fällst ihm für den ersten Kuss um den Hals, und er hebt mit Tränen in den Augen seinen Sohn über den Kopf.

Nun, für mich war es nicht so.

Von seinem ersten Einsatz kehrte Don mit einem blauen Auge zurück, nach dem zweiten drohte ihm eine Anklage wegen Körperverletzung. Die dritte Heimkehr verlief ereignislos – bis ich, nachdem ich unseren Sohn ins Bett gebracht hatte, ein paar Kerzen anzündete und mich für einen romantischen Abend umzog. Als ich ins Wohnzimmer zurückkehrte, stürmten seine

Kumpels aus dem Platoon herein. Jeder von ihnen trug eine Kiste Bier. Dabei waren sie doch erst vor wenigen Stunden aus dem Flugzeug gestiegen.

Mein Sohn wusste mehrere Jahre eigentlich nicht, wer sein Vater war. Da wurde mir langsam klar, was ein Leben an der Seite eines SEAL wirklich bedeutete.

Alle SEALs werden nach einer Weile reifer. All die verpassten Weihnachtsfeste und Geburtstage schweißen die daheimgebliebenen SEAL-Familien zusammen. Die Trennungen werden zur zweiten Natur, aber sie werden im Lauf der Jahre immer schwieriger, weil mehr von den SEALs verlangt wird, die in der Hierarchie aufsteigen und größere Verantwortung übernehmen. Sie werden Zugführer und müssen für die Sicherheit ihrer Männer sorgen, während es an uns ist sicherzustellen, dass die Heimatfront nicht zusammenbricht und die von den Männern zurückgelassenen Kinder sich gut entwickeln. Diese gewaltige Aufgabe müssen wir vollkommen allein stemmen.

Allerdings sind wir nicht auf uns allein gestellt, denn wir können auf die beste Unterstützung zählen, die es gibt: die der anderen SEAL-Frauen.

Wir bildeten unser eigenes Team. Wir halfen einander bei der Kinderbetreuung. Wir wechselten platte Reifen im Handumdrehen. Wenn die Ferien begannen, halfen wir einander dabei, den Kindern ein möglichst normales Zuhause zu bieten. Die Frauen und Kinder der SEALs entwickeln denselben Kampfgeist wie diese Männer.

Ehefrauen, Mütter, Schwestern und Kinder sind die unsichtbaren Helden, die hinter diesen Männern stehen, ohne Ruhm und Tapferkeitsmedaillen zu ernten. Wir bauen den Rückzugsort auf, an dem sie Kräfte für ihren nächsten Einsatz sammeln können. Wir sind die Konstante in ihrem Leben und der Grund dafür, dass sie kämpfen.

Ich bin sehr stolz darauf, dass es mir gelungen ist, meine Ehe mittlerweile dreiunddreißig Jahre zusammenzuhalten, und ich kann Ihnen sagen, dass der Tag, an dem mein Mann bei den SEALs aufgenommen wurde, immer noch der zweitstolzeste Tag in meinem Leben ist. Übertroffen wurde er nur von dem Tag, an dem mein Mann bei der Abschlussfeier unseres Sohns neben dem befehlshabenden Offizier stand und seinen Jungen umarmte.

Kristy

Ehre, Mut und Engagement: Diese Worte werden verwendet, um die Elitesoldaten zu beschreiben, die für unsere Freiheit kämpfen. Als Witwe eines Navy SEAL hätte ich nie gedacht, dass sie verwendet würden, um mich zu beschreiben.

Mein Mann war ein ausgesprochen demütiger Mensch. Außerhalb unserer verschworenen Gemeinschaft verlor er nie ein Wort darüber, dass er einer Eliteeinheit angehörte. Ich respektierte ihn für sein leidenschaftliches Engagement und dafür, dass es ihm gelang, unserem Leben durch seine Diskretion Normalität zu verleihen. Als ich mein neues Leben an einem neuen Ort begann, umgeben von neuen Menschen und einer neuen und vollkommen fremden Gemeinschaft, lernte ich langsam, dass man als Frau eines SEAL drei verschiedene Frauen zugleich sein muss.

Die erste dieser Frauen ist eine, die ich als normale Ehefrau beschreiben würde. Sie plant Grillabende und vereinbart Termine mit den Spielkameraden der Kinder. Sie hat einen ausgefüllten Arbeitstag, bereitet Mahlzeiten zu, geht ins Fitnessstudio und widmet sich der Familie.

Die zweite Frau ist eine SEAL-Ehefrau – im Grunde eine alleinerziehende Mutter. Sie ist der Kopf der Familie, Beraterin und Vertraute, die dafür zuständig ist, ihren Mann auf den Boden zurückzuholen, wenn er abzuheben droht. Ich war keine richtige alleinerziehende Mutter, aber da mein Mann etwa zwei Drittel der Zeit fort und normalerweise nicht erreichbar war, bekam ich eine Ahnung davon, wie das wäre. Ich wusste immer, dass ich von Glück reden konnte, wenn er einmal mehr heimkehrte – und lang genug dablieb, um die perfekt abgestimmte Maschinerie unseres Familienlebens durcheinanderzubringen. Ich meine das durchaus positiv: Ich war lieber ein wenig aus dem Tritt mit meinem Mann an meiner Seite, als dass ich immer mit eingeschaltetem Handy neben dem Kopfkissen schlief. Ich wusste, dass ich ihn nicht vom Rodeo abhalten konnte. Diese Männer sind einfach so gemacht. Man muss sich damit abfinden.

Wenn ich »Kopf der Familie« sage, meine ich das nicht in finanzieller Hinsicht. Ich meine die Person, die dafür verantwortlich ist, dass die Familie funktioniert. Der Zeitplan ist anspruchsvoll, und wenn irgendwo ein Schräubchen herausfällt, kann der ganze Ablauf durcheinanderkommen.

Die Rolle der Ratgeberin genoss ich. Wenn er mir genug vertraute, um mir seine Meinung zu irgendeinem Thema anzuvertrauen, dann musste ich unerschütterlich sein. Als SEAL-Ehefrau akzeptiert man diese Funktion: Man muss der Fels in der Brandung sein.

Die dritte Frau ist immer für ihn da. Ich war früher nie die Art von Mädchen, die »neben dem Telefon sitzt«. Bevor ich meinen Mann kennenlernte, war ich ständig auf Achse, und für mich war es kein Problem, wenn mir der Anruf eines Mannes entging: Ich rief ihn zurück. Aber als ich meinen Ehemann kennenlernte, änderte sich das. Ich hätte nie gedacht, dass ein Telefonanruf so wichtig sein könnte. Als ich Teil seiner Gemeinschaft geworden war und Verluste und tiefe Trauer miterlebt hatte, wollte ich keinen Anruf mehr verpassen, denn es konnte der letzte sein. Wir telefonierten jeden Tag miteinander. Oft ging es um Belanglosigkeiten, aber das war unsere Art, unsere Liebe zu zeigen. Wir hingen von unserer Fähigkeit ab, miteinander zu kommunizieren. So überlebten wir die langen Phasen der Trennung.

Mit eingeschaltetem Handy auf dem Nachttisch zu schlafen ist nicht ideal, aber einige meiner schönsten Erinnerungen verbinde ich mit diesen Weckrufen um drei Uhr morgens. Wir waren Träumer: Wir sprachen, worüber wir sprechen konnten, vor allem wenn er im Einsatz war. Wenn ich ihn fragte, wie sein Tag gewesen sei, erhielt ich eine von zwei Antworten: »Gut« oder »Wie immer«. Das restliche Gespräch, das leicht eine Stunde dauern konnte, drehte sich um die Dinge, die wir tun würden, wenn er aus der Navy ausschied. Wir sprachen über mögliche Karrierewege, über eine Garage voller Motorräder, über Campingausflüge und über ein großes Haus, in dem Platz für Besuche der ganzen Verwandtschaft war. Ich würde eine tolle Küche haben, und er würde ein furchtbares, weit vom übrigen Haus entferntes »Spielzimmer« haben, in dem er sich mit seinen Kumpels austoben konnte, ohne die Familie aufzuwecken.

Ich bewahre noch immer jede E-Mail auf, die mir mein Mann je geschickt hat, dazu zehn bis fünfzehn Sprachnachrichten – einfach irgendwelche Nachrichten –, damit ich mir gelegentlich anhören kann, wie er »Ich liebe dich« sagt. Ich ging mit dem Wissen in diese Beziehung, dass ein glückliches Ende möglich war, und hoffte auf ein gutes Ende. Aber ich war nicht naiv. Wer hätte wissen können, dass es eines Tages so wichtig sein könnte, diese Kleinigkeiten aufzubewahren? Ich hatte sie immer einfach in einem Ordner abgelegt, ohne zu wissen, dass sie sich irgendwann in ein Tagebuch unseres gemeinsamen Lebens verwandeln würden.

Als ich eines Morgens um halb sieben dieses hohle Klopfen an der Tür hörte, war es plötzlich vorbei mit dem Speichern von E-Mails, und das Leben einer alleinerziehenden Mutter wurde zur Realität. Sein Tod zerstörte all unsere gemeinsamen Träume. Ich habe nie gesagt: »Mir wird das nie passieren«, und ich habe nie gefragt: »Warum musste das gerade mir passieren?« Das ist reine Statistik: Je öfter man würfelt, desto größer wird das Risiko. Das Risiko ist groß, aber diese Männer hatten sich entschlossen, ihre Unterschrift unter den Dienstvertrag zu setzen. Und ihre Frauen entschlossen sich, den Weg mit ihnen zu gehen. Wir Frauen dienen ebenfalls unserem Land.

Es heißt, wir können uns nicht aussuchen, in wen wir uns verlieben, aber wir können uns zweifellos aussuchen, welchen Weg wir gehen wollen. Ich entschloss mich, den Weg zu gehen, auf den mich mein Herz lenken wollte. Ich stehe immer noch mit Ehre, Mut und Engagement hinter ihm.

Ruhe in Frieden, Liebster. Ich hoffe, ich habe dir gut gedient.

24

DIE GLIEDER DER KETTE

Wenn Ihnen etwas Spaß macht, sollten Sie es vielleicht nicht im Militär zu Ihrem Beruf machen, denn das kann Ihnen für den Rest Ihres Lebens den Spaß daran verderben. Nach neun Jahren in den Teams gehe ich nicht mehr tauchen. Als Veteran der SDV-Teams sehe ich keinen Sinn darin, in Eiswasser zu hüpfen oder die Riffe in der Hanauma Bay oder in der Lagune von Chuuk zu erkunden. Nicht, wenn es ein Stück weiter die Küste hinunter ein gutes Grillrestaurant gibt. Ich klettere nicht auf Felsen und gehe nicht an den Strand. Mel hält mich für verrückt, weil ich kalte Duschen verweigere, aber jeder, der den BUD/S-Kurs durchgemacht hat, wird mich verstehen.

In der Öffentlichkeit habe ich nicht viel darüber gesprochen, aber das Tauchen war ein wichtiger Teil meiner Arbeit bei den SEALs. In unseren SDVs, unseren Kleinst-U-Booten, tauchten wir extrem tief. Normale Tauchgänge der SEALs dauern nur wenige Stunden. Einige unserer Ausflüge mit den SDV-Teams dauerten mehr als acht Stunden, und das in völliger Finsternis. Mein längster Tauchgang zog sich über zehn Stunden hin. Ich bin sogar zweimal unter Wasser eingeschlafen. Und es gibt nichts Vergleichbares. Wir näherten uns unter Wasser der Küste, stiegen aus dem U-Boot aus und gingen an Land, um anschließend auf demselben Weg in die Tiefe des Ozeans zurückzukehren. Das beherrscht niemand so gut wie die SDV-Teams. Das Meer ist der Mutterleib, aus dem die SEALs kommen, und die Heimat, in die wir immer wieder zurückkehren. Und es lehrt uns, uns durchzubeißen.

Ich wusste, dass ich etwas finden musste, um nach meinem Ausstieg für meinen regelmäßigen Adrenalinschub zu sorgen. Also begann ich, auf die Jagd zu gehen, um dieses Gefühl erneut zu erleben. Vermutlich ist es der Kampfschwimmer in mir, der am liebsten gefährliche Tiere jagt, die mich töten können, wenn ich Mist baue.

Im Jahr 2011 hatte ich Gelegenheit gehabt, in Südafrika Kaffernbüffel zu jagen. Als in der Savanne der Augenblick der Wahrheit kam, stand ich auf einem Hügel nur dreißig Meter von einem dieser Riesentiere entfernt vollkommen ungeschützt im hohen Gras. Der erste Schuss, der ihn an der Schulter traf und einen Motorblock durchschlagen hätte, tat dem Büffel nicht wirklich weh, sondern ärgerte ihn nur. Er schüttelte sich, als hätte ihn ein Hagelkorn getroffen, und stürmte los. 800 Kilo Wut rasten den Hügel hinab ins Gestrüpp.

Wir setzten nach und folgten ihm ins Tal. Er fräste eine derart breite Schneise ins Grün, dass es den Anschein hatte, wir verfolgten einen Lastwagen. Aber wir konnten uns nicht darauf verlassen, dass er ewig vor uns davonlaufen würde. Kaffernbüffel sind dafür bekannt, dass sie ihre Verfolger ins dichte Buschwerk locken, um sie aus der Deckung heraus anzugreifen.

Als wir aus dem hohen Gras heraus waren, wurde es schwieriger, der Spur zu folgen. Der Zulu, der unsere Jagdgruppe führte, war der beste Spurensucher, den ich je gesehen hatte. Als wir den verwundeten Büffel fanden, war ich von dessen Seelenruhe überrascht. Ich hob meine .426 Rigby an die Schulter und wartete zwanzig Minuten darauf, dass er herauskam. Als er schließlich auftauchte, schoss ich zum zweiten Mal auf ihn. Die 10,57-mm-Patrone brachte ihn zu Fall, zumindest für ein paar Sekunden. Doch er kam wieder auf die Beine – und ein schlechtes Gefühl stieg in mir auf.

Einen Augenblick lang befürchtete ich, er würde mich angreifen. Wenn er es tat, hatte ich vermutlich nur Zeit für einen einzigen Schuss, bevor er mich erreichte. Selbst nach einem Treffer genau in den Kopf würde er wohl noch genug Schwung haben, um mich zu überrennen. Und wenn ich danebenschoss, war es ohnehin vorbei. Ein Löwe tötet dich, indem er dich mit den Krallen der Hinterpfoten aufreißt und dir einmal ins Genick beißt. Er wird die Sache rasch hinter sich bringen. Ein Kaffernbüffel ist anders. Er wird dich auf die Hörner nehmen und so lange schütteln und stoßen, bis er dich nicht mehr spüren kann. Er wird erst zur Ruhe kommen, wenn dein Körper Brei ist. Diese Wildheit hat etwas Aufregendes. Die Furcht davor kann sich deines Denkens bemächtigen und deinen Finger zittern lassen.

Zum Glück hatte dieser Büffel etwas anderes im Sinn. Er flüchtete, und wir nahmen erneut die Verfolgung wieder auf. Als wir ihn wieder eingeholt hatten, schoss ich viermal auf ihn. Dann stieß er schließlich einen Todesschrei aus. Unser Fährtensucher ging nachschauen, ob er wirklich tot war, und klopfte dem Tier mehrfach mit dem Gewehrlauf auf das Auge. Selbst wenn sie am Boden liegen, können diese Tiere im Handumdrehen wieder auf den Beinen sein und dich auf die Hörner nehmen.

Als wir das Foto von der Jagdtrophäe machten, versuchte ich, den Kopf des Büffels anzuheben, um ihn besser ins Bild zu rücken, aber ich konnte diesen massigen Schädel nur wenige Zentimeter vom Boden heben. Es waren ein Dutzend Männer und eine ziemlich große Winde nötig, um das tote Tiere auf den Lastwagen zu hieven. Von der Nervenanspannung gezeichnet und von den Dornen zerstochen, empfand ich Demut angesichts der Kraft und des Durchhaltevermögens dieses wunderbaren Geschöpfs. Es war ein unbeschreibliches Gefühl.

Und dieses Gefühl ist es, wofür wir in den Teams leben. Egal, was die Beute ist: Die Jagd erzeugt Angst, und die Angst putscht dich auf. Und selbst nachdem du wieder zu Hause bist, ist es schwer, diese Sucht zu überwinden. Das häusliche Leben ist nicht mit dem des Kriegers vergleichbar. Das ist einer der Gründe dafür, dass wir die Freundinnen unserer Kameraden so genau prüfen: Wir müssen wissen, ob sie der Herausforderung gewachsen sind.

Meine Mutter sagt, sie habe der Navy zwei Jungs gegeben, und die Navy habe zwei Männer zu ihr zurückgeschickt. Anfangs war das Leben bei den SEALs für Morgan und mich einfach. Unsere Kommandeure brachten uns an einen Ort und zeigten uns die Richtung, und unser einziger Daseinszweck war es, das Ziel zu treffen. Wenn der Chief oder der LPO sagte: »Point Man, wir müssen von diesem Außenposten zu diesem Haus gelangen«, dann taten wir genau das. Wir hatten eine einfache Aufgabe zu erfüllen.

Nach mehreren Auslandseinsätzen und einigen Beförderungen sah die Sache anders aus. Wir lernten, das große Ganze zu sehen und unsere Missionen im Detail und im Kontext zu betrachten. Wenn wir uns auf die Jagd nach jemandem machten, wussten wir nicht nur, mit wem wir es zu tun hatten und wo wir ihn finden würden, sondern auch, wer mit ihm zusammenarbeitete, wer seine Frau und seine Kinder waren, wie viele Ringe seine Frau trug, welches Auto er fuhr, wo er arbeitete und wo er früher gearbeitet hatte. Wir kannten seinen Vater, seine Mutter, seine Schwestern und Brüder, seine Freunde und die Freunde seiner Freunde. Wir kannten alle Fragen, die wir ihm stellen mussten, um an unser Ziel zu gelangen. Mit all diesem Vorwissen konnten wir ihn im Verhörzimmern mit unserem Dolmetscher an die Wand spielen.

Wenn der Zeitpunkt gekommen ist, aus der Navy auszuscheiden, fragen sich viele von uns, was sie mit diesen Fähigkeiten anfangen sollen. Im zivilen Leben sind sie kaum von Nutzen. Man muss sich neue Herausforderungen suchen. Aber wenn man sich umschaut, stellt man fest, dass es diese Herausforderungen nicht gibt. Die Welt versteht nicht, wer du bist, was du getan hast und was du leisten kannst. Ich habe bereits von Bewerbungsgesprächen des Master Chief erzählt und erklärt, dass die Personaler offenkundig keine Ahnung hatten, mit was für einem Mann sie es da zu tun hatten. Morgan hatte davon gehört und hatte auch keine Lust auf den Wechsel ins Zivilleben. Der Bürojob, dem er bis zum Ende seiner Dienstzeit in Virginia Beach nachging, war eine bedrückende, geisttötende Pflicht.

Es gab Tage, an denen ich mir wünschte, mein Körper könnte wieder kampftauglich werden, damit ich wieder mit den Jungs ins Einsatzgebiet ziehen könnte. Aber das war mir nicht bestimmt. Als ich heimkehrte, hatte ich das Glück, dass mir ein klarer Kurs vorgegeben war: Ich würde der breiten Öffentlichkeit nahebringen, was diese kleine Gruppe von Männern tat. Zu viele von uns haben kein Ziel, wenn sie nach dem Militärdienst ins Zivilleben zurückkehren. Ich fand meine Bestimmung dank der SEAL-Gemeinde, meiner Freunde, meiner Stiftung und meiner Familie.

+++

Es ist verblüffend, wie uns der Dienst an unserem Land zu einem Teil von etwas Größeren macht und uns gleichzeitig von der Gemeinschaft trennt. Das wird uns klar, wenn wir heimkehren und Menschen begegnen, die wissen, was wir getan haben, aber persönlich keine Beziehung dazu herstellen können.

Das Militär hat heute so wenig mit dem Leben des durchschnittlichen Amerikaners zu tun wie nie zuvor. Etwa 1,4 Millionen Menschen stehen gegenwärtig im aktiven Dienst in den Streitkräften, das sind etwa halb so viele wie vor fünfzig Jahren. Rund 2,4 Millionen Amerikaner haben am weltweiten »Krieg gegen den Terror« teilgenommen. Auf den ersten Blick ist das eine große Zahl, aber sie entspricht nur 0,77 Prozent der US-Bevölkerung von 313 Millionen – ein wirklich extremes Beispiel für das Problem der wenigen gegen die vielen. Nur 21,8 Prozent unserer Volksvertreter im Kongress, wo über die Politik des Landes entschieden wird (oder nicht entschieden wird), haben gedient. Im Jahr 1971 waren es noch 74 Prozent (im Vietnamkrieg erhöhte die Wehrpflicht die Zahl). Damals musste man auch noch nicht reich sein, um sich für ein politisches Amt bewerben zu können, und die meisten Kongressmitglieder verstanden, dass ein »Feind« kein politischer Gegner, sondern jemand war, der mit einer Waffe in der Hand auf der anderen Seite einer entmilitarisierten Zone stand.

Wir müssen den Krieg nicht verharmlosen, nachdem wir in zehn Jahren etwa 6200 Männer und Frauen im Irak und Afghanistan verloren haben. In dieser Zeit wurden nach Angaben unseres Kommandos für Spezialoperationen SOCOM (Special Operations Command) und des Verteidigungsministeriums 391 Mitglieder der Spezialeinheiten getötet und mindestens 1820 weitere verwundet.

Das Leben im Militär und die Kultur der Streitkräfte scheinen vielen der heutigen Journalisten vollkommen fremd zu sein. Jedes Mal, wenn sie die Navy SEALs und entsprechende Einheiten als »Special Forces« bezeichnen, obwohl dies nur die Bezeichnung für die Green Berets der Army ist, beweisen sie ebenso große Unkenntnis wie jemand, der den Unterschied zwischen einem Schiiten und einem Sunniten nicht kennt. Vor Kurzem bezeichnete ein angesehener Journalist in einer gut besuchten öffentlichen Diskussion an einer staatlichen Universität das Joint Special Operations Command, das den Einsatz gegen bin Laden steuerte, als ein Vizepräsident Dick Cheney unterstelltes »Mordausführungskommando«. Die Tatsache, dass der Mann, der das sagte, ein Pulitzerpreisträger ist, dürfte die schlimmsten Befürchtungen in Bezug auf jene bestätigen, die sich ihren Lebensunterhalt mit der Verbreitung von »Nachrichten« verdienen.

Die Männer und Frauen, die im Militär dienen, sind die Besten unserer Gesellschaft. Sie sind fähig und anständig und neigen weniger zu Materialismus und zu Eigennutz. Vor Kurzem fragte ein Journalist einen irakischen Offizier, der auf einem amerikanischen Stützpunkt ausgebildet worden war, was er neun Jahre nach dem Sturz von Saddam Hussein von den Amerikanern halte. Seine Antwort: »Ihr seid bessere Leute, als eure Filme uns glauben machen.«

Aber trotz des großen Interesses an den Geschichten unserer Kriegshelden, das sich in den Einspielergebnissen von Hollywoodfilmen und den Bestsellerlisten niederschlägt, scheint die Distanz zwischen der amerikanischen Gesellschaft und ihren Streitkräften größer denn je zu sein. Unser Heer war im Wesentlichen eine Bürgermiliz, als sich unsere Nation von der englischen Tyrannei befreite. Heute ist unser Militär eine Berufsarmee. Und die Angehörigen dieser Berufsarmee bilden eine Kaste, die von der Gesellschaft getrennt ist. Es heißt, unsere Soldaten seien die Hirtenhunde in einer Welt voller Wölfe. Aber zu wenige Leute wissen, was draußen auf der Weide vorgeht. Die meisten Leute kümmern sich erst um die Schäferhunde, wenn die Wölfe aus dem Wald auftauchen.

Jene, die unser Militär nicht gut kennen, reagieren manchmal mit Verwunderung, wenn Männer wie Jordan Haerter und Jonathan Yale Schlagzeilen machen. Am 22. April 2008 standen diese beiden Marines vor einer amerikanisch-irakischen Kaserne bei Ramadi Wache, als ein großer Lastwagen auf ihren Kontrollposten zuraste. In der Kaserne in Sufija waren fünfzig Marines des gerade erst eingetroffenen 1. Bataillons des 9. Regiments untergebracht. Die beiden Marines waren vor der Bedrohung durch fahrende Bomben gewarnt worden und beurteilten rasch die Situation – ihre Reaktion war umso beeindruckender, als die Stadt mittlerweile sehr viel friedfertiger war als noch vor einigen Jahren. Haerter eröffnete das Feuer mit seinem M4-Sturmgewehr, Yale nahm den Lastwagen mit einem Maschinengewehr unter Beschuss. Aber das Fahrzeug blieb nicht stehen. Dutzende irakische Polizisten in der näheren Umgebung eröffneten ebenfalls das Feuer, aber nach wenigen Sekunden gehorchten sie ihrem Selbsterhaltungsinstinkt und rannten in Erwartung einer gewaltigen Explosion um ihr Leben. Die beiden Marines hingegen wichen nicht zurück, sondern schossen so lange auf den Lastwagen, bis er kurz vor ihnen zum Stehen kam – und explodierte.

Die Experten gelangten zu dem Ergebnis, dass der Lastwagen mit etwa einer Tonne Sprengstoff beladen gewesen war. Die Explosion zerstörte oder beschädigte mehr als zwanzig Häuser und riss die Mauern einer hundert Meter entfernten Moschee ein. Ein irakischer Augenzeuge erklärte einem General der Marines schluchzend: »Im Namen Allahs, kein vernünftiger Mann wäre dort stehen geblieben, um zu tun, was diese beiden taten. Kein vernünftiger Mann. Sie haben uns alle gerettet.« Lieutenant General John F. Kelly, der den Vorfall für die Vergabe des Navy Cross an die beiden Toten untersuchte, erklärte: »Trotz des gewaltigen Drucks zögerten Yale und Haerter nicht. Aus allen Berichten und aus den Aufnahmen einer Überwachungskamera in der Nähe geht hervor, dass sie keinen Schritt zurückwichen. Sie versuchten nicht, sich in Sicherheit zu bringen. Sie verlagerten nicht einmal ihr Körpergewicht. Sie trotzten breitbeinig der Gefahr und schossen so schnell, wie ihre Waffen es zuließen.« Jonathan Yale und Jordan Haerter wurden im Jahr 2009 für ihre Unerschütterlichkeit und ihren Heldenmut in den letzten sechs Sekunden ihres Lebens mit dem Navy Cross ausgezeichnet. Sie hatten den fünfzig Soldaten, die in der Kaserne wohnten, das Leben gerettet.

Unsere heutigen Offiziersanwärter stehen vor der Herausforderung, sich auf die Führung von Männern wie Jordan und Jonathan vorzubereiten. Zum Glück beginnen sie ihre Laufbahn besser vorbereitet als je zuvor, was auch daran liegt, dass wir mittlerweile seit zehn Jahren im Krieg sind. In West Point macht die Army ihre Arbeit richtig.

Wenn man sich in diesem malerischen Wald durch die Anlage oberhalb des Hudson bewegt, hört man viele Vorträge über Moral und Ethik. Man braucht einen starken Körper und einen klaren Verstand, um ein Kommandeur zu werden, der dort, wo es wirklich darauf ankommt, die richtigen Entscheidungen fällen wird: bis hinunter auf Platoon-Ebene.

Der Einfluss des zehnjährigen Kriegseinsatzes auf die Offiziersausbildung in West Point ist nirgendwo besser zu sehen als im Einsatztraining, das die Anwärter absolvieren müssen, um ein Offizierspatent zu erwerben. Im Jahr 2007 krempelte die Militärakademie ihre Ausbildung um, um sie der Realität anzupassen, mit der die Kadetten im Einsatzgebiet konfrontiert werden. »Wir hatten festgestellt, dass die Männer, die wir ausbildeten, nicht den Erfordernissen der Bataillonskommandeure entsprachen«, erklärte mir ein Ausbilder. »Sie waren nicht anpassungsfähig genug.« Also lud die Leitung der Akademie Offiziere aus Fort Benning ein, den Lehrplan unter die Lupe zu nehmen.

Mittlerweile durchlaufen die Kadetten das Cadet Leadership Development Training, ein neunzehntägiges Rollenspiel, in dem sie sich, ähnlich wie die SEALs in ihren Selektionskursen, vor der Entsendung in realistischen Szenarios an das gewöhnen können, was sie im Einsatzgebiet erwartet. In den Wäldern im Hudson-Tal üben sie Luftangriffe, simulieren Abriegelungs- und Suchmissionen und verhandeln mit Arabisch sprechenden »Scheichs«, »Imamen« und anderen Führungspersönlichkeiten. Das Programm wird laufend den Entwicklungen im Kampfgebiet angepasst. Früher, in den Siebziger- und Achtzigerjahren, durchliefen die Kadetten hochgradig strukturierte Szenarien mit »genehmigten Lösungen«. Heute wirken sich ihre Entscheidungen in den Übungen auf den Gang der Dinge aus, so wie es auch im Einsatzgebiet sein wird. In der Abteilung für Militärische Ausbildung haben fast alle Ausbilder selbst mehrere Kampfeinsätze auf dem Buckel.

In West Point gibt es auch eine neue Abteilung, das Zentrum für Führungskräfteentwicklung und Organisationales Lernen, das die Offiziere auf Kompanieebene (vom Captain abwärts) miteinander und mit den Kadetten verbindet, um die auf dem Schlachtfeld gezogenen Lehren ins Klassenzimmer zu bringen. Wie so viele Ideen, deren Zeit gekommen ist, hat sich das Peer-to-Peer-Konzept durchgesetzt. Die *Harvard Business Review* kürte es im Jahr 2006 zu einer der innovativsten Ideen in der Wirtschaft.

Die Kadetten werden sowohl im Gelände als auch im Arvin Cadet Physical Development Center, einem sechsstöckigen Sporttempel, der sich über 42 000 Quadratmeter erstreckt, körperlich vorbereitet. Der Mann, der für die Anlage verantwortlich war, als ich sie im Jahr 2010 besuchte, Oberst Greg Daniels, trägt den Titel eines Master of the Sword (die Bezeichnung stammt aus dem 19. Jahrhundert, als der Kampf mit dem Schwert noch zur militärischen Ausbildung gehörte). Er war für die körperliche Fitness und Entwicklung sämtlicher Kadetten verantwortlich und leitete ein umfassendes Trainingsprogramm, das Boxen, Judo, Fechten und vieles mehr beinhaltete. Das moderne Combat Water Survival Swim Lab war mit Rauchgeneratoren, Wellenmaschinen und weiterer Technik ausgestattet, mit der Bedingungen geschaffen werden konnten, welche die Kadetten vermutlich im Einsatz vorfinden würden. Der klassische Indoor-Hindernislauf, in dem Gleichgewichtssinn, Koordinationsvermögen, Wendigkeit, Kraft und Ausdauer getestet wurden, beinhaltete elf Prüfungen, darunter Seilklettern, Medizinball und ein in zweieinhalb Meter Höhe befestigtes Brett, das aus dem Stand erklommen werden musste. An dieser zermürbenden körperlichen Tortur, die jeder Kadett zweimal im Jahr überstehen muss, hat sich seit ihrer Einführung im Jahr 1944 nicht viel geändert – sie bereitet die Kadetten aber noch immer hervorragend auf die Herausforderungen, die im Einsatzgebiet auf sie warten, vor.

Das Ergebnis dieser umfassenden Ausbildung ist, dass die neuen Lieutenants der Army sehr viel eher Herr der Lage sein werden, wenn sie ihre ersten Züge übernehmen. (Die wirklich klugen Köpfe werden sich trotzdem sehr genau anhören, was ihre Sergeants zu sagen haben.) Wenn der Krieg dein Beruf ist, lässt du dir die Ablenkung nicht entgehen, neue Rekruten einzuschulen. Wenn man sich heute freiwillig meldet, wird man mit anderen Freiwilligen dienen, und das bedeutet, dass alle ein gewisses Maß an Motivation mitbringen.

Selbstverständlich muss Ihnen ein Mann der Navy nicht sagen, was für ein besonderer Ort Annapolis ist. Einige meiner besten Freunde in den Teams besuchten die dortige Marineakademie. In der Bancroft Hall prang das stolze Motto der Navy an der Wand: »Gib das Schiff nicht auf.« Die Akademie schickt seit langer Zeit Offiziere der Marine und des Marine Corps in den Kampf. Aber die verpflichtenden praxisnahen Ausbildungseinheiten in West Point sind etwas, das jedem Kampfschwimmer Respekt einflößt. Ich weiß nicht, was West Point im Jahr 1998, als ich in die Seestreitkräfte eintrat, für ein Ort war, aber dürfte ich noch einmal von vorne anfangen, so würde ich schon darüber nachdenken, dort eine Ausbildung zum Offizier zu machen. Ich hatte mir West Point immer als kalten, sterilen Ort vorgestellt, als eine graue Burg auf einem Hügel. Aber es ist eine moderne und dynamische Ausbildungsstätte, und die Art und Weise, wie sie junge Krieger für den Bodenkampf ausbilden, ist für jeden Elitesoldaten herzerwärmend.

Egal, welchen Weg man im Dienst beschreitet, ob man nun wie ich das Naval Service Training Command in Great Lakes (Illinois) oder ein anderes Ausbildungslager besucht – zum Beispiel das Recruit Depot des Marine Corps in San Diego oder Cape May in New Jersey, wo die Männer der Küstenwache ausgebildet werden –, eine Laufbahn beim Militär ist eine Herausforderung wie keine andere. Und wenn man Glück hat, kann man eine lange Dienstzeit genießen und stärker und weiser aus dieser Erfahrung hervorgehen.

Morgan, der nach meinem Ausscheiden aus der Navy noch mehrfach ins Ausland entsandt worden war, hatte schließlich auch dem Tod ins Auge geschaut und war an einen Scheidepunkt gelangt. Ich hatte auch Prügel eingesteckt und wichtige Lektionen gelernt. Chris Kyle war sich in Sadr City seiner Sterblichkeit bewusst geworden und war dem Tod erneut an einer Tankstelle begegnet.

Irgendwann kennt man diesen ganz bestimmten Ausdruck in den Augen eines Kriegsveteranen, ein Ausdruck, in dem sich Erfahrungen widerspiegeln, die er nie vergessen wird. Vielleicht beginnt man auch, den Raubbau am eigenen Körper zu spüren, mit dessen Folgen man den Rest seines Lebens zu tun haben wird. Schließlich drosselt man das Tempo, das Denken wird schärfer, das Blickfeld weiter, und man stellt fest, dass man ein alter Mann wird.

Ich wünsche jedem Soldaten, dass es ihm so gut ergeht wie mir und dass er eine Familie hat, die ihm den Übergang ins zivile Leben erleichtern kann.

+++

Vor Kurzem hielt Romus Burgin bei einem Marinestreffen in South Carolina die Rede bei der Gedenkfeier. Er nutzte die Gelegenheit, um eine Geschichte aus den alten Tagen zu erzählen, genauer gesagt aus dem Jahr 1775, als das Marine Corps gegründet wurde. Die Anweisung zur Bildung der ersten beiden Bataillone der neuen Einheit gab der Kontinentalkongress in einem Gasthaus in Philadelphia. Der erste Mann, der sich freiwillig zu den Marines meldete, tat das noch in diesem Gasthaus. Sie gaben ihm ein Bier aus und sagten ihm, er solle sich in einem Winkel des Raums an einen Tisch setzen. Der zweite Mann, der in die Einheit eintrat, erhielt zwei Krüge Bier und wurde an denselben Tisch geschickt. Der erste Freiwillige musterte ihn und sagte: »Wie das? Mir haben sie nur einen Krug Bier gegeben.« Mit einem Schulterzucken antwortete der zweite Mann: »Ich befolge nur die Anweisungen. Sie haben mir zwei Krüge gegeben und mir gesagt, ich solle mich an diesen Tisch setzen.« Der erste Freiwillige dachte einen Augenblick nach und sagte: »In Ordnung, aber eines kann ich dir sagen: Im *alten* Korps war das anders.«

Ich mache meinem Bruder gegenüber ähnliche Sprüche, weil er fünfzehn Monate nach mir SEAL wurde. Tatsächlich hatte er es in Coronado schwerer als ich, weil ihm meine Sünden vorauseilten. Als er zum BUD/S-Kurs antrat und vor der Anlage auf dem Gehweg stand, kam neben ihm ein schwarzer Chevy Suburban mit quietschenden Reifen zum Stehen. Mehrere Ausbilder stiegen aus, und einer von ihnen fragte ihn: »Sie sind der andere Luttrell?« Als er bejahte, kündigten sie ihm Schmerz und die Hölle auf Erden an und hielten dieses Versprechen während seiner einundzwanzig Wochen am Strand.

Egal, wie gut ein SEAL wird, es gibt immer jemanden, der mehr Dienstjahre, Erfahrung oder Fähigkeiten hat und ihn wieder auf den Boden der Tatsachen zurückholen wird. Bei den SEAL-Treffen sagen die Kampfschwimmer aus dem Zweiten Weltkrieg zu den Veteranen aus dem Koreakrieg: »Du, Grünschnabel, geh mir ein Bier holen.« Die Koreaveteranen wiederholen das Spiel mit den Vietnamveteranen und so weiter. Einmal drängte ich mich durch einen überfüllten Gastraum, als ich mit einem Kampfschwimmer zusammenstieß, den ich deutlich überragte – weil er in einem Rollstuhl saß.

Ich hatte noch nicht die ersten beiden Silben einer Entschuldigung herausgebracht, als er mich mit »Du verfluchter …« und »Ich gebe dir gleich …« bedachte. Da fiel mir auf, dass er ein T-Shirt mit dem Aufdruck »BUD/S Class 1« trug. Diesen Mann durfte niemand herumschubsen. Er hatte seinen Spaß mit mir. Die Leute rund um ihn jubelten begeistert. In den Teams bist du immer für irgendjemanden ein Grünschnabel. So sorgen wir dafür, dass wir alle auf dem Teppich bleiben. Und wenn man lange genug dabei ist, ist dir eine Lektion in Demut sicher, denn irgendwann wirst du ganz sicher in irgendeinem Ausbildungszentrum oder unter einem neuen Kommando wieder ein Niemand sein.

Am Flag Day 2011 besuchte ich R.V. Burgin in seinem Haus in Lancaster südlich von Dallas. Die von Bäumen gesäumten Straßen der Stadt waren in Rot, Weiß und Blau geschmückt. Er nahm mich an der Tür des Hauses in Empfang, das er seit 1965 bewohnte. Im Wohnzimmer hing ein Foto seines Bruders J.D., der im Jahr 1945 mit achtzehn Jahren in der Nähe der Saar im deutschen Artilleriefeuer gestorben war. Und dann war da jenes Foto aus Peleliu, auf dem 85 Überlebende dieser Schlacht zu sehen waren, darunter Burgin, der kein Oberhemd trug und zwanzig Kilo leichter war als bei seiner Ankunft auf der Insel. Die Malaria überwand er erst mehrere Jahre nach seiner Heimkehr im Jahr 1947. Zu seiner Zeit interessierten sich die Medien nicht für Peleliu. Alle sahen einen Nebenschauplatz darin, und deshalb dauerte es eine Weile, bis der Kampf dieser Männer an seinen verdienten Platz in der Geschichte gesetzt wurde. Burgin war das nur recht. Er schwieg lange Jahre über seine Erlebnisse in dieser Hölle, ähnlich wie sein Held John Wayne, dem Burgin an den Wänden seines Flurs ein fotografisches Denkmal gesetzt hatte.

Burgin sprach erst im Jahr 1980 zum ersten Mal über seinen Kriegseinsatz. In jenem Jahr spürten ihn seine ehemaligen Kameraden aus der 1. Marine-Division auf und bewegten ihn dazu, an ihrem Treffen in Indianapolis teilzunehmen. Dort sah er zwanzig Männer der K/3/5 wieder. Er kannte sie alle und hatte mit einigen von ihnen in den Schützenlöchern gelegen. »Hey, Burgin, erinnerst du dich noch …?« Anfangs erinnerte er sich nicht. »Zum Teufel, du solltest dich aber erinnern. Du warst doch da.« Und langsam kehrte die Erinnerung zurück. Es dauerte nicht lange, da sprach er ohne Scheu über das, was er damals im Pazifik durchgemacht hatte.

Im Jahr 1991 entschloss er sich bei einem Veteranentreffen in Minneapolis, an einem Dokumentarprojekt über die Schlacht um Peleliu teilzunehmen. Er gelangte zu der Überzeugung, dass die Erinnerung an diese Geschichte wachgehalten werden musste. Bis heute hat er den Eindruck, dass die Geschichte nicht wirklich weitergeben wird – wie sonst ist es zu erklären, dass eine Schlacht, in der 1800 amerikanische Soldaten fielen, vollkommen in Vergessenheit geraten ist?

Burgin wollte das ändern und beteiligte sich an der Produktion der mehrteiligen HBO-Fernsehproduktion *The Pacific*, in der die Geschichte des Kriegs im Pazifik erzählt wird. Die Filmemacher änderten einige der Figuren (und einen Teil der Geschichte), aber er hat den Eindruck, dass sie die Schlacht um Peleliu im Großen und Ganzen richtig erzählt haben. Nur ein Fehler stört ihn: Der Schauspieler, der ihn darstellt, trägt die falschen Rangabzeichen. Er wird als Obergefreiter dargestellt. Natürlich gibt es nur einen Mann auf der Welt, der weiß, was er durchmachen musste, um den zweiten Streifen für den Korporal zu bekommen.

Er erzählte von der Nacht, in der er zum ersten Mal einen feindlichen Soldaten tötete. Auf Tuluvu sah er sich ohne Gewehr einem Banzai-Angriff ausgesetzt. Da er einer Mörsermannschaft angehörte, bestand seine vorrangige Aufgabe darin, die schwere Platte für den Mörser herumzuschleppen. Als ein japanischer Soldat auf ihn zustürmte, zog er seine .45-er und schoss dem Angreifer aus zehn Schritten Entfernung in die Brust. Nur ein oder zwei feindliche Soldaten entkamen. »Dieser Angriff war meine Feuerprobe«, sagte er.

Eine ähnliche Erfahrung machte er eines Nachts auf Peleliu, als er in geringer Entfernung Geräusche hörte. Ein japanischer Soldat hatte sich angeschlichen und attackierte einen schlafenden Kameraden. Burgin hörte Ächzen und dann einen lang gezogenen Schrei. Der Marine hatte dem Japaner die Finger in die Augen gestoßen, war aufgesprungen und hatte ihn am Kragen und an der Hose gepackt, um ihn über eine Klippe zu werfen. «Ich hörte den Japaner den ganzen Weg hinunter schreien, bis zu seinem Aufprall auf den Felsen«, sagte Burgin. »In meinem ganzen Leben habe ich nie etwas so Entsetzliches gehört.«

Wenige Tage später, als er an einem Angriff auf eine Reihe kleiner Hügel teilnahm, die als »Fünf Schwestern« bezeichnet wurden, fand Burgin voller Entsetzen zwischen den Felsen die Leichen von vier Marines, die einem Spähtrupp angehört hatten.

Dank dieser und ähnlicher Erfahrungen stieg er durch die Ränge auf. Und diese Erfahrungen überbrückten den Altersunterschied zwischen uns. Als er mir die Geschichte von den »Fünf Schwestern erzählte, musste ich an die »Operation Redwing« und meine Kameraden denken. Wir haben viel gemein, darunter die Erfahrung des Kampfes auf beengtem Raum und in schwierigem Gelände. Sein Bericht über den Tod seines Skippers, Captain Andrew »Ack-Ack« Haldane, und seines Zugführers, eines beliebten, ruhigen Oberleutnants namens Edward A. »Hillbilly« Jones, berührte mich ebenfalls. In Situationen, in denen es um Leben und Tod ging, war Burgin in eine moralische Zwangslage geraten, die ich nachvollziehen konnte. Wenn du im Dunkeln unter Feuer gerätst, widerfahren dir unvorstellbare Dinge. Ich las darüber in seinem Buch *Islands of the Damned*, und es war nicht nötig, dass er mir die Details schilderte. Sein Krieg war mit Amphibienfahrzeugen geführt worden, meiner mit Black Hawks und Humvees. Aber die Empfindungen, die Erschütterungen der Kampfordnung und die Schreie sind die gleichen. Das Wesentliche ändert sich nie. »Man kann sich unmöglich vorstellen, wie ein Schlachtfeld aussieht und riecht, wenn man nie auf einem gewesen ist«, sagte er. »Und es ist unmöglich, das zu vergessen, wenn man auf einem gewesen ist.« Jeder, der im Krieg gewesen ist, weiß das.

Im Jahr 2010 hatte ich die Ehre, mich in San Antonio zu Romus Burgins Einheit zu gesellen. Dort sah ich, dass sich von jenen Tagen bis zur Gegenwart ein roter Faden der Tapferkeit zieht. Das 5. Marineregiment hat eine ruhmreiche Geschichte, und die K Company leistete einen wichtigen Beitrag dazu. Im Jahr 1967 wurde die K/3/5, die K Company des 3. Bataillons, 5. Regiment des Marine Corps, ins 45 Kilometer südlich von Đà Nẵng gelegene Que-Son-Tal in Vietnam geschickt. Von April bis September bekämpften sie und andere Einheiten des 5. Regiments die nordvietnamesische Armee, die befestigte Stellungen entlang einer als »Route 534« bezeichneten Straße hielten. Im Mai griffen sie in der ersten »Operation Union« einen gut verteidigten Hügel an und gerieten unter heftiges Sperrfeuer. Der Gunnery Sergeant fiel, und der befehlshabende Offizier der K Company, Lieutenant Robert O. Tilley, wurde schwer verwundet. Chistopher K. Mosher, ein als Fliegerleitoffizier eingesetzter Stabsgefreiter begab sich an die vorderste Front, um in einer exponierten Stellung fünf Stunden lang die Luftschläge zu lenken. Nachdem er durch Granatsplitter am Rücken verletzt worden war, wurde er evakuiert. Er verbrachte den Rest seines Lebens im Rollstuhl. Für seine Tapferkeit wurde er mit dem Navy Cross ausgezeichnet.

In diesen furchtbaren Monaten erlitt die K Company dreimal Verluste, die genügt hätten, um sie kampfunfähig zu machen. Aber sie erholte sich jedes Mal. In der »Operation Adair«, einem fünftägigen Einsatz im Juni, fielen neun Männer aus zwei Platoons, die jeweils etwa vierzig Mann stark waren. Captain Joseph Tenney, der Offizier, der Lieutenant Tilley ersetzt hatte, erlitt einen Kopfschuss und musste evakuiert werden. Nachdem sie einmal mehr für nicht einsatzfähig erklärt worden war, nahm die K Company im September erneut an einer wichtigen Operation teil. Captain Tenney übernahm wieder das Kommando und verdiente sich einen Silver Star.

Nach diesen sechs Monaten hatten die Marines, obwohl sie in jedem Kampf zahlenmäßig unterlegen gewesen waren, den Großteil der nordvietnamesischen Division zerschlagen, die ihnen gegenübergestanden hatte. Sechs Angehörige der K Company wurden mit dem Silver Star ausgezeichnet. Aber der Erfolg hatte einen hohen Preis: Die Nordvietnamesen brüsteten sich damit, dass sie im Que-Son-Tal zwischen April und Dezember 1967 mehr Amerikaner getötet hatten als auf jedem anderen Schlachtfeld. Die Marines nannten die Road 534 mittlerweile nur noch »die Straße der zehntausend Schmerzen« (der Ausdruck war der *Ilias* entlehnt).

An jenem Abend, als ich ihn und seine Männer in der Rio Rio Cantina in San Antonio traf, fungierte R.V. Burgin, der Bezugspunkt der Männer vom »alten Schlag«, als Zeremonienmeister. Er war mittlerweile seit zwanzig Jahren Schatzmeister der Gruppe und verwaltete die Gelder, mit denen die Denkmäler finanziert wurden, die heute auf Peleliu und Okinawa an die verwundeten und gefallenen Marines erinnern. So wie Burgin zu den harten Veteranen der Schlacht um Guadalcanal aufsah – zu Männern wie seinem First Sergeant Mo Darsey oder seinem Sergeant Johnny Marmet –, sah die Generation, die in Vietnam gekämpft hatte, zu ihm auf. Die Marines, die sich zum Kampf in Vietnam meldeten, mussten kein Geschichtsbuch lesen, um zu wissen, was sie zu tun hatten. Sie konnten sich an die Veteranen aus dem Zweiten Weltkrieg halten und taten es. »Wir verdienten uns nie das Recht, diesen Männern das Essgeschirr zu tragen«, sagte Harvey Newton, ein Veteran, mit dem ich mich in San Antonio unterhielt und der im Alter von neunzehn Jahren als Lance Corporal mit der K Company in Vietnam gekämpft hatte.

Newtons Bescheidenheit scheint mir unangebracht, denn seine Kompanie schrieb in Vietnam ein weiteres Kapitel in ihrer ruhmreichen Geschichte, und auch in unserer Zeit hat sich diese Einheit durch ihre Tapferkeit ausgezeichnet. Ein Marine meiner Generation, der in der K/3/5 diente, mein Freund Jeremiah Workman (der wie Burgin ein Mörserschütze war), wurde für seinen Einsatz in der Schlacht um Falludscha im Dezember 2004 mit dem Navy Cross ausgezeichnet. Im April 2011, als das 3. Bataillon des 5. Regiments aus der afghanischen Provinz Helmand zurückkehrte, hatte Jeremiahs Kompanie für eine Einheit ihrer Größe rekordverdächtige Verluste hinnehmen müssen: In einem einzigen Einsatz waren 24 Soldaten getötet und 140 verwundet worden, darunter mehr als ein Dutzend so schwer, dass ihnen Glieder amputiert werden mussten. Trotz dieser blutigen Vergangenheit sind Fälle von posttraumatischen Belastungsstörungen bei den Soldaten dieser Einheit selten. Der Hauptgrund dafür ist, dass die Familien der Veteranen daheim in Camp Pendleton zusammenhalten und füreinander sorgen.

Wir brauchen eine solche Brüderlichkeit, um schwere Zeiten zu überstehen. Ich werde nie vergessen, wie die Bruderschaft die Familie Tumilson in Rockford nach JTs Tod in ihre Mitte nahm. Die SEAL-Familie hielt zu ihnen und sorgt dafür, dass JT nicht vergessen wird. Bei der Beerdigung zitierte der Pastor aus dem achtzehnten Psalm:

Er ließ mich springen schnell wie Hirsche,
auf hohem Weg ließ er mich gehen.
Er lehrte meine Hände zu kämpfen,
meine Arme, den ehernen Bogen zu spannen.
Du gabst mir deine Hilfe zum Schild, deine Rechte stützt mich;
du neigst dich mir zu und machst mich groß.
Du schaffst meinen Schritten weiten Raum,
meine Knöchel wanken nicht.
Ich verfolge meine Feinde und hole sie ein,
ich kehre nicht um, bis sie vernichtet sind.

Dies ist der vielleicht eindrücklichste Aufruf zum Militärdienst, den man in der Bibel finden kann. Diejenigen von uns, die mit diesen Bildern vertraut sind, können sich damit identifizieren, wie R.V. Burgin seinen Dienst zusammenfasst: »Mir sind weniger der Schmerz und der Schrecken und das Leid des Krieges geblieben, obwohl ich mich sehr gut daran erinnern kann. Was mich mein Leben lang begleitet hat, ist die Ehre, die mir zuteilwurde, als ich mein Land verteidigen und in der Gemeinschaft dieser Männer dienen durfte.«

Ich betrachtete diese Gemeinschaft immer noch als ein einziges großes Gewebe. Die Amerikaner sollten nie vergessen, dass die Gründer dieses Landes so wie alle, die ihm in Uniform gedient haben, bereit waren zu sterben, um all das zu verteidigen, wofür seine Flagge stand. Es ist so leicht, sich in den alltäglichen Kontroversen zu verlieren, die uns trennen. Aber ich glaube, dass die Amerikaner unabhängig von ihrer ethnischen Herkunft, ihrem Glauben oder ihren politischen Überzeugungen in der Lage sein sollten, gemeinsam das zu verteidigen, was ihr Land groß gemacht hat: Es ist ein Land, in dem jeder etwas aus sich machen kann und nur an die Grenzen stößt, die ihm seine Vorstellungskraft und seine Bereitschaft zu harter Arbeit setzen. Es ist ein Land, in dem sich alle ungeachtet ihrer Meinungsverschiedenheiten für das Gemeinwohl einsetzen können, ein Land, in dem wir versuchen, nach dem Grundsatz »Liebe deinen Nächsten« zu leben, und uns für andere ebenso sehr einsetzen wie für uns selbst. Und wenn wir das tun, entspricht unser Leben dem Prinzip:

Eine Nation unter Gott, unteilbar, mit Freiheit und Gerechtigkeit für jeden.

Nachwort

DAS LEUCHTENDE RIESENRAD DREHT SICH WEITER

Boss geht immer noch einer geheimen Tätigkeit in einem Team nach, das Terroristen in aller Welt die Hölle heiß machen wird. Vor Kurzem fielen ihm die Zeichnungen in die Hände, die JT als Vorlage für den ausgefeilten asiatischen Karpfen verwendet hatte, den er sich auf den rechten Arm hatte tätowieren lassen. Boss hat sich gerade der letzten Sitzung eines schmerzhaften, insgesamt achtzehn Stunden langen Prozesses unterzogen, um sich dieses unvergängliche Kunstwerk in den linken Arm stechen zu lassen. Boss nennt es »Kunst, Leben und die Erinnerung an durchlebten Schmerz und Verlust«. Der letzte Tribut an einen Bruder, der fort, aber unvergessen ist.

Bis zum 6. August 2011 freute ich mich auf nichts mehr als auf Morgans Rückkehr nach Texas. Seine Taschen standen schon gepackt in Virginia Beach bereit, während er seine medizinische Abschlussuntersuchung durchlief. Er wartete noch auf das Entlassungsschreiben der Navy. Er hatte vor zu studieren, vielleicht wollte er auch für ein politisches Amt kandidieren. Und er würde viel Arbeit in meiner Lone Survivor Foundation haben.

Aber als JT, Matt Mills, Trey Vaughn und all die anderen abstürzten, kam es bei Morgan zu einem Sinneswandel. Er fasste den Entschluss augenblicklich, obwohl er ihn mir erst einige Wochen später offenbarte. Er wollte mich nicht von der Gedenkfeier für JT in Iowa ablenken. Morgan wusste von

Anfang an, was er zu tun hatte: Er würde bei den SEALs bleiben und zu Ehren seiner gefallenen Brüder an einem weiteren Auslandseinsatz teilnehmen.

Morgan marschierte in die Kommandozentrale, zog seinen Entlassungsantrag zurück und sagte ihnen, dass er wieder in den aktiven Dienst eintreten wolle. Gegenwärtig befindet er sich im Training, und wenn dieses Buch erscheint, wird er schon wieder in der Sandkiste im Einsatz sein. Es wird sein zehnter Kampfeinsatz sein. Und er ist nicht der einzige Kampfschwimmer, der sich nach der jüngsten Tragödie zu diesem Schritt entschlossen hat.

Der Krieg in Afghanistan wird irgendwann enden, so wie der Konflikt im Irak offiziell beendet wurde. Wir werden in den Nachrichten Bilder vom Abzug der konventionellen Truppen sehen, die es den Einheimischen überlassen werden, ihre Angelegenheiten selber zu regeln. Aber unseren Spezialeinheiten werden sich auch weiterhin zahlreiche Einsatzmöglichkeiten bieten – und es wird gefährlicher für sie, wenn die Army und die Marines nicht mehr da sind, um ihre Einsatzgebiete zu sichern.

Es fällt mir schwer auszudrücken, was das alles für mich bedeutet. Vielleicht ist es einfach unmöglich, in Worte zu fassen, was ich so tief im Herzen empfinde. Dieses Gefühl entspringt dem, was ich erlebt habe, dem Schmerz, dem Schweiß und der Trauer. Es hat viele Gründe, weshalb mir mein Militärdienst so viel bedeutet hat – und dasselbe gilt für die, die vor mir an der Reihe waren, und für jene, die nach mir kommen werden. Es ist nicht die Gefahr an sich. Es ist die Bruderschaft, es sind die Bande, die du zu Männern knüpfst, die wie du bereit sind, für ein höheres Gut alles zu opfern. Die Bruderschaft lebt fort, und so dreht sich das leuchtende Riesenrad weiter.

Die Sehnsucht, mich in den Dienst von etwas zu stellen, das größer war als ich, brachte mich zum Militär, und in den neun Jahren dort habe ich ein paar Dinge gelernt. Aber natürlich endet mit dem Militärdienst nicht mein Weg. Jetzt, da ich die Uniform an den Nagel gehängt habe, sehe ich, dass meine Auslandseinsätze nur der Anfang waren, eine Vorbereitung auf das, was der Rest meines Lebens bringen wird. Ich kann meiner Familie dienen und ihre Bedürfnisse über meine eigenen stellen. Ich kann dasselbe in meiner Gemeinde tun. Ich denke, dass all jene von uns, die – in welcher Uniform auch immer – dienen, aufgrund dessen, was wir durchmachen, schneller als die meisten anderen Menschen zu dieser umfassenderen Vorstellung vom Dienst gelangen können.

Zu dienen bedeutet, selbstlos zu sein. Es ist das Gegenteil der Denkhaltung, die wir heutzutage in Amerika so oft sehen. Die Dinge, die uns unterhalten, erheben uns nicht oft, und sie zeigen uns nicht als die Menschen, zu denen wir heranreifen können. Die in diesem Buch beschriebenen Menschen – und andere, die Dinge geleistet haben, über die ich nicht sprechen darf – sind meine Rollenvorbilder. Sie leben das in der Bibel (Johannes 15,13) beschriebene Ideal: »Es gibt keine größere Liebe, als wenn einer sein Leben für seine Freunde hingibt.«

Aber man kann auch dienen, ohne ein Christ oder ein besonders religiöser Mensch zu sein. Man muss nur bereit sein zu verstehen, welchen Platz man in der Welt einnimmt, und sich am Ende der Reihe anzustellen. Aber mein Glaube hat mir zu einem tieferen Verständnis der wahren Bedeutung des Dienens verholfen. Man tut, was von einem erwartet wird – und mehr. Man sorgt für andere und stellt ihr Wohlergehen über sein eigenes. Man macht sich keine Gedanken über den übergeordneten Zweck aller Dinge – das übersteigt die eigene Zuständigkeit. Aber wenn man die kleinen Dinge lange genug richtig macht, stellt man nach getaner Arbeit möglicherweise fest, dass man etwas Bedeutendes geleistet hat.

Wir entwickeln uns, während sich das Riesenrad dreht, auch wenn es nicht immer hell erleuchtet ist. Es dreht sich weiter bis zu dem Tag, an dem wir unseren letzten Atemzug tun. Und wir hoffen, dass die Welt zu dem Zeitpunkt, da wir sie verlassen, ein besserer Ort ist als bei unserer Ankunft. Die Dinge, die wir in unserem Leben getan haben, haben einen Sinn. Jemand wird unsere Arbeit aufgreifen, unser Vermächtnis weiterführen und es nutzen, um der Welt seinen eigenen Stempel aufzudrücken.

Das Einzige, was ich Ihnen sagen kann, nachdem ich diesen Weg zurückgelegt habe, ist, dass ich stolz bin, meinem Land gedient zu haben. Ich weiß, dass ein Teil von mir immer mit den Teams bluten wird und dass meine Zeit in Uniform, die mir im Augenblick so lang scheint, irgendwann lediglich ein kurzes Kapitel in einem sehr langen Buch sein wird.

Herr, ich danke dir für all diese Tage.

IM EINSATZ GETÖTETE MITGLIEDER DER NAVAL SPECIAL OPERATIONS VON 1943 BIS HEUTE

Pirro, Carmon F.	30. Dezember 1943	Anzio
Donnell, John Gerald	30. Januar 1944	Anzio
Olson, Richard Roderick	4. Februar 1944	Ort unbekannt
Tascillo, Matteo	17. Februar 1944	Marshallinseln
Abbott, George L.	6. Juni 1944	Normandie
Alexander, Henry Richard	6. Juni 1944	Normandie
Bussell, John Edward	6. Juni 1944	Normandie
Cook, John William	6. Juni 1944	Normandie
DeGregorio, Carmine	6. Juni 1944	Normandie
Demmer, Peter Mathew	6. Juni 1944	Normandie
Dillon, Thomas Justin	6. Juni 1944	Normandie
Dombek, Walter Joseph	6. Juni 1944	Normandie
Doran, William Robert	6. Juni 1944	Normandie
Drew, Elmer Malcolm	6. Juni 1944	Normandie
Duncan, Harold E.	6. Juni 1944	Normandie

Fabich, Henry Samuel	6. Juni 1944	Normandie
Fleming, Andrew Jackson	6. Juni 1944	Normandie
Fuller, John Anthony Sr.	6. Juni 1944	Normandie
Gouinlock, George Linzy	6. Juni 1944	Normandie
Goulder, Preston Hardaway	6. Juni 1944	Normandie
Greenfield, Edward Joseph	6. Juni 1944	Normandie
Harang, Richard David	6. Juni 1944	Normandie
Herring, Clifford Palmer	6. Juni 1944	Normandie
Hickey, Arthur Burton	6. Juni 1944	Normandie
Holtman, Orvid J.	6. Juni 1944	Normandie
Hudson, Alton E.	6. Juni 1944	Normandie
Jacobson, John A.	6. Juni 1944	Normandie
Jarosz, Edward Anthony	6. Juni 1944	Normandie
McDermott, John Daniel	6. Juni 1944	Normandie
McGeary, Donald C.	6. Juni 1944	Normandie
Millis, Conrad Clarence	6. Juni 1944	Normandie
Mingledorff, Ozie Claud Jr.	6. Juni 1944	Normandie
Olive, Jesse D.	6. Juni 1944	Normandie
Perkins, Frank James	6. Juni 1944	Normandie
Pienack, Raymond Rudolph	6. Juni 1944	Normandie
Sullivan, Maurice Francis Jr.	6. Juni 1944	Normandie
Vetter, Alvin Edward	6. Juni 1944	Normandie
Weatherford, Milton Parker	6. Juni 1944	Normandie
Weckman, Lawrence I.	6. Juni 1944	Normandie
Weidner, Albert Garhardt	14. Juni 1944	Saipan
Christensen, Robert V.	16. Juni 1944	Saipan
Blowers, Ralph A.	15. Juli 1944	Guam
Nixon, Thomas Dervus	21. Juli 1944	Guam

Black, Robert Armstrong	14. August 1944	Yap
MacMahon, John Churchill	2. September 1944	Yap
Roeder, Howard Livingston	2. September 1944	Yap
Audibert, Benoit Bernard	18. Oktober 1944	Leyte
Kasman, Brennan W.	18. Oktober 1944	Leyte
Lauderdale, Kenneth Broughton	18. Oktober 1944	Leyte
Tilton, Edward	18. Oktober 1944	Leyte
Blettel, David	12. Januar 1945	USS *Belknap*
Castillo, Guadalupe	12. Januar 1945	USS *Belknap*
Gamache, Wilfred Dolar	12. Januar 1945	USS *Belknap*
Hopkins, Robert Lee	12. Januar 1945	USS *Belknap*
Lewis, William Robert	12. Januar 1945	USS *Belknap*
Malfeo, Marvin Antonio	12. Januar 1945	USS *Belknap*
McKnight, Thomas Rex	12. Januar 1945	USS *Belknap*
Rodriquez, James Lawrence	12. Januar 1945	USS *Belknap*
Rossart, Joseph William	12. Januar 1945	USS *Belknap*
Scoggins, F. P.	12. Januar 1945	USS *Belknap*
Sugden, William Lloyd	12. Januar 1945	USS *Belknap*
Anderson, Edward Wilson	17. Februar 1945	Iwojima
Sumpter, Frank Warren	17. Februar 1945	Iwojima
Yates, Lee Carlton	17. Februar 1945	Iwojima
Allen, Kermit	18. Februar 1945	USS *Blessman*
Beason, Edwin Albert	18. Februar 1945	USS *Blessman*
Blackwood, Buress Lee	18. Februar 1945	USS *Blessman*
Blanot, Harry Thomas	18. Februar 1945	USS *Blessman*
Davis, Paul Harrison	18. Februar 1945	USS *Blessman*
Dolan, Patrick Raymond	18. Februar 1945	USS *Blessman*
Flemming, Joseph Leo	18. Februar 1945	USS *Blessman*

Gordon, Paul Eugene	18. Februar 1945	USS *Blessman*
Hilke, Earl Everett	18. Februar 1945	USS *Blessman*
Kalman, Louis Emery	18. Februar 1945	USS *Blessman*
Maki, Eugene Elmer	18. Februar 1945	USS *Blessman*
Mecale, John	18. Februar 1945	USS *Blessman*
Rodman, James Emerson	18. Februar 1945	USS *Blessman*
Runnels, Adrian	18. Februar 1945	USS *Blessman*
Szych, Chester	18. Februar 1945	USS *Blessman*
Watkins, Thomas Jackson	18. Februar 1945	USS *Blessman*
Willbanks, Herman Delmar	18. Februar 1945	USS *Blessman*
Lynch, Francis Joseph	30. März 1945	Okinawa
Bock, Leonard Joseph Jr.	9. April 1945	USS *Hopping*
Masden, Charles F.	8. Juni 1945	Balikpapan
Frey, Edward Ivan Jr.	19. Januar 1951	Korea
Satterfield, Paul Veston	19. Januar 1951	Korea
Fay, Robert Joseph	28. Oktober 1965	Vietnam
Gough, Marcell Rene	29. November 1965	Vietnam
Machen, Billy Wayne	19. August 1966	Vietnam
Boston, Donald Earl	7. April 1967	Vietnam
Mann, Daniel McCarthy	7. April 1967	Vietnam
Neal, Ronald Keith	21. April 1967	Vietnam
Patrick, Donnie Lee	15. Mai 1967	Vietnam
Funk, Leslie Harold Jr.	6. Oktober 1967	Vietnam
Antone, Frank George	23. Dezember 1967	Vietnam
Mahner, Lin Albert	25. Mai 1969	Vietnam
Nicholas, David Lamprey	17. Oktober 1969	Vietnam
Wolfe, Richard Ogden	30. November 1969	Vietnam
Ashton, Curtis Morris	27. Dezember 1969	Vietnam

Brewton, John Cooke	11. Januar 1970	Vietnam
Donnelly, John Joseph, III.	23. Juni 1970	Vietnam
Durlin, John Stewart	23. Juni 1970	Vietnam
Gore, James Raymond	23. Juni 1970	Vietnam
Solano, Richard John	23. Juni 1970	Vietnam
Thomas, Toby Arthur	23. Juni 1970	Vietnam
Palma, Luco William	18: September 1970	Vietnam
Williams, Lawrence C. Jr.	18. September 1970	Vietnam
Bomar, Frank Willis	20. Dezember 1970	Vietnam
Riter, James L. Gasman	20. Dezember 1970	Vietnam
Thames, James Franklin	19. Januar 1971	Vietnam
Birky, Harold Edwin	30. Januar 1971	Vietnam
Collins, Michael Raymond	4. März 1971	Vietnam
Moe, Lester James	29. März 1971	Vietnam
Dry, Melvin Spence	6. Juni 1972	Vietnam
Schaufelberger, Albert Arthur, III.	25. Mai 1983	El Salvador
Butcher, Kenneth John	23. Oktober 1983	Grenada
Morris, Stephen Leroy	23. Oktober 1983	Grenada
Lundberg, Kevin Erin	24. Oktober 1983	Grenada
Schamberger, Robert Rudolf	24. Oktober 1983	Grenada
Connors, John Patrick	20. Dezember 1989	Panama
McFaul, Donald Lewis	20. Dezember 1989	Panama
Rodriguez, Isaac Georgetti, III.	20. Dezember 1989	Panama
Tilghman, Christopher Chris	20. Dezember 1989	Panama
Burkhart, Chad Michael	24. November 2000	Kosovo
Roberts, Neil Christopher	5. März 2002	Afghanistan
Bourgeois, Matthew Joseph	28. März 2002	Afghanistan
Retzer, Thomas Eugene	26. Juni 2003	Afghanistan

Tapper, David Martin	20. August 2003	Afghanistan
Ouellette, Brian Joseph	29. Mai 2004	Afghanistan
Axelson, Matthew Gene	28. Juni 2005	Afghanistan
Dietz, Danny Phillip Jr.	28. Juni 2005	Afghanistan
Fontan, Jacques Jules	28. Juni 2005	Afghanistan
Healy, Daniel Richard	28. Juni 2005	Afghanistan
Kristensen, Erik Samuel	28. Juni 2005	Afghanistan
Lucas, Jeffrey Alan	28. Juni 2005	Afghanistan
McGreevy, Michael Martin Jr.	28. Juni 2005	Afghanistan
Murphy, Michael Patrick	28. Juni 2005	Afghanistan
Patton, Shane Eric	28. Juni 2005	Afghanistan
Suh, James Erik	28. Juni 2005	Afghanistan
Taylor, Jeffrey Scott	28. Juni 2005	Afghanistan
Lee, Marc Alan	2. August 2006	Irak
Monsoor, Michael Anthony	29. September 2006	Irak
Schwedler, Joseph Clark	6. April 2007	Irak
Lewis, Jason Dale	6. Juli 2007	Irak
Carter, Mark Thomas	11. Dezember 2007	Irak
Hardy, Nathan Hall	3. Februar 2008	Irak
Koch, Michael Eugene	4. Februar 2008	Irak
Harris, Joshua Thomas	30. August 2008	Afghanistan
Freiwald, Jason Richard	11. September 2008	Afghanistan
Marcum, John Wayne	11. September 2008	Afghanistan
Job, Ryan	24. September 2009	Gestorben während einer Operation an Verletzungen, die er am 2. August 2006 im Irak erlitten hatte.

Brown, Adam Lee	18. März 2010	Afghanistan
Thomas, Collin Trent	18. August 2010	Afghanistan
Looney, Brendan John	21. September 2010	Afghanistan
Miranda, Denis C.	21. September 2010	Afghanistan
Smith, Adam Olin	21. September 2010	Afghanistan
Benson, Darrik Carlyle	6. August 2011	Afghanistan
Bill, Brian Robert	6. August 2011	Afghanistan
Campbell, Christopher George	6. August 2011	Afghanistan
Faas, John Weston	6. August 2011	Afghanistan
Houston, Kevin Arthur	6. August 2011	Afghanistan
Kelsall, Jonas Benton	6. August 2011	Afghanistan
Langlais, Louis James	6. August 2011	Afghanistan
Mason, Matthew David	6. August 2011	Afghanistan
Mills, Stephen Matthew	6. August 2011	Afghanistan
Pittman, Jesse Daryl	6. August 2011	Afghanistan
Ratzlaff, Thomas Arthur	6. August 2011	Afghanistan
Reeves, Robert James	6. August 2011	Afghanistan
Robinson, Heath Michael	6. August 2011	Afghanistan
Spehar, Nicholas Patrick	6. August 2011	Afghanistan
Tumilson, Jon Thomas	6. August 2011	Afghanistan
Vaughn, Aaron Carson	6. August 2011	Afghanistan
Workman, Jason Ray	6. August 2011	Afghanistan
Nelson, Caleb Andrew	1. Oktober 2011	Afghanistan

DANKSAGUNGEN

Ich bedanke mich herzlich bei meinem Koautor Jim Hornfischer für seinen unermüdlichen Einsatz, um dieses Buch aus meinem Kopf zu holen und zu Papier zu bringen. Ich weiß, dass es ein Höllenritt war, mein Freund, aber du hast alles im Griff gehabt. Ich kann, ohne zu zögern, sagen, dass es eine Ehre und ein Privileg ist, nicht nur an diesem Buch zusammenzuarbeiten, sondern dich auch meinen Freund nennen zu dürfen.

An meine Kameraden in den Teams: Es war die größte Ehre, an eurer Seite über das Schlachtfeld zu marschieren. An die Task Unit Red Bull: Ich danke euch dafür, dass ihr mich in eurem Kreis behalten und genug an mich geglaubt habt, um mir dabei zu helfen, die Last zu tragen – bis zum Ende, als ich kaum noch mein eigenes Gewicht tragen konnte. An die Offiziere und Unteroffiziere in den Spezialeinheiten der Navy: Ich danke ihnen dafür, dass sie mir die Chance gaben, an die Front zurückzukehren und mir einen Teil von dem, was ich in den Bergen Afghanistans verloren hatte, zurückzuholen. An die Mitglieder der Rettungsschwadron der Air Force, die Ranger, die Green Berets und alle anderen, die mich, Mikey, Danny, Axe und die Opfer an Bord von »Turbine 33« aus den Bergen holten. Ich werde euch nie vergessen. Ich danke euch dafür, dass ihr euer eigenes Leben riskiert und uns nie aufgegeben habt. Gott segne euch.

Ich danke meinem Bruder Joe von den Green Berets und Major Clint Hanna von der Abteilung für zivile Angelegenheiten dafür, dass sie Gulab unter ihre Fittiche genommen und unser Wiedersehen ermöglicht haben. Die Tage, die ich dank ihnen in seiner Gesellschaft verbringen konnte, werden für immer einen festen Platz in meinem Herzen haben.

Aber vor allem danke ich dem Herrn dafür, dass er mir die Kraft gab, alle Widrigkeiten zu überwinden, sodass ich weiter tun konnte, wofür ich geboren wurde.

Und schließlich möchte ich meinem Bruder danken: Danke dafür, dass du mit mir durch dick und dünn gehst und nie von meiner Seite weichst. FTWTTT.

BIBLIOGRAFIE

Bush, George W., *Decision Points* (New York: Crown, 2010).

Charlton, John, U.S. Department of Defense News Briefing, 3. August 2007.

Couch, Dick, *The Sheriff of Ramadi: Navy SEALs and the Winning of al-Anbar* (Annapolis: Naval Institute Press, 2008).

Daly, Thomas, *Rage Company: A Marine's Baptism by Fire* (New York: Wiley, 2010).

Doyle, William, *A Soldier's Dream: Captain Travis Patriquin and the Awakening of Iraq* (New York: NAL/Caliber, 2011).

Kyle, Chris, und Jim DeFelice, *American Sniper: Die Geschichte des Scharfschützen Chris Kyle* (München: Riva, 2016).

Lubin, Andrew, »Ramadi from the Caliphate to Capitalism«, in: *U.S. Naval Institute Proceedings*, April 2008.

Mansoor, Peter, *Baghdad at Sunrise: A Brigade Commander's War in Iraq* (New Haven: Yale University Press, 2008).

McWilliams, Timothy S., und Kurtis P. Wheeler (Hg.). *Al-Anbar Awakening, Volume 1: American Perspectives; U.S. Marines and Counterinsurgency in Iraq, 2004–2009* (Quantico: Marine Corps University Press, 2009).

Michaels, Jim, *A Chance in Hell: The Men Who Triumphed over Iraq's Deadliest City and Turned the Tide of War* (New York: St. Martin's, 2010).

Montgomery, Gary, und Timothy S. McWilliams (Hg.), *Al-Anbar Awakening, Volume 2: Iraqi Perspectives; From Insurgency to Counter-insurgency in Iraq, 2004–2009* (Quantico: Marine Corps University Press, 2009).

Walker, J. B., *Nightcap at Dawn: Soldiers' Counterinsurgency in Iraq*, 2010, http://www.lulu.com/product/ebook/nightcap-at-dawn-soldiers-counterinsurgency/17364118.

Waring, Brett, *Sandy, Earned*, unveröffentlichtes Manuskript.

DIE AUTOREN

Marcus Luttrell trat im Jahr 1999 in die Navy ein und wurde im Januar 2002 ein Navy SEAL. Er kämpfte sowohl im Irak als auch in Afghanistan und wurde für Tapferkeit im Kampf mit dem Navy Cross ausgezeichnet. Er ist Autor des Bestsellers *Lone Survivor*. Mittlerweile widmet er sich seiner Familie, hält Vorträge und leistet gemeinnützige Arbeit für versehrte Kriegsveteranen. Er lebt mit seiner Familie in Houston.

James D. Hornfischer ist Autor des Bestsellers *Neptune's Inferno: The U.S. Navy at Guadalcanal* sowie von *Ship of Ghosts* und *The Last Stand of the Tin Can Sailors*, ausgezeichnet mit dem Samuel Eliot Morison Award. Hornfischer, der aus Massachusetts stammt, lebt mit seiner Familie in Austin, Texas.